BASTEI
LÜBBE

Rainer Moers · Wolfgang Neumann
Hans Rombeck

Die Beatles

Ihre Karriere
Ihre Musik
Ihre Erfolge

BASTEI
LÜBBE

BASTEI-LÜBBE-TASCHENBUCH
Band 61 015

1. Auflage 1988
2. Auflage 1989
3. Auflage 1990

Aktualisierte und erweiterte Neuausgabe

Printed in Germany, Dezember 1990
Einbandgestaltung: Klaus Blumenberg
Titelfoto: EMI-Electrola
Abbildungen: Rechte bei Rainer Moers, EMI-Electrola und Ludwig Rubruck
Satz: ICS Communikations-Service GmbH, Bergisch Gladbach
Druck und Bindung: Ebner Ulm
ISBN 3-404-61015-6

Der Preis dieses Bandes versteht sich einschließlich
der gesetzlichen Mehrwertsteuer

Inhalt

Vorwort zur Erstausgabe

Den gewiß nicht wenigen Publikationen über die Beatles eine weitere hinzuzufügen, mag im ersten Augenblick als ein Wagnis erscheinen. Ist denn nicht bereits alles Erwähnenswerte seit jenem denkwürdigen 5. Oktober 1962, an dem *Love Me Do* erschien, gesagt und niedergeschrieben worden?

Wo aber gibt es eine verläßliche Auskunft zu Fragen wie: wer hat diesen oder jenen Song eigentlich komponiert – welcher Einfall lag ihm möglicherweise zugrunde – wann ist er aufgenommen worden – wer hat bei der Produktion welche Instrumente gespielt? Fragen, deren Beantwortung aufgrund der immer noch ungebrochenen Popularität der Gruppe nicht nur für eine neue Generation von Beatles-Fans interessant sein dürften, sondern auch für diejenigen, die damals schon »dabei« waren.

Diesem Mangel an Daten, Fakten und neuem Material zur Musik der Beatles versucht dieses Buch abzuhelfen. Trotzdem ist es kein Buch nur für Spezialisten. Dem interessierten Musikfreund, der eine erste Begegnung mit Beatles-Songs dazu benutzen möchte, sich einmal ganz allgemein über Leben, Musik und Karriere der Gruppe zu orientieren, werden knapp geschriebene, leicht aufzufindende Informationen geliefert. Dem Kenner der Materie, dem nur noch hie und da ein ergänzendes Detail zur Abrundung seines Bildes fehlt, wird ein zuverlässiges, präzises Nachschlagewerk an die Hand gegeben, in dem möglichst viele Fakten zusammengefaßt sind, die sich sonst nur mühevoll aus weitverstreuten Quellen gewinnen lassen.

In diesem Zusammenhang sei besonders auf den Anhang verwiesen, der zum erstenmal übersichtlich Antwort gibt auf immer wieder auftretende Fragen. Den Charakter eines Nachschlagewerks erhält das Buch durch das Register, das ein rasches Auffinden der gesuchten Songs ermöglicht.

Im Text selbst und in der Darstellungsform bestimmter Sachverhalte haben wir uns bemüht, so eng wie möglich den vorgegebenen Fakten zu folgen, keine der zahlreichen vorgeformten Interpretationen einfließen zu lassen und unsere persönlichen Geschmacksnormen soweit wie möglich in den Hintergrund zu drängen, um dem Ziel einer objektiven Werkschau nahezukommen.

Wolfgang Neumann
Dezember 1976

Vorwort zur Neuauflage 1981

Auch wenn uns ein gütigeres Geschick John Lennons unfaßlichen Tod erspart hätte – die Vorarbeiten zu dieser Neubearbeitung waren schon so weit gediehen, daß eine völlig überarbeitete Neufassung im Frühjahr 1981 herausgekommen wäre.
Zuviel war seit 1976 geschehen: McCartneys emsiger Fleiß und seine kaum zu zählenden Erfolge, Lennons sorgfältig vorbereitete Rückkehr ins Plattengeschäft und Harrisons innere Loslösung von fernöstlicher Religionsphilosophie.
Aber auch die Kapitel bis zur Trennung 1970 bedurften mittlerweile der Überarbeitung. Neues Zahlen- und Faktenmaterial war hinzugekommen und ließ das eine oder andere in neuem Licht erscheinen. Korrekturen und aus der Sicht des engagierten Lesers wichtige Ergänzungen wurden notwendig. An dieser Stelle ein herzlicher Dank der beiden Autoren der Erstausgabe an Rainer Moers, der mit Geduld und Akribie dazu beigetragen hat, das Buch zum hieb- und stichfesten Nachschlagewerk über die Beatles zu machen.
Wir waren hierbei in keiner leichten Situation. Einerseits sollte denen, die bislang noch unbeantwortet gebliebene Fragen hatten, präzise und erschöpfend geholfen werden, andererseits wollten wir den unbelasteten »Neuleser« nicht von vornherein durch allzuviel Statistik und trockene Informationsreihung abschrecken.
In Anbetracht der vielen weltweiten Publikationen der letzten Jahre über alles, was mit den Beatles zusammenhängt, war uns klar, daß ein Mittelweg zwischen dem Ausbreiten auch der letzten Details aus dem Intimleben der vier und pedantischer »Nur«-Auflistung der Veröffentlichungen auf musikalischem Gebiet gesucht werden mußte. Wir hoffen, diesen Mittelweg gefunden zu haben.

Wolfgang Neumann
Februar 1981

Vorwort zur Neuauflage 1988

Eine Korrektur, Überarbeitung und Ergänzung des Beatles-Buches war längst überfällig, denn die Ausleuchtung vieler bislang verborgener Beatles-Aktivitäten hat neues Material und somit neue Erkenntnisse mit sich gebracht: Inzwischen liegen Probe-Aufnahmen aus dem Frühjahr 1960 vor, viele Radioaufzeichnungen aus den Jahren 1962 bis 1965 wurden ausgegraben, und stundenlange Mitschnitte von den Studioarbeiten im Januar 1969 konnten jetzt erst angehört werden.

Gesichtet wurden längst verschollen geglaubte Filmaufnahmen: die Beatles 1962 im Cavern, Liverpool, die »Ed Sullivan Shows« aus den USA von 1964 und 1965, Live-Auftritte in England, USA, Frankreich, Holland, Deutschland, Japan und Australien sowie schließlich Fernseh-Interviews in Hülle und Fülle; womit die Auflistung nur einen Bruchteil umfaßt.

Last but not least: Paul McCartney, George Harrison und auch Ringo Starr veröffentlichten nach wie vor Solo-Aufnahmen und wirkten in diversen Filmen mit. Von John Lennon wurde postum bisher unveröffentlichtes Material herausgebracht: auf Platten und in Filmen.

Viele Beatles-Fans drängten uns also zu korrigieren, zu überarbeiten und zu ergänzen. Und nicht wenige schickten uns eigene Ausarbeitungen. Dafür an dieser Stelle herzlichen Dank und noch einmal namentlich unter der Rubrik »Literaturverzeichnis und ›Danke‹«.

From us to you *all*,

Rainer Moers und *Wolfgang Neumann*
Köln, im Juli 1988

Für alle, die ihr Taschengeld und mehr für die Beatlesmusik gaben und somit alles erst möglich machten. Und ganz besonders für »Kerl«.
Rainer Moers

Meiner Eva als Dank für endlose Stunden an der Schreibmaschine.
W. Neumann

Für Erika, die sehr viel Verständnis aufgebracht hat, und Robi, den Ami.
H. Rombeck

Stationen ihrer Karriere

Kurzbiographien und Vorgeschichte

John Winston Lennon kam am 9. Oktober 1940 um 6.30 Uhr während eines schweren Angriffs deutscher Luftverbände auf Liverpool im Entbindungshospital der Oxford Street zur Welt. Die Eltern, der Schiffssteward Fred Lennon und seine Frau Julia, geborene Stanley, trennten sich zwei Jahre später, da Johns Vater seine Stellung aufgab und als Gelegenheitsarbeiter außerhalb Liverpools lebte. Julia Lennon gab ihren damals knapp zweijährigen Sohn John in die Obhut ihrer Schwester Mary Smith und deren Ehemann George. Bei ihnen wuchs er auf und verbrachte einen Großteil seiner Jugend, ohne seiner Tante Mimi, wie er sie nannte, in den ersten Jahren sonderliche Schwierigkeiten zu machen.
Schwierigkeiten ergaben sich vielmehr aus der Rückkehr des Vaters nach Liverpool im Jahre 1945. Nach einem gemeinsamen dreimonatigen Aufenthalt von Vater und Sohn John im nahegelegenen Badeort Blackpool beschloß Fred Lennon, nach Neuseeland auszuwandern und John mitzunehmen. Eine heftige Auseinandersetzung zwischen seinen Eltern hatte zur Folge, daß es John, der zunächst bei seinem Vater bleiben wollte, doch wieder zur Mutter zog, und er mit ihr die gemeinsame Wohnung verließ. Wenig später, John war gerade fünf geworden, nahm ihn seine Tante Mimi auf ihr eigenes Bitten hin wieder in Obhut, denn seine Mutter Julia zeigte sich von einem Familienleben nur mit ihrem Kind – aber ohne Mann – nicht gerade begeistert. Dennoch, oder vielleicht sogar aufgrund dieser für das Kind durchaus spürbaren indirekten Ablehnung durch ein Elternteil entwickelte sich im Lauf der Jahre bei John Lennon eine intensive, jedoch einseitige Bindung an seine Mutter.
Einige Indizien dafür lassen sich aus seinem Verhalten in späteren Jahren herauslesen. So schrieb er beispielsweise 1970, als eine Art persönlicher Vergangenheitsbewältigung, das Lied *Mother*, in dem er seine Eltern unverhohlen anklagt: »Mother, you had me, but I never had you – Father, you left me, but I never left you.«
Ausschlaggebendes Moment für diese Darstellung eigener Schlüsselerlebnisse dürfte die umstrittene Urschrei-Therapie nach Janov sein,

der er sich mit seiner zweiten Ehefrau Yoko Ono Lennon unter Anleitung des Psychologen Artur Janov unterzog. Ebenso kann möglicherweise seine Heirat mit Yoko Ono (1969) ein Jahr zuvor und seine überaus starke Bindung an diese um sieben Jahre ältere Frau der Ausdruck eines durch Kindheitserlebnisse geprägten Mutterkomplexes sein, der sich in der bis dahin stetigen und ruhelosen Suche nach einem »Muttterersatz« äußerte. Diese These gewinnt an Gewicht, wenn man berücksichtigt, daß John Lennons Mutter im Juli 1958 durch einen Verkehrsunfall ums Leben kam, nachdem in den Jahren zuvor eine Beziehung zwischen John und seiner Mutter Julia aufgebaut worden war, die einen deutlichen »Kumpel«-Charakter hatte und weniger einer allgemein üblichen Mutter-Sohn-Beziehung entsprach.

Schulpflichtig geworden, besuchte er ab 1946 zunächst die Dovedale Primary School. In diese Zeit fielen auch seine ersten musikalischen Aktivitäten. Sein nettes Stimmchen blieb nicht unbemerkt, und bald sang er im Kirchenchor von St. Peter's in Woolton. Seine Lieblingslieder, zwei für einen Sechsjährigen jener Jahre sicher nicht ungewöhnliche Titel, waren: *Let Him Go, Let Him Tarry* und *Wee Willy Winkie*. Im Alter von sieben Jahren begann John, erste kleine Büchlein zu schreiben und zu illustrieren. Eines nannte er z. B. »Sport, Geschwindigkeit und Bilder«.

1952 wechselte er von der Volksschule auf die Quarry Bank Grammar School im Liverpooler Vorort Allerton. Seine Tante, bei der er immer noch wohnte, kam jetzt nicht mehr so leicht mit ihm zurecht, da er sich mittlerweile mehr für Musik und ähnlichen »Unsinn«, wie sie sagte, zu interessieren begann und dabei die Schule vernachlässigte. Die einzige Unterstützung seiner musikalischen Ambitionen wurde ihm durch seinen Onkel George zuteil, zu dem John ein sehr herzliches Verhältnis hatte.

Dieser starb jedoch im Juni 1953 gänzlich unerwartet an einem Blutsturz. Kurz darauf ließ sich Johns Mutter Julia wieder regelmäßig sehen. Sie, die sich wieder zu einem lebensfrohen Menschen entwickelt hatte, wieder mit einem Mann zusammenlebte und zwei Töchter mit ihm hatte, mußte ihren Sohn nach dreizehnjähriger Trennung durch ihre Ausgelassenheit und ihre Späße, die sie nicht selten auf Kosten anderer trieb, sehr beeindruckt haben. Von ihr ließ er sich nur zu gerne dazu anhalten, sich noch intensiver mit Musik zu beschäftigen. Und sie war es auch, die John die erste Gitarre für zehn Pfund kaufte. Die ersten Stunden Musikunterricht, die John

besuchte, brachten kaum etwas. So waren die ersten Griffe, die er lernte, Banjoakkorde, die ihm seine Mutter zeigte.

Zwei Jahre und etliche Übungsstunden später gründete John 1955 an der Schule seine erste Band, die er in Anlehnung an die Quarry Bank Grammar School die *Quarrymen* nannte. Diese Band spielte zu Beginn in der Besetzung John Lennon und Eric Griffith (Gitarre), Pete Shotton (Waschbrett), Lenn Garry (Baß), Colin Hanson (Drums) und »Rod« (Banjo). Ihre ersten Auftritte hatten die *Quarrymen* auf Schulfeten, Tanzabenden und anderen öffentlichen Veranstaltungen in der Umgebung.

Die Band interessierte John weitaus mehr als die Schule. Und so wunderte sich niemand, seine Tante Mimi vielleicht ausgenommen, daß seine Leistungen sich verschlechterten und er von der Quarry Bank Grammar School abgehen mußte. Er wechselte im Herbst 1957 über auf das Liverpooler College of Art, ohne jedoch seine musikalischen Aktivitäten einzuschränken. Im Gegenteil, seine Begeisterung für Skifflemusik und Rock'n'Roll, für Johnny Ray, Frankie Laine, Bill Haley, Lonnie Donegan, Chuck Berry und Elvis Presley nahm stetig zu. Darunter litt natürlich auch die Arbeit in der neuen Schule, was ihn jedoch immer weniger störte. Es machte ihm mehr Spaß, auf einer Bühne zu stehen und sich die Stimme heiser zu schreien.
Bei einem dieser Auftritte, noch vor seinem Abgang von der Quarry Bank Grammar School, es war der 15. Juni 1956, und die *Quarrymen* spielten gerade auf dem Kirchweihfest der Gemeinde Woolton, machte ihn sein Freund Ivan Vaughan mit einem Gitarristen bekannt, der ihm gleich einige Griffe zeigte, die er noch nicht kannte. Dieser Gitarrist hieß Paul McCartney.

JAMES PAUL MCCARTNEY wurde am 18. Juni 1942 in Liverpool als Sohn des Baumwollhändlers Jim McCartney geboren. Dem Umstand, daß seine Mutter zu dieser Zeit als Tagesschwester im Walton-Krankenhaus arbeitete, verdankte er, daß er auf der Privatstation zur Welt kam. Bei der Erziehung ihrer beiden Söhne Paul und dem zwei Jahre jüngeren Michael (der später als Mike McGear mit der Gruppe *Scaffold* und dann auch als Einzelinterpret allerdings nur bescheidene Erfolge als Popsänger haben sollte) legten die Eltern besonderen Wert auf höfliches und zuvorkommendes Benehmen anderen Menschen gegenüber.
Die Brüder hatten eine behütete Jugend. Obwohl nicht begütert, versuchten die McCartneys ihren Kindern eine gute Ausbildung mitzugeben. Paul, ein Linkshänder, besuchte ab 1948 die Liverpooler Grundschule. Er war ein guter Schüler, dessen Interessen in der Hauptsache der englischen Literatur galten. Die Musik spielte eine (noch) untergeordnete Rolle. Nachdem er die Grundschule mit Auszeichnung verlassen hatte, ging er 1953 auf die Liverpool Institute High-School. Drei Jahre später, als er vierzehn war, starb seine Mutter am 31. Oktober 1956 im Alter von 47 Jahren an Brustkrebs. Es wäre sicherlich gewagt, wollte man – wie später oft geschehen – behaupten, seit diesem Tag sei die Gitarre für Paul in gewisser Weise zum Muttersatz geworden. Fest steht nur, daß er sich etwa

ab jener Zeit immer intensiver mit Musik zu befassen begann. Auch ihn faszinierte der Skiffle, der wegen der Einfachheit der Instrumente und der musikalischen Strukturen verhältnismäßig leicht nachspielbar ist.
Nachdem er 1956 John Lennon kennengelernt hatte, schloß er sich den *Quarrymen* an. Sein erster öffentlicher Auftritt mit ihnen fand anläßlich einer Tanzveranstaltung des Conservative Club in Broadway, einem Stadtteil Liverpools, statt. Bei dieser Gelegenheit stellten John und Paul ein gemeinsam komponiertes und getextetes Lied dem Publikum vor. Sie nannten es *I Lost My Little Girl*. Der Erfolg ermutigte sie, weitere Lieder zu schreiben.
1958 – die meisten der früheren Mitglieder waren mittlerweile ausgestiegen, weil sie bürgerlichen Berufen nachgehen wollten – stieß ein Schulfreund Pauls zu den *Quarrymen*. Dieser Schulfreund hieß George Harrison.

GEORGE HARRISON wurde am 25. Februar 1943 in Liverpool als jüngster Sohn des Busfahrers Harold Harrison und seiner Frau Louise geboren. Er wuchs zusammen mit seinen beiden Brüdern Clive, Pete und seiner Schwester Louise in einem intakten Elternhaus auf und besuchte wie John Lennon zunächst die Dovedale Primary School – ganz in der Nähe der »Penny Lane«. John war damals drei Klassen über ihm. Als er sechs Jahre alt war, zogen seine Eltern in eines der verrufensten Viertel von Liverpool, nach Speke. Der scheue, zurückhaltende George, gehemmt noch dazu durch seine abstehenden Ohren, kompensierte seine Unsicherheit in der neuen Umgebung durch ein übertrieben schnoddriges Auftreten und später dann durch aufgesetzte Rockermanieren.

1954 wechselte er auf das Liverpool Institute über. Dort bewies er seinen besonderen Geschmack unter anderem dadurch, daß er seinen Schulanzug durch eine grellgelbe Weste verfeinerte.

Zur Musik kam er relativ früh durch seine Brüder und die Unterstützung seiner Eltern, die ihm für drei Pfund seine erste Gitarre schenkten. Da er jedoch sehr gerne zusammen mit seinem Bruder Pete auftreten wollte, der eine Gruppe mit Namen *The Rebels* gegründet hatte, bekniete er seine Eltern so lange, bis er sich von seinem Taschengeld eine E-Gitarre kaufen durfte, die immerhin 35 Pfund kostete – ein für die damalige Zeit stolzer Preis. Den ersten und einzigen Auftritt hatten die *Rebels* dann im British Legion Club.

Am Liverpool Institute lernte er Paul McCartney kennen, mit dem er sich anfreundete; bald machten sie zusammen Musik. Das erste Lied, das sie gemeinsam spielten, war *Don't You Rock Me, Daddy-o*.

Paul McCartney war es, der George Harrison John Lennon vorstellte. Die *Quarrymen* spielten damals in der Wilson Hall in Garston, und Paul hatte George eingeladen, einmal hinzukommen. John ließ George vorspielen – und nahm ihn in die Gruppe auf. George Harrison: »Ich spielte ihnen *Raunchy* vor, und John sagte, ich könnte mitmachen. Immer habe ich *Raunchy* für sie gespielt. Wenn wir oben in einem Bus mit unseren Gitarren irgendwohin fuhren, rief John oft: ›Spiel *Raunchy*, Georgie!‹«

Es gibt Hinweise darauf, daß John Lennon und Paul McCartney bis zum Jahr 1958 über hundert Lieder gemeinsam geschrieben haben, die aber zum allergrößten Teil verloren gegangen sind. Im gleichen Jahr brachte John Lennon Stuart Sutcliffe in die Gruppe, der ebenso wie John die Kunstakademie in Liverpool besuchte.

Weitgehend unbekannt ist, daß die Gruppe schon damals ihre allererste Platte produzierte: 1958 war es kein Problem, in einem der vielen kleinen Plattenstudios eine Schellackplatte einzuspielen. Oft wurde nur ein Exemplar hergestellt, welches wenige Stunden später fix und fertig mitgenommen werden konnte. John Lennon, Paul McCartney und George Harrison spielten die Titel *That'll Be The Day* (A-Seite, komponiert von Buddy Holly) und *In Spite Of All Danger* (B-Seite, Eigenkomposition der Beatles) ein. Nach vielen Bemühungen gelang es Paul McCartney erst 1981 das einzige Exemplar dieser Platte in seinen Besitz zu bringen – per Gerichtsbeschluß! McCartney ließ dann eine oder mehrere Schellack-Kopien herstellen, wovon erstmals eine am 14. Oktober 1984 in der Fernsehsendung »The Real Buddy Holly Story« zu sehen und zu hören war.

Stuart Sutcliffe besaß 1959 keine Gitarre, so daß John ihn drängte, an einer John-Moore-Ausstellung teilzunehmen und eines seiner selbstgemalten Bilder für 60 Pfund zu verkaufen. Von diesem Geld kaufte er sich auf Johns Anraten eine Baßgitarre und schloß sich den *Quarrymen* an. Er hatte zwar vorher noch nie einen E-Baß in der Hand gehabt, aber die anderen meinten, er sollte sich keine Sorgen machen, die Gruppe würde ihm das Spielen schon beibringen.
John Lennon, Paul McCartney, George Harrison, Stuart Sutcliffe und wahrscheinlich auch ein Schlagzeuger namens Thomas Moore spielten im Mai 1959 regelmäßig in dem neu eröffneten Club The Jive Hive in Crosby (ca. 15 km nördlich von Liverpool).
Im Juni des Jahres stellten sie sich Carroll Levis, einem Talententdecker, vor und traten unter dem neuen Namen *The Moondogs* zunächst im Liverpooler Empire Theater auf, qualifizierten sich für die nächste Runde, die wenige Tage später als Carroll-Levis-Show in Manchester stattfand. In Anlehnung an die damals aktuellen wie modischen Bandnamen *Buddy Holly and the Crickets* (USA) und *Cliff Richard and the Shadows* (England) nannten sie sich nun *Johnny and the Moondogs*. Mr. Levis fand Gefallen an dem, was sie spielten, doch über den zweiten Platz kamen sie nicht hinaus.
Der Impresario Larry Parnes (Jahre später Manager der Gruppe *The Troggs*) wurde ebenfalls aufmerksam und wollte die Gruppe als Vorprogramm für eine Tournee mit dem damals bekannten Star Billy Fury engagieren. Allerdings kam es nicht zum Abschluß, weil ein Schlagzeuger fehlte. Thomas Moore erklärte sich nicht bereit, seinen Job aufzugeben, um auf Tournee zu gehen.
Nachdem der Sprung ins Profilager gescheitert war, traten sie im August bis Oktober 1959 wieder unter ihrem Namen *Quarrymen* auf. Unter anderem spielten sie mit dem Schlagzeuger Ken Wood im Liverpooler Casbah Club, der von der Mutter eines anderen Schlagzeugers, Pete Best, geleitet wurde.

Pete Best schloß sich zunächst kurzfristig den *Quarrymen* an bzw. wurde – wie später behauptet – deshalb in die Gruppe aufgenommen, damit regelmäßige Auftritte im Casbah Club gesichert waren. Dennoch löste sich die Gruppe im November 1959 wieder auf, u. a. weil George Harrison eine Ausbildung als Elektriker im Liverpooler Warenhaus »Blacklers« begonnen hatte.

Kurze Zeit später fanden die Hobby-Musiker John Lennon, Paul McCartney, George Harrison und Stuart Sutcliffe wieder zusammen und versuchten einen neuen Start, zunächst als *Long John and the Silver Beatles*, dann aber schließlich als *Johnny and the Silver Beatles*, in Anlehnung an Buddy Holly and the Crickets (Heuschrecken). Den Namen *Beatles* setzten sie dabei aus »Beetle« (Käfer) und dem Musikbegriff »Beat« (Schlag) zusammen. Regelmäßig traten sie jetzt bei Tanzveranstaltungen in und um Liverpool auf.
Im März 1960 absolvierten sie mit dem Drummer Johnny Hutch für Larry Parnes einen Probeauftritt, der diesmal eine Begleitband für Johnny Gentle suchte, die bei seiner zweiwöchigen Schottland-Tournee dabeibleiben sollte. Sie erhielten den Zuschlag, und als Schlagzeuger reiste diesmal Tommy Moore mit. Aus Freude darüber, jetzt Semi-Profis zu sein, änderten sie ihren bürgerlichen Namen für die Dauer der Tournee in – wie sie glaubten – wirkungsvollere Bühnennamen um: Paul Ramon – Carl Harrison – Stu de Stijl – Johnny Silver.
Aus dieser Zeit, Frühjahr 1960, stammen zwei Tondokumente, die 1987 aufgetaucht sind. Sie lassen einige Rückschlüsse auf die Komponisten John Lennon und Paul McCartney zu und zeigen das damalige Repertoire der Gruppe.

Tondokument 1: Während eines Probe-Nachmittags, aller Wahrscheinlichkeit nach bei Paul zu Hause, spielten John Lennon, Paul McCartney, George Harrison und Stuart Sutcliffe die Eigenkompositionen (!) *I'll Follow The Sun* und *One After 909* sowie den Titel *Hallelujah, I Love Her So*, plaziert zwischen »wilden« Gitarrenriffs und unvollkommenen Baßläufen (Stuart). Während dieser achtzig auf Heim-Tonband mitgeschnittenen Probeminuten ist noch die instrumentale Version von *Brown-Eyed Handsome Man* zu erahnen, an einer anderen Stelle beginnt Paul ein unbekanntes Stück zu singen, Stuart »übernimmt« und John singt schließlich die zweite Hälfte.

Tondokument 2: In gleicher Besetzung, wahrscheinlich wieder bei Paul zu Hause, finden weitere Proben statt, die ebenfalls auf Tonband festgehalten wurden. Mit ziemlicher Sicherheit steht fest, daß diesmal aufgenommen wurde, um ein »Vorspiel-Tonband« zu haben: Alle folgenden Titel sind (fast) komplett und mit voller Instrumentierung (sieht man einmal vom fehlenden Schlagzeug ab):

Titel	Komponisten*	Lead-Sänger
Hallelujah, I Love Her So	Ray Charles	Paul
One After 909 (Version 1)	John Lennon & Paul McCartney	John (und Paul)
I'll Always Be In Love With You	John Lennon	John
You'll Be Mine	Arr.: John Lennon & Paul McCartney	Paul (und John)
Matchbox	Carl Perkins	George
You Just Don't Understand	Paul McCartney	Paul
Some Days	Paul McCartney	Paul
Thinking Of Linking	Paul McCartney	(instrumental)
I'll Follow The Sun	Paul McCartney & John Lennon	Paul
One After 909 (Version 2)	John Lennon & Paul McCartney	Paul (und John)
Hey Darling	Paul McCartney & George Harrison	Paul und George
You Must Lie Every Day	Paul McCartney	Paul
The Guitar-Bop	Arr.: Lennon, McCartney & Harrison	(instrumental)
When Your Heartaches Begin	Arr.: John Lennon & Paul McCartney	John
Hello Little Girl	John Lennon & Paul McCartney	John (und Paul)

* bei den Eigenkompositionen sind die Angaben ohne Gewähr, doch gilt es als ziemlich sicher, daß John, Paul und George jeweils ihre Kompositionen sangen.

Im Sommer 1960 verließ Pete Best die Schule, um sich um den Casbah Club und seine eigene Gruppe, *The Blackjacks*, zu kümmern. Zur gleichen Zeit erhielten die Silver Beatles ihr erstes Auslandsangebot. Allan Williams, Besitzer eines Nachtclubs in Liverpool und so etwas wie ihr erster Manager, gelang es mit Zähigkeit und Geschick, sie als Ersatzgruppe für *Rory Storm and the Hurricanes* in Hamburger Clubs unterzubringen. Am 17. August trafen die Beatles – man hatte inzwischen das »*Silver*« weggelassen – in

Hamburg ein. Von Bruno Koschmieder, Inhaber des Indra und des Kaiserkellers, wurden sie in einem kleinen, schäbigen Zimmer über dem Bambi-Kino einquartiert. Im Indra absolvierten sie am 17. August 1960 ihre ersten Auftritte. Der Job war hart und riß sie schlagartig aus allen Träumen vom fidelen Musikerleben.
Zwei Monate lang (bis 16. Oktober 1960) wurde von ihnen verlangt, jeden Abend bis zu acht Stunden lang auf der Bühne zu stehen und zu spielen. Im Anschluß an ihr Engagement im Indra wechselten die Beatles in den Kaiserkeller. Dort lernten sie Rory Storm und seine *Hurricanes* kennen, deren Schlagzeuger Ringo Starr war.
Der Kaiserkeller galt in jenen Tagen als Treffpunkt der Hamburger Rocker. Aber vor allem durch die Mund-zu-Mund-Propaganda des jungen Fotografen und Graphikers Klaus Voormann und dessen Freundin Astrid Kirchherr, die sich beide mittlerweile mit den Beatles angefreundet hatten, fühlten sich auch mehr und mehr Studenten von dem Lokal und der Musik, die da gemacht wurde, angezogen. Hier zeigte sich wohl zum erstenmal die Fähigkeit der Beatles, durch ihre Musik auch ein sozial breitgefächertes Publikum anzusprechen und zu begeistern.
Die Romanze zwischen Astrid Kirchherr und Stuart Sutcliffe, der mit Pete Best zusammen der Publikumsliebling der Gruppe war, nahm im November 1960 ernstere Formen an – beide verlobten sich. Kurz darauf kam das Angebot, im besten und größten Club der Reeperbahn aufzutreten, im Top Ten. Was für die Beatles zunächst wie ein gewaltiger Schritt nach vorn aussah – im Top Ten gastierte der damals viel bekanntere Tony Sheridan –, hatte aber auch nachteilige Konsequenzen. Wahrscheinlich veranlaßt durch einen Tip der Konkurrenz tauchte überraschend die Polizei bei George Harrison auf. Bei der Überprüfung der Personalien stellte man fest, daß er noch keine achtzehn war und zudem auch keine Arbeitsgenehmigung besaß. Ihm wurde sehr nachdrücklich ans Herz gelegt, Deutschland doch bitte vor Ablauf von 24 Stunden zu verlassen. Innerhalb von nur einer Nacht mußte sich John, der bislang Rhythmusgitarre gespielt hatte, von George alle Griffe seines Sologitarrenparts beibringen lassen.
Zu allem Überfluß geriet beim Umzug vom Bambi ins Top Ten die arg heruntergekommene Zimmertapete in Brand. Ob der Brand aus Unvorsichtigkeit oder handgreiflichem Protest gegen ihre schaurige Unterkunft entstanden war – wichtig war das für die vier Verbliebenen nicht mehr. Paul und Pete steckte man zwar wegen versuchter

Brandstifung erstmal für eine Nacht ins Untersuchungsgefängnis, da aber kein größerer Schaden entstanden war und man ihnen einen Vorsatz nicht nachweisen konnte, ließ man sie tags darauf wieder laufen. Einen kleinen Schönheitsfehler hatte dieser »Freispruch« dennoch: die beiden mußten Deutschland umgehend verlassen. Damit war die Gruppe endgültig geplatzt und die Wunschträume vom großen Geld auf Hamburgs Großer Freiheit vorläufig ausgeträumt.

Während dieses Aufenthaltes in Hamburg nahmen die Beatles im Akustik-Studio eine Schellackplatte mit folgenden Titeln auf: *Fever*, *September Song* und *Summertime*. Angeblich soll während der Aufnahme-Session Ringo Starr statt Pete Best am Schlagzeug gesessen haben. Dies könnte zutreffen, da die Musiker einander kannten; unterstützt wird die Vermutung dadurch, daß Pete Best die Aufnahme dieser Platte in seiner Autobiographie *Beatle!* nicht erwähnt. Anfang Dezember 1960 fuhren John Lennon, Paul McCartney, George Harrison, Stuart Sutcliffe und Pete Best zunächst nach Paris und von dort schließlich zurück nach Liverpool. Kurz vor Weihnachten, am 24. Dezember 1960, traten sie im Grosvenor Ballroom in Wallasey auf und am 27. Dezember in der Stadthalle von Litherland, einem anderen Vorort von Liverpool. Das Publikum raste vor Begeisterung.

Für den 24. Februar 1961 verschaffte ihnen Allan Williams einen weiteren Auftritt in Wallasey und vermittelte die Beatles – nachdem George Harrison achtzehn geworden war – erneut nach Hamburg. Kurz zuvor (am 21. März 1961) traten sie erstmals im Liverpooler Cavern-Club auf, in dem nach drei Jazz-Jahren nun auch eine neue, immer populärer werdende Musik gespielt wurde: der Mersey Beat. In Hamburg galten die Beatles inzwischen als *die* Rock'n'Roll-Gruppe aus Liverpool. Von April bis Juni gastierten sie im Top Ten und avancierten rasch zur besten Gruppe Hamburgs. Während dieser Zeit soll Astrid Kirchherr zunächst bei Stu eine neue Frisur kreiert haben. Sie kämmte ihm die Haare in die Stirn, was von den Beatles zunächst mit albernen Witzchen quittiert wurde. Später kämmten sich auch John, George, Paul und Pete die Haare nach vorne – aus welchem Grund auch immer.

Es gibt auch eine andere Erklärung für das Zustandekommen der späteren Beatle-Frisur, die nicht ganz unplausibel klingt. Die Beatles – damals für jeden Klamauk zu haben – kämmten sich einen rechten Scheitel als Parodie auf Hitler. Da diese ungewohnte Frisur

jedoch nicht hielt, fielen die Haare nach vorne, was Astrid dann letztlich auf die Idee brachte, die recht langen Haare abzuschneiden und sie nach vorne zu kämmen.
Aber wie auch immer – ohne Übertreibung läßt sich heute sagen, daß diese Frisur die Haarmode einer ganzen Generation und damit auch deren Selbstgefühl, um es so pauschal auszudrücken, nahezu völlig verändert hat.
Als man bei der deutschen Schallplattenfirma Polydor nach einer Begleitgruppe für eine Produktion mit dem Sänger Tony Sheridan suchte, bekamen die Beatles, durch Vermittlung von Tony selbst, den Zuschlag. Der Produzent der Aufnahmen im Mai 1960 war Bert Kaempfert, der den Beatles den, wie er glaubte, für deutsche Ohren verständlicheren Namen »*Beat Brothers*« gab.

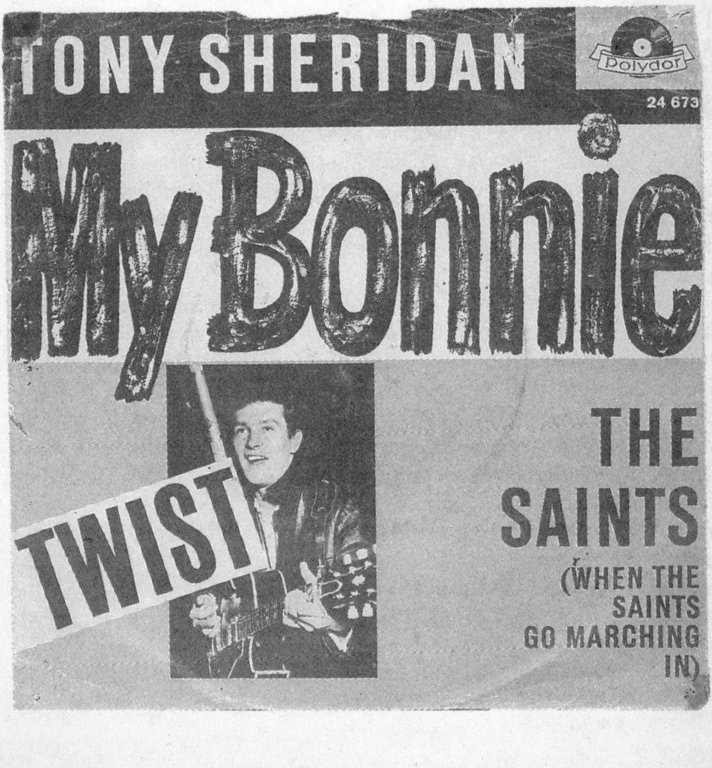

Zunächst wurden die Songs *When The Saints Go Marching In* und *My Bonnie* eingespielt. Er verschaffte ihnen aber auch Gelgenheit, einen eigenen Titel aufzunehmen: *Cry For A Shadow*, geschrieben von John und George. Zusätzlich durfte John bei *Ain't She Sweet* den Sologesang übernehmen.
Weitere Titel, die mit Tony Sheridan als Sänger und den Beatles als Brackground-Gruppe aufgenommen wurden: *Sweet Georgia Brown*; *If You Love Me, Baby (Take Out Some Insurance On Me Baby)*; *Why* und *Nobody's Child*.
Es gibt noch einige bislang unveröffentlichte Aufnahmen aus dieser Zeit. Im Sommer 1976 fanden Gespräche zwischen Bert Kaempfert und der Polydor statt, diese »sehr rohen Songs« – so die Plattenfirma – herauszubringen. Doch kam man zu dem Entschluß, diese Songs nicht auf Platte zu veröffentlichen, denn *Cry For A Shadow* und *Ain't She Sweet* sei noch das Beste, was damals eingespielt wurde.
Diese LP mit Tony Sheridan war über lange Zeit das einzige Tondokument aus der Hamburger Zeit. Erst im April 1977 wurde ein Tonband technisch aufgearbeitet, das King »Size« Taylor am 31. Dezember 1962 im Hamburger Star-Club aufgenommen hatte, und als Doppel-LP veröffentlicht.
Stuart Sutcliffe und Astrid Kirchherr heirateten im Juni 1961 in Hamburg, und Stuart verließ die Beatles, die in Hamburg die Veröffentlichung der Single *My Bonnie* (A-Seite)/*The Saints (When The Saints Go Marching In)* (B-Seite) gerade noch mitbekamen, bevor sie ohne Stu nach Liverpool zurückkehrten.
Am 6. Juli 1961 erschien in Liverpool zum erstenmal die Zeitschrift Mersey-Beat. Die Beatles, wieder in ihrer Heimatstadt, gastierten nun im Cavern-Club und wurden ganz überraschend bei einer Beliebtheitsumfrage auf den zweiten Platz hinter *Rory Storm And The Hurricanes* gewählt. John veröffentlichte daraufhin in leicht ironisch eingefärbtem Stolz einen Artikel, den er überschrieb: »Eine kurze, unterhaltende Abhandlung über die zweifelhaften Ursprünge der Beatles.«
Am 28. Oktober 1961 gegen 15.00 Uhr soll sich folgende Geschichte zugetragen haben:
Ein gewisser Raymond Jones betrat das Schallplattengeschäft NEMS im Liverpooler Stadtteil Whitechapel und verlangte die Platte *My Bonnie* von den Beatles.
Der Geschäftsführer, der diesen ausgefallenen Plattenwunsch entgegennahm, hieß Brian Epstein.

Brian Epstein wurde am 19. September 1934 in Liverpool als Sohn wohlhabender Eltern geboren. Er besuchte zunächst das Southport College, von dort aus wechselte er auf das Wrekin College. Er wollte eigentlich Modezeichner werden, womit sein Vater überhaupt nicht einverstanden war. Da er zudem noch schulische Schwierigkeiten hatte, blieb ihm nicht anders übrig, als in das elterliche Schallplattengeschäft einzusteigen. Er entwickelte in diesem für ihn zunächst ungewohnten Metier rasch den besonderen Ehrgeiz, jede gewünschte Platte zu besorgen, auch wenn es noch so schwierig sein sollte. Nur diesmal schien er kein Glück zu haben. *My Bonnie* war in England gänzlich unbekannt. Wie auch, da die Platte doch erst im Juni in Deutschland erschienen war!

Da jedoch immer mehr, vor allem junge Leute, nach dieser Platte verlangten – die Beatles hatten unter der Hand verbreitet, sie hätten in Hamburg bereits eine Platte aufgenommen –, machte sich Brian Epstein auf die Suche nach den Beatles . . . und fand sie im Cavern-Club.

Am 9. November betrat er zum erstenmal den Cavern-Club, um sie sich genauer anzusehen. Auf den ersten Blick machten sie auf ihn einen ziemlich heruntergekommenen und verwahrlosten Eindruck. Dennoch fand er Gefallen an ihnen und ihrer Musik.

Da er noch dazu innerhalb kürzester Zeit 200 Stück von *My Bonnie* absetzen konnte, lud er sie für den 3. Dezember 1961 um 16.30 Uhr zu einem Gespräch ein und schlug ihnen vor, ihr Manager zu werden. Gegen eine Beteiligung von 25% an allen Einkünften versprach er ihnen höhere Gagen und bessere Auftritte. John Lennon meinte, daß sich 20% irgendwie besser machen würde und man dann nur einfach durch fünf zu teilen brauchte. Aber Epstein bestand auf 25% und argumentierte damit, daß es sehr teuer sei, eine Gruppe zu starten. Nach einem weiteren Gespräch am Mittwoch traf man sich am folgenden Sonntag im Casbah-Club zur Vertragsunterzeichnung. Für Brian, der im gleichen Atemzug die NEMS-Enterprises gegründet hatte, unterschrieb sein Freund Alistair Taylor.

Einen Monat später wurden die Beatles von der Musikzeitschrift Mersey-Beat zur beliebtesten Gruppe Liverpools gewählt, für Brian Epstein ein erneuter Ansporn, sich intensiv um einen Schallplattenvertrag zu kümmern. Die erste Firma, die er für die Beatles interessieren konnte, war die Decca in London. Am 1. Januar 1962 fanden die Probeaufnahmen im Decca-Studio in Westhampstead statt. Die Gruppe war nervös und unsicher. Die Beatles spielten *Like Drea-*

mers Do, Hello Little Girl und *Please Mr. Postman.* Zusätzlich spielten sie einen weiteren Song, über den man sich aber heute selbst bei Decca nicht mehr einig ist, da nur noch Aufnahmen der drei anderen Titel existieren. Es gibt sogar eine Schallplatte, die diese drei Stücke enthält.
Dazu ein Interview mit Roger Ball von der englischen Plattenfirma Decca:

RAINER MOERS: Roger Ball, die Beatles machten 1962 einige Aufnahmen für Decca. Warum?
ROGER BALL: Ja, 1962 suchten die Beatles um einen Plattenvertrag mit Decca nach, wie auch mit PYE – mit jeder der großen Plattenfirmen; sie hielten damals für viele von ihnen Demo-Sessions ab. Die Leute, die damals in unserem Department waren und wahrscheinlich mit vielen Gruppen solche Demo-Sessions vereinbarten, haben die Firma längst verlassen.
RM: Können Sie mir sagen, welche Songs die Beatles damals spielten?
RB: Unserer Rekonstruktion nach waren es vier Titel*, von denen wir uns an drei genau erinnern. Einer war *Like Dreamers Do*, der zweite *Hello Little Girl* und der dritte *Please Mr. Postman*. Es gab mit Sicherheit noch einen weiteren, aber es ist ungewiß, welcher Song das war. Es gibt eine ziemlich große Liste möglichen Materials, aber es gibt keine Beweise dafür, welcher der vierte Titel gewesen ist.
RM: War es vielleicht *Take Good Care Of My Baby*?
RB: Es war mit Sicherheit nicht *Take Good Care Of My Baby*. Eines der Dinge, derer wir uns sicher sind, ist, daß dieser Song nicht Teil der Demo-Session gewesen ist, die die Beatles für Decca machten.
RM: Was geschah mit dem Band, mit dem Originalband?
RB: Das Originalband? – Oh, das würden wir sehr gerne besitzen, aber es gibt absolut keine Spur davon in unseren Studios. Verfügbar ist eine Demo-Platte mit diesen drei Titeln, die einer der beiden

* Anmerkung: Der Biographie von Hunter Davies zufolge spielten die Beatles am 1. Januar 1962 die Titel *The Sheik Of Araby*, *Red Sails In The Sunset* und *Like Dreamers Do*. Diese Aussage widerspricht jedoch der in der Biographie folgenden Bemerkung: »Sie versuchten es erst gar nicht mit einer ihrer eigenen Kompositionen . . .« Bei *Like Dreamers Do* handelt es sich um eine Lennon/McCartney-Komposition.

Leute, die mit dieser Session zu tun hatten, zu Hause hat. Und ich glaube, daß diese Titel auf einigen, auch regulären Platten der Beatles verfügbar sind.
RM: Ist es unmöglich für Sie, diese drei Songs auf Single zu veröffentlichen?
RB: Es ist absolut unmöglich, da es, obwohl wir für eine Demo-Session bezahlt haben, keinerlei Vertrag zwischen den Beatles und der Firma Decca gab. Das zu tun, wäre einfach unverantwortlich von uns und würde, denke ich, zu einem großen Rechtsstreit führen, der uns Millionen Pfund kosten und auch den Verlust unserer Glaubwürdigkeit in der Plattenindustrie bedeuten würde. Weder das eine noch das andere wollen wir.
RM: Ist es richtig, daß Decca den Manager der Beatles, Brian Epstein, etwa ein halbes Jahr später kontaktierte, um einen Vertrag mit den Beatles zu machen?
RB: Das kann ich nicht sagen. Es ist möglich, aber auch unwahrscheinlich. Ich meine, wenn man eine Demo-Session gemacht hat, trifft man die Entscheidung, den Vertrag zu unterzeichnen oder nicht, sehr schnell. Es ist möglich, daß jemand anders diese Demo-Session hörte und sechs Monate später, als die Beatles schon weit bekannter waren, Brian Epstein ansprach, um zu erfahren, ob sie

Die Not hat ein
Ende!
Die Zeit der Dorfmusik ist vorbei!
Am Freitag, dem 13. April
eröffnet
Star-Club
die Rock n' Twist-Parade 1962
mit The Beatles
Tex Roberg
Roy Young
The Graduates
The Bachelors
zusätzlich ab Mai: Tony Sheridan-Quartett und Gerry and the Pacemakers
Eine Ballung der Spitzenklasse Europas
Hmb.-St.Pauli, Gr.Freiheit 39

immer noch verfügbar waren. Und zu dieser Zeit waren sie meines Wissens schon nahe an einem Vertrag mit EMI. Aber das ist lediglich meine Vermutung; ich weiß es nicht.

Obwohl die Beatles von ihrem Vorspielen bei Decca nicht sehr überzeugt waren, rechneten sie doch mit einem Plattenvertrag. Dick Rowe, damals Produzent bei der Decca, teilte im März 1960 mit: »Uns hat der Sound nicht gefallen, und außerdem geht der Trend weg von den Gitarrengruppen.«

In einigen Beatles-Büchern wird berichtet, daß die Beatles im Januar 1962 in Hamburg gastierten. Nach vielen Recherchen, Telefonaten und schließlich Einsicht in einige der Star-Club-Geschäftsbücher steht fest, daß die Beatles am 6., 10., 12. und 17. Januar 1962 im Liverpooler Cavern spielten; ebenso am 3., 24. und 28. Februar 1962.

Am 7. März 1963 spielten George Harrison (lead guitar), John Lennon (rhythm guitar), Paul McCartney (bass guitar) und Pete Best (drums) für die BBC folgende drei Songs ein: *Dream Baby*, *Memphis Tennessee* und *Please Mr. Postman*, die am nächsten Tag in der Sendung »Teenagers Turn« gesendet wurden.

Erst am 11. April 1962 flogen die Beatles von Liverpool nach Hamburg und wurden bei ihrer Ankunft mit der Nachricht konfrontiert, daß Stuart Sutcliffe einen Tag zuvor an Gehirntumor gestorben war. Das Sieben-Wochen-Engagement im neu eröffneten Hamburger Star-Club begann am 13. April 1962.

Während die Beatles noch in Hamburg gastierten, bot Brian Epstein seine Gruppe bei fast allen Plattenfirmen Londons an. Um nicht immer die Probebänder mit sich herumschleppen zu müssen, und weil eine Platte einfach nach mehr aussah, ging er ins HMV Record Center in der Oxford Street und ließ die Bänder zu Demoplatten (Demonstrationsplatten) umarbeiten.
Aller Wahrscheinlichkeit nach handelt es sich dabei um jene Titel, die 1977 fälschlicherweise als »Decca-Songs« erschienen. Definitiv kann dieses Gerücht bis heute nicht endgültig belegt werden, jedoch sprechen nicht zuletzt Interview-Äußerungen von Brian Epstein für diese These. Wenn dem so ist, handelt es sich um folgende Aufnahmen:

Titel	**Komponisten**	**Lead-Sänger**
Like Dreamers Do	John Lennon & Paul McCartney	Paul
Money	Gordy/Bradford	John
Till There Was You	Willson	Paul
Sheik Of Araby	Snyder/Wheeler/ Smith	George
To Know Her Is To Love Her	Phil Spector	John
Take Good Care Of My Baby	Goffin/King	George
Memphis	Chuck Berry	John
Sure To Fall	Perkins/Cantrell/ Claunch	Paul
Hello Little Girl	John Lennon & Paul McCartney	John (& Paul)
Three Cool Cats	Leiber/Stoller	George
Crying, Waiting, Hoping	Buddy Holly	George
Love Of The Loved	John Lennon & Paul McCartney	Paul
September In The Rain	Warren	Paul
Besame Mucho	Velazquez/Shaftel	Paul
Searchin'	Leiber/Stoller	Paul

Ein weiteres Indiz dafür, daß es sich um von Brian Epstein arrangierte Demo-Aufnahmen handelt, ist, daß die Lennon/McCartney-Kompositionen später ausnahmslos von Künstlern herausgebracht wurden, die Epstein ebenfalls managte. In allen Fällen sind die Arrangements sehr ähnlich den Aufnahmen mit den Beatles.

THE APPLEJACKS: *Like Dreamers Do* (1964)
THE FOURMOST: *Hello Little Girl* (1963)
CILLA BLACK: *Love Of The Loved* (1963)

Der Techniker, der die Beatles-Aufnahmen zum erstenmal hörte, war von der Musik begeistert und machte Epstein mit dem Musikverleger Syd Coleman bekannt. Dieser ermöglichte ihm ein Gespräch mit George Martin, Produzent bei der kleinen Plattenfirma Parlophone, die aber dem größten Schallplattenkonzern Englands angehörte, der EMI (Electric & Musical Industries).

GEORGE MARTIN, geboren am 3. Januar 1926 in London, erhielt seine musikalische Ausbildung auf der Guildhall School of Music. 1950 kam er zur EMI und war anfangs verantwortlich für Comedy-Produktionen (The Goons, Peter Sellers u. a.) und Solointerpreten der romantischen Welle (Matt Monroe, Shirley Bassey). Nachdem er sich die Demobänder der Beatles angehört hatte, gab er sein Okay zu Probeaufnahmen mit ihnen. Brian Epstein telegraphierte nach Hamburg, die Beatles beendeten ihr Engagement und fuhren nach London, um die vielleicht letzte Chance, an einen Plattenvertrag zu kommen, wahrzunehmen.
Am 6. Juni 1962 standen sie zum erstenmal George Martin in den Londoner EMI-Studios gegenüber. Sie spielten ihm ihre eigenen Lieder vor: *Love Me Do, Hello Little Girl, P.S. I Love You* und *Ask Me Why*. Erst Ende Juli ließ Martin wieder von sich hören: die EMI war bereit, ihnen einen Vertrag zu geben.
Wenige Tage später, am 11. Juni 1962, spielten sie diesmal für die BBC-Radiosendung »Here We Go« die Eigenkomposition *Ask Me Why* und zwei weitere Titel: *Besame Mucho* und *A Picture Of You*, Sendetermin: 15. Juni 1962.
Inzwischen waren die Beatles in und um Liverpool zur bekanntesten Band geworden. Im Cavern galten sie quasi als Hausband und zu ihren Auftritten in New Brighton, Hewall, Barnston, Southport, Chester und Manchester pilgerten immer mehr Fans. Am 17. August spielten Lennon, McCartney und Harrison das letzte Mal gemeinsam

mit ihrem alten Schlagzeuger Pete Best. Manager Brian Epstein hatte am Tag zuvor Pete mitgeteilt, daß er nicht mehr zur Gruppe gehören würde. Die Gründe für den Rausschmiß sind nie offengelegt worden, und es gab schon damals zumindest zwei Versionen. Die erste und gleichzeitig offizielle: George Martin habe das Schlagzeugspiel nicht gefallen. Die zweite, die die erste nicht ausschließt: Die Beatles, vor allem McCartney, wollten Pete Best nicht mehr in der Gruppe haben. Am 13. August wurde daraufhin Pete Best ausgebootet. Brian Epstein fiel die unangenehme Aufgabe zu, Pete mitzuteilen, daß er nicht mehr zur Gruppe gehöre. Seine drei Mitspieler hatten dazu begreiflicherweise keine Lust, zumal sie sich bereits hinter Petes Rücken nach einem anderen Schlagzeuger umgesehen hatten. Dieser Neue hieß mit bürgerlichem Namen Richard Starkey; er nannte sich Ringo Starr.

Ringo Starr wurde am 7. Juli 1940 als einziges Kind von Richard und Elsie Starkey in Liverpool geboren. Er wuchs in sehr bescheidenen Verhältnissen auf. Seine Eltern ließen sich drei Jahre nach seiner Geburt scheiden, 1953 heiratete Ringos Mutter wieder, und zwar einen gewissen Harry Graves. Da er in seiner Kindheit eine Reihe schwerer Krankheiten durchmachen mußte, brachte Ringo insgesamt fast drei Jahre in Krankenhäusern zu. So blieb es nicht aus, daß ihn seine Lehrer an der Liverpool Second Modern School und später am Riversdale Technical College nur selten zu Gesicht bekamen und ihm daher auch kein Abschlußzeugnis ausstellen konnten. Mit siebzehn stand Ringo vor dem Problem, ohne ausreichende Schulbildung an eine Lehrstelle zu kommen. In dieser gewiß nicht leichten Situation begann er sich für Musik zu interessieren. Vom ersten Geld, das er sich als Botenjunge und Hilfsarbeiter verdiente, kaufte er ein Schlagzeug und begann wie besessen zu üben. Als Mitbegründer der Eddie Clyton Skiffle Group fand er schnell Anschluß an die gerade im Entstehen begriffene Liverpooler Szene. Da Schlagzeuger in Liverpool rar waren, holte ihn Rory Storm in seine *Hurricanes*. Mit ihnen spielte er in den Sommermonaten in sämtlichen Feriencamps an der Südküste. Seine Vorliebe für große Ringe und Künstlernamen brachten Richard Starkey dazu, sich Ringo Starr zu nennen. Nach Saisonende wechselte die Gruppe auf den Kontinent über und kam auf dem Umweg über Frankreich auch nach Hamburg. Da er dort bereits einige Male als Ersatzschlagzeuger bei den Beatles eingesprungen war und ihn die Beatles – laut eigener Aussage – schon immer in der Gruppe haben wollten, gehörte er seit dem 18. August 1962 fest zu ihnen. Er schlug ein neues, lukratives Angebot Rory Storms aus.

Die Jahre 1962–1970

Nun überschlugen sich die Ereignisse: Ringo Starr spielte am 18. August 1962 im Cavern erstmals als Beatle. Das »Ereignis« wurde sogar von der lokalen Fernsehstation Granada TV gefilmt und existiert heute noch als Filmdokument: Die Beatles spielten *Some Other Guy*. Am 23. August heiraten John Lennon und Cynthia Powell, die ein Kind von ihm erwartete. Paul McCartney war Trauzeuge, und das »Hochzeitsmahl« fand im nahegelegenen Reeces Café statt: Sandwiches und Mineralwasser für alle! Für mehr reichte die Zeit nicht, denn am gleichen Abend traten die Beatles in Chester auf.

Am 11. September 1962 war es dann endlich soweit. Die Beatles nahmen im Abbey-Road-Studio 2 ihre erste Single auf: *Love Me Do* (A-Seite) und *P.S. I Love You* (B-Seite).

George Martin überraschte sie mit der Ankündigung, daß er, um kein Risiko einzugehen – Plattenfirmen investieren in Neulinge selten gerne viel Studiozeit und damit Geld –, den bekannten Session-Schlagzeuger Andy White zusätzlich engagiert hatte. Für Ringo kein sehr angenehmes Gefühl, gleich bei der ersten Produktion gegen einen Profi anspielen zu müssen. Die Platte erschien am 5. Oktober 1962 auf dem Parlophone-Label, und bis heute ist nicht klar, ob bei der damals veröffentlichten Version nun Ringo Starr oder Andy White am Schlagzeug saß.

Von einer neuen und völlig unbekannten Gruppe ein selbstkomponiertes Stück als A-Seite zu veröffentlichen, war damals ein unerhörtes Wagnis. Newcomer debütierten in der Regel mit Nachziehproduktionen bekannter Hits. Und so muß es dann auch als großes Verdienst George Martins gewertet werden, daß er den Beatles, trotz aller produktionstechnischen Hilfen, ihre musikalische Identität von Anfang an nicht beschnitten hat. Jahre später meinte er allerdings, daß die Beatles bei Plattenaufnahmen erst von ihrem dritten Album an als Gruppe im eigentlichen Sinn zusammengespielt haben. Wahrscheinlich wollte er mit dieser Bemerkung seinen eigenen Anteil an ihrer Entwicklung unterstreichen.

Die Plattenfirma EMI/Parlophone promotete die Single dadurch, daß drei Wochen lang *Love Me Do* je zweimal im eigenen Programm bei Radio Luxemburg gesendet wurde. Heute noch sind die Luxemburger stolz darauf, die ersten gewesen zu sein, die eine Beatles-Platte gespielt haben.

Während dieser Zeit absolvierten die Beatles weiterhin etwa 20 Auftritte pro Monat, und immer häufiger wurden speziell bei der BBC aufgenommene Titel der Beatles gesendet: Am 26. Oktober 1962 in »Here We Go«: *Love Me Do*, *A Taste Of Honey* und *P.S. I Love You* und am 4. Dezember 1962 in »The Talent Spot«: *Love Me Do*, *P.S. I Love You* und *Twist And Shout*.

Wenige Tage zuvor, am 26. November 1962, fanden zum zweiten Mal Plattenaufnahmen bei EMI statt. George Martin wollte *How Do You Do It* als zweite Single herausbringen, doch sprach sich insbesondere John Lennon gegen diese Komposition von Mitch Murray aus. Der Titel wurde zwar aufgenommen, wurde jedoch bis heute nicht veröffentlicht. (1985 wollte die EMI die LP *Sessions* mit *How Do You Do It* und anderen Raritäten herausbingen, aber Ringo Starr verweigerte seine Zustimmung.) Als »Alternative« boten sie George Martin an, die Eigenkomposition *Please Please Me* als A-Seite herauszubringen. So wurde dieser Song und *Ask Me Why* (B-Seite) aufgenommen und am 12. Januar 1963 veröffentlicht.
Zuvor gastierten die Beatles vom 18. bis 31. Dezember 1962 zum letzten Mal im Hamburger Star-Club. Über diese Zeit wird 1969 George Harrison in einem Interview einmal sagen: »Für mich ist es ganz sicher, daß wir unseren Höhepunkt als Live-Band in Hamburg erreicht hatten. Da wir noch nicht berühmt waren, wurden die Leute von unserer Musik angezogen oder von der wie immer gearteten Stimmung, die wir verbreiteten . . . Und wir mußten als Band schon sehr gut sein, um jede Nacht acht Stunden spielen zu können . . . Als Gruppe rückten wir sehr eng zusammen in Hamburg.«
Vom letzten Auftritt (31. Dezember 1962) im Star-Club gibt es ein Tondokument. Der Rock'n'Roller King »Size« Taylor hatte ein Tonband mitlaufen lassen und sich später angeblich bescheinigen lassen, daß er über diese Aufnahmen verfügen könne. Im April 1977 erschienen diese Aufnahmen erstmals in Form einer Doppel-LP. Um eventuellen rechtlichen Schwierigkeiten aus dem Weg zu gehen, wurde als Aufnahmedatum der April 1962 angegeben, weil die Beatles zu diesem Zeitpunkt noch keinen Plattenvertrag hatten. Tatsächlich stammen die Aufnahmen vom 31. Dezember 1962.

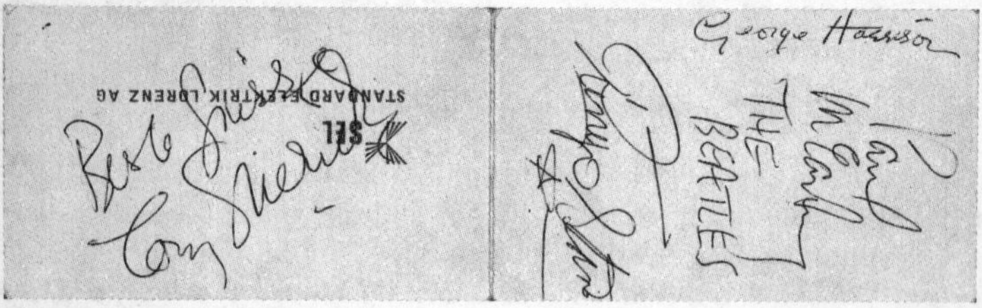

Ein Autogramm von damals: »Beste Grüße, Toni Sheridan« und die Unterschriften von Paul, George und Ringo.

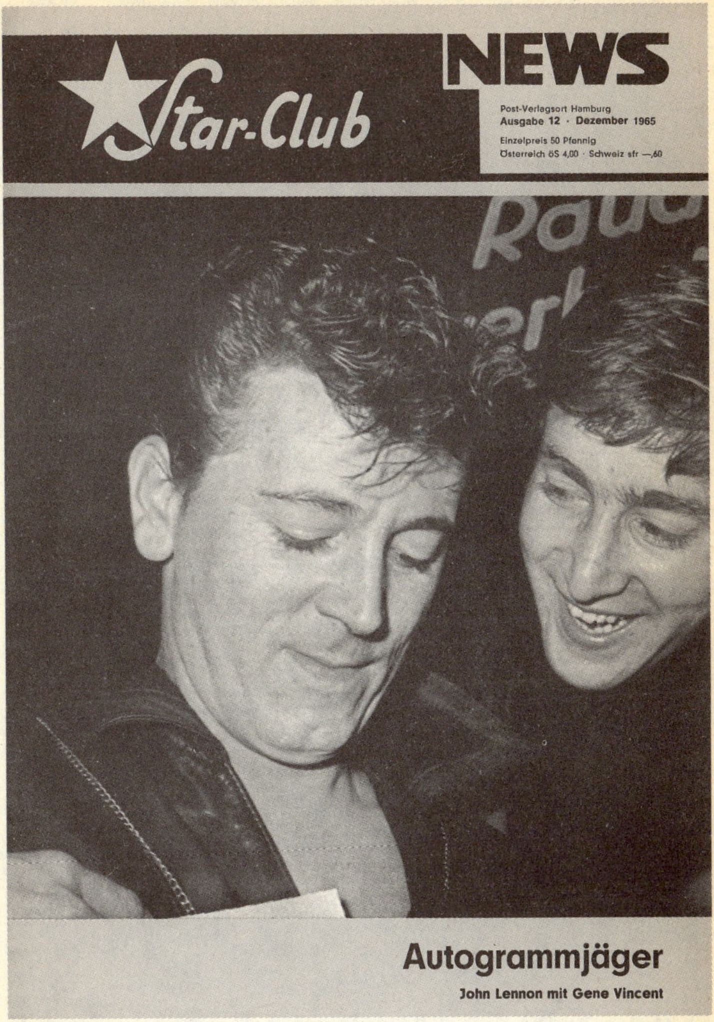
Star-Club
NEWS
Post-Verlagsort Hamburg
Ausgabe 12 · Dezember 1965
Einzelpreis 50 Pfennig
Österreich öS 4,00 · Schweiz sfr —,60
Autogrammjäger
John Lennon mit Gene Vincent

Währenddessen war Brian Epstein nicht untätig. Er verpflichtete Dick James als Musikverleger und gründete mit ihm die Northern Songs Limited. Als die vier nach Liverpool zurückkehrten, lag die Beliebtheitsliste des New Musical Express für das abgelaufene Jahr 1962 vor. Die Beatles standen mit 3906 Stimmen an achter Stelle. Nicht umwerfend, aber sie waren dabei. Gewinner der Umfrage wurden die *Springfields* mit 21843 Stimmen.
Mitte Januar 1963 erschien *Please Please Me*. Um den Plattenverkauf anzukurbeln, schickte Epstein sie auf ihre erste große Englandtournee. Der Star war zunächst Helen Shapiro, die Beatles standen an vierter Stelle auf dem Programm. Das sollte sich schlagartig ändern, als am 16. Februar die Platte Nr. 1 der Charts (Hitlisten) wurde und sie damit automatisch zur Hauptattraktion der Show aufrückten.
Am 12. Februar traten sie in der überregionalen Fernsehsendung »Thank Your Lucky Stars« (ABC-TV) auf, im März folgte die nächste Tournee mit Chris Montez und Tommy Roe. Beide hatten Schwierigkeiten, sich gegen die englischen Aufsteiger zu behaupten. Die Arbeit an der ersten LP schloß sich an.
Am 11. Februar 1963 nahmen die Beatles (wieder im Abbey-Road-Studio 2) für ihre erste LP folgende Titel auf: *I Saw Her Standing There*, *Misery*, *Anna*, *Chains*, *Boys*, *Baby It's You*, *Do You Want To Know A Secret*, *A Taste Of Honey*, *There's A Place* und *Twist And Shout*. (Die Titel *Ask Me Why*, *Please Please Me*, *Love Me Do* und *P.S. I Love You*, ebenfalls auf der ersten LP *Please Please Me*, waren ja bereits eingespielt.)
Außerdem nahmen die Beatles die Songs *Bad To Me*, *I'm In Love*, *Hold Me Tight*, *Keep Your Hands Off My Baby* und *I'll Keep You Satisfied* auf, die jedoch keine Berücksichtigung fanden.
Die LP *Please Please Me* kam am 5. April auf den Markt und blieb sechs Monate in den Charts. Am 8. April wurde Johns Sohn Julian im Shefton-Krankenhaus geboren. Drei Tage später erschien die dritte Single *From Me To You*, die in den Hitparaden sofort auf den ersten Platz schoß. Die folgende Englandtournee – sie wurden begleitet von Roy Orbison und *Gerry and the Pacemakers* – von Mai bis Juni 1963 wurde zu einem Triumphzug für die Beatles. Es kam zum erstenmal zu Tumulten. Ganz England kannte sie mittlerweile. Es blieb ihnen nichts anderes übrig, als von Liverpool Abschied zu nehmen und nach London überzusiedeln. Am 3. August gaben sie ihr 294. und letztes Konzert im Cavern-Club.
Mit dem 23. August 1963 hörten die Beatles auf, eine »normale«

Band zu sein. Die ganze britische Insel schwamm plötzlich auf einer überschäumenden Woge der Begeisterung, die bis in die entferntesten Winkel des United Kingdom reichte, denn an diesem Tag kam *She Loves You* in die Schallplattengeschäfte. Innerhalb eines Monats wurden davon eine Million Stück verkauft. Nun konnten auch die Macher von Englands beliebtester Fernsehshow »Sunday Night At The Palladium« nicht mehr an den Beatles vorbei. Dies war der erste Live-Auftritt der Beatles, der vom Fernsehen direkt übertragen wurde. Die Sendung erreichte eine Sehbeteiligung von fast dreißig Millionen Zuschauern – eine neue Rekordmarke in Großbritannien. Was von jetzt an auf die Beatles einstürmte, war bis dahin ohne Beispiel im internationalen Showgeschäft und wird es wahrscheinlich auf absehbare Zeit auch bleiben.

Am 16. Oktober erfuhren sie, daß man erwog, sie zur alljährlichen »Royal Variety Performance« ins Prince of Wales Theatre einzuladen, dieser traditionsreichen Galavorstellung der berühmtesten Künstler der Welt vor der königlichen Familie. Da die Show erst am 4. November stattfand, absolvierten die Beatles zuvor noch ihre erste größere Auslandstournee, die sie durch Schweden führte.

Am Abend des 4. November schien ganz London auf den Beinen zu sein. Man strömte zusammen, um vielleicht, falls man viel Gück hatte, einen kurzen Blick auf die Stars der diesjährigen Royal Variety Performance werfen zu können: Marlene Dietrich, Maurice Chevalier und zuallererst . . . die Beatles. Sie spielten *From Me To You*, *She Loves You*, *Till There Was You* und *Twist And Shout*. Bei der Ansage zu *Twist And Shout* leistete sich John Lennon die ironische Bemerkung: »Für unsere letzte Darbietung möchten wir Sie um Ihre Hilfe bitten. Die Leute auf den billigen Plätzen klatschen in die Hände, und die übrigen rasseln einfach mit ihren Juwelen.« Bei jedem anderen Künstler hätte dieser Satz, zur königlichen Familie hinauf gesprochen, der weiteren Karriere einen abrupten Schlußpunkt gesetzt. Den Beatles verzieh man sogar dies. Als am Sonntag darauf diese Show im Fernsehen übertragen wurde, saßen nicht weniger als 26 Millionen Engländer vor ihren Empfängern.

Jahrelang hat man gerätselt, ob Lennon diese Äußerung spontan oder vorbereitet machte. Die Lösung selbst findet man am ehesten, wenn man sich seine Worte im Originalton anhört – inzwischen gibt es eine Raubpressung mit dem kompletten Auftritt. Die Sätze sind so akzentuiert gesprochen, die Kunstpause so effektvoll eingesetzt, daß es sich nur um eine vorbereitete Äußerung handeln kann. Die

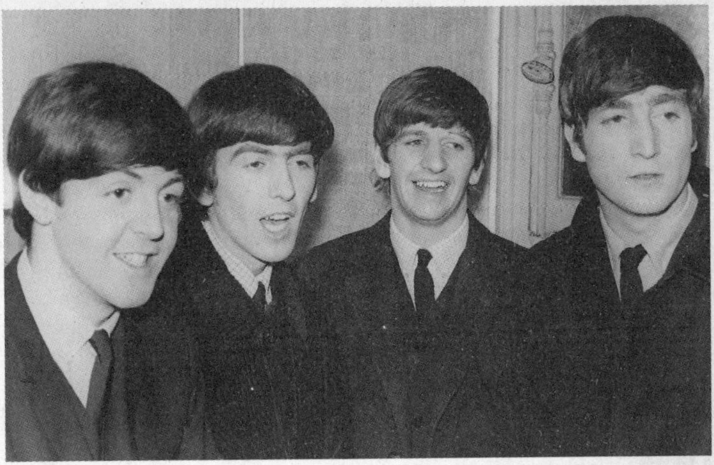

Beatles waren nicht nur Musiker, sie waren sich auch der Wirkung ihrer Späße bewußt. Am nächsten Morgen berichteten alle Zeitungen über den Ausspruch Lennons. Die Erwachsenen empfanden diese Respektlosigkeit schlichtweg als »shocking«, die Jugendlichen fanden sie einfach toll.
Um einen Eindruck davon zu gewinnen, in welch ungeheurem Tempo und mitreißender Dynamik die Karriere der vier, einmal in Gang gekommen, sich fortentwickelte, braucht es nur einiger weniger Zahlen. Ihre Plattenverkäufe jener Zeit sind ein brauchbarer Gradmesser für die grenzenlose Begeisterung – genannt »Beatlemania« – eines nach Millionen zählenden Publikums.
Für die zweite LP *With The Beatles* lagen Vorbestellungen für über 250 000 Stück vor. Elvis Presley hielt bisher den Rekord mit 200 000 Exemplaren. Sieben Tage später erschien die Single *I Want To Hold Your Hand*, die eine weitere Steigerung brachte. Sie war über eine Million mal vorbestellt worden. Und so ging es bis zum Jahresende weiter. Anfang Dezember sind die Beatles mit nicht weniger als sieben Titeln gleichzeitig in der britischen Top Twenty-Liste vertreten. Im Pop Poll, der Beliebtheitsumfrage des New Musical Express, standen sie mit 14 666 Stimmen an erster Stelle. Von *She Loves You* wurden bis Ende 1963 allein in England 1,3 Millionen Stück abgesetzt, von *I Want To Hold Your Hand* noch mal fast ebenso viel. Und das bereits zu einer Zeit, in der die Verbreitung der elektronischen

Unterhaltungsmedien, im Vergleich zu heute, noch in den Anfangsstadien steckte.
Nach einem Auftritt in der Fernsehserie »Juke Box Jury« am 7. Dezember ging es vierzehn Tage später zur ersten Beatles Christmas Show nach Bradford und Liverpool. Mit dabei waren – treffender ausgedrückt müßte man sagen, im Rahmenprogramm wirkten mit: Rolf Harris, The Baron-Knights, The Fourmost, Billy J. Kramer and the Dakotas, Tommy Quickly und Cilla Black.
Ihr erstes und überaus erfolgreiches Jahr endete mit einer Auszeichnung besonderer Art. Im Jahrbuch der Encyclopedia Britannica wurden sie mit dem Satz gewürdigt: »1963 war das Jahr der Beatles.«
Anfang 1964, nur fünfzehn kurze Monate nach der ersten Single, lag ihnen ganz England zu Füßen; jetzt galt es, das Ausland zu erobern. Am 15. Januar kamen sie nach Frankreich, das bisher englischen Popimporten immer recht reserviert gegenübergestanden hatte. Nach anfänglichen Schwierigkeiten gelang es ihnen, auch das verwöhnte Publikum des Pariser Olympia für sich einzunehmen. Noch während sie in Paris auf der Bühne standen, erreichte sie eine Nachricht, mit der sie nie und nimmer gerechnet hatten. Sie waren mit *I Want To Hold Your Hand* innerhalb von nur drei Wochen die Nr. 1 der US-Hitparade geworden. In diesem Augenblick bewies Brian Epstein wieder einmal, daß er die 25% wert war, die ihm die Beatles von ihren Gagen zahlten. Er arrangierte eine Tournee in den USA. Die amerikanische Capitol erklärte sich auf Drängen Epsteins schließlich bereit, 150000 Dollar in die Promotion zu pumpen.
Am 7. Februar 1964 landeten die Beatles um 13.35 Uhr auf dem New Yorker Kennedy-Airport. Brian Epstein hatte ganz bewußt diesen schulfreien Tag gewählt. Zuvor wurden Handzettel verteilt: »Die Beatles kommen!« Und jedem, der zum Flughafen käme, wurde eine Beatles-Platte versprochen. Die neugeworbenen Fans bekamen ihre Platten und die Presse ihre Schlagzeilen: Die Polizei sah sich machtlos einer 10000köpfigen Menge gegenüber, die in Massenhysterie ausbrach und den Flughafen für Stunden lahmlegte. Währenddessen fuhren die Beatles, Manager Brian Epstein, die Road-Manager Neil Aspinall und Mal Evans sowie Johns Ehefrau Cynthia in Cadillacs mit Aircondition zum Plaza Hotel, wo auch die erste Pressekonferenz der Beatles in den USA stattfand. Am anderen Morgen besuchten John, Paul und Ringo den Central Park in New York, begleitet von fast vierhundert kreischenden Mädchen und unter starkem Andrang der Presse. Nachmittags fanden die Proben

für die anstehende TV-Show statt, Ankleide-Proben am nächsten Tag und dann der TV-Live-Auftritt für ca. 73 Millionen Zuschauer. Der nächste Tag (10. Februar 1964) war vollgestopft mit weiteren Interviews für TV, Radio und Presse. Am 11. Februar fuhren sie mit dem Zug von New York nach Washington, wieder mit einem Troß von Reportern im Schlepptau. Nach einer Pressekonferenz gaben sie am Abend ihr Konzert im Washington Coliseum. Wieder in New York, gaben die Beatles zwei weitere Konzerte, diesmal in der Carnegie Hall vor jeweils 6000 Besuchern. Beide Shows wurden von EMI in Stereo aufgezeichnet, jedoch nie veröffentlicht.
Am 16. Februar flogen die Beatles nach Miami Beach. Dort fand live im Mau Mau Club des Deauville Hotels die zweite »Ed Sullivan Show« mit den Beatles statt. Die dritte Show, eine Aufzeichnung, wurde am 23. Februar ausgestrahlt.

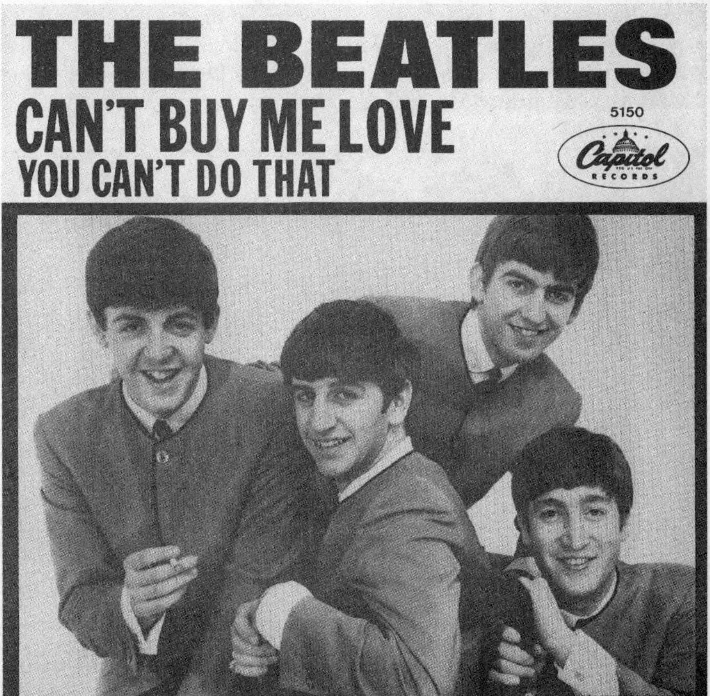

Inzwischen waren die Beatles wieder in England, als am 20. März 1964 die Single *Can't Buy Me Love* erschien. Es klingt unfaßbar, selbst für unsere mittlerweile an Superlative gewöhnten Ohren, aber allein in England und USA waren schon vor dem Veröffentlichungsdatum Vorbestellungen in Höhe von drei Millionen Stück bei den Händlern eingegangen. Die reibungslos und perfekt funktionierende Showmaschinerie des größten Plattenmarktes der Welt potenzierte die Erfolge der Beatles zu einer nie erlebten völligen Beherrschung eben dieses Marktes. Als ob riesige Dämme gebrochen wären, überschwemmte ihre Musik die Hitparaden der USA. Bis zu dreizehn Titeln gleichzeitig, davon Platz eins bis fünf hintereinander, waren zeitweise in der Top 100 Chart notiert.
In London wurden unterdessen John Lennons schriftstellerische Talente einer besonderen Auszeichnung für wert befunden. Man lud ihn anläßlich des Erscheinens seines ersten Buches *In His Own Write* zum »literarischen Frühstück« in die renommierte Buchhandlung Foyles ein. Der letzte, dem diese Ehre zuvor zuteil geworden war, war kein Geringerer als George Bernhard Shaw. Lennon bedankte sich statt einer von ihm erwarteten Rede mit den Worten: »Gott segne Sie!«

Der 6. Mai brachte dann wieder für alle vier einen Anlaß zur Freude. Das britische Fernsehen widmete ihnen ein ausführliches Bildschirmporträt unter der Überschrift »Around the Beatles«.
Mittlerweile wurden die Ruhepausen zwischen den einzelnen Aktivitäten immer kürzer. In einem klug kalkulierten und dichtgedrängten Terminplan nutzte Brian Epstein die erste Woge des frischen Ruhms, um die Beatles zu immer neuen Höhen weltweiter Popularität hinaufzukatapultieren. Ihre bislang anstrengendste und ausgedehnteste Tournee führte sie im Juni durch Holland, Dänemark, Hongkong, Australien und Neuseeland, wo sie besonders enthusiastisch gefeiert wurden. 300 000 Menschen sollen, dem Polizeibericht zufolge, damals die Straßen von Adelaide (Australien) gesäumt haben, um ihnen zuzujubeln. Ringo Starr hatte leider nicht sehr viel von diesem Triumphzug. Er konnte ihn nur vom Londoner Krankenbett aus auf dem Fernsehschirm mitansehen, da ihm kurz vor Beginn der Tournee die Mandeln entfernt werden mußten. Die drei anderen wollten ohne ihn zunächst gar nicht fahren. Erst auf Epsteins hartnäckiges Drängen hin akzeptierten sie Jim Nichols als Ersatzmann.

Am 6. Juli fand in Englands Hauptstadt die Premiere ihres ersten Kinofilms *A Hard Day's Night* in Anwesenheit von Prinzessin Margret und Lord Snowdon statt. Film plus dazugehörendes Soundtrack-Album mußten innerhalb weniger Wochen unter großem Zeitdruck fertiggestellt werden, und wurden zu einem erneuten Meilenstein ihrer Karriere. Der Film, so dozierten die Kritiker, wäre brillant genug, die britische Filmindustrie mit einem Schlag um gut zehn Jahre nach vorn zu treiben. Das Album war ihr erstes, das ausschließlich eigenes Material enthielt – man rühmte sie als die besten Songschreiber seit Schubert.
Erst Ende Juli, Anfang August hatten die Beatles Gelegenheit, zum erstenmal einen kurzen Urlaub einzuschieben. John und George suchten sich die Kanarischen Inseln aus, Ringo und Paul die Bahamas. Brian Epstein bereitete während dieser Zeit ihre zweite Amerikatournee vor. Sie führte vom 19. August bis 21. September über die Entfernung von 22441 Meilen durch 24 Städte. In Kansas City bekamen sie für ihren halbstündigen Auftritt die bislang höchste Gage, die je in den USA gezahlt worden war: 150000 Dollar. Unter diesen Umständen fiel es Epstein nicht schwer, das Angebot eines New Yorker Syndikats abzulehnen. Die Herren boten ihm für die Abtretung seiner Rechte an den Beatles die astronomische Summe von 3175000 Pfund Sterling!

YEAH!
YEAH!
YEAH!
DIE BEATLES
im Verleih der United Artists

Eine vierwöchige Englandtournee schloß sich an, die wiederum in die Proben für die neue Christmas Show einmündete – Premiere am 24. Dezember im Hammersmith Odeon, wo auch die Dreharbeiten für ihren Film *A Hard Day's Night* stattgefunden hatten.
Und auch das hat es damals gegeben: In Londons Straßen wurden am 11. Februar 1965 Hunderte von jungen Mädchen in Trauerkleidung gesehen, denn an diesem Tag führte Ringo seine langjährige Freundin Maureen Cox zum Traualtar. Für die Flitterwochen blieben den beiden nur wenige Tage in der englischen Grafschaft Sussex, denn nach einigen Terminen im Plattenstudio flogen die Beatles am 22. Februar 1965 von London über New York auf die Bahamas. Dort begannen die Dreharbeiten zu ihrem zweiten Film *Help!*. Regie führte, wie schon bei *A Hard Day's Night*, Richard Lester.
Am 10. März 1964 traten sie die Heimreise nach London an, um kurze Zeit später, am 13. März, nach Salzburg zu jetten.

Bei der Ankunft entstand folgende Reportage:
FLUGHAFEN-DURCHSAGE: Achtung bitte! British European Airways aus London ist gelandet. – British European Airways flight from London has now landed.
REPORTER: Mit dieser Maschine treffen auf dem Flughafen in Salzburg prominente Fluggäste ein: die Beatles! Jetzt hier am Flughafen warten etwa hundert Foto-Reporter, Wochenschau- und Fernsehkamera-Leute darauf, daß die Beatles über die Gangway herauskommen. Und außerhalb des Flughafengebäudes sind einige Studentengruppen, die haben unter anderem die Transparente »Beatles go home!« und – unter anderem auch – »Verstärkung für den Alpen-Zoo!«. (Fangeschrei) Und da tauchen sie auf, die Beatles, ganz in Schwarz gekleidet; schwarze Schals. Und unter dem Geschrei und Gejohle der Jugend verlassen sie die Maschine. Noch einmal müssen sie an der Gangway stehenbleiben, um für die Fotografen in Pose zu sein.
Die Beatles werden aufgefordert, die Pässe vorzuweisen . . .
RINGO STARR: Passports? We all let them off the plane.
REPORTER: Aber sie sagen, wir haben sie nicht zur Hand. – Hello, welcome in Austria.
PAUL MCCARTNEY: Thank you very much, same to you.
REPORTER: You have a nice weather.
PAUL MCCARTNEY: Ja, danke schön.
REPORTER: Who was skiing from you? John, you was skiing?

John Lennon: Yes, I was skiing.
Reporter: In Davos?
John Lennon: No, in St. Moritz.
Reporter: In St. Moritz?
John Lennon: Ja.
Reporter: And you'll be skiing in Obertauern again?
John Lennon: I hope so.
Reporter: I hope for good luck!
John Lennon: Thank you!
Reporter: Also, John ist der einzige von den Beatles, wie wir eben aus ihrem eigenen Munde hörten, der schon Ski gelaufen ist in St. Moritz, und er sagt, er wird auch wieder am Obertauern laufen. Die Beatles wissen natürlich Publicity zu schätzen, und bei der Pressekonferenz im Österreichischen Hof sitzen sie jetzt im Glaspavillon, und neben mir ist Ringo. Ringo, you never was skiing in your life?
Ringo Starr: Never.
Reporter: Ringo ist nie in seinem Leben Ski gelaufen. Did you heard, on the Obertauern, there you go now and make a picture, was last week an avalanche . . .
Ringo Starr: Somebody said there's one now and that's why we can't go yet. We have to wait till six o'clock.
Reporter: Ja. Ringo sagte, er weiß von dem Lawinenunglück in der vergangenen Woche. Und er sagte, wir müssen jetzt bis sechs Uhr warten, denn die Straße ist wieder gesperrt. Are you not afraid about avalanches?
Ringo Starr: No.
Reporter: Nein, er ist nicht beängstigt wegen einer eventuellen Lawine.
Ringo Starr: It's like going in a plane, you know. Just the same chance.
Reporter: Also Ringo sagt, es ist die gleiche Chance, die man hat, wenn man in ein Flugzeug steigt, denn auch da . . .
Ringo Starr: . . . if you have an avalanche.
Reporter: . . . ja, es ist dasselbe wie bei einer Lawine. Ringo, can you tell me for the German broadcasting corporation, for the German listeners, do you have a new song in the new picture what you have now . . .
Ringo Starr: The name of the new hits?
Reporter: Yes.

RINGO STARR: No, we can't tell the title yet.
REPORTER: It's a secret?
RINGO STARR: Yes.
REPORTER: Ich fragte Ringo nach den Namen einer der Schlager, die sie nun im neuen Film bringen, aber er sagt, nein, das ist ein Geheimnis, er kann das nicht sagen. Und nun habe ich eine Frage für unsere deutschen Hörer an Ringo: Ringo, are that your own hair, or is this a wig?
RINGO STARR: No, it's my own, not a wig.
REPORTER: Can I try?
RINGO STARR: Yes, have a pull!
REPORTER: O ja! (lacht) Also, ich habe Ringo gefragt, ob er eine Perücke trägt, oder ob es seine eigenen Haare seien, aber er sagt nein. Also keine Perücke! – Do you speak some German?
RINGO STARR: No, not really. Only a few words: bitte, wie geht's, wie geht's du denn, was das denn . . .
REPORTER: Das waren also die Deutsch-Kenntnisse von Ringo. Nun eine Frage an John Lennon: Wieviel Einkommen-Steuer zahlten Sie im letzten Jahr? How many income tax have you paid last year?
JOHN LENNON: A lot.
REPORTER: A lot, sehr viel, or too much?
JOHN LENNON: Zu viel!
REPORTER: Damit also darf ich sagen, wir haben eine sehr turbulente und interessante Pressekonferenz hinter uns, und wir verabschieden uns wieder von den Beatles und schalten zurück ins Funkhaus.

In Obertauern filmten die Beatles täglich etwa acht Stunden, daheim in London fanden bis Mitte Mai 1965 weitere Dreharbeiten in den Twickenham-Filmstudios statt.
Anfang Juni begann es in der Londoner Gerüchteküche zu brodeln. Erste Hinweise tauchten auf, daß man sich an höchster Stelle mit ihnen beschäftigte – sie sollten einen Orden bekommen! Die Gerüchte wurden zur Gewißheit, als am 12. Juni der Buckingham Palace offiziell bekanntgab, daß den Beatles wegen ihrer Verdienste um die britische Exportindustrie der Orden MBE (Member of the Order of the British Empire) fünfter Klasse verliehen werden würde. Überreicht werden sollte ihnen die Auszeichnung am 26. Oktober 1965. Mit Ausnahme von Paul haben sie diese Ordensverleihung freilich nicht ganz ernst genommen, ihren Reaktionen nach zu urteilen.

George Harrison: »Ich hätte nicht gedacht, daß man fürs Rock'n'-Roll-Spielen einen Orden kriegt!«
Ringo: »Das ist ein erstklassiger Orden, genau wie die Inschrift, oder? Ich werde ihn aufbewahren, um ihn zu tragen, wenn ich alt bin. Es ist so ein Zeug, was man aufbewahren möchte.«
John: »Ich dachte, du müßtest Panzer fahren oder Kriege gewinnen, um den MBE zu bekommen.«

Um sein zweites Buch *A Spaniard In The Works* der Öffentlichkeit vorzustellen, unterbrach John am 25. Juni für einen Tag die gerade laufende Europatournee, die durch Frankreich, Italien und Spanien führte. Ab 4. Juli waren sie wieder in England und bereiteten die Premiere des Films *Help!* vor. Wieder mußte die Musik zum Film unter Zeitdruck produziert werden. Die permanenten Zwänge, unter denen sie während dieser Zeit standen, und denen sie (noch) keinen Widerstand entgegenbringen konnten oder wollten, veranlaßten John, sich später ausdrücklich von diesem Projekt zu distanzieren. Das Filmprojekt hatte zunächst den Arbeitstitel *Eight Arms To Hold You*, unter dem der Streifen auch in die Kinos kommen sollte. Lennon hatte sogar schon einen gleichnamigen Song geschrieben, als man in letzter Minute den Film in *Help!* umbenannte. Nicht rechtzeitig genug, um den Aufdruck *From The United Artists Release Eight Arms To Hold You* auf der amerikanischen Single *Ticket To Ride* (Capitol 5407) abzuändern.

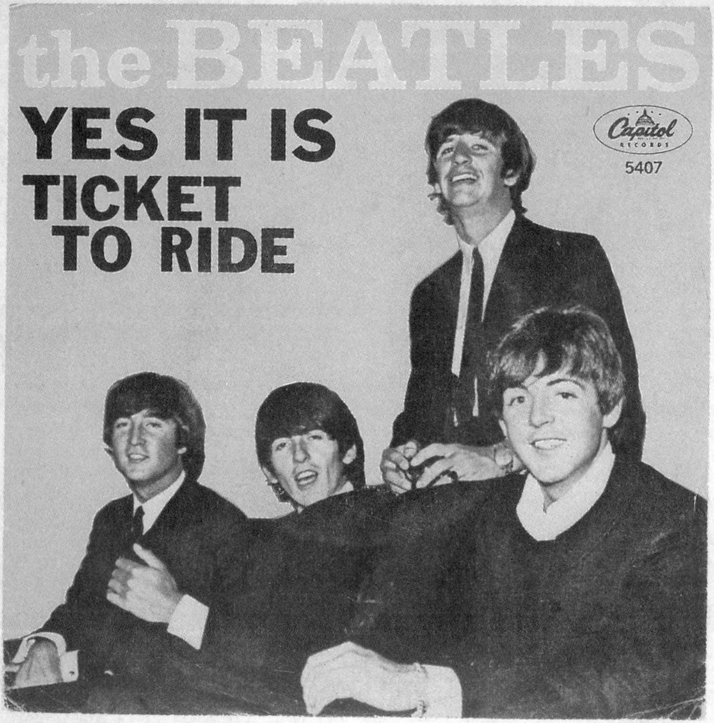

Wenig Zeit blieb auch für die Vorbereitung der neuen USA-Tournee. Am 24. August traten sie erneut in der »Ed Sullivan Show« auf, die nicht live gesendet wurde, sondern zeitversetzt am 9. September 1965.

Zum bis dahin gigantischsten Ereignis der Rockgeschichte wurde ihr Auftritt im New Yorker Shea Stadium. Dort, wo sonst die besten Baseballteams der USA aufeinandertreffen, spielten die Beatles unter freiem Himmel vor 55 000 tobenden, schreienden, frenetisch jubelnden Fans. Mit zwölf Kameras wurde das Spektakel für den Fernsehfilm »Shea« festgehalten. Der Film beginnt damit, daß die Beatles ihren letzten Song *I'm Down* spielen. Dann wurde – praktisch als Rückblende – nicht nur das Konzert der Beatles gezeigt,

sondern auch die ganze Atmosphäre drumherum geschildert. Einen kleinen Kunstgriff erlaubten sich die Filmemacher: Ringos Gesang auf *Act Naturally* muß wohl nicht gerade zufriedenstellend ausgefallen sein, vielleicht weil die Beatles es speziell nur für diesen Auftritt, statt des üblichen *I Wanna Be Your Man*, spielten. So legte man kurzerhand die Schallplattenaufnahme unter Fangeschrei und schnitt hier und da ein paar Takte heraus, um die Aufnahme mit dem Bild zu synchronisieren. Den Teenagern im Shea Stadium dürfte der etwas daneben geratene Gesang nicht aufgefallen sein, denn beim Stand der damaligen Verstärkertechnik dürfte es so gut wie ausgeschlossen gewesen sein, daß irgend jemand dieser 55 000 überhaupt etwas von der Musik mitbekommen hat. Erst sechs Jahre später, vor dem Hintergrund einer ins Riesenhafte gewachsenen Popularität der Rockmusik, gelang es der amerikanischen Gruppe *Grand Funk Railroad,* bei einem einzigen Konzert eine noch größere Zuschauerkulisse zu mobilisieren.

Inzwischen wurde auch dieser Rekord längst übertroffen. Aber – dies sei an dieser Stelle einmal eingeschoben – die Rekorde der Beatles (Schallplatten-Verkaufszahlen, Konzertbesucher-Zahlen etc.) müssen vor dem Hintergrund der damaligen Zeit betrachtet werde. Musik für junge Leute wurde bis dahin allenfalls in größeren Theatern gespielt. Eine Mobilisierung von Tausenden von Jugendlichen für ein einziges Konzert war praktisch undenkbar. Ebenso war der Markt für Schallplatten längst nicht so groß wie heute. Das heißt: Wenn damals eine Single eine Million mal verkauft wurde, müßte man diese Zahl – um sie in die heutigen »Marktverhältnisse« zu übertragen – etwa mit 10 multiplizieren.

London, im Herbst 1965: Den Beatles wurden auf einen Schlag fünf Ivor-Novello-Medaillen überreicht, eine Auszeichnung der britischen Schallplattenindustrie, dem Oscar im Filmgeschäft vergleichbar. Sie planten für den Dezember eine neue England-Tournee, die Arbeiten an der LP *Rubber Soul* begannen, und die Verleihung des Ordens MBE durch die Königin am 26. Oktober bewirkte, daß auf den Buckingham Palace ein Regen von zurückgeschickten Medaillen anderer Ordensinhaber niederging. Vornehmlich Militärs waren es, die ihre jahrzehntelange Pflichterfüllung im Dienste der Krone durch die Verleihung desselben Ordens an eine Popgruppe herabgesetzt glaubten.

Die Jahreswende 1965/66 verbrachten die Beatles, da keine Christmas Show mehr auf dem Programm stand, im Kreise ihrer Familien.

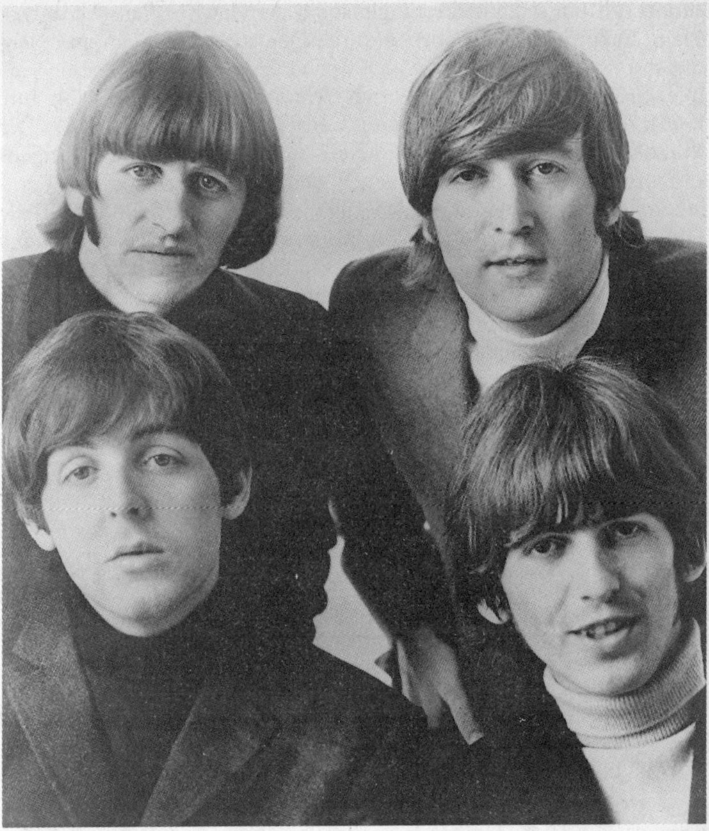

George nützte die Zeit der relativen Ruhe, um die Hochzeit mit Pattie Boyd, die er bei den Dreharbeiten zu *A Hard Day's Night* kennengelernt hatte, vorzubereiten. Die Trauung fand am 21. Januar 1966 im Epson Register Office statt. Damit war Paul als einziger noch Junggeselle, was wohl damals nur seine Dauerverlobte Jane Asher betrübt haben dürfte.

Nach all der Hektik, dem Streß und der Überbeanspruchung während der vergangenen Jahre wurde 1966 zum bisher ruhigsten Jahr ihrer Karriere. Die ersten drei Monate reservierten sie für einen ausgedehnten Urlaub, von dem sie erst Anfang April nach London zurückkehrten. Eine neue Single stand ins Haus – *Paperback Writer* –, außerdem eine Tournee durch Deutschland, Japan und Neuseeland.

In Deutschland gaben sie je zwei Konzerte in München (24. Juni 1966), Essen (25. Juni 1966) und Hamburg (26. Juni 1966). Die Bravo-Beatles-Blitz-Tournee war ein voller Erfolg – wie übrigens alle ihre Konzerte! Das Münchener Abendkonzert wurde vom Fernsehen aufgezeichnet und wenige Tage später ausgestrahlt, bis auf die Titel *She's A Woman*, *If I Needed Someone*, *Day Tripper*, *I Wanna Be Your Man* und *Paperback Writer*. Ob diese Titel damals mitgefilmt oder später »nur« der Schere zum Opfer gefallen sind, konnte bis heute nicht geklärt werden. Die beiden Auftritte in Essen wurden nicht gefilmt, von einem der beiden Hamburger Auftritte tauchten »Schnipsel« in der deutschen Fernsehsendung »Monographien: Damals in Hamburg« (1966) und kurioserweise in der in Australien (!) gezeigten Sendung »Rock Arena Special: The Legend Beatles« (1982) auf.

Nr. 27 27. Juni 1966 – DM 1,– · öS 6,– · sfr 1,20 · Lire 200,– · sh 2/6 · skr 1,50 inkl. oms. · Ptas 20
B 1917 C
BRAVO
Über 1,1 Millionen Druckauflage

Erwähnenswert ist die Pressekonferenz der Beatles in Hamburg, in der sich Paul McCartney massiv über die dümmlichen Fragen der Reporter beschwert (TV-Sendung »Monographien: Damals in Hamburg«).
Ihr Auftritt in der Hamburger Ernst-Merck-Halle am 26. Juni als Abschlußkonzert der dreitägigen Deutschlandtournee wurde zu einer grandiosen Wiedersehensfeier mit alten Bekannten aus der Top-Ten- und Star-Club-Zeit. Obwohl es den Beatles aus »Sicherheitsgründen« untersagt war, das Hotel zu verlassen, schlichen sie sich nachts aus einem Fenster.

Das gleiche Programm wie in Deutschland spielten die Beatles auch sechsmal an drei Tagen in der Budo Kan Hall in Tokio: am 30. Juni, 1. und 2. Juli 1966.
In Manila traten die Beatles vor 100 000 (!) Besuchern auf. Anschließend gab es den einzigen ernsthaften Zwischenfall mit der Polizei, die sehr aggressiv reagierte, weil die Beatles eine Einladung der damaligen First Lady Imelda Marcos nicht angenommen hatten.
Im Anschluß flogen die Beatles nach Neu-Delhi, wo sich George zum erstenmal mit Ravi Shankar, einem der prominentesten Sitarspieler Indiens, traf.
Kurz vor Beginn ihres Amerikatrips erregte ein Satz John Lennons, aus dem Zusammenhang eines drei Monate alten Interviews der Kolumnistin Maureen Cleave herausgelöst, beträchtliches Aufsehen bei Fans und breiter Öffentlichkeit. Die Bemerkung Johns, die Beatles seien nun »populärer als Jesus Christus«, veranlaßte im puritanischen Amerika eine Radiostation in Georgia sogar dazu, eine öffentliche Verbrennung der Beatles-Schallplatten zu inszenieren. Erst als John sich auf Anraten Epsteins zu einem halbherzigen Dementi bereitfand, glätteten sich die Wogen der Empörung, und ihre letzte Tournee – was damals freilich noch niemand ahnte – konnte planmäßig am 11. August um 12.30 Uhr mit dem Flug von London nach Chicago beginnen.
Zu groß klaffte bereits die Lücke zwischen exakt kalkuliertem Studiosound und technischen Realisationsmöglichkeiten einer Live-Präsentation auf der Bühne. In England selbst traten sie zum letzten Mal öffentlich bereits am 1. Mai 1966 im Wembley Pool beim Pollwinners' Concert des New Musical Express auf. Übrigens war das der einzige Auftritt der Beatles in einem gemeinsamen Programm mit den *Rolling Stones*.
Am 29. August endete die USA-Reise mit einem Konzert im Candlestick Park von San Francisco.
Damals war wohl nur wenigen Eingeweihten klar, daß die Beatles keine Tourneen mehr machen würden. Und die Beatles selbst haben auch nicht verlauten lassen, daß es ihr letzter Auftritt war. Sie nahmen einfach keine Angebote mehr an, während ihre Fans auf die nächste Tournee warteten.
Private Unternehmungen außerhalb der Gruppe bestimmten von diesem Zeitpunkt an in zunehmendem Maße ihr Leben. John übernahm im Oktober 1966 die Rolle des Corporal Gripweed in dem Film *How I Won The War*. Paul schrieb unterdessen die Filmmusik zu *The*

Family Way. George flog mit Frau Patti nach Bombay und Ringo nach Spanien. Selbst den treuesten Beatles-Fans in der Heimat wurde nun so langsam bewußt, daß es die Beatles in ihrer alten Form wohl nicht mehr geben würde. Demonstrationen vor dem Haus Brian Epsteins waren die Folge, denn man gab ihm die Schuld, daß sie nicht mehr öffentlich auftreten wollten. Als Indiz hierfür wurde seine Weigerung angeführt, die Beatles auf einem Wohltätigkeitskonzert für die Opfer des Grubenunglücks von Aberfan auftreten zu lassen. Die Gründe für ihre Tourneemüdigkeit lagen sicher woanders. Zum Teil wahrscheinlich an dem Zwang, bei Konzerten immer nur ihre Plattenerfolge nachspielen zu müssen, um den Verkauf anzuheizen. Dazu kam, daß sie in immer stärkerem Maße mit Drogen – Hasch, Acid, LSD – in Berührung kamen und das so erweiterte subjektive Empfindungsspektrum nur noch mit Hilfe komplizierter Studiotechnik und opulentem Produktionsaufwand in Musik umsetzen konnten. Gegen Ende des Jahres begannen die Arbeiten an einer neuen LP und einer Single, die ihre Stilwende andeutete. Am 17. Februar 1967 erschienen *Strawberry Fields Forever* (A-Seite) und *Penny Lane* (B-Seite). Beide Titel gehörten in die Kategorie des britischen Acid-Rock mit rückwärts eingespielten Bandpassagen, surrealen Texten voller Doppeldeutigkeiten, mystischen Streicherklängen und mysteriösem Gemurmel, wobei die B-Seite vom Gros des Publikums wesentlich leichter zu konsumieren war. Die ersten 25 000 Singles, die zur Auslieferung kamen, zierte ein besonderes Plattencover. Es zeigte die vier als Babies.
Gleichzeitig mit der Wandlung ihrer Musik hin zur Verinnerlichung veränderte sich auch ihre äußere Erscheinung. Die Haare wurden länger, in den ehemals glattrasierten Gesichtern sprossen Bärte. Um der Platte die rechte Promotion mit auf den Weg geben zu können, wurden zwei Kurzfilme gedreht, dennoch erreichte sie als erste seit *Please Please Me* nicht auf Anhieb Platz eins der englischen Hitliste. Am 25. Februar 1967 wurde die Single zunächst auf Platz drei notiert und erst in der nächsten Woche, am 4. März, auf Platz eins (New Musical Express).
Die folgenden Monate waren ausgefüllt mit Arbeiten an der *Sgt.-Pepper-LP*. Als die Platte am 1. Juni 1967 erschien, war sie eine der ersten Konzeptalben (LP's, deren Kompositionen miteinander in Beziehung stehen) der Popgeschichte und bewirkte zunächst ganz vordergründig, daß sich ein Teil der bisherigen Fans von ihnen abwandte mit dem Eindruck, dies sei keine Beatles-Musik mehr.

Sgt. Pepper's Lonely Hearts Club Band ist ohne Zweifel das wichtigste Album der 60er Jahre, richtungsweisend für die weitere Pop- und Rockmusik.

Dauerte die Produktion der ersten Beatles-LP nur sechzehn Stunden, so benötigten die Beatles für *Sgt. Pepper* über fünfhundert Arbeitsstunden, bis alle Gesangs- und Instrumentalspuren auf der Acht-Kanal-Tonbandmaschine aufgezeichnet und abgemischt waren. Die Produktion der LP verschlang die für 1967 astronomische Summe von 40 000 Pfund (damals ca. 380 000 DM); mehr als die Herstellung aller anderen Beatles-Platten zusammen bisher gekostet hatte.

Ursprünglich war *Sgt. Pepper* als Doppel-LP geplant worden. Von daher ist auch das Klappcover zu verstehen. Aus Finanzgründen kürzte die EMI das Album schließlich auf eine Single-LP.

Da die Beatles ohnehin keine Konzerte mehr geben wollten, waren sie nicht mehr gezwungen, ihre Songs in jenen bescheidenen technischen Rahmen zu zwängen, welcher damals live auf der Bühne zu produzieren war. Die Atmosphäre im Studio war gelöst und locker; die Beatles hatten zwei Monate Urlaub voneinander genossen. Außerdem arbeiteten sie nun immer seltener alle vier gemeinsam im Studio. Vielmehr kamen sie oft unregelmäßig, um neue Ideen auszuprobieren, ein paar Experimente aufzunehmen, um sie später wieder zu verwerfen.

Allerdings hielt diese Stimmung nicht lange vor. Paul, der seit jeher schon Verbindungsglied und auch Vermittler zwischen Brian Epstein und den Beatles gewesen war, der bei George Martin als Musiker am höchsten in der Gunst stand, übernahm allmählich die Regie im Studio. McCartney stand den Spielereien mit Experimenten von John Lennon und George Harrison zeitweise irritiert gegenüber. John Lennon entwickelte sich mehr und mehr zum Avantgardisten der Popmusik, George Harrison vertiefte seine Neigung zur östlichen Philosophie, die er ein Jahr zuvor kennengelernt hatte, und Ringo Starr war zum damaligen Zeitpunkt wahrscheinlich schon auf der Suche, um sich in anderen Bereichen zu profilieren. (Ende 1967 drehte er seinen ersten Kinofilm als Schauspieler). Paul McCartney hatte zu dieser Zeit, kurz nach Beendigung der Beatles-Tournee, seine Rolle als Attraktion bei Live-Auftritten aufgeben müssen. Vielleicht erklärt dies den Live-Auftritt der Sgt.-Pepper-Band als »Rahmenhandlung« der LP. Trotzdem war diese Musik nicht mehr so zugänglich wie die »Komm, hab' mich lieb«-Lieder auf früheren Beatles-Platten.
Von nun an begannen sich verstärkt Beatles-Scheiben auf Intellektuellentreffs zu drehen. Texte wurden vorwärts und rückwärts interpretiert, und jeder Hörer glaubte, seine eigene Bedeutung zu entdekken. Die Fans interpretierten versteckte Hinweise auf Rauschgift, den angeblichen Tod Paul McCartneys und weitere »Botschaften«. John Lennon dazu: »Es gibt nur etwa hundert Leute, die unsere Musik verstehen.« Die Leute der BBC gehörten nicht dazu: Sie setzten den Song *A Day In The Life* auf die Schwarze Liste.
Die Beatles schien dies kaum zu interessieren. Durch Vermittlung von George, der auf dem Umweg über die indische Musik auch mit der indischen Mystik Bekanntschaft gemacht hatte, lernten sie zwei Monate später den Maharishi Mahesh Yogi kennen. Zusammen mit ihren Frauen und einigen Freunden fuhren sie am 24. August nach Bangor in Nordwales, um durch die belehrenden Weissagungen des Yogi Hilfe in ihren Drogenproblemen und die große »Erleuchtung« zu erfahren. Ihre Meditationen wurden jäh unterbrochen durch eine schreckliche Nachricht aus London. Brian Epstein war am Sonntag, dem 26. August, in seiner Villa in der Chapel Street tot aufgefunden worden. Obwohl sie in letzter Zeit seltener Kontakt mit ihm hatten, waren sie tief betroffen. Sofort aufkommende Selbstmordgerüchte wurden am 8. September durch eine Erklärung des Untersuchungsrichters von Westminster dementiert: »Mr. Epsteins Tod ist als

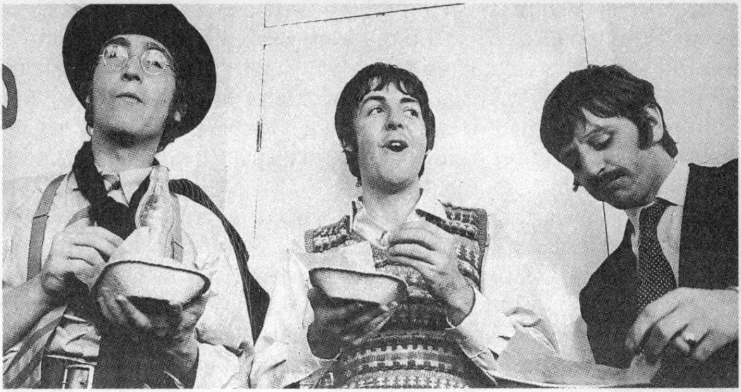

Unfall anzusehen. Er starb an der kumulativen Wirkung des in einem Schlafmittel enthaltenen Barbiturats.«
Aufgrund der heutigen wissenschaftlichen Erkenntnisse geht man jedoch inzwischen davon aus, daß es sich nicht um einen Unfall gehandelt hat, da eine kumulative Wirkung von Barbituraten bei regelmäßiger Einnahme nicht vorliegen kann. Mit zunehmender Dosis baut der Körper die Barbiturate immer schneller ab, so daß eine Ansammlung der Medikamente oder deren Bestandteile im Körper (kumulative Wirkung) kaum möglich ist. Barbiturate werden heute kaum mehr zur Herstellung von Schlafmitteln verwendet.
Brian Epstein, längst mehr Freund als Manager seiner Gruppe, hatte es verstanden, alles Geschäftliche und Finanzielle von ihnen fernzuhalten, damit sie sich ganz auf ihre Musik konzentrieren konnten. Seine letzte Tätigkeit hatte darin bestanden, mit ihnen den Fernsehfilm *Magical Mystery Tour* vorzubereiten. Die Idee zu diesem Film kam Paul am 11. April 1967 auf einem Flug von New York nach London, als er mit der Arbeit am gleichnamigen Song begann. Noch am 24. August hatten sie Vorbesprechungen über die Dreharbeiten mit Brian Epstein gehabt, jetzt mußten sie das einmal begonnene Filmprojekt alleine durchziehen. Die treibende Kraft war weiterhin Paul McCartney. Die Außenaufnahmen fanden ohne Drehbuch und Konzept vom 11. bis 16. September in Devon und Cornwall statt, die Innenaufnahmen und der Schnitt erfolgten in den Flugzeughallen von West Malling bei Maidstone in Kent.

Am zweiten Weihnachtsfeiertag 1967 hatte der Film in England Bildschirmpremiere. Die Kritiken waren zum erstenmal fast durchgehend schlecht, man kann sie auch, im Vergleich zu den Lobeshymnen bei früheren Anlässen, als vernichtend bezeichnen. Niemand vermag freilich aus heutiger Sicht schlüssig zu beweisen, ob mit Brian Epsteins Rat an ihrer Seite das Debakel hätte vermieden werden können.
Aber die Beatles traf die Enttäuschung nicht mehr so hart. Dem Erfolg beim großen Massenpublikum maßen sie nicht mehr den gleichen Stellenwert bei wie früher. Ihre persönlichen Interessen und Neigungen kristallisierten sich immer deutlicher als die auslösenden Momente bei ihren Plänen und Handlungen heraus. Über Weihnachten nutzte Ringo die produktionsfreie Zeit, um in Rom an der Seite Richard Burtons und Marlon Brandos die Rolle eines mexikanischen Gärtners in dem Film *Candy* zu spielen.
George flog am 7. Januar 1968 erneut nach Indien, um sich von Ravi Shankar in indischer Musik unterweisen zu lassen. Ringo trat am 6. Februar in der Cilla Black Show auf, für die Paul die Titelmusik geschrieben hatte, und sang gemeinsam mit Cilla den Song *Act Naturally*.
Am 14. Februar brach eine Flut von Auszeichnungen über sie herein. Sie wurden zur »besten Gruppe der Welt« und zur »besten Gruppe Englands« gewählt. *All You Need Is Love*, *Hello Goodbye* und *Penny Lane* wurden zu den drei »besten Platten des Jahres 1967« erklärt, das Album *Sgt. Pepper* zur LP des Jahres.
Die Monate Februar bis April verbrachten sie in Indien beim Maharishi, lediglich Ringo kehrte bereits vierzehn Tage später wieder nach England zurück. Als die Single *Lady Madonna* am 15. März auf den Markt kam, war er der einzige der vier, der sich in London aufhielt. Kaum waren John und Paul wieder in England, begann für sie eine Zeit hektischer, geschäftiger Aktivitäten. Aus ersten Interviews ließ sich erkennen, daß sie von ihrem indischen Lehrer nicht mehr so recht überzeugt waren. Auf einer Pressekonferenz im April 1968 gaben alle vier bekannt, daß sie bereits am 14. August 1966 die Firma Apple mit einem Stammkapital von 25 Millionen DM gegründet hatten. Künftig sollte Apple nicht nur Musik, sondern auch Filme, Bücher, Mode und Unterhaltungselektronik vertreiben. Mary Hopkin war die erste Künstlerin, mit der sie am 4. Mai einen Vertrag abschlossen. Sie war auch die einzige Apple-Künstlerin, die Erfolg hatte. Paul McCartney produzierte ihre erste Single *Those Were The*

Days und ihre erste LP *Postcard* und überließ ihr seine Komposition *Goodbye*. Mit *Knock Knock Who's There*, weder von den Beatles geschrieben noch produziert, belegte sie beim »Grand Prix Eurovision de la Chanson 1972« den zweiten Platz. Danach wurde es trotz weiterer Schallplattenaufnahmen still um sie.
Am 11. Mai 1968 flogen John und Paul nach New York, um auch in den USA ihr neues Unternehmen *Apple Records and Films* zu etablieren. Durch Epsteins Tod dazu gezwungen, wurden sie auch immer mehr und mehr zu Geschäftsleuten, die einen Riesenbesitz zu kontrollieren hatten. Die Zukunft zeigte, daß sie hierbei nicht immer eine glückliche Hand haben sollten.
Die Arbeit am sogenannten *White Album* begann im Juni 1968. Einer breiteren Öffentlichkeit zeigten sie sich noch einmal in scheinbarer Eintracht, bei der Premiere des Zeichentrickfilms *Yellow Submarine* am 17. Juli. In den USA wählte man diesen Film zum drittbesten des Jahres.
Die von Heinz Edelmann gezeichneten Beatles befreien die »Sgt. Pepper Band« und beenden die Herrschaft der musikfeindlichen »Blaumiesen«. Ein Film voller Märchenhaftigkeit, Ironie und Poesie. In der Schlußsequenz sind schließlich die Beatles in natura zu sehen, die noch einige »Souvenirs« von den Zeichentrick-Abenteuern präsentieren: Ringo zum Beispiel hat noch ein »Zauber-Loch« in der Hosentasche.

Für die Synchronisation des Zeichentrickfilms *Yellow Submarine* standen die Beatles nicht zur Verfügung, da sie neben Schallplattenaufnahmen nun auch mehr und mehr persönlichen Interessen nachgingen. John, der im Frühjahr die japanische Künstlerin Yoko Ono auf einer Ausstellung in London kennengelernt hatte, wurde nun immer häufiger mit ihr zusammen gesehen.
Die erste Platte aus dem Apple-Label erschien am 30. August 1968 – es war *Hey Jude*. Am selben Tag wurden John und Yoko wegen unerlaubten Rauschgiftbesitzes verhaftet. Paul, der inzwischen in New York die Fotoreporterin Linda Eastman kennengelernt hatte, zog einen Schlußstrich unter seine langjährige Freundschaft mit Jane Asher. Die Story vom »Traumpaar des Pop«, von vielen Gazetten liebevoll gepflegt, wurde durch die Wirklichkeit abrupt unterbrochen.
Einen Monat darauf erschien die von Hunter Davis geschriebene Biographie der Beatles. Sie wurde in den USA zum Bestseller.
Als äußeres Zeichen für die im Inneren sich längst anbahnende Trennung kam am 1. November das erste Soloalbum von einem der vier heraus. George Harrison legte seine LP *Wonderwall* vor, die Gruppe selbst dokumentierte ihre vereinten Anstrengungen drei Wochen darauf mit der Veröffentlichung des »weißen« Doppelal-

bums *The Beatles*. Hier wurde zum ersten Mal ein bisher nur für nebensächlich gehaltenes Erkennungsmerkmal für die Urheberschaft aller Kompositionen durchgängig deutlich. Vom Sänger der Leadstimme stammte früher auch die Grundidee zum jeweiligen Song – jedenfalls in den allermeisten Fällen –, die dann von John und Paul gemeinsam ausgearbeitet wurde. Die Lieder des neuen Doppelalbums hingegen stammten nach Auskunft John Lennons von Anfang bis Ende fast ausschließlich nur noch von jeweils einem der vier. John und Paul beschränkten sich lediglich darauf, Schwachstellen in der Musik des anderen zu überdecken oder auszumerzen, so daß man das »weiße« Album eher als eine Zusammenstellung von Solostücken als die gemeinsame Arbeit einer Gruppe ansehen muß. Trotzdem entstanden damals Gerüchte, die Beatles wollten wieder live auftreten. John war jedoch der einzige, der das damals auch tat. Er trat in einem Fernsehfilm auf, allerdings zusammen mit den *Rolling Stones*, der fast fertiggestellt, aber nie veröffentlicht wurde. Bis auf zwei kurze Ausschnitte gelangte nichts an die Öffentlichkeit, obwohl die *Stones* zumindest damals keine Einwände bezüglich einer Aufführung gehabt haben sollen. Mit ziemlicher Sicherheit steht fest, daß das Österreichische Fernsehen eine Kopie besaß oder noch in seinen Archiven hat.

Die letzten Wochen des Jahres verbrachten die Beatles getrennt. John Lennon hatte sich schon am 8. November 1968 von Cynthia scheiden lassen, als er im Januar 1969 mit seiner ständigen Begleiterin Yoko Ono zu den Aufnahmearbeiten an dem Film *Let It Be* erschien. Die Dreharbeiten in den Londoner Twickenham-Studios waren begleitet von Streitereien und Uneinigkeit. Die Beatles versuchten, eine Langspielplatte aufzunehmen, und Regisseur Michael Lindsay Hogg unternahm den Versuch, dies in einem Film festzuhalten. Das Studio war zu groß, die Atmosphäre zu kühl, die Kameras störten, und das schlechte Winterwetter drückte ebenfalls auf die Stimmung. Lustlos quälten sie sich durch die Aufnahmesessions hindurch und feuerten am Ende die Bänder wütend in die Ecke. Das Erscheinen der LP, die zunächst *Get Back* und dann *Let It Be* heißen sollte, wurde auf unbestimmte Zeit verschoben. Tausende Meter bespielte Bänder, die bei den Proben mitgeschnitten worden waren, verschwanden auf dunklen Kanälen und tauchten später als Raubpressungen wieder auf.
Am 30. Januar spielten sie live auf dem Dach ihres Bürohauses in der Savile Row 3 vor Filmkameras und ein paar wenigen Leuten. Derweil brach unter ihnen auf der Zufahrtsstraße der Verkehr zusammen.

Im Februar verdichteten sich die Anzeichen für einen drohenden Konkurs des noch jungen Apple-Konzerns, der in seinen schlechten Tagen bis zu 20000 Pfund Verlust pro Woche machte. Um die Finanzen wieder in Ordnung zu bringen, wurde der amerikanische Geschäftsmann Allan Klein, der bereits die *Stones,* Donovan und einige andere Showgrößen betreute, zum neuen geschäftsführenden Manager bestellt. Diese Entscheindung ging auf die Initiative Johns zurück, der entgegen allen Warnungen von Freunden davon überzeugt war, nur Klein könne das leckgeschlagene Apple-Schiff wieder flottkriegen. Ob Paul das kommende Debakel mit Klein vorausgeahnt hatte oder nicht, ist vielleicht aus heutiger Sicht nicht mehr entscheidend. Er wollte damals unter allen Umständen verhindern, daß Klein die Geschäfte in die Hand bekam, denn er hielt seinen künftigen Schwiegervater, den arrivierten New Yorker Rechtsanwalt John Eastman für den weitaus geeigneteren Mann. Klein hatte in geschickten Unter-vier-Augen-Gepràchen George und Ringo auf seine Seite gezogen, indem er ihnen unter Anspielung auf die dominierende Rolle Johns und Pauls mehr Geltung nach außen und auch mehr Geld versprach. Auf diese Weise unterlief er die hartnäckige Opposition Paul McCartneys, der aus den ständigen Querelen die Konsequenzen zog und seine geschäftlichen Bindungen zur Firma

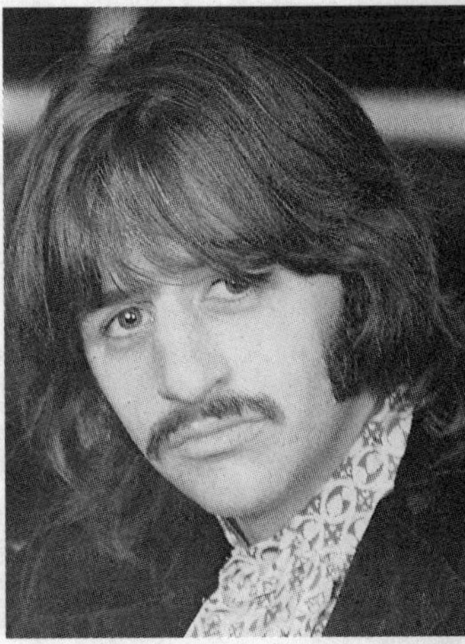

Apple und den anderen zu lösen begann. Ein weiterer Grund für die sich immer deutlicher abzeichnenden Spannungen mag im Bestreben Pauls gelegen haben, in gewisser Weise in die Rolle Brian Epsteins zu schlüpfen, um als die integrierende und treibende Figur nach außen zu wirken. So jedenfalls hat es John in späteren Interviews dargestellt.

Ende März endeten die Arbeiten am Film *Let It Be.* Kurz zuvor – am 12. März – heiratete Paul Linda Eastman auf dem Standesamt Marylebone. Auch John heiratete wieder. Er ließ sich mit Yoko Ono am 20. März in Gibraltar trauen. Im Anschluß daran hielten sie eine Demonstration für den Frieden ab, aber auf ganz eigene Art: Sie

veranstalteten im Amsterdamer Hilton ein siebentägiges »Bed-in«, bei dem die Weltpresse ausreichend Gelegenheit bekam, ins Privatleben der beiden Jungvermählten Einblick zu nehmen. Die Fans konnten an diesem Protest teilnehmen – mit dem Kauf einer Langspielplatte (*The Wedding Album*), die wenige Monate später erschien.

Am 12. April erschien die Single *Get Back*, und nur einen Monat später bereits die nächste, *The Ballad Of John And Yoko*. Die Popwelt registrierte die kurze zeitliche Abfolge mit Staunen und reagierte prompt mit neuen Trennungsgerüchten, zumal gleichzeitig Soloplatten von John und George erschienen waren. Und so war es

auch in dieser Hinsicht bezeichnend, daß Ringo Starr für die Gruppe den Ivor Novello für *Hey Jude* entgegengenommen hatte.
In konsequenter Weise vollzog sich in den nächsten Wochen die Auflösung der Gruppe. John Lennon gab am 1. Juli 1969 vor einflußreichen Presseleuten bekannt, daß anderntags die erste Single seiner neuen Formation *The Plastic Ono Band* erscheinen werde. Zwar sagte er nicht, daß dies gleichzeitig auch das Ende der Beatles bedeute, aber für ihn sei die Arbeit mit der neuen Band wichtiger. Ebenfalls plane er Konzerte mit ihr in allernächster Zukunft. Am 13. September fand bereits das erste statt. In Toronto trat die *Plastic Ono Band* vor 20000 Zuschauern bei einer Rock'n'Roll Revival Show auf und spielte in folgender Besetzung: John Lennon (Gesang und Gitarre), Yoko Ono (Gesang und Tamburin), Eric Clapton (Sologitarre), Klaus Voormann (Baß) und Alan White (Schlagzeug).
Der 26. September 1969 allerdings schien alle Trennungsgerüchte zu widerlegen: An diesem Tag wurde die LP *Abbey Road* veröffentlicht. Sie ist durch das Engagement von George Martin zustande gekommen, der nur bereit war, unter »alten« Bedingungen zu produzieren: alle vier Beatles gemeinsam bei der Sache und abgesprochene Aufnahmezeiten ohne die Anwesenheit Unbeteiligter. Es funktionierte – halbwegs: Nachdem die eine Hälfte der Songs fertig aufgenommen war, die anderen Titel fragmentarisch vorlagen und am 8. August 1969 das Foto für die Plattenhülle aufgenommen worden war, blieb Produzent George Martin nur noch übrig, die nicht fertigen Aufnahmen zu einem Medley zusammenzufügen, welches auf Seite zwei der LP *Abbey Road* zu hören ist.
Die LP-Hülle bot wieder Nahrung für das »Paul ist tot«-Gerücht: Paul barfuß, ein Autokennzeichen läßt sich »28 if« (»28 wenn«) lesen, Paul hat die Augen geschlossen und hält als Linkshänder die Zigarette rechts. Dieses Gerücht hier an dieser Stelle dementieren zu wollen, wäre Zeit- und Papierverschwendung. Nur ein Argument: Linkshänder McCartney hält die Zigarette rechts, weil er vorher – wie ein Foto belegt! – in der Nase popelte – mit einem Finger der *linken* Hand!
In den Monaten Oktober bis Dezember gingen sie wieder ihren Soloambitionen nach. Zum erstenmal entschloß sich auch Ringo Starr, eine LP alleine zu machen. Er nahm seine *Sentimental Journey* auf. Am 24. Oktober kam die zweite Single der *Plastic Ono Band* mit dem Titel *Cold Turkey* heraus. George trat unterdessen am 2. Dezember zusammen mit *Delaney and Bonnie* in Bristol auf.

NEUES
Film-PROGRAMM
№ 5731
THE BEATLES
Let it be

Auch die Jahreswende 1969/70 brachte keine Änderung in den abgekühlten Beziehungen der Gruppe zueinander. Nun begann auch Paul an seiner ersten Solo-LP zu arbeiten, während Ringo in den ersten drei Monaten des Jahres 1970 mehrmals im britischen Fernsehen auftrat. John bediente sich ebenfalls des Mediums Fernsehen, um zu versuchen, seine *Plastic Ono Band* und die politische Botschaft in ihren Liedern populärer zu machen – er gab am 12. Februar 1970 ein kurzes Gastspiel in der wöchentlichen Hitparadensendung »Top Of The Pops« und stellte seine neue Single *Instant Karma* vor, die innerhalb einer Woche aufgenommen und veröffentlicht worden war.
Das eigentliche Auseinanderbrechen der Beatles vollzog sich innerhalb weniger Wochen. Zwar erschien am 6. März noch die gemeinsame Single *Let It Be*, jedoch bereits einen Monat später, am 10. April, gab Paul unzweideutig bekannt, daß er aus persönlichen, musikalischen und finanziellen Gründen nicht mehr mit den Beatles zusammenspielen werde. Für ihn hätten die Beatles aufgehört zu existieren. Wie zur Bestätigung dieser Verlautbarung kam eine Woche später seine erste Solo-LP auf den Markt. Johns knapper Kommentar dazu konnte abweisender kaum sein: »Rubbish!« (Mist).
Als letzter gemeinsamer Abgesang wurde am 8. Mai die langerwartete LP *Let It Be* veröffentlicht, die im wesentlichen von dem amerikanischen Produzenten Phil Spector aus dem kilometerlangen Bandmaterial, das bei den Filmaufnahmen angefallen war, zusammengestellt worden war. Das von Paul bewußt und überraschend vorgezogene Erscheinungsdatum seiner ersten Solo-LP – Ringo versuchte ihn übrigens vorher noch zu überreden, damit zu warten – behinderte recht beträchtlich die Verkäufe von *Let It Be*. Auch die Premiere des gleichnamigen Films über die Entstehung dieses Albums am 20. Mai konnte daran nicht mehr viel ändern.
Wenn es auch nicht von grundlegender Bedeutung ist, an welchem Tag genau die Beatles als Gruppe offiziell aufgehört haben zu bestehen, so mag es doch vielleicht aus historisch-chronologischer Sicht interessant sein, sich auf ein bestimmtes Datum zu einigen, an dem der endgültige Schlußstrich gezogen worden ist. Dieses Datum ist der 10. April 1970.

Chronologie ihrer Musik

Dieses Kapitel umfaßt Aufnahmen für Schallplatten und deren Veröffentlichungen. Auch werden Aufnahmen von Kompositionen der BEATLES durch andere Interpreten aufgelistet und die Titel anderer Künstler, bei denen die BEATLES mitwirkten.
Songs mit dem Vorzeichen »+« sind trotz anders lautender Angaben auf der Schallplatte ausschließlich mit den BEATLES als Interpreten aufgenommen worden. Songs mit dem Vorzeichen »–« sind gänzlich ohne Mitwirkung der BEATLES geschrieben und aufgenommen worden; diese sind auch nicht im Stichwortverzeichnis erfaßt.
Fast alle Aufnahmen sind in der Sammlung »Rainer Moers/BEATLES INFORMATION CENTER« archiviert; die nicht vorliegenden mit ● gekennzeichnet.
Bei den Erscheinungsdaten von **Singles, EP's** (meist Single mit vier Songs) und **LP's** wurden die Ausgaben aus England, der Bundesrepublik Deutschland und den USA berücksichtigt. Außerdem sind Schallplatten aus weiteren Ländern berücksichtigt, wenn diese ausschließlich dort veröffentlicht wurden.
Direkt unter der Erstausgabe sind jene notiert, die ebenfalls in England, der Bundesrepublik Deutschland und/oder den USA herausgegeben wurden: *ohne* Datum, wenn sie gleichzeitig zur Erstausgabe erschienen; *mit* Datum, wenn sie später erschienen und/oder wenn sie in der Bundesrepublik Deutschland wiederveröffentlicht wurden.

Die Schallplattenaufnahmen (1957–1970)

● **1957** THE QUARRYMEN: Aufnahme in einem kleinen Demo-Studio, Liverpool; Produzent und Studio-Inhaber Percey Phillips löscht das Band.

● **1958** JOHN LENNON, PAUL MCARTNEY und GEORGE HARRISON:
Aufnahme und Herstellung einer Schellack-Schallplatte (78 U/Min):
A-Seite: *That'll Be The Day*
B-Seite: *In Spite Of All Danger*
1981 gelingt es Paul McCartney, das einzige Exemplar per Gerichtsbeschluß in seinen Besitz zu bringen, wovon er dann eine oder mehrere Schellack-Kopien anfertigen läßt. Eine davon ist erstmals am 14. 10. 1984 in der Fernsehsendung »The Buddy Holly Story« zu sehen und zu hören.

JOHN LENNON und PAUL MCCARTNEY schreiben *Love Me Do*
1962 veröffentlicht.

1958/59 PAUL MCCARTNEY schreibt *Hot As Sun,*
1970 auf der Solo-LP *McCartney* veröffentlicht.

● **1959** JOHN LENNON und PAUL MCCARTNEY haben seit 1956 ca. 100 Songs geschrieben, die meisten auf Zetteln, die später verlorengehen.

1960

Frühjahr JOHN LENNON, PAUL MCCARTNEY, GEORGE HARRISON und STUART SUTCLIFFE:
Proben bei Paul McCartney zu Hause, die mit einem Heim-Tonbandgerät aufgenommen werden:
I'll Follow The Sun; One After 909; Hallelujah, I Love Her So;
Weitere 70 Minuten »wilde« Gitarrenriffs und unvollkommene Baßläufe (Stuart Sutcliffe).

1960 John Lennon, Paul McCartney, George Harrison und Stuart Sutcliffe:
weitere Proben bei Paul McCartney zu Hause:
Hallelujah, I Love Her So; One After 909 (Version 1); *I'll Always Be in Love With You; You'll Be Mine; Matchbox; You Just Don't Understand; Some Days; Thinking of Linking; I'll Follow the Sun; One After 909* (Version 2); *Hey Darling; You Must Lie Every Day; The Guitar-Bop; When Your Heartaches Begin; Hello Little Girl*

● Winter The Beatles (John Lennon, Paul McCartney, George Harrison, Stuart Sutcliffe, Lu Walthers als zusätzlicher Bassist/Sänger und Ringo Starr (Akustik-Studio, Hamburg):
Aufnahme und Herstellung einer Schellack-Schallplatte (78 U/Min).
Fever; Summertime; September Song
(Lu Walthers gehört zu Rory Storm And The Hurricanes, wie auch Ringo Starr zu dieser Zeit.)
Es ist nicht bekannt, ob noch eine der vier hergestellten Exemplare existiert. Damals kosteten Aufnahme und Platten etwa 100 DM.

● **1961** Tony Sheridan und Paul McCartney schreiben im Lauf des Jahres *Tell Me If You Can*
(nie veröffentlicht).

1961 Tony Sheridan und The Beatles – als The Beat
Mai Brothers (Aula des Humboldt-Gymnasiums, Hamburg):

Aufnahme folgender Titel:
+ *Ain't She Sweet; If You Love Me Baby (Take Out Some Insurance On Me, Baby); My Bonnie; The Saints (When The Saints Go Marching In); Why; Nobody's Child; + Cry For A Shadow; Sweet Georgia Brown* (Version 1); *Kansas City / Hey Hey Hey Hey*
– *What'd I Say*

Gerüchteweise wurden außerdem folgende Titel aufgenommen:
+ *Some Other Guy; + Rock And Roll Music; – Skinny Minny; Tell Me If You Can*

Alle Titel mit Tony Sheridan als Sänger und den Beatles als Backroundgruppe; ausgenommen »+«: nur Beatles; ausgenommen »–« Tony Sheridan mit anderen Musikern;
1961/62 veröffentlicht.

Juni Tony Sheridan und The The Beat Brothers – alias The Beatles –:

Single *My Bonnie/The Saints (When The Saints Go Marching In)*
Polydor 24 673, BRD.

Dies ist die erste Schallplatte unter Mitwirkung der Beatles, die zu diesem Zweck von ihrer deutschen Schallplattenfirma in *Beat Brothers* umbenannt wurden; wie man damals meinte, eine »gebräuchlichere« Bezeichnung für Gruppen.

Bert Kaempfert hatte sie als Begleitband für Tony Sheridan engagiert, dessen damalige Popularität die Deutsche Grammophon für den Inlandsmarkt nutzen wollte.

1961 ca. August	TONY SHERIDAN (Hamburg): Aufnahme des deutschsprachigen Intros für *My Bonnie (Mein Herz ist bei dir nur)*
September	THE BEATLES WITH TONY SHERIDAN: **EP** *My Bonnie; + Cry For A Shadow/The Saints (When The Saints Go Marching In); Why* Polydor 21 610, BRD; Sonderauflage für Bertelsmann-Schallplattenring: Polydor E 76 586, BRD. Anfang 1964 erschienen die »normale« und die »Club«-EP mit dem neuen Polydor-Label und den jeweils gleichen Bestell-Nummern der Erstausgaben.
23. 10.	TONY SHERIDAN & THE BEAT BROTHERS – alias THE BEATLES –: **Single** *My Bonnie (Mein Herz ist bei dir nur)/The Saints (When The Saints Go Marching In)* Polydor 24 673, BRD. Dieser Single, die die gleiche Bestellnummer hat wie die erste Ausgabe von *My Bonnie,* wurde statt des englisch gesprochenen Intros eine deutsch gesprochene Einführung vorangestellt. Während alle anderen Aufnahmen mit Tony Sheridan und den Beatles während der nächsten 20 Jahre immer und immer wieder neu aufgelegt wurden, erschien *My Bonnie (Mein Herz ist bei dir nur)* erstmals wieder nach über siebzehn Jahren als limitierte Sonderauflage (500 Stück!). Als sich herauskristallisierte, daß *My Bonnie* relativ gut lief – für eine Platte dieser Art –, produzierte Bert Kaempfert weitere acht Titel, um daraus eine Tony-Sheridan-LP zusammenzustellen. Auf die spätere Frage eines Journalisten, warum Kaempfert die Beatles so schnell aus ihrem ersten Schallplattenvertrag entlassen habe, antwortete der Orchesterchef: »Es war offensichtlich für mich, daß sie enorm talentiert waren, aber niemand – sie selbst eingeschlossen – wußte, wie dieses Talent zu nutzen sei oder wo es sie hinführen würde.«

1961
28. 10. Raymond Jones fragt in Brian Epsteins Plattenladen Nems in Liverpool nach der Beatles-Platte *My Bonnie.*

30. 10. Zwei weitere Teenager fragen bei Nems nach *My Bonnie* mit den Beatles. Brian Epstein kann keinen Platten-Importeur finden, der diese Single im Programm hat.

9. 11. Brian Epstein sieht die Beatles das erste Mal im Cavern-Club, Liverpool, und fragt nach der Platte. Er bestellt an einem der nächsten Tage 200 Stück in Hamburg, die er alle verkauft.

14. 12. Bob Wooler, Discjockey des Cavern-Club, schreibt auch für die Zeitschrift »Mersey Beat« und berichtet, daß Polydor im Januar 1962 die Single *The Saints/ My Bonnie* in England veröffentlichen wird. Die Beatles werden nicht erwähnt.

Dezember Mike Smith von der Plattenfirma Decca besucht eine Vorstellung der Beatles im Cavern-Club.

1962
1. 1. The Beatles (Decca, London):
Schallplatten-Probeaufnahmen wahrscheinlich folgender Titel:
Like Dreamers Do; Hello Little Girl; Please Mr. Postman
und ein weiterer Titel. Laut Decca-Aussage von 1978 existiert eine Schallplatte mit den drei o. a. Songs.

2./3. 1. Tony Barron berichtet in der Zeitschrift »Liverpool Echo«, daß die Beatles vielleicht einen Decca-Schallplattenvertrag erhalten. Dies ist das erste Mal, daß die Beatles in einer Zeitschrift nachweislich erwähnt werden.

1961

5. 1. TONY SHERIDAN AND THE BEATLES:
Single *My Bonnie/The Saints (When The Saints Go Marching In)*
Polydor NH 66-833, England;
wiederveröffentlicht am 24. 5. 1963 und 21. 2. 1964.

März Decca-Manager DICK ROWE teilt BRIAN EPSTEIN mit, daß sie nicht interessiert sind.

22. 3. In der Zeitschrift »Mersey Beat« wird berichtet, daß JOHN LENNON und PAUL MCCARTNEY in letzter Zeit über 70 Songs geschrieben haben.

23. 4. TONY SHERIDAN AND THE BEAT BROTHERS – alias THE BEATLES –:
Single *My Bonnie/The Saints (When The Saints Go Marching In)*
Decca 31 382, USA.

ca. April THE BEATLES (wahrscheinlich Liverpool):
BRIAN EPSTEIN läßt die BEATLES ein Tonband aufnehmen, das er bei Decca in London vorspielen will. Bei den Aufnahmen soll es sich [u. a. ?] um folgende Titel handeln:

● *Catswalk;* später hieß der Titel *Cat Call; (1967 von der* CRIS BARBER BAND veröffentlicht); *I Lost My Little Girl* (nie veröffentlicht); *Looking Glass* (nie veröffentlicht); *Thinking Of Linking* (nie veröffentlicht); *The Years Roll Along* (nie veröffentlicht); *Winston's Walk* (nie veröffentlicht); *Keep Looking That Way* (nie veröffentlicht); oder (unter Vorbehalt): *Like Dreamers Do; Money; Till There Was You; Sheik Of Araby; To Know Her Is To Love Her; Take Good Care Of My Baby; Memphis; Sure To Fall; Hello Little Girl; Three Cool Cats; Crying, Waiting, Hoping; Love Of The Loved; September In The Rain; Besame Mucho; Searchin'*
Möglich ist auch, daß beide Tonbänder zu verschiedenen Zeiten aufgenommen wurden.

1962 Mai BRIAN EPSTEIN spielt in London KENNETH BOAST die Bänder vor. KENNETH BOAST informiert den Musikverleger SYD COLEMAN, dieser spielt die Bänder GEORGE MARTIN von Parlophone Records vor.

JOHN LENNON und PAUL MCCARTNEY schreiben in Hamburg *P.S. I Love You* und *Love Me Do.*
Paul McCartney: »Du kommst zu einem Punkt, wo du denkst, wenn wir großartige Philosophie schreiben, wird es das nicht wert sein. *Love Me Do* war unser größter philosophischer Song: ›Love me do/you know I love you/I'll always be true/so love me do/please love me do‹. Deshalb ist es einfach und ehrlich, es bedeutet, daß es unwahrscheinlich einfach ist.«

9. 5. BRIAN EPSTEIN telegraphiert den BEATLES in Hamburg, daß er mit EMI/Parlophone wegen eines Plattenvertrages im Gespräch ist. Ebenfalls telegraphisch informiert er die Zeitschrift »Mersey Beat«.

Juni TONY SHERIDAN AND THE BEAT BROTHERS – alias THE BEATLES –:
LP *My Bonnie*
My Bonnie; Skinny Minny; Whole Lot Of Shakin' Going On; I Know Baby; You Are My Sunshine; Ready Teddy/The Saints (When The Saints Go Marching In); Hallelujah, I Love Her So; Let's Twist Again; Sweet Georgia Brown (andere Aufnahme als die mit den BEATLES); *Swanee River; Top Ten Twist.*
Polydor 237 112, BRD.
(Titel mit dem Zeichen »–«: ohne BEATLES.)

6. 6. THE BEATLES (EMI Abbey Road Studio 2, London):
DIE BEATLES sind von GEORGE MARTIN eingeladen, vorzuspielen:
Love Me Do; Hello Little Girl; P.S. I Love You; Ask Me Why
evtl. *Besame Mucho*
Ob die Songs mitgeschnitten wurden, ist nicht bekannt.

1962 ca. Juni — *Love Me Do* und *P.S. I Love You* werden bei Ardmore & Beechwood Ltd. verlegt; *Please Please Me* bei Dick James Music Ltd.

1. 7. — Dick James bietet den Beatles einen Song an, von dem er die Verlagsrechte besitzt. Die Beatles lehnen ab.

Sommer — Mitch Murray bietet seinen Song *How Do You Do It* dem Verleger Dick James an, der zugreift.

Ende Juli — Brian Epstein schließt mit EMI/Parlophone den Schallplattenvertrag für die Beatles ab.

September — Die Zeitschrift »Mersey Beat« bringt auf der ersten Seite die Schlagzeile: »Beatles To Record For Parlophone«.

11. 9. — The Beatles (EMI Abbey Road Studio 2, London): Aufnahme der Titel *Love Me Do* und *P.S. I Love You* für die erste eigene Single. Außerdem wird *Please Please Me* aufgenommen, aber nicht in dieser Version veröffentlicht.

Da Ringo Starr für George Martin ein noch völlig unbeschriebenes Blatt war, brachte er, um sicherzugehen, keine kostbare Studiozeit verlieren zu müssen, den bekannten Session-Schlagzeuger Andy White mit ins Studio.

Im Laufe des 11. September wurden von *Love Me Do* zwei verschiedene Fassungen aufgenommen, eine mit Andy White, eine mit Ringo Starr am Schlagzeug; und es ist bis heute nicht geklärt, wer letztlich bei der Version, die dann auch auf der Platte erschien, Schlagzeug gespielt hatte. Das tonangebende Instrument war jedoch Johns Mundharmonika. Er wollte der Produktion damit eine besondere Note verleihen, denn bis zum Zeitpunkt der Aufnahme war die Mundharmonika in der Popmusik noch relativ wenig verbreitet.

In der Instrumentierung war der Grundstock für das künftige Zusammenspiel gelegt: Leadgitarre George Harrison, Rhythmusgitarre John Lennon, Schlagzeug

1962 Ringo Starr, Baß Paul McCartney. Wenn nachfolgend nicht anders angegeben, war das die Standardbesetzung bei allen folgenden Plattenaufnahmen.
John sang die Leadstimme, teilweise von Paul und George begleitet.
Bei der Version von *P.S. I Love You,* die veröffentlicht wurde, spielte Andy White Schlagzeug, Ringo Tambourine und Maracas. Der Leadsänger war hier Paul McCartney, von John und George begleitet.

5. 10. THE BEATLES:
Single *Love Me Do/P.S. I Love You.*
Parlophone R 4949, England.

Daß die Beatles auf ihrer ersten eigenen Single zwei Eigenkompositionen veröffentlichten, war damals ungewöhnlich. Normalerweise wurden von Newcomern alte Hits bekannter Stars neu aufgenommen. So brachten die Rolling Stones zum Beispiel den Chuck-Berry-Song »Come On« als erste Single heraus.
Bei Radio Luxemburg lag die erste Single der Beatles zum erstenmal auf dem Plattenteller einer Rundfunkanstalt. Bei der BBC war Ted King der erste Discjockey, der sie in sein Programm aufnahm. Den höchsten Platz, den sie in den englischen Hitparaden erreichte, war der 17. Rang im New Musical Express. Das verdankten die Beatles hauptsächlich den Fans ihrer Heimatstadt Liverpool, denn sie waren es, die mit ihrer Nachfrage den Plattenverkauf in Gang brachten. Das übrige England hatte noch so gut wie keine Notiz von ihnen genommen.

Oktober TONY SHERIDAN AND THE BEAT BROTHERS:
EP *Ya Ya Part 1 & 2 (Robinson); Sweet Georgia Brown; Skinny Minny.*
Polydor 21 485, BRD.
(Titel mit dem Zeichen »–«: ohne BEATLES«.

1962 THE BEATLES (EMI Abbey Road Studio 2, London):
26. 11. Aufnahme der Titel
How Do You Do It; Please Please Me; Ask Me Why; eventuell auch: *I Forgot To Remember To Forget Her; Lucille; Dizzy Miss Lizzy*

Ursprünglich sollten die Beatles die von George Martin ausgewählte Mitch-Murray-Komposition *How Do You It* als A-Seite ihrer zweiten Single-Platte veröffentlichen. Nachdem der Titel eingespielt war, lehnten sie, insbesondere John Lennon, eine Veröffentlichung ab. Der Song wurde später von *Gerry and the Pacemakers* aufgenommen und ein Nr.-1-Hit in England. Die Beatles spielten dann *Please Please Me* ein, das von Paul McCartney geschrieben worden war, und schlugen den Titel George Martin als A-Seite vor.

Von Konzeption und Komposition her sollte *Please Please Me* beispielhaft für die Beatles-Musik der folgenden Jahre werden. Herausragend war wiederum Johns Mundharmonikaspiel. Den meisten Kritikern erschien dieses Lied als ein vollkommener Traum, einige schrieben später, daß diese Platte wohl die beste sei, die die Beatles je gemacht hätten.

Paul McCartney: »George Martins Mitwirkung war durchaus eine große Sache, wirklich. Das erste Mal, daß er uns wirklich bewies, daß er hinter das blicken konnte, was wir ihm vorschlugen, war bei ›Please Please Me‹. Es war ursprünglich als eine Art Roy-Orbison-Stück gedacht, weißt du. George Martin sagte: ›Gut, wir wollen das Tempo etwas beschleunigen.‹ Er erhöhte das Tempo, und wir alle dachten, daß es sehr viel besser war; und es war ein großer Hit.«

Ask Me Why ist in der gleichen Art komponiert wie *P.S. I Love You.* Hier deutet sich erstmals auf Platte die romantische Seite ihrer Musik an.

Bei den Titeln *How Do You Do It, Please Please Me, Ask Me Wy* und *Dizzy Miss Lizzy* sang John die Leadstimme, *Lucille* wurde von Paul gesungen, *I Forgot To Remember To Forget Her* von George.

1962 GEORGE MARTIN, der Produzent der BEATLES erwägt,
9. 12. im Cavern-Club eine Live-LP aufzunehmen. Diese Idee wird jedoch nie verwirklicht.

31. 12. THE BEATLES (Star-Club, Hamburg):
Der Rock'n'Roller TED KING »SIZE« TAYLOR nimmt einen Auftritt der BEATLES auf, bei dem sie folgende Titel spielen:
I Saw Her Standing There; Roll Over Beethoven; Hippy Hippy Shake; Sweet Little Sixteen; Lend Me Your Comb; Your Feets Too Big; Twist And Shout; Mr. Moonlight; A Taste Of Honey; Besame Mucho; Reminiscing; Kansas City/Hey Hey Hey Hey; Red Sails In The Sunset; Matchbox; Talkin' 'bout You; Shimmy Shake; Long Tall Sally; Remember You; Ain't Nothing Shakin' But The Leaves On A Tree; To Know Her Is To Love Her; Little Queenie; Falling In Love Again; Ask Me Why; Be-Bop-a-Lula (gesungen von Star-Club-Geschäftsführer HORST FASCHER, begleitet von den BEATLES); *Hallelujah, I Love Her So* (gesungen von HORST FASCHER, -begleitet von den BEATLES); *Sheila; Where Have You Been All My Life; I'm Gonna Sit Right Down and Cry Over You* und *I Remember You.*
Veröffentlicht im April 1977 auf der Doppel-LP *The Beatles Live At The Star-Club In Hamburg, Germany; 1962.*
Nicht veröffentlicht, aber ebenfalls aufgenommen: *Everybody's Trying To Be My Baby.*

1962/63 PAUL MCCARTNEY beginnt, den Song *When I'm Sixty-Four* zu schreiben.

1963 GEORGE HARRISON schreibt im Lauf des Jahres *Don't Bother Me.*

Januar Weitere Pläne für ein Cavern-Live-Album, doch die BEATLES sprechen sich dagegen aus.

1963 5. 1. In der Zeitschrift »Liverpool Echo« wird die neue Single *Please Please Me* angekündigt.

11. 1. The Beatles:
Single *Please Please Me/Ask Me Why*.
Parlophone R 4983, England;
25. 2. 63: Vee Jay VJ 498, USA.
Die Platte sprang in den englischen Charts sofort von Platz Null auf Platz 17 und erreichte am 16. Februar 1963 den ersten Platz. Sie war die erste in einer ununterbrochenen Reihe von Spitzenreitern (Ausnahme: *Penny Lane*) bis 1969. Die Beatles verkauften von der Single im Jahre 1963 über 250 000 Stück und erhielten dafür ihre erste silberne Schallplatte. Über diese Auszeichnung hat John später einmal gesagt: »Über die Silberne für *Please, Please Me* habe ich mich mehr gefreut als über all die vielen anderen, die wir nachher bekamen. In diesem Augenblick nämlich fühlte ich, daß mein Wunschtraum wahr werden würde.«

21. oder 25. 1. Barbara Gardner von der kleinen US-Plattenfirma Vee-Jay macht mit den Beatles einen Plattenvertrag, der nur kurze Zeit gelten soll.

27. 1. John Lennon und Paul McCartney schreiben während der Proben zur Tournee mit Helen Shapiro den Titel *Misery*.

Februar John Lennon und Paul McCartney schreiben während der Shapiro-Tour (2. 2.–3. 3.) im Bus den Titel *She Loves You*.

11. 2. The Beatles (EMI Abbey Road Studio 2, London):
Aufnahme der Titel
I Saw Her Standing There; Misery; Anna (Go To Him); Chains; Boys; Baby It's You; Do You Want To Know A Secret; A Taste Of Honey; There's A Place; Twist And Shout; für die LP *Please Please Me*.

1963 Ebenfalls werden aufgenommen, aber nicht veröffentlicht: *Bad To Me; I'm In Love; Hold Me Tight; Keep Your Hands Off My Baby; I'll Keep You Satisfied*
Die Aufnahme-Session fand zwischen 10.30 bis 23.00 Uhr fast ohne Pause statt. Verglichen mit den Aufnahmezeiten späterer Platten war dies eine unverhältnismäßig kurze Produktionsdauer. Der Hauptgrund dafür lag wohl darin, daß die Beatles sämtliche Lieder dieser LP fast tagtäglich bei ihren Auftritten spielten, sie also sozusagen ihr gängiges Repertoire darstellten. Außerdem entfiel die Notwendigkeit, sich neue Arrangements einfallen zu lassen, da das musikalische Gerüst schon fest geformt war.

I Saw Her Standing There
Paul Mc Cartney sang diesen Rock'n'Roll-Song, John die zweite Stimme. Er hat bis heute keinen Staub angesetzt und steht ebenbürtig neben anderen englischen Rockklassikern wie etwa *Move It.*
Einige Jahre später wurde er von Tony Newley noch einmal aufgenommen und blieb lange Zeit einer der beliebtesten Songs bei den Auftritten der Beatles.
John Lennon sang diesen Song sogar noch bei seinem letzten Live-Auftritt am 26. November 1974. Paul McCartney, der den Titel schrieb, erklärte einmal, daß die zweite Textzeile »vollkommen blödsinnig« sei. Er habe einfach keinen anderen Reim auf »seventeen« gefunden.
»Well she was just seventeen
you know what I mean . . .«
Bei der Aufnahme wurde angezählt: One–two–three–four, was jedoch für die amerikanischen Vee Jay-Platten abgeschnitten wurde; es ist nur noch »four« zu hören. Auf allen anderen Platten fängt die Aufnahme mit »one« an.

Misery
John und Paul sangen hier im Duett mit leicht nasalem Tonfall. George Martin spielte die Piano-Zwischen-

1963 teile. Die Leadgitarre übernahm diesmal John, George dafür die Rhythmusgitarre.
Die Beatles hatten diesen Song Helen Shapiro angeboten, deren Management jedoch ablehnte, ihn in das Repertoire aufzunehmen.

Anna (Go To Him)
John war bei diesem Stück Leadsänger. Da ihn der Song schon immer fasziniert hatte, legte er großen Wert darauf, daß dieser von Arthur Alexander geschriebene Titel auf die erste LP kam. Bereits während der Zeit im Hamburger Starclub sangen die Beatles sehr oft einen anderen Alexander-Titel, und zwar *A Shot Of Rhythm & Blues.*

Chains
Dieser Titel wurde von John, George und Paul gesungen. John hatte die Leadgitarre übernommen, während George Rhythmusgitarre spielte. Die Orginalversion dieses Titels war einige Monate zuvor mit der amerikanischen Gruppe *The Cookies* erschienen und kam bis auf Platz 17 der US-Charts.

Boys
Diesen Song hatte man Ringo überlassen, da sein Stimmumfang nur begrenzt war. Paul unterstützte ihn im Refrain.
Boys wurde bereits früher von der farbigen amerikanischen Mädchengesangsgruppe *The Shirelles* gesungen.

Baby It's You
Auch diesen Song übernahmen die Beatles von den *Shirelles,* die damit 1961 Nr. 8 in den USA gewesen waren. John bestach durch eine sehr einfühlsame, neue Version dieses Titels. Leadgitarre John, Rhythmusgitarre George.

Do You Want To Know A Secret
Obwohl dieses Lied von John komponiert worden war, überließ er die Solostimme George, da für die Fans

1963 jeder Beatle, also auch George und Ringo, einen Song singen sollten. John und Paul setzten als Hintergrundchor die Akzente. Über die Entstehung sagte John: »Ich erinnere mich, daß ich die Idee für diesen Song aus einem Walt-Disney-Film übernommen habe – Cinderella oder Fantasia, darin kam ungefähr folgender Satz vor: ›Willst du ein Geheimnis wissen, versprich mir, darüber nicht zu reden, sondern hilf mir beim Wünschen.‹«

A Taste Of Honey
Hier ist zum erstenmal bei Schallplattenaufnahmen der Beatles mit einem Aufnahmetrick gearbeitet worden, der damals sehr in Mode war. Pauls Stimme wurde doppelt aufgenommen und übereinanderkopiert. Dadurch sang er mit sich selbst im Duett, eine Idee George Martins. Der Titel selbst ist einer der untypischsten Beatles-Songs überhaupt, und Paul McCartney war auch der einzige, der sich begeistert zeigte.

There's A Place
John und Paul sangen diesen Titel gemeinsam. Er glich in Aufbau und Timing sehr stark *Please Please Me.* Die Leadgitarre spielte wieder John, wie auch die Mundharmonika, mit der das Stück beginnt.

Twist And Shout
John war der Leadsänger dieses Stückes, das als letztes der Session aufgenommen wurde. Seine heisere Stimme – Begleiterscheinung der ungewöhnlich langen Aufnahmesitzung – gab dem Song die nötige Aggressivität, die auch zum damaligen Repertoire der Beatles gehörte. *Twist And Shout* war schon ein Jahr zuvor in den USA ein Hit für die *Isley Brothers,* außerdem gab es auch eine britische Version mit der Gruppe *Brian Pool And The Tremeloes.*

George Martin sagte über die Arbeit an dieser Langspielplatte: »Die Jungs sangen über zwölf Stunden lang. Es war eine effektive Nonstopaufführung. Sie lutschten

1963 Kehlkopfpastillen und stürzten becherweise Milch hinunter, damit sie nicht heiser würden.«
George Harrison meinte: »Die Aufnahmen zu unserer ersten LP waren eine Tortur. Ich hatte nachher blutige Fingerkuppen, habe mir aber nichts anmerken lassen, denn ich wollte nicht, daß wir die Aufnahmen abbrechen mußten. Es war doch so wichtig für uns.«

15. 2. KENNY LYNCH nimmt als erster eine Lennon/McCartney-Coverversion auf: *Misery*.

28. 2. THE BEATLES:
Single *Love Me Do/Please Please Me.*
Odeon 0 22 396, BRD.
Die erste Odeon-Single in Deutschland und weitere sechzehn erschienen mit einem Beatles-Einheits-Loch-Cover.

28. 2. JOHN LENNON und PAUL MCCARTNEY schreiben *From Me To You* während einer Busfahrt von York nach Shrewsbury. *Thank You Girl* komponieren sie einige Tage später.
John meinte Jahre später über die Entstehung: »Paul und ich schrieben es als eine B-Seite für eine unserer ersten Platten. Früher haben wir gewöhnlich die ganze Zeit geschrieben und geschrieben, aber heutzutage tue ich es nur, wenn ich besonders inspiriert werde.«

4. 3. THE BEATLES (EMI Abbey Road Studio, London): Aufnahme von *From Me To You, Thank You Girl* und *One After 909.*
John über *From Me To You:* »Paul und ich schrieben es, als wir gerade auf Tournee waren. Wir hätten's fast nicht aufgenommen, weil wir zuerst dachten, es wäre zu stark bluesorientiert. Aber als George Martin die Mundharmonika dazu nahm, klang es ganz gut.«
Bei Auftritten – insbesondere im Fernsehen – sangen die Beatles oft *From Us To You (Von uns zu euch)* statt *From Me To You (Von mir zu dir).*
Beide Titel, *From Me To You* und *Thank You Girl,*

1963 wurden gemeinsam von John und Paul gesungen. Bei *Thank You Girl* spielt John die Mundharmonika. *One After 909,* ebenfalls von John und Paul gesungen, verschwand in den EMI-Archiven.

ca. März BILLY J. KRAMER AND THE DAKOTAS (EMI Abbey Road Studio, London): Aufnahme der Lennon/McCartney-Kompositionen *Do You Want To Know A Secret* und *I'll Be On My Way.*

22. 3. KENNY LYNCH:
Single *Misery/–Shut The Door.*
HMV Pop 1137, England.

THE BEATLES:
LP *Please Please Me*
I Saw Her Standing There; Misery; Anna (Go To Him); Chains; Boys; Ask Me Why; Please Please Me./Love Me Do; P.S. I Love You; Baby It's You; Do You Want To Know A Secret; A Taste Of Honey; There's A Place; Twist And Shout.
Parlophone PCS 3042 (stereo) und PMC 3042 (mono), England.
Das LP-Cover der englischen Ausgabe zeigte die Beatles im Treppenhaus des EMI-Gebäudes Manchester Square. Das gleiche Cover wurde zehn Jahre später noch einmal nachgestellt und mit dem Originalfoto für das rote und blaue Doppelalbum verwandt. Die LP kletterte sehr schnell in den Hitlisten empor und kam bis auf den dritten Platz. Obwohl sie nie den ersten Platz erreichte, blieb sie trotzdem sechs Monate lang in den englischen LP-Charts.

12. 4. THE BEATLES:
Single *From Me To You/Thank You Girl.*
Parlophone R 5015, England;
Odeon 0 22 416, BRD;
27. 5. 63: Vee Jay VJ 522, USA.

1963 BILLY J. KRAMER AND THE DAKOTAS:
26. 4. **Single** *Do You Want To Know A Secret/I'll Be On My Way.*
Parlophone R 5023, England;
10. 6. 63: Liberty 55586, USA.

DUFFY POWER WITH THE GRAHAM BOND QUARTETT: **Single** *I Saw Her Standing There/–Farewell Baby.* Parlophone R 5024, England.

Mai THE BEATLES: **EP *The Beatles***
Twist And Shout; There's A Place./Boys; I Saw Her Standing There.
Odeon 0 41 560, BRD.

TOMMY QUICKLY (wahrscheinlich London): Aufnahme des Lennon/McCartney-Titels *Tip Of My Tongue.*

● 3. 6. DEL SHANNON: **Single** *From Me To You/* [?]. USA.

12. 6.– 20. 6. In dieser Zeit nehmen die BEATLES die Songs für ihre zweite LP, *With The Beatles,* auf. Es ist anzunehmen, daß die meisten Titel am 15. 7. 1963 aufgenommen wurden.

It Won't Be Long
John übernahm die Führung im Gesangspart, an den akzentuierten Stellen wurde er von Paul und George begleitet. Die Leadgitarre spielten im Wechsel George und John. Paul profilierte sich durch markante Baßfiguren. Das Stück war angelehnt an das frühere *From Me To You.*

All I've Got To Do
Der Titel wurde ebenfalls von John gesungen, wieder von Paul und George begleitet. John spielte Lead- und George Rhythmusgitarre. Diese Komposition zeigt, daß sich John nach wie vor von der Musik Arthur Alexanders inspirieren ließ.

1963 *Don't Bother Me*
Dieses Lied war die erste Komposition von George, die auf einer Beatles-Platte veröffentlicht wurde. Er schrieb es, als er während einer Tournee krank zu Bett lag. Die Leadgitarre wurde abwechselnd von John und George gespielt, das Solo jedoch stammte von George. *Don't Bother Me* zählt sicher zu den besten Kompositionen von George, der übrigens auch die Leadstimme sang.

Little Child
ist ein Duett zwischen John und Paul, wobei John die erste Stimme sang. Das intensive Mundharmonikaspiel stammte diesmal von George Martin.

Till There Was You
zeigt Pauls große Stärke als Balladensänger. George spielte sowohl die akustische als auch die elektrische Gitarre. Paul spielte Baß, John die akustische Rhythmusgitarre. Dieses Stück gefiel der Königin-Mutter bei der Royal Variety Performance am besten, ebenso waren die Discjockeys der BBC davon begeistert. Viele englische und amerikanische Gitarristen haben es nachgespielt, vor allem wegen des sehr melodischen Solos von George.

I Wanna Be Your Man
Ringo hatte hier Gelegenheit zu zeigen, daß er bei Melodien, die keinen großen Tonumfang aufwiesen, ein ganz passabler Sänger war. Diese Komposition überließen die Beatles zunächst den damals noch relativ unbekannten Rolling Stones, ehe sie selbst den Titel einspielten. Die Fassung der Stones erreichte Platz 15 der englischen Hitparade. Es wurde der große Durchbruch.

Devil In Her Heart
wurde von George gesungen, wobei John und Paul eine wesentliche Rolle bei der stimmlichen Unterstützung zukam. Auffallend waren die gegenläufigen Figuren, die George auf der Leadgitarre spielte. Ringos bemerkenswertes Schlagzeugspiel rundete den Titel ab.

1963 *Not A Second Time*

Von John stammte dieser, inzwischen schon typisch zu nennende Beatles-Song. Das Klavier spielte wieder George Martin. John sagte einmal über dieses Lied: »Über *Not A Second Time* schrieb William Mann in der Times einen Artikel, in dem er sich über die Medianten und die äolischen Kadenzen am Ende des Liedes ausließ. Er verglich es mit Mahlers *Lied von der Erde.* Aber für mich waren es Akkorde wie alle anderen auch. Das war das erstemal, daß jemand so etwas über uns geschrieben hat.«

Please Mr. Postman

wurde von Brian Holland, Robert Bateman und Berry Gordy komponiert. John wandelte dieses im Original stark soulorientierte Stück in einen Soul-Beat um. Im Wechselgesang zwischen John und den beiden anderen konnten sich die raffiniert gesetzten Harmonien aller drei Stimmen eindrucksvoll entwickeln.

Roll Over Beethoven

wurde bei der Plattenaufnahme wie auch bei öffentlichen Auftritten von George Harrison gesungen.
Dieser Rock 'n' Roll-Klassiker aus der Feder von Chuck Berry wurde für sie zu einem ihrer größten Hits in Amerika. Selbst Chuck Berry war von dieser Version sehr angetan und sagte einmal auf einer Pressekonferenz: »Die haben's gut gebracht, besser hätte ich es auch nicht gekonnt.« Ein nicht zu unterschätzendes Lob vom Altmeister des Rock 'n' Roll. Die Rhythmusgitarre, von John gespielt, ist das hervorstechendste Instrument und gibt dem Stück den mitreißenden »drive«. Auch Ringo wußte zu glänzen. Vor allem sein durchgehender Anschlag des Beckens trug zum unverwechselbaren Sound bei.

Hold Me Tight

Der Leadsänger war Paul, er wurde von John und George unterstützt. Die Leadgitarre wurde sowohl von George als auch von John gespielt, die Rhythmusgitarre

1963 aber ausschließlich von John. Wie schon im vorigen Titel benutzte Ringo auch hier nur die Becken seines Schlagzeugs.

You Really Got A Hold On Me
ein weiterer Soul-Titel, geschrieben von Smokey Robinson und gesungen von John Lennon. Einzelne Textpassagen sangen Paul und George, den Klavierpart bestritt George Martin.

Money (That's What I Want)
1960 zuerst von Barrett Strong in den USA veröffentlicht, war es ein Lieblingssong von John. Er sang es Jahre später mit der Plastic Ono Band auf dem Toronto Rock 'n' Roll-Festival. Am Klavier diesmal John und Paul. Ringos Schlagzeugspiel wurde im Mittelteil durch das Händeklatschen der drei anderen wirkungsvoll unterstützt.

27. 6. Aufnahme von BILLY KRAMER AND THE DAKOTAS (EMI Abbey Road Studio, London):
Bad To Me
I Call Your Name
Paul ist bei den Aufnahmen anwesend.

1. 7. THE BEATLES (EMI Abbey Road Studio, London):
Aufnahme von
She Loves You
I'll Get You

Bei der Aufnahme waren sehr viele Presseleute zugegen. Man war bestrebt, die Attraktion »Beatles« so hautnah wie möglich zu erleben. John aber war mit der Anwesenheit so vieler Personen überhaupt nicht einverstanden und ließ Reporter und Fotografen aus dem Studio weisen. *She Loves You* hat die Beatles mehr Schweiß und Mühe gekostet als die vorherigen Singles. Sie waren lange Zeit mit dem Ergebnis ihrer Arbeit sehr unzufrieden. Erst nach mehrstündigem Durchspielen des Stückes gewann es mehr und mehr an Format.

1963 Nachdem *She Loves You* »im Kasten« war, sagte George Martin zu ihnen: »Jungs, das ist wieder ein Number One Hit.« Er sollte recht behalten. Falls irgend jemand heute einen Titel auszuwählen hätte, der für die musikalischen Stilmittel der ersten Jahre charakteristisch ist, würde seine Wahl mit Sicherheit auf diesen fallen. Das immer wiederkehrende, aufreizende, provozierende *»Yeah, Yeah, Yeah«* wurde zum weltweiten Erkennungsmerkmal. Paul meinte dazu, daß das »Yeah Yeah« eingesetzt wurde, um auf sechs Akkorde zu kommen, was George Harrisons Idee gewesen sei, ein musikalischer »Kunstgriff«, der damals schon ziemlich altmodisch war. Aber George Martin hätte die Idee gefallen.

John Lennon: »Ich sagte den Leuten vor zwanzig Jahren oder wann immer es war, ich werde, wenn ich dreißig bin, nicht *She Loves You* singen. Ich wurde dreißig letztes Jahr, und das ist der Grund, warum ich mit der Band Schluß gemacht habe.«

(New York, 1971)

Juli CILLA BLACK (EMI Abbey Road Studio, London): Aufnahme von *Love Of The Loved.*

3. 7. THE FOURMOST (EMI Abbey Road Studio, London): Aufnahme von *Hello Little Girl.*

12. 7. THE BEATLES WITH TONY SHERIDAN:
EP *My Bonnie; +Cry For A Shadow./The Saints (When The Saints Go Marching In); Why.*
Polydor H 21–610, England.
Die Beatles erheben Einspruch gegen die Wiederveröffentlichung.

12. 7. THE BEATLES:
EP *Twist and Shout*
Twist And Shout; A Taste Of Honey./Do You Want To Know A Secret; There's A Place.
Parlophone GEP 8882, England.

1963
15. oder
18. 7. THE BEATLES (EMI Abbey Road, London): *All My Loving* wird aufgenommen.
All My Loving sang Paul, begleitet von George, der auch die Leadgitarre spielte, und dem viele Musikkritiker bescheinigten, daß dieses Gitarrensolo zu seinen besten zählt. Der Rang dieser Komposition ist unzweifelhaft sehr hoch einzuschätzen, was nicht nur die ungezählten Cover-Versionen beweisen, sondern auch der gelungene Versuch einiger großer Orchester, sie in Form eines klassischen Werkes zu interpretieren.

22. 7. BILLY J. KRAMER AND THE DAKOTAS (EMI Abbey Road Studios, London): *I'll Keep You Satisfied* wird aufgenommen.

22. 7. THE BEATLES: **EP *Introducing The Beatles***
*I Saw Her Standing There; Misery; Anna (Go To Him); Chains; Boys; Love Me Do./P.S. I Love You; Baby It's You; Do You Want To Know A Secret; A Taste Of Honey; There's A Place; Twist*And Shout.*
Vee Jay VJLP 1062, USA.

26. 7. BILLY J. KRAMER AND THE DAKOTAS:
Single *Bad To Me/I Call Your Name.*
Parlophone R 5049, England;
am 23. 9. 1963: Liberty 55626, USA.

29./30. 7. THE BEATLES (EMI Abbey Road Studio, London): Aufnahme von neuen Songs [?].

30. 7. TOMMY QUICKLY: **Single** *Tip Of My Tongue/ –Heaven Only Knows.*
Piccadilly 7N 35137, England.

Ende Juli EMI preßt 250 000 Exemplare der Single *She Loves You.*

1963 THE BEATLES: **Single** *She Loves You/I'll Get You.*
12. 8. Odeon 0 22 554, BRD;
23. 8. 63: Parlophone R 5055, England;
16. 9. 63: Swan 4152, USA.
Diese Single sprang in den Hitparaden sofort von Null auf den ersten Platz. Das hatte es in England bislang nur sehr selten gegeben. Und diesmal schaffte es sogar eine Gruppe, die vor einem halben Jahr den meisten Engländern noch vollkommen unbekannt war. Es lagen für diese Single Vorbestellungen von über 500 000 Stück vor. *She Loves You* wurde ihre erste »Goldene«.

21. 8. THE BEATLES (EMI Abbey Road Studio, London):
Die BEATLES sind beim Abmischen ihrer Aufnahmen dabei.

30. 8. THE FOURMOST:
Single *Hello Little Girl/–Just In Case.*
Parlophone R 5056, England;
15. 11. 63: ATCO 6280, USA.

9. 9. THE BEATLES:
EP *The Beatles' Hits*
From Me To You; Thank You Girl./Please Please Me; Love Me Do.
Parlophone GEP 8880, England;
Odeon 0 41 598, BRD.

10. 9. THE ROLLING STONES (Ken Coyler Club, London):
Proben für den am Abend stattfindenden Auftritt. JOHN LENNON und PAUL MCCARTNEY bieten den ROLLING STONES ihre Komposition *I Wanna Be Your Man* an, die sie noch an Ort und Stelle zu Ende komponieren.

11. und 12. 9. THE BEATLES (EMI Abbey Road Studio, London):
Schallplattenaufnahmen.

1963 THE BEATLES:
16. 9. **Single** *Twist And Shout/Boys.*
Odeon 0 22 581, BRD.
13. 10. 72: Odeon 1C 006-04 687, BRD.

27. 9. CILLA BLACK:
Single *Love Of The Loved/–Shy For Love.*
Parlophone R 5065, England.

Mitte Oktober THE ROLLING STONES (Kingsway Studio, London):
Aufnahme von *I Wanna Be Your Man.*

THE FOURMOST (EMI Abbey Road Studio, London):
Aufnahme von *I'm In Love.*

19. 10. THE BEATLES (EMI Abbey Road Studio, London):
Aufnahme von *I Want To Hold Your Hand* und *This Boy.*

I Want To Hold Your Hand
Die musikalische Struktur war komplizierter und subtiler als bei früheren Songs. Das Stück bestand aus fünf Teilen. Der erste Teil wurde durch mehrere Akkorde von Johns Rhythmusgitarre eingeleitet. Danach setzten John und Paul mit dem Gesang ein, Ringos Schlagzeug wurde begleitet vom Händeklatschen aller drei im Gegentakt, geführt von Georges Leadgitarre und Pauls Baß. Auf diesen harten, rhythmischen Beginn folgte ein weicherer Teil, von John gesungen. Baß, Gitarre und Ringos Charleston-Maschine dominierten hier. Darauf nun eine Wiederholung des ersten Teils, eingeleitet durch Ringos Baßtrommeln, dann Übergang in den weichen Mittelteil, worauf das Stück schließt mit der zweiten Wiederholung des ersten Teils.

This Boy
Unüberhörbar Johns erste Stimme, Paul sang die zweite. Die Einleitung stammte von Georges akustischer Gitarre, in die Johns elektrische Rhythmusgitarre einfiel. George spielte außerdem die Leadgitarre und

1963 unterstützte Paul beim Chorgesang. William Mann von der »Times« zu *This Boy:* »Ein ungewöhnlich trauriges Lied, aber von der Harmonie her eines ihrer interessantesten Stücke.«

20. 10. THE BEATLES (EMI Abbey Road Studio, London): Aufnahme von *The Beatles Christmas Record.*
Diese Aufnahme machten die Beatles speziell für die Mitglieder und Mitgliederinnen des »Beatles Fan Club«.

23. 10. THE BEATLES (EMI Abbey Road Studio, London): Schallplattenaufnahmen.

25. 10. BILLY J. KRAMER AND THE DAKOTAS:
EP *The Kramer Hits*
Bad To Me; I Call Your Name./Do You Want To Know A Secret; I'll Be On My Way.
Parlophone GEP 8885, England.

28. 10. ANTHONY NEWLEY: **Single** *I Saw Her Standing There*/[?]. USA.

November Bisher galt bei Plattenveröffentlichungen von Eigenkompositionen die Angabe »McCartney/Lennon«, ab jetzt: »Lennon/McCartney«.

1. 11. THE BEATLES:
EP *The Beatles (No. 1)*
I Saw Her Standing There; Misery./Anna (Go To Him); Chains.
Parlophone GEP 8883, England.

BILLY J. KRAMER AND THE DAKOTAS:
Single *I'll Keep You Satisfied/–I Know.*
Parlophone R 50733, England;
11. 11. 63: Liberty 55643, USA.

1963 THE ROLLING STONES:
Single *I Wanna Be Your Man/–Stoned.*
Decca F 11764, England;
17. 2. 64: London 9641, USA.

12. 11. THE BEATLES:
LP With The Beatles
It Won't Be Long; All I've Got To Do; All My Loving; Don't Bother Me; Little Child; Till There Was You; Please Mr. Postman./Roll Over Beethoven; Hold Me Tight; You Really Got A Hold On Me; I Wanna Be Your Man; Devil In Her Heart; Not A Second Time; Money (That's What I Want).
Odeon 0 83 568 (mono) und STO 83 568 (stereo), BRD;
22. 11. 63: Parlophone PMC 3045 (mono) und PSC 3045 (stereo), England;
1966: Odeon STO 73 568, BRD;
1969: Odeon 1C 062-04 181, BRD;
1976: Odeon 1C 072-04 181, BRD;
1977: Apple 1C 072-04 181, BRD;
1981: Odeon 1C 072-04 181, BRD.
With The Beatles wurde in England zur »LP des Jahres« gewählt. Es lagen allein in England Vorbestellungen von über 250 000 Stück vor. Das war die bis dahin höchste Vorbestellungszahl für eine LP überhaupt. Elvis Presley hielt den alten Rekord mit 200 000 Stück für sein *Blue-Hawaii*-Album. Natürlich setzte sich die LP *With The Beatles* sofort an die Spitze der englischen LP-Hitparade und hielt sich dort auch monatelang.
Auf der Erstpressung unterlief der EMI bei *Roll Over Beethoven* ein Produktionsfehler. Beim Überspielen der Bänder fiel einer der beiden Stereokanäle aus.
Zwar wurde sie wieder eingezogen, jedoch avancierten die bereits ausgelieferten Platten rasch zu begehrten Sammlerobjekten. Zurückziehen konnte die EMI jedoch nicht jene 3000 Exemplare, die am 20. 11. 1963, zwei Tage vor der offiziellen Auslieferung, in England gestohlen wurden. Inzwischen sind gerade diese Exemplare zu teuren Sammler-Stücken avanciert.

1963 THE BEATLES

19. 11. **Single** *I Want To Hold Your Hand/Roll Over Beethoven.*
Odeon 0 22 623, BRD.

23. 11. DORA BRYAN:
Single *All I Want For Christmas Is A Beatle*/[?].
Fontana 427, England.

25. 11. THE BEATLES:
LP Beatlemania! With The Beatles
Titel wie auf LP *With The Beatles* vom 12. 11. 63.
Capitol ST 6051, Kanada.

29. 11. THE BEATLES:
Single *I Want To Hold Your Hand/This Boy.*
Parlophone R 5084, England.
Für die in England erschienene Single lagen Vorbestellungen von einer Million Stück vor. Sie sprang von Null auf den ersten Platz der Hitparade. Bis zum Ende des Jahres 1963 verkaufte sich *I Want To Hold Your Hand* allein in England über 1 250 000 mal.

6. 12. THE BEATLES:
Flexi-Single *The Beatles Christmas Record.*
Ohne Bestell-Nummer, England.
Diese Flexi-Single wurde allen Mitgliedern und Mitgliederinnen des »Beatles Fan Clubs« als Weihnachtsgeschenk geschickt. Auf ihr bedanken sich die Beatles in recht flapsiger Weise für die Treue der Fans und vor allem dafür, daß sie ihre Platten gekauft haben.

9. 12. THE BEATLES:
Single *Roll Over Beethoven/Please Mr. Postman.*
Capitol 72 133, Kanada.

11. 12. THE BEATLES:
Single *It Won't Be Long/Money.*
Odeon 0 22 638, BRD.

1963 THE BEATLES:
26. 12. **Promotion-Single** *I Saw Her Standing There/I Want To Hold Your Hand.*
Capitol [?], USA.
Die amerikanische Plattenfirma Capitol ahnte bereits, daß die Beatles in den USA Erfolg haben würden, und die Auftritte im Februar 1964 in der »Ed Sullivan Show« waren auch schon terminiert. Also schickte Capitol in einer Eilaktion Promotion-Singles an Presse und Funk. Die Radiostation WMCA in New York war die erste, die *I Want To Hold Your Hand* spielte – am 29. Dezember 1963 um 12.50 Uhr!

1964
Anfang des Jahres THE FLAMINGOS:
Single *Mein Beatle Baby (Roll Over Beethoven)/Glücklich wie noch nie (I'll Get You).*
Vogue DV 14158, BRD.
Die »übriggebliebene deutschsprachige Version von *I'll Get You* (s. 29. 1. 1964) schien für eine A-Seite nicht gut genug zu sein. So textete Herr Montague auch noch den Beatles-bezogenen Text *Mein Beatle Baby*. Vom Beatle-Baby und den Flamingos hat man seitdem nichts mehr gehört . . .

THE ROLLING STONES:
Single *Money/I Wanna Be Your Man*
Decca DL 25 129, BRD.

ca. Januar Verschiedene Interpreten:
LP *Komm, gib mir deine Hand:*
DIE BEATLES: *Komm, gib mir deine Hand;* THE SWINGING DANY MANN WITH THE BLUE GIRLS: *Hippy Hippy Shake;* PETER BRANDT: *Der Platz neben mir;* CONNY FROBOESS: *Drei Musketiere;* GITTE UND REX GILDO: *Wunderland der großen Liebe;* JACQUELINE BOYER: *Hongkong-Mädchen;* HUGO STRASSER: *Java.*/GITTE UND REX GILDO: *Zwei auf einer Bank;* BERND VOLLMAR: *Das kannst du mir nicht verbieten;* PAUL KUHN: *Mein Dackel Waldemar und ich;* RALF PAULSEN: *Ivanhoe;*

1964 ROCCO GRANATA: *Alles wär' schön;* PIET LANCASTER WITH THE CLARK BOYS: *Nicht zu fassen;* DIE BEATLES: *She Loves You (Sie liebt dich).*
Electrola 83 659 (mono) und STE 83 659, BRD.
Zunächst: Dies ist wahrscheinlich die erste deutsche LP mit verschiedenen Interpreten, auf der Beatles-Titel aus dem EMI-Repertoire zu finden sind. Und es blieb auch nicht die einzige. Anzumerken wäre, daß beide Beatles-Titel auf dieser LP in deutscher Sprache sind, entgegen den Angaben auf Hülle und Etikett.

THE BEATLES:
Single *Ain't She Sweet/Cry For A Shadow.*
Amiga 450 466, DDR.
Wer sagt denn, daß die Beatles zu jener Zeit unter Walter Ulbricht als »kapitalistisch« beschimpft wurden? Obwohl John Lennon sich damals noch nicht für den Frieden eingesetzt hat, waren er und seine Mitmusiker in geringen Stückzahlen auf Platte zu haben.

13. 1. THE BEATLES:
Single *I Want To Hold Your Hand/I Saw Her Standing There.*
Capitol 5112, USA.
Aller Wahrscheinlichkeit nach gab es die Single bereits einige Tage vor dem offiziellen Erscheinungsdatum im Plattenladen, denn die Plattenfirma Capitol ahnte den enormen Erfolg. Mit *I Want To Hold Your Hand* gelang den Beatles der entscheidende Durchbruch in Amerika. Innerhalb von nur vier Tagen wurden 1 500 000 Exemplare verkauft: Nummer 1 in den US-Charts!

THE BEATLES:
LP Twist And Shout
Anna (Go To Him); Chains; Boys; Ask Me Wy; Please Please Me; Love Me Do; From Me To You./P.S. I Love You; Do You Want To Know A Secret; A Taste Of Honey; There's A Place; Twist And Shout; She Loves You.
Capitol T 6054 (mono) und ST 6054 (stereo), Kanada.

1964

20. 1. THE BEATLES:
LP *Meet The Beatles*
I Want To Hold Your Hand; I Saw Her Standing There; This Boy; It Won't Be Long; All I've Got To Do; All My Loving./Don't Bother Me; Little Child; Till There Was You; Hold Me Tight; I Wanna Be Your Man; Not A Second Time.
Capitol T 2047 (mono) und ST 2047 (stereo), USA.
Dies war die erste LP der Beatles auf dem US-Capitol-Label. Zwar erschien bereits am 22. Juli 1963 die erste LP der Beatles in den Staaten *(Introducing The Beatles,* Vee Jay VJLP 1062), doch wurde sie damals kaum beachtet. Nach dem Erfolg von *I Want To Hold Your Hand* wurde diese LP am 27. Januar 1964 noch einmal veröffentlicht, sehr zum Leidwesen der neuen amerikanischen Beatles-Plattenfirma Capitol. Die Polydor-Aufnahmen *My Bonnie* und *The Saints* erschienen am gleichen Tag (MGM K 13213), und am 3. Februar 1964 kam eine LP mit dem Titel *The Beatles With Tony Sheridan And Their Guests* unter der Bestellnummer MGM SE 4215 in den Staaten auf den Markt, die jedoch nur drei Titel mit Tony Sheridan und den Beatles enthält.

20. 1. THE BEATLES:
Promotion-EP *From the New Capitol Album »Meet the Beatles«*
Open-end Interview with the Beatles; I Want To Hold Your Hand./This Boy; It Won't Be Long.
Capitol PRO 2549, USA.
Auf dieser Promotion-EP (33 U/Min) ist ein Interview mit den Beatles zu hören, aber nicht die Fragen des Interviewers! Auf der Hüllen-Rückseite ist der komplette Interview-Text abgedruckt, auch die Fragen. So konnten damals die Diskjockeys, die diese Platte bekamen, ihr eigenes Beatles-Interview senden.

1964 PETER AND GORDON (EMI Abbey Road Studio,
21. 1. London):
Aufnahme von *A World Without Love.*
Paul McCartney, zu dieser Zeit mit Jane Asher befreundet, bietet ihrem Bruder Peter und dessen Musikerkollegen Gordon Walter die Komposition *A World Without Love* an, die auch umgehend von Peter and Gordon aufgenommen wird.

27. 1. TONY SHERIDAN AND THE BEATLES:
Single *My Bonny/The Saints (When The Saints Go Marching In).*
MGM K 13213, USA.

THE BEATLES:
LP *Introducing the Beatles*
I Saw Her Standing There; Misery; Anna (Go To Him); Chains; Boys; Ask Me Why./Please Please Me; Baby It's You; Do You Want To Know A Secret; A Taste Of Honey; There's A Place; Twist And Shout.
Vee Jay VJLP 1062, USA.
Dies ist die bereits erwähnte wiederveröffentlichte LP; jedoch teilweise mit anderen Songs als die am 22. 7. 1963 erschienene, trotz der gleichen Bestell-Nummer!

28. 1. THE BEATLES:
Single *Misery/Ask Me Why.*
Odeon 0 22 663, BRD.

29. 1. THE BEATLES (EMI Abbey Road Studio, London):
Aufnahme des instrumentalen Teils von *You Can't Do That.*
Für alle Datenvergleicher: Die Beatles jetteten in der Tat am 28. 1. 1964 von Paris nach London, hatten am Vormittag des 29. 1. 1964 Schallplatten-Aufnahmen und flogen am gleichen Tag zurück nach Paris, um dort wieder im Olympia aufzutreten.

THE BEATLES (Pathé Marconi Studio, Paris, Frankreich): Aufnahme der Gesangsparts für die deutschsprachigen Versionen von *I Want To Hold Your Hand*

1964 *(Komm, gib mir deine Hand)* und *She Loves You (Sie liebt dich).*
George Martin und Norman Smith, der Toningenieur, kamen extra für diese Produktion nach Paris.

Komm, gib mir deine Hand
sollte ursprünglich von John gesungen werden, der jedoch mit der deutschen Sprache nicht zurechtkam; er war von Anfang an überhaupt nicht begeistert davon, eine deutsche Platte aufzunehmen.

Sie liebt dich
sang ebenfalls Paul. Zunächst sollte dieser Song auf die A-Seite der Single. Als Rückseite war eine deutsche Version von *I'll Get You* geplant: *Glücklich wie noch nie.* Dieser Titel war bereits getextet und arrangiert. Dadurch, daß die Beatles die Produktion der deutschsprachigen Songs immer wieder verzögerten und inzwischen *I Want To Hold Your Hand* der ganz große Hit geworden war, entschloß George Martin sich, diesen Titel mit deutschem Text zu produzieren. *Glücklich wie noch nie* überließ man der deutschen Gruppe *The Flamingos.*

29. 1. Billy J. Kramer With The Dakotas:
Single *Do You Want To Know A Secret/Bad To Me.*
Liberty 55 667, USA.

30. 1. The Beatles:
Single *Please Please Me/From Me To You.*
Vee Jay VJ 581, USA.

31. 1. Tony Sheridan And The Beatles:
Single *Sweet Georgia Brown/Nobody's Child.*
Polydor NH 52 906, England.
Hier und jetzt sollen auch die Unklarheiten betreffend der zwei verschiedenen Versionen von *Sweet Georgia Brown* geklärt werden: Von den Beatles gibt es nur eine Version, aber Tony Sheridan hat 1963 zusätzlich eine Solo-Gitarre »draufgespielt«, unterlegt mit dem einzigen Beatles-Backingtrack von *Sweet Georgia Brown.*

1964 THE BEATLES:
Februar **EP *The Beatles' Sound***
Roll Over Beethoven; I'll Get You./It Won't Be Long; I Want To Hold Your Hand.
Odeon 0 41 627, BRD.

GERD BÖTTCHER:
Single *Nur keine Beatle-Frisur/Weil du so himmelblaue Augen hast.*
Decca D 19 531, BRD.
Selbst bei uns beschäftigten sich diverse Interpreten mit den Beatles; ob zustimmend oder ablehnend: Hauptsache dabei!

3. 2. TONY SHERIDAN AND THE BEATLES:
LP *The Beatles With Tony Sheridan And Their Guests*
My Bonnie; +Cry For A Shadow; Johnson Rag; Swanee River**; Flying Beat; The Darktown Strutter's Ball*./Rye Beat*; You Are My Sunshine**; Summertime Beat*; Why; Happy New Year Beat*.*
MGM SE 4215, USA.
(*= mit THE TITANS, **= TONY SHERIDAN AND THE BEAT BROTHERS, nicht mit den BEATLES!)

4. 2. THE BEATLES:
Single *Komm, gib mir deine Hand/Sie liebt dich.*
Odeon 0 22 671, BRD;
2. 8. 69: Odeon 1C 006-04 204, BRD.
Es war das erste und auch das einzige Mal, daß die Beatles speziell eine Schallplatte in einer fremden Sprache für ein bestimmtes Land aufnahmen. George Martin hatte darauf bestanden. Es war auch die erste Single der Beatles in der Bundesrepublik Deutschland, die eine spezielle Plattenhülle erhielt. Dabei passierte jedoch ein Mißgeschick: Die B-Seite wurde mit *»Sie liebt mich«* angegeben, und ehe der Fehler bemerkt wurde, waren bereits einige hundert Exemplare ausgeliefert.

6. 2. THE BEATLES:
LP *Die Beatles*
Titel wie auf LP *Please Please Me* vom 22. 3. 1963.
Hör Zu HZE 117 (mono) und SHZE 117 (stereo), BRD; 1966: Hör Zu SHZE 117 (neues »Hör Zu«-Label), BRD.
Die erste LP der Beatles erschien in der Bundesrepublik erst nach *With The Beatles* (zweite LP der Beatles) zunächst unter dem Titel *Die Beatles* mit einem ganz anderen Cover als in England. Aber die Aufmachung und besonders die »headlines« auf der Hülle vermitteln Zeitgeist: »*Please Please Me* und andere Knüller« und »Die zentrale Tanzschaffe der weltberühmten Vier aus

1964 Liverpool«. Und erst der Text auf der Rückseite der LP-Hülle! Da es diese LP in dieser Verpackung nicht mehr gibt, *müssen* wir einfach einen Teil des Textes abdrucken:

»Hier sind sie höchstpersönlich: die temperamentvollen Einheizer aus Liverpool, die Original-Beatles! Die jungen Löwen mit den qualmenden Gitarren. Wir verraten Ihnen gern, wie diese heißen Männer heißen und wie man sie unterscheiden kann.

Also: GEORGE HARRISON (dunkle Haare nach vorn gekämmt) spielt die Erste Gitarre, JOHN LENNON (dunkle Haare nach vorn gekämmt) die Rhythmus-Gitarre und PAUL McCARTNEY (dunkle Haare nach vorn gekämmt) die Baß-Gitarre. RINGO STARR (dunkle Haare nach vorn gekämmt) schafft sich an der »Schießbude« (Schlagzeug). Weitere Unterscheidungsmerkmale: ALLE VIER Beatles sind schlank, jung und laut. ALLE VIER Beatles wurden in der englischen Stadt Liverpool groß. Und ALLE VIER Beatles singen, wenn's sein muß.

Sie servieren ihre musikalischen Hits heiß von der Pfanne. Sie knattern ihre Songs wie ein Feuerwerk ab. Und sie arbeiten ohne Netz und doppelten Boden. (Nur einmal wenden sie einen Trick an: den »dual voiced« Paul in A TASTE OF HONEY, ein »Duett mit sich selbst«.) Ansonsten geht ihre steile Show stur geradeaus. Sie tun, was ihnen gegeben ist. Sie musizieren so, daß die Welt seit Monaten aufhorcht. Keiner kann ihnen absprechen, daß sie eine SENSATION sind. Eine Gitarren-Combo mit Pfiff.«

Ab 1969 erschien diese LP unter dem Titel *Please Please Me* und mit dem »englischen« Cover; aber dazu später . . .

7. 2. THE BEATLES:
EP *All My Loving*
All My Loving; Ask Me Wy./Money (That's What I Want); P.S. I Love You.
Parlophone GEP 8891, England.

● **1964** THE SWANS:
Single *The Boy With The Beatle Hair/Please Hurry Home.*
Cameo 302, USA.

● SUNNY CURTIS:
Single *A Beatle I Want To Be/So Used To Be Loving You.*
Dimension 1024, USA.

THE LIVERPOOLS:
LP *Beatlemania In The U.S.A.*
She Loves You; Be My Girl; I Want To Hold Your Hand; Hey, Quiet Down There!; Did You Ever Get My Letter./I Saw Her Standing There; Never Mind; Please Please Me; Chuck's Monster; Whenever I'm Feelin' Low.
Wyncote 9001, USA.
1964 gab es – vor allem in den USA! – nicht nur Singles, auf denen sich die meist unbekannten Sänger und Sängerinnen auf mehr oder weniger witzige Weise mit den Beatles beschäftigten, sondern auch ganze LP's unter dem Motto »Beatles«. Oft waren die Hüllen der Platten auch so gestaltet, daß der Eindruck erweckt wurde, es handele sich tatsächlich um ein Album der Beatles. Bei der LP *Beatlemania in the U.S.A.* druckte man zwecks Irreführung nur die Lennon/McCartney-Kompositionen auf die Vorderseite der LP-Hülle.

● THE BUDDIES:
Single *The Beatle/–Pulse Beat.*
Swan 4170, USA.

9. 2. THE BEATLES ([?], New York, USA):
Aufnahme des Interviews, das am 9. 6. 1964 auf der LP *The Beatles American Tour With Ed Rudy* erscheint.

12. 2. THE BEATLES (Carnegie Hall, New York, USA):
Aufnahme beider Konzerte in stereo zwecks Veröffentlichung auf Schallplatte, doch Brian Epstein sagt »no!«.

1964 THE FOURMOST:
14. 2. **EP *The Fourmost Sound***
I'm In Love; –Respectable./Hello Little Girl; –Just In Case.
Parlophone GEP 8892, England.

17. 2. THE BEATLES:
Single *All My Loving/This Boy.*
Capitol 72144, Kanada.

20. 2. THE BEATLES:
Single *All My Loving/I Wanna Be Your Man.*
Odeon 0 22 681, BRD.

25. 2. THE BEATLES (EMI Abbey Road Studio, London):
Die BEATLES nehmen *Can't Buy Me Love* und die Gesangsspur für *You Can't Do That* auf.

Can't Buy Me Love
Paul war der Sänger der Leadstimme. Er und John komponierten dieses Lied während einer nächtlichen Schallplattenaufnahme im Januar 1964 in Paris, wo sie sich gerade für mehrere Wochen aufhielten, da sie ein Engagement im Olympia hatten. John spielte Leadgitarre, teiweise von George auf seiner neuen zwölfseitigen Rickenbacker-Gitarre begleitet.
Paul McCartney beklagte sich über die eigentümlichen Textinterpretationen einiger Musikkritiker: »Jeder kann ein Lied interpretieren wie er will. Aber wenn da einer ankommt und sagt *Can't By Me Love* besingt eine Nutte, dann reicht es mir. Das geht einfach zu weit.«

You Can't Do That
Der Instrumentalpart mit der 12saitigen Rickenbacker von George war bereits am 29. 1. 1964 in Paris aufgenommen worden. Nun sang John dazu die Leadstimme. John Lennon über *You Can't Do That:* »Es war mein Versuch, zu sein wie Wilson Pickett.«

1964 The Beatles, Frank Ifield:

26. 2. **LP *Jolly What! The Beatles and Frank Ifield on Stage***
The Beatles: *Please Please Me;* Frank Ifield: *Any Time; Lovesick Blues; I'm Smiling Now; Nobody's Darling;* The Beatles: *From Me To You.*/Frank Ifield: *I Remember You;* The Beatles: *Ask Me Why; Thank You Girl;* Frank Ifield: *The Wayward Wind; Unchained Melody; I Listen to My Heart.*
Vee Jay VJLP 1085, USA.
Bei dieser LP handelt es sich trotz des Titels *». . . on stage« (». . . auf der Bühne«)* nicht um ein Live-Album. In den USA war es üblich, sogenannte »Vs.«-LP's (versus = gegen) zu veröffentlichen: Es werden in der Regel zwei Interpreten/Gruppen auf einer LP »gegenübergestellt«; und der Fan hört sich zu Hause die gekaufte LP an und entscheidet sich für einen der beiden Interpreten/Gruppen. Gewonnen hat dabei nur die Plattenfirma.
Die Beatles hatten keinen Einfluß darauf, welche von den der Vee Jay überlassenen Aufnahmen in welchen Zusammenstellungen veröffentlicht wurden. So warteten die Beatles und Manager Brian Epstein sehnsüchtigst darauf, daß der Vertrag mit Vee Jay Ende 1964 auslief, was die Plattenfirma nicht daran hinderte, Nachpressungen als Restbestände aus »regulären« Tagen auszugeben.

26./27. 2. The Beatles (EMI Abbey Road Studio, London):
Aufnahme von *Long Tall Sally, I Call Your Name, Slow Down* und *Matchbox.*

Long Tall Sally
Diese Little-Richard-Komposition zeigte einen Paul McCartney in Hochform. Sein Gesang wirkte energiegeladen wie selten, sehr gut abgestimmt mit dem dynamischen Gitarrenspiel Georges. Die Beatles spielten diesen »Fetzer« bei ihren Auftritten oft als Schlußlied. Die Fans gerieten dabei aus dem Häuschen, die Veranstalter allerdings mehr in Panik.

1964 *I Call Your Name*
Als Leadsänger und Leadgitarrist fungierte John, wobei er sich im Gitarrenspiel mit George abwechselte. So stammte z. B. das Gitarrensolo im Mittelteil von George. John sagte über diesen Song:
»Ich mag dieses Stück. Ich schrieb es schon sehr früh, als ich in Liverpool war, und fügte das Mittelstück hinzu, als wir runter nach London kamen.«
I Call Your Name war einige Monate zuvor von Billy J. Kramer aufgenommen worden, der ebenfalls von Brian Epstein als Manager betreut wurde.

Slow Down
Ein Duett von John und Paul. George bewies hier erneut, daß er zur damaligen Zeit einer der besten Gitarristen des Pop war. Den Klavierpart übernahm George Martin. *Slow Down,* geschrieben von Larry Williams, wurde von den Beatles bereits während der Hamburger Star-Club-Zeit sehr oft gespielt.

Matchbox
schrieb sich Carl Perkins selbst auf den Leib. Ringo versuchte als Leadsänger, das Beste daraus zu machen. Paul saß am Klavier, während George und John das Gitarrensolo gemeinsam spielten, George die erste und John die zweite Gitarre. Zum Teil wurde hier die Stimme Ringos zweimal aufgenommen und übereinandergelegt. Auch ein Titel, der schon bei früheren Auftritten im Starclub und im Cavern gespielt worden war, und den sie seit dieser Zeit im Repertoire hatten.

28. 2. TONY SHERIDAN AND THE BEATLES:
Single *Why/+Cry for a Shadow,*
Polydor NH 52-275, England;
27. 3. 64: MGM K 13227, USA.

PETER AND GORDON:
Single *World Without Love/–If I Where You.*
Columbia DB 7225, England;
27. 4. 64: Capitol 5175, USA.

1964 THE BEATLES:
März **EP *Souvenir Of Their Visit To Amerika***
Misery; Taste Of Honey./Ask Me Why; Anna.
Vee Jay 64-3915, USA.

1. 3. THE BEATLES (EMI Abbey Road Studio, London): Schallplattenaufnahmen.

2. 3. THE BEATLES:
Single *Twist And Shout/There's A Place.*
Tollie 9001, USA.

9. 3. THE BEATLES:
Single *Can't Buy Me Love/You Can't Do That.*
Odeon 0 22 697, BRD;
16. 3. 64: Capitol 5150, USA;
20. 3. 64: Parlophone R 5114, England.
In den USA lagen für diese Platte 1 600 000 Vorbestellungen vor, in England waren es nur 200 000 weniger. *Can't Buy Me Love* war ein Titel, der unmittelbar nach seinem Erscheinen sehr viele internationale Topstars zu eigenen Versionen reizte. Die beste Cover-Version gelang Ella Fitzgerald, die vom Orchester Count Basie begleitet wurde. Bei ihrer Aufnahmesession für dieses Lied waren die Beatles dabei.
John Lennon hätte lieber *You Can't Do That* als A-Seite veröffentlicht: »Das Stück kam nur auf die Rückseite, weil *Can't Buy Me Love* zu gut war.«

THE BEATLES WITH TONY SHERIDAN:
Single *My Bonnie/The Saints (When The Saints Go Marching In).*
Polydor 52 273, BRD
Bei dieser Platte hat Polydor das Intro zu *My Bonnie* weggelassen. Wenn nur wenige Aufnahmen vorliegen, wird eben mit der »Schere« Neues geschaffen . . .

THE BEATLES/THE BEATLES WITH TONY SHERIDAN:
Single +*Cry For A Shadow/Why.*
Polydor 52 275, BRD.

1964 THE BEATLES:
LP *The Beatles' Second Album*
Roll Over Beethoven; Thank You Girl; You Really Got A Hold On Me; Devil In Her Heart; Money; You Can't Do That./Long Tall Sally; I Call Your Name; Please Mr. Postman; I'll Get You; She Love You.
Odeon OPX 5558 (mono) und ZTOX 5558 (stereo), BRD;
10. 4. 64: Capitol T 2080 (mono) und ST 2080 (stereo), USA.
Bei der deutschen Ausgabe dieser LP handelt es sich um eine der rarsten Platten »made in Germany«.
In den USA erschien im April 1964 die spezielle **Juke-Box-EP *From the Beatles' Second Album*** mit sechs Songs von der LP (Best.-Nr. der EP: Capitol SXA 2080). Die Rundfunkstationen erhielten die **Promotion-EP *Highlights from »The Beatles' Second Album«*** mit einem Interview und drei Songs (Best.-Nr. Capitol PRO 2598/9).

20. 3. BILLY J. KRAMER WITH THE DAKOTAS:
EP *I'll Keep You Satisfied*
I'll Keep You Satisfied; –I Know./–Dance With Me; –It's Up To You.
Parlophone GEP 8895, England.

23. 3. THE BEATLES:
EP *The Beatles*
Misery; A Taste Of Honey./Ask Me Why; Anna (Go With Him).
Vee Jay VJEP 1-903, USA.

THE BEATLES:
Single *Do You Want To Know A Secret/Thank You Girl.*
Vee Jay VJ 587, USA.

30. 3. BILLY J. KRAMER WITH THE DAKOTAS:
Single *Bad To Me/–Little Children.*
Imperial 66027, USA.

1964 März/April

THE BEATLES (EMI Abbey Road Studio, London): Quasi zwischen den Dreharbeiten zum Film werden folgende Titel aufgenommen:
I Should Have Known Better; If I Fell, I'll Cry Instead; I'm Happy Just To Dance With You; And I Love Her; Tell Me Why.

I Should Have Known Better
war ganz um Johns Gesang herum arrangiert, der auch stellenweise verdoppelt wurde. Den speziellen Reiz erzielte George wieder durch die Verwendung der zwölfsaitigen Rickenbacker. John spielte die kurzen Mundharmonikapassagen sowie akustische Gitarre zusammen mit Paul.

If I Fell
John sang dieses einschmeichelnde und gefühlvolle Liebeslied. George spielte die elektrische Leadgitarre, John die akustische Gitarre. Johns Gitarrenspiel wurde teilweise doppelt aufgenommen, er komponierte auch diesen Titel.

I'll Cry Instead
Die Leadstimme kam erneut von John, der zu dem Song meinte: »Wir wollten ihn auch im Film *A Hard Day's Night* spielen, aber Richard Lester mochte ihn nicht, deshalb setzten wir ihn auf die Rückseite des Albums. Ich mag ihn sehr.«

I'm Happy Just To Dance With You
Da George keine eigene Komposition zu diesem Album beisteuerte, überließ man ihm bei diesem Stück die Leadstimme, die unterstützt wurde von Johns und Pauls Chorgesang. Geschrieben hatte es John, der auch die Leadgitarre spielte.

And I Love Her
wurde von Paul komponiert und gesungen. Es ist ohne Zweifel eine der schönsten McCartney-Kompositionen. Die akustischen Gitarren wurden von allen dreien

1964 gespielt. Ringos Schlagzeugspiel beschränkte sich auf das Schlagen von Bongos. George brillierte mit einem bemerkenswerten Solo.

Tell Me Why
Hierbei sangen John, Paul und auch George. Das Klavier wurde von Paul und John gemeinsam gespielt.

April THE BEATLES:
LP *The Beatles Beat*
She Loves You; Thank You Girl; From Me To You; I'll Get You; I Want To Hold Your Hand; Hold Me Tight./ Can't Buy Me Love; You Can't Do That; Roll Over Beethoven; Till There Was You; Money; Please Mr. Postman.
Odeon 0 83 692 (mono) und STO 83 692 (stereo), BRD;
1966: Odeon STO 73 692, BRD;
1969: Odeon 1C 062-04 363, BRD;
1976: Odeon 1C 072-04 363, BRD;
1977: Apple 1C 072-04 363, BRD;
1981: Odeon 1C 072-04 363, BRD.

6. 4. THE ROLLING STONES:
Single *I Wanna Be Your Man/Not Fade Away.*
London 9657, USA.

8. 4. THE BEATLES:
Single *Do You Want To Know A Secret/Little Child.*
Odeon 0 22 710, BRD.
Oft wird nach der seltensten Odeon-Single der BEATLES gefragt. Dies ist *Do You Want To Know A Secret, . . .* vielleicht aber auch *Misery?* Da streiten sich die »Gelehrten«.

10. 4. CILLA BLACK:
EP *Anyone Who Had A Heart*
Anyone Who Had A Heart; Just For You/Love Of The Loved; Shy For Love.
Parlophone GEP 8901, England.

1964
16. 4. THE BEATLES (EMI Abbey Road Studio, London): Der Song *A Hard Day's Night* wird aufgenommen.
A Hard Day's Night war wieder ein Duett von Paul und John. Hervorstechend Georges zwölfsaitige Gitarre. Der Anfangsakkord, für die, die ihn mal nachspielen möchten: g-Moll 7 plus 11. George Martin begleitete George bei seinem Solo auf dem Klavier.

17. 4. THE BEATLES/THE BEATLES WITH TONY SHERIDAN:
Single +*Ain't She Sweet/Take Out Some Insurance On Me, Baby.*
Polydor 52 317, BRD.
Direkt nach Erscheinen, evtl. auch gleichzeitig, brachte Polydor die gleiche Single mit den gleichen Songs noch einmal heraus: Nun war auf der Hülle die B-Seite mit *If You Love Me, Baby* betitelt. Trotzdem handelt es sich um ein und denselben Titel.

TONY SHERIDAN AND THE BEAT BROTHERS:
Single –*Skinny Minny/Sweet Georgia Brown.*
Polydor 52 324, BRD.
Auf der Plattenhülle wurde – im Gegensatz zum Plattenetikett – für *Sweet Georgia Brown* »The Beatles with Tony Sheridan« angegeben. Bei den *Beat Brothers* handelt es sich, was die A-Seite betrifft, nicht um die Beatles!

19. 4. PETER AND GORDON (Prince of Wales Theatre, London):
Konzert-Mitschnitt (u. a. die Lennon/McCartney-Komposition *World Without Love).*

April DIE SWEETLES:
Single *Ich wünsch' mir zum Geburtstag einen Beatle*/–*Die Schule ist aus.*
Polydor 52 329, BRD.
Ein weiterer »Tra-la-la-Yeah-Yeah«-Tribute-Song, der sich übrigens gut verkaufte.

1964 THE BEATLES:
27. 4. **Single** *Love Me Do/P.S. I Love You.*
Tollie 9008, USA.
Die Plattenlabel »Tollie« und »Swan« gehören zu Vee Jay.

Mai BILLY J. KRAMER WITH THE DAKOTAS (EMI Abbey Road Studio, London):
Aufnahme der Lennon/McCartney-Komposition *From A Window.*

CILLY BLACK (EMI Abbey Road Studio, London):
Aufnahme der Lennon/McCartney-Komposition *It's For You.*

8. 5. THE STRANGERS WITH MIKE SHANNON:
Single *One And One Is Two/–Time And The River.*
Phillips BF 1335, England.

GEORGE MARTIN ORCHESTRA:
Single *All My Loving/I Saw Her Standing There.*
Parlophone [?], England.

11. 5. THE BEATLES:
EP *Four by the Beatles* *Roll Over Beethoven; All My Loving./This Boy; Please Mr. Postman.*
Capitol EAP 2121, USA.

THE BEATLES:
LP *Long Tall Sally*
I Want To Hold Your Hand; I Saw Her Standing There; You Really Got A Hold On Me; Devil In Her Heart; Roll Over Beethoven; Misery/Long Tall Sally; I Call Your Name; Please Mr. Postman; This Boy; I'll Get You; You Can't Do That.
Capitol T 6063 (mono) und ST 6063 (stereo), Kanada.

1964 BILLY J. KRAMER WITH THE DAKOTAS:
15. 5. **EP *I'll Keep You Satisfied No. 2***
Little Children; They Remind Me Of You/Beautiful Dreamer; I Call Your Name.
Parlophone GEP 8907, England.

21. 5. THE BEATLES:
Single *Sie liebt dich/I'll Get You.*
Swan 4162, USA.

26. 6. THE BEATLES:
Single *Please Mr. Postman/Hold Me Tight.*
Odeon 0 22 741, BRD.

29. 5. BILLY J. KRAMER WITH THE DAKOTAS (EMI Abbey Road Studio, London):
PAUL MCCARTNEY ist bei der Aufnahme der Lennon/McCartney-Komposition *From A Window.*

TONY SHERIDAN AND THE BEATLES:
Single +*Ain't She Sweet/If You Love Me, Baby.*
Polydor NH 52-317, England.

PETER AND GORDON:
Single *Nobody I Know/–You Don't Have To Tell Me.*
Columbia DB 7292, England;
Capitol 5211, USA.

1./3. 6. THE BEATLES (EMI Abbey Road Studio, London):
Aufnahme folgender Songs:
Anytime At All, Things We Said Today, When I Get Home und *I'll Be Back.*

Any Time At All
John war hier Leadsänger und Mann am Klavier.
John, sehr viel später über *Any Time At All:* »Ein anderes Lied aus der Zeit, als wir an *A Hard Day's Night* arbeiteten. Ich schreibe heute nicht mehr so wie damals, aber ich glaube, ich könnte es, wenn ich es versuchen würde.«

1964 *Things We Said Today*
wurde von Paul in der Hauptsache um zwei Akkorde herum komponiert und auch von ihm gesungen. Die Instrumentierung ist mit der A-Seite identisch. Mittels aufnahmetechnischer Verdoppelung gab man an manchen Stellen seiner Stimme mehr Volumen.

When I Get Home
Ein für die damalige Zeit typischer Lennon-Song, der die naivromantische Stimmung der LP durchbrach. Seine Stimme wurde doppelt aufgenommen. Den hohen Stellen gab Paul durch seine zweite Stimme mehr Ausdruckskraft.

I'll Be Back
Gemeinsamer Gesang von John und Paul. Die akustischen Gitarren spielten John und George. Der Baß klang nur an wenigen Stellen durch, die tieferen Töne kamen fast ausschließlich von Johns Gitarre.
John war sehr überzeugt von dieser Komposition: »Eines meiner ersten Lieblingslieder, das ich geschrieben hatte. Ich finde es auch heute noch gut.«

Juni THE BEATLES:
LP *The Savage Young Beatles*
*Cry For A Shadow; Let's Dance**; If You Love Me, Baby*; What I Say**./Sweet Georgia Brown*; Ruby Baby**; Ya Ya**; Why*.*
(*= mit TONY SHERIDAN AND THE BEATLES,
** = mit TONY SHERIDAN AND THE BEAT BROTHERS, nicht den BEATLES)
Savage Records BM 69, USA.

1. 6. TONY SHERIDAN AND THE BEATLES:
Single *Sweet Georgia Brown/Take Out Some Insurance On Me, Baby.*
ATCO 6302, USA.
Hier handelt es sich bei *Sweet Georgia Brown* wieder um die von Sheridan überarbeitete Version.

1964 THE BEATLES:
3. 6. **Single** *Long Tall Sally/I Call Your Name.*
Odeon 0 22 745, BRD.
Nach *Komm, gib mir deine Hand* ist dies die zweite deutsche Single mit einer bebilderten Hülle.

5. 6. THE BEATLES:
Promotion-Single *The Beatles Talking/You Can't Do That.*
Music City/KFWBeatles RB-2637/8, USA.
Diese Promotionsingle mit Interview und Song wurde gemeinsam von dem Plattenverkaufs-Unternehmen und der Radiostation KFWB, beide Los Angeles in USA, herausgegeben.

THE APPLEJACKS:
Single *Like Dreamers Do/–Everybody Fall Down.*
Decca F 11916, England;
6. 7. 64: London 9681, USA.

9. 6. ED RUDY:
LP *The American Tour With Ed Rudy*
Interviews mit den Beatles und Beatles-Fans, Interviewer: Ed Rudy.
Radio Pulsbeat News Documentary No. 2, USA.

19. 6. THE BEATLES:
EP *Long Tall Sally*
Long Tall Sally; I Call Your Name./Slow Down; Matchbox.
Parlophone GEP 8913, England.
Zum erstenmal wich die EMI von ihrer bisherigen Verkaufspolitik ab und brachte eine EP auf den Markt, die für England neue Lieder enthielt. In der Bundesrepublik Deutschland, den USA und Kanada waren *Long Tall Sally* und *I Call Your Name* bereits auf LP erschienen.

1964 The Beatles:
Single *A Hard Day's Night/Things We Said Today.*
Odeon 0 22 760, BRD;
10. 7. 64: Parlophone R 5160, England.
Für diese Platte lagen in den USA über eine Million Vorbestellungen vor, in England waren es 750000.

Pete Best And The All Stars:
Single *–I'm Gonna Knock On Your Door/–Why Did I Fall In Love With You.*
Decca [?], England.
3. 7. 64 [?], USA.

Tony Sheridan And The Beatles:
LP *The Beatles' First*
+Ain't She Sweet; +Cry For A Shadow; Let's Dance; My Bonnie; If You Love Me, Baby; What'd I Say./Sweet Georgia Brown; The Saints (When The Saints Go Marching In); Ruby Baby; Wy; Nobody's Child; Ya Ya.
Polydor 236-201, England;
8. 64: Polydor Hi-Fi 46432 (mono) und Hi-Fi 327 623, BRD.
Diese LP unter Mitwirkung der Beatles erschien erst zu einem Zeitpunkt, als sie sich bereits weltweit durchgesetzt hatten.
Der damalige Produzent Bert Kaempfert hat noch weitere Titel mit den Beatles aufgenommen, die bis heute aber nicht veröffentlicht wurden, da sie – so Kaempfert – »qualitativ zu schlecht« waren.
Diese LP wurde alle zwei, drei Jahre unter immer wieder neuen Titeln veröffentlicht, wie auch immer wieder Single-Auskopplungen erschienen.

1964 THE BEATLES:
26. 6. **LP *Original Motion Picture Sound Track A Hard Day's Night***
A Hard Day's Night; Tell Me Why; I Cry Instead; I Should Have Known Better; I'm Happy Just To Dance With You; And I Love Her*./I Should Have Known Better; If I Fell; And I Love Her; Ringo's Theme (This Boy)*; Can't Buy Me Love; A Hard Day's Night*.*
(*= instrumentale Filmmusik mit GEORGE MARTIN ORCHESTRA).
United Artists UAS 6366, USA.
Nur in den USA erschien diese LP, die neben den Beatles-Songs auch die instrumentalen Titel aus dem Film enthält.
A Hard Day's Night wurde in Amerika die meistverkaufte Langspielplatte der damaligen Jahre. United Artists mußte innerhalb kürzester Zeit 2 Millionen Platten pressen lassen.

Mitte des Jahres THE HOLLYRIDGE STRINGS:
LP *The Beatles Song Book*
From Me To You; I Saw Her Standing There; Please Please Me; P.S. I Love You; Love Me Do; I Want To Hold Your Hand./Can't Buy Me Love; All My Loving; A Taste Of Honey; Do You Want To Know A Secret; She Loves You.
Capitol T 2116 (mono) und ST 2116 (stereo), USA.
Diese LP enthält schmalzig-instrumentale Versionen von Lennon/McCartney-Kompositionen (ausgenommen *A Taste Of Honey),* die später als Unterleg-Musik für die D-LP *The Beatles' Story* (23. 11. 1964) verwendet wurde.

THE BEATLES & MURRAY THE K:
Single *As It Happened, Part 1/As It Happened, Part 2.*
VRRNP 1021/2, USA.
Diese Interview-Single erschien in gering(st)er Auflage.

1964 The Beatles:
LP *The Beatles*
She Loves You; Thank You Girl; From Me To You; I'll Get You; I Want To Hold Your Hand; Hold Me Tight./ Can't Buy Me Love; You Can't Do That; Roll Over Beethoven; Till There Was You; Money; Please Mister Postman.
Deutscher Schallplattenclub E 043 (mono) und J 033 (stereo), BRD.
Die erste Beatles-Club-LP in der Bundesrepublik.

2. 7. Cilla Black (EMI Abbey Road Studio, London):
Aufnahme der Lennon/McCartney-Komposition *It's For You.* John Lennon und Paul McCartney sind zugegen, und – nachdem alle gegangen sind! – spielt Paul noch den Klavier-Part ein.

6. 7. The Beatles – The Beatles With Tony Sheridan:
Single +*Ain't She Sweet/Nobody's Child.*
ATCO 6308, USA.

The Beatles:
LP *A Hard Day's Night*
A Hard Day's Night; I Should Have Known Better; If I Fell; I'm Happy Just To Dance With You; And I Love Her; Tell Me Why; Can't Buy Me Love./Anytime At All; I'll Cry Instead; Things We Said Today; When I Get Home; You Can't Do That; I'll Be Back.
Odeon 0 83 739 (mono) und STO 83 739, BRD;
10. 7. 64: Parlophone PMS 3058 (mono) und PCS 3058 (stereo), England;
1966: Odeon STO 73 739, BRD;
1969: Odeon 1C 062-04 145, BRD;
1976: Odeon 1C 072-04 145, BRD;
1977: Apple 1C 072-04 145, BRD;
1981: Odeon 1C 072-04 145, BRD.
Diese Langspielplatte ist die erste, die nur Lennon/McCartney-Material enthält. Nach der Veröffentlichung scheute sich der amerikanische Komponist und Dirigent Leonard Bernstein nicht, einen gewagten

1964 Vergleich anzustellen: »Diese Burschen sind die besten Komponisten seit Schubert.«
In England liegen die Vorbestellungen bei ungefähr 250 000 Stück.

10. 7. GEORGE MARTIN ORCHESTRA:
LP *Off the Beatle Track*
All My Loving; Don't Bother Me; Can't Buy Me Love; All I've Got To Do; I Saw Her Standing There; She Loves You./From Me To You; There's A Place; This Boy; Please Please Me; Little Child; I Want To Hold Your Hand.
Parlophone PMC 3057 (mono) und PCS 3057 (stereo), England;
3. 8. 1964: Capitol [?], USA.
Selbst Beatles-Produzent George Martin hängt sich mit orchestralen Versionen à la Mantovani von Beatles-Songs an den Erfolg der Fab Four.

BILLY J. KRAMER WITH THE DAKOTAS:
Single *I'll Keep You Satisfied/–I Know.*
Imperial 66048, USA.

13. 7. THE BEATLES:
Single *A Hard Day's Night/I Should Have Known Better.*
Capitol 5222, USA.

17. 7. Die Zeitschrift »New Musical Express« (England) berichtet von einer BEATLES-Parodie im US-Fernsehen: FRANK SINATRA, SAMMY DAVIS JR., BING CROSBY und DEAN MARTIN treten als THE BUMBLERS auf.
Im deutschen Fernsehen wurde dieser Gag von Hans-Joachim Kulenkampff und drei Kollegen nachgespielt.

BILLY J. KRAMER WITH THE DAKOTAS:
Single *From A Window/–Second To None.*
Parlophone R 5156, England.

1964 THE BEATLES:
19. 7. **Single** *I'll Cry Instead/A Taste of Honey.*
Odeon 0 22 789, BRD.
Inzwischen auch eine der raren deutschen Odeon-Singles von den BEATLES.

20. 7. THE BEATLES:
Single *I'll Cry Instead/I'm Happy Just To Dance With You.*
Diese Single verkaufte sich innerhalb von zwei Tagen über 1 450 000 mal, erreichte aber nur Platz 29 der US-Hitparade (Billboard). Da der Titel *I'll Cry Instead* für eine Single zu kurz war (1:44), hatte man für die Singleversion einen Part des Liedes zweimal »eingebaut«.

THE BEATLES:
Single *And I Love Her/If I Fell.*
Capitol 5235, USA.

THE BEATLES:
LP *Something New*
I'll Cry Instead; Things We Said Today; Anytime At All; When I Get Home; Slow Down; Matchbox./Tell Me Why; And I Love Her; I'm Happy Just To Dance With You; If I Fell; Komm, gib mir deine Hand.
Capitol T 2108 (mono) und ST 2108 (stereo). USA.
10. 9. 64: Odeon 0 83 756 (mono) und STO 83 756 (stereo), BRD;
Ende '64: Odeon SMO 83 756, BRD;
1966: Odeon SMO (und STO,?) 73 756, BRD;
1969: Odeon 1C 062-04 600, BRD;
1976: Odeon 1C 072-04 600, BRD;
1977: Apple 1C 072-04 600, BRD;
1981: Odeon 1C 072-04 600, BRD.
Die Cover-Rückseiten sind unterschiedlich.

● 24. 7. verschiedene Interpreten:
LP *Tribute to Michael Holiday*
u. a. PETER AND GORDON: *World Without Love* (live).
Columbia 33 SX 1635, England.

1964 Peter And Gordon:
EP *Nobody I Know*
Nobody I Know; –Lucille./–Tell Me How; –Long Time Gone.
Columbia 8348, England.

31. 7. Cilla Black:
Single *It's For You/–He Won't Ask Me.*
Parlophone R 5162; England;
17. 8. 1964: Capitol 5258, USA.

George Martin Orchestra:
Single *Ringo's Theme (This Boy)/And I Love Her.*
Parlophone [?], England.
7. 8. 1964: Capitol [?], USA.

Anfang August The Beatles:
EP *Long Tall Sally*
Long Tall Sally; I Call Your Name./Slow Down; Matchbox.
Odeon 0 41 638, BRD.

Peter And Gordon (EMI Abbey Road Studio, London):
Aufnahme der Lennon/McCartney-Komposition *I Don't Want To See You Again.*

4. 8. The Beatles:
Single *And I Love Her/I Should Have Known Better.*
Odeon 0 22 792, BRD.

10. 8. The Beatles:
Single *Do You Want To Know A Secret/Thank You Girl.*
Oldies 45 OL 149, USA.

The Beatles:
Single *Please Please Me/From Me To You.*
Oldies 45 OL 150, USA.

1964 THE BEATLES:
Single *Love Me Do/P. S. I Love You.*
Oldies 45 OL 151, USA.

THE BEATLES:
Single *Twist And Shout/There's A Place.*
Oldies 45 OL 152, USA.

11./14. 8. THE BEATLES (EMI Abbey Road Studio, London): Schallplattenaufnahmen: Die BEATLES haben verschiedene Songs [?] für die nächste Single aufgenommen, wollen aber erst nach ihrem US-Gastspiel (19.–20. 8. 1964) entscheiden, ob und welche Aufnahme sie aus dieser Session nehmen.

12. 8. BILLY J. KRAMER WITH THE DAKOTAS:
Single *From A Window/I'll Be On My Way.*
Imperial 66051, USA.

19./20. 8. THE BEATLES (San Francisco und Las Vegas, USA): An diesen beiden Tagen werden die meisten der Interviews aufgenommen, die später ganz oder teilweise auf folgenden Schallplatten zu hören sind:
Ed Rudy With The New U.S. Tour (LP); *Remember, We Don't Like Them, We Love Them* (Single); *Hear The Beatles Tell All* (LP); *The Beatles' Story* (D-LP); *Things We Said Today* (LP); *West Coast Invasion* (LP).

23. 8. THE BEATLES (Hollywood Bowl, Los Angeles, USA): GEORGE MARTIN nimmt das Konzert der BEATLES auf, um es später als Live-LP zu veröffentlichen. Jedoch wird der Plan fallen gelassen. Erst am 4. Mai 1977 erscheinen einige der Songs auf LP.

24. 8. THE BEATLES:
Single *Slow Down/Matchbox.*
Capitol 5255, USA.

1964 THE CHIPMUNKS:
● **LP *The Chipmunks Sing The Beatles Hits***
All My Loving; Do You Want To Know A Secret; She Loves You; From Me To You; Love Me Do; Twist And Shout./A Hard Day's Night; P.S. I Love You; I Saw Her Standing There; Can't Buy Me Love; Please Please Me; I Want To Hold Your Hand.
Liberty 3388, USA.
19. 2. 1964 [?], England.
Diese LP war 1964 eine der erfolgreichsten Beatles-Nachzieher.

Anfang September THE BEATLES:
EP *The Beatle's Song* (Druckfehler auf dem Label!)
A Hard Day's Night; I Should Have Known Better./If I Fell; Can't Buy Me Love.
Odeon 0 41 641, BRD.

September ALMA COGAN (EMI Abbey Road Studio, London):
Aufnahme des Titels *I Knew Right Away,* bei dem Paul McCartney das Tamburin schlägt.

Verschiedene Interpreten:
Promotion-EP *The Beatles Introduce New Song*
John Lennon Introduces »It's for You«/Cilla Black; Paul McCartney Introduce »I Don't Want to See You Again«/ Peter and Gordon./CILLA BLACK: *It's For You;* PETER AND GORDON: *I Don't Want To See You Again.*
Capitol PRO 2721, USA.
Auf dieser EP – für die US-Radiostationen – stellen John Lennon und Paul McCartney jeweils eine Lennon/ McCartney-Komposition mit Cilla Black und Peter And Gordon vor.

3. 9. THE BEATLES:
Single *Tell Me Why/If I Fell.*
Odeon 0 22 797, BRD.

1964 PETER AND GORDON:
11. 9. **Single** *I Don't Want To See You Again/–I Would Buy You Presents.*
Columbia DB 7356, England;
21. 9. 1964: Capitol 5272, USA.

21. 9. GEORGE MARTIN ORCHESTRA:
Single *I Should Have Known Better/A Hard Day's Night.*
Capitol [?], USA.

21. 9.– THE BEATLES (EMI Abbey Road Studios, London):
8. 10. Aufnahme [fast ?] aller Songs für die LP *Beatles for Sale: No Reply; I'm A Loser; Baby's In Black; Rock And Roll Music, I'll Follow The Sun, Mr. Moonlight, Kansas City/Hey Hey Hey Hey, Eight Day's A Week; Words Of Love; Honey Don't, Every Little Thing, I Don't Want To Spoil The Party, What You're Doing* und *Everybody's Trying To Be My Baby.* Außerdem werden die beiden Titel *You'll Know What To Do* und *Always And Only* eingespielt, die aber nicht veröffentlicht werden.

No Reply
John war der Leadsänger (gedoppelt) dieses in einer traurigen Stimmung gehaltenen Liedes, gelegentlich von Paul und George im Chor unterstützt. Das Klavier, sehr verhalten aufgenommen, spielte Paul, an der akustischen Gitarre John.

I'm A Loser
In der Hauptsache sang John, nur sporadisch auch Paul und George. Mundharmonika und Rhythmusgitarre wurden ebenfalls von John gespielt. Paul schlug das Tamburin. Die Gitarrensoli wurden teilweise von George und John übernommen, wobei John jeweils zum eigentlichen Gitarrensolo hinführte.

1964 *Baby's In Black*
21. 9.– 8. 10. Eine Gemeinschaftsarbeit von John und Paul in bezug auf Gesang und Komposition. Die akustische Gitarre von John gab den Rhythmus an. Teilweise wurde Georges Gitarrensolo noch einmal überspielt. *Baby's In Black* war einer der Songs, den die Beatles am häufigsten auf ihren Konzerten spielten. Sogar noch zwei Jahre später hatten sie ihn im Repertoire. Da sie normalerweise ihr Programm nach einem Jahr fast vollständig auswechselten, kann man dies als Hinweis werten, daß sie dieses Stück sehr hoch einschätzten und gerne spielten.

Rock And Roll Music
von Chuck Berry geschrieben, wurde ausschließlich von John gesungen. Das stilreine Rock 'n' Roll-Piano spielte George Martin. George spielte zusätzlich zur Leadgitarre auch Rhythmusgitarre. Auch dieses Lied gehörte eine Zeitlang zu den Lieblingsliedern von John. Es erschien in Deutschland als A-Seite einer Single, die bis 1968 (!) die bestverkaufte Single der Beatles in Deutschland war.

I'll Follow The Sun
Paul war hier die tragende Figur, er begleitete sich selbst auf der akustischen Gitarre und auf dem Baß. Die elektrische Gitarre spielte George. Pauls Stimme wurde mit Echohall leicht verfremdet. Hin und wieder steuerte John eine zweite Stimme bei.

Mr. Moonlight
Früher bereits von der Gruppe *Dr. Feelgood* veröffentlicht, gehört dieser Titel vom Sound her zu den interessantesten.
Die Grundharmonien spielte Paul auf einer Hammondorgel, John legte einen rauhen, klagenden Leadgesang hin, George begleitete Ringos Schlagzeug- und Bongospiel auf einer alten afrikanischen Trommel, die zufällig im Studio rumstand. Die Bongos wurden später gelöscht, nur die Trommel blieb, George spielte hier

1964 kurioserweise Baß- und Rhythmusgitarre. Das Hammondorgelsolo allerdings wurde nicht von Paul gespielt, sondern von George Martin. Paul begleitete ihn dabei, nur sehr schwer im Hintergrund herauszuhören, auf einer zweiten Orgel.

Kansas City
Ein Stück, das bereits von vielen Interpreten vor den Beatles aufgenommen worden war, z. B. von Little Richard, Trini Lopez, Hank Ballard. Es gehörte schon zu den Zeiten des Cavern-Clubs zu Pauls Lieblingsliedern. George und John spielten abwechselnd elektrische Gitarre, zuerst John, dann George. Das Gitarrensolo aber stammte von George, und John unterlegte es lediglich mit seinem Klavierspiel. Paul, zwar Leadsänger, half aber zusätzlich noch bei den Chorpassagen von John und George mit aus.
Dieser Titel erlebte eine Art Vorpremiere vor Studiopublikum anläßlich der Aufzeichnung einer TV-Show Mitte Oktober. Die Beatles traten in einer amerikanischen Fernsehshow auf, die aber in England produziert wurde. Jack Good, der Produzent, fragte John, mit welchem Lied sie die Show eröffnen wollten, und er meinte, da die Show für die USA bestimmt war, sollte *Kansas City* am Anfang stehen.

Hey-Hey-Hey-Hey
ist der zweite Teil des Stückes *Kansas City,* was erst in den 70er Jahren auf dem Cover der LP vermerkt wurde. Jahrelang hatte man einfach nicht erkannt, daß es sich um ein Medley zweier eigenständiger Songs handelte.

Eight Days A Week
Dieses von John und Paul gemeinsam gesungene Lied war neben *No Reply* das erfolgreichste der LP *Beatles For Sale.* John spielte Leadgitarre, George die schwierigen Rhythmuspassagen. Mal Evans, Roadmanager der Beatles, stützte Ringos Schlagzeugspiel durch Klatschen.

1964 *Words Of Love*
21. 9.– Pauls Begeisterung für Buddy Holly ist es zuzuschreiben, daß dieser Titel aufs Album kam, von John und
8. 10. ihm in einer für sie ungewöhnlich tiefen Stimmlage gesungen. Ringo bevorzugte, um dem Rhythmus Konturen zugeben, vor allem die Baßtrommeln seines Schlagzeugs. Die eigenartig klappernden Töne auf den Achtelnoten erzeugten Paul, John und Mal Evans durch Klatschen mit hohlen Handflächen. Insgesamt läßt sich vom Sound her eine leise Anlehnung an stilistische Merkmale des amerikanischen Gesangsduos *The Everly Brothers* feststellen.

Honey Don't
Bei Aufnahmen für die BBC-Radiostation sang normalerweise John dieses Lied. Für die LP *Beatles For Sale* überließ er es Ringo, da jeder der Beatles auf jeder LP mindestens ein Stück singen sollte. Eine Abmachung besagte, daß auch George Harrison und Ringo Starr auf jeder LP mindestens einen Titel singen sollten. John schlug das Tamburin, Paul spielte Baß und akustische Gitarre. In der betont lässigen Art der Country & Western-Sänger kündigte Ringo Georges Gitarrensolo an: »Oh, rock on George, one time for me.«

Every Little Thing
Ein Duett von John und Paul, am Piano George Martin, die akustischen Gitarren wurden von George und John gespielt. Bei diesem Stück erweiterte Ringo sein Schlagzeugspiel um eine Variante. Zum erstenmal bei Schallplattenaufnahmen der Gruppe setzte er Standpauken ein. In der zuerst produzierten Fassung spielte er außerdem noch Tampani, eine Art Flöte. Bei der Endmischung für die LP wurde sie allerdings weggelassen.

I Don't Want To Spoil The Party
Ein Bekenntnis Johns in Verbindung mit diesem Stück: »Dies ist ein sehr persönliches Lied, es beruht auf einem Erlebnis früherer Jahre. In unserer Anfangszeit schrieb ich weniger Songs als Paul, da er besser Gitarre spielen

1964 konnte. Er brachte mir viel bei.« Lennon und McCartney sangen diesen Song gemeinsam.

What You're Doing
Paul hatte hier die Leadstimme. Eines der wenigen Stücke, das durch Ringos Schlagzeug eingeleitet wurde. Ab Takt Nr. 5 stieg John mit einem einprägsamen Riff ein. George und John sangen außerdem noch die Chorstimmen, am Piano spielten John und George Martin gemeinsam.

Everybody's Trying To Be My Baby
Hier war George der Leadsänger. Eigentlich sollte er eine Eigenkomposition beisteuern. Doch könnte seine Zurückhaltung darauf zurückzuführen sein, daß er sehr stark von Paul, und das bewußt, eingeengt wurde. So darf man seine bis dahin einzige Eigenkomposition *Don't Bother Me (Plag mich nicht) (LP With the Beatles)* durchaus als persönliche Äußerung betrachten.
Auffällig war die Übernahme eines Stilprinzips der gerade zu Ende gegangenen Rock 'n' Roll-Ära: der Echohalleffekt auf der Gesangsstimme. *Everybody's Trying To Be My Baby* war ebenfalls eine Carl-Perkins-Komposition, insgesamt die dritte, die die Beatles aufgenommen haben, nach *Matchbox* und *Honey Don't.*

28. 9. BILLY J. KRAMER WITH THE DAKOTAS:
LP *I'll Keep You Satisfied*
I'll Keep You Satisfied; I Call Your Name; –Beautiful Dreamer; –The Twelfth Of Never; –Sugar Babe; I'll Be On My Way./From A Window; –Second To None; –Anything That's Part Of You; –Still Waters; –Yes; –The Cruel Surf.
Imperial 12273, USA.

29. 9. THE BEATLES:
Single *Matchbox/I Saw Her Standing There.*
Odeon 0 22 820, BRD

29./30. 9. THE BEATLES (EMI Abbey Road Studio, London):
Schallplattenaufnahmen.

1964 THE BEATLES (Abbey Road Studio, London):

● Oktober Aufnahme des Titels *Echoes Of The Mersey Side.* »Wahrscheinlich Nr. 1«: für den Film *Ferry Cross The Mersey* mit GERRY AND THE PACEMAKERS; »Wahrscheinlich Nr. 2«: Produktionstermin ist der 6. und/oder 8. 10. 1964.

Dies ist einer der Titel, die nie auf irgendeine Weise gehört werden konnten.

THE BEATLES:
EP *The Beatles' Voice*
I'm Happy Just To Dance With You; And I Love Her./ Tell Me Why; Any Time At All.
Odeon 0 41 647, BRD.

● BRIAN EPSTEIN (wahrscheinlich London):
Sprach-Aufnahmen aus seinem Buch *A Cellarful Of Noise* für eine geplante US-LP, die aber nie erscheint.

1. 10. THE BEATLES/THE FOUR SEASONS:
D-LP *The Beatles Vs. The Four Seasons*
I Saw Her Standing There; Misery; Anna (Go To Him); Chains; Boys; Ask Me Why./Please Please Me; Baby It's You; Do You Want To Know A Secret; A Taste Of Honey; There's A Place; Twist And Shout.
Platte 2 der D-LP enthält 12 Songs mit der Gruppe THE FOUR SEASONS.
Vee Jay VJDX 30, USA.
Dies ist die erste Doppel-LP mit den Beatles, auch wenn sie nur auf der ersten LP zu hören sind, die übrigens identisch mit der zweiten Ausgabe von *Introducing the Beatles* (17. 1. 1964) ist.

● 2. 10. ALMA COGAN (Plattenstudio der Columbia, wahrscheinlich London): ALMA COGAN nimmt den Titel *I knew Right Away* auf, PAUL MC CARTNEY schlägt das Tamburin.

1964 TONY SHERIDAN AND THE BEATLES:
5. 10. **LP *Ain't She Sweet***
*+Ain't She Sweet; Sweet Georgia Brown; Take Out Some Insurance On Me, Baby; Nobody's Child; I Wanna Be Your Man**; *She Loves You**./–*How Do Yo Do It**; *Please Please Me**; *I'll Keep You Satisfied**; –*I'm Telling You Now**; *I Want To Hold Your Hand**; *From Me To You**. * = mit THE SWALLOWS
ATCO SD 33-169, USA.
Diese »Mogel-Packung«-LP enthält nur ein Stück mit den Beatles und drei, bei denen sie als Backgroundgruppe für Tony Sheridan mitwirken; mit den anderen Aufnahmen haben die Beatles (außer teilweise als Komponisten) nichts zu tun.

6./8. 10. THE BEATLES (EMI Abbey Road Studio, London):
Während der Aufnahmearbeiten für die LP *Beatles For Sale* (21. 9.–8. 10. 1964) wurden auch die beiden Titel für die nächste Single eingespielt: *I Feel Fine* und *She's A Woman*.
(Bisher wurde angenommen, daß die Songs am 14. 11. 1964 produziert wurden; jedoch hatten die Beatles an diesem Tag eine Aufzeichnung für die Sendung »Thank Your Lucky Star«.)

I Feel Fine
John Lennon: Ich schrieb dies während einer Aufnahmesession. Ich schrieb es um den Gitarrenriff herum, mit dem es anfängt.
Am Erfolg dieses Titels hatte George großen Anteil. Es wurden von ihm zwei Gitarrensoli aufgenommen und anschließend übereinandergelegt. Zum erstenmal in der Popmusik wurde das Feedback einer Gitarre verwendet.

She's A Woman
Pauls Komposition gehörte lange Zeit zu seinen Lieblingsliedern. Er bewies hiermit noch einmal deutlich, daß er neben melodiösen Balladen auch gute Rock-Songs schreiben und singen konnte.

1964 Diese Single blieb vier Wochen auf dem ersten Platz der Hitparade. In England lagen allein über 500000 Vorbestellungen vor.

12. 10. THE BEATLES **(LP *Songs, Pictures And Stories Of The Fabulos Beatles):***
I Saw Her Standing There; Misery; Anna (Go To Him); Chains; Boys; Ask Me Why./Please Please Me; Baby It's You; Do You Want To Know A Secret; A Taste Of Honey; There's A Place; Twist And Shout.
Vee Jay VJLP 1092, USA.
Nach der Zweit-Ausgabe von *Introducing The Beatles* (27. 1. 1964) und als erste Hälfte der D-LP *The Beatles Vs. The Four Seasons* erscheint diese LP nun zum dritten Mal; den Songs hinzugefügt sind »Pictures« (Fotos auf der Klapp-Hülle) und »Stories« (Information und Steckbrief bezüglich John, Paul, George und Ringo.)
Nachstehend die Steckbriefe, damals üblich und auf der LP-Hülle abgedruckt:

PAUL McCARTNEY Real Name: Paul McCartney; Birthplace: Liverpool, England; Birthdate: June 18, 1942; Height: 5'11"; Weight: 160 lbs.; Hair: Jet Black; Eyes: Brown; Education: Liverpool Institute; Marital Status: Single; Plays: Guitar, piano, drums, and banjo; Favorite Singers: Ray Charles, Peggy Lee; Favorite Actress: Ann Margaret; Instrument he plays most: Guitar

JOHN LENNON Real Name: John Lennon; Birthplace: Liverpool, England; Birthdate: October 9, 1940; Height: 5'11"; Weight: 150 lbs.; Hair: Brown; Eyes: Brown; Education: Quarry Bank High School & Liverpool Art College; Marital Status: Married – One child; Plays: Guitar, harmonica, piano and banjo; Favorite Color: Black; Instrument he plays most: Guitar; Work before becoming a singer: Poet; Favorite Singing Group: Shirelles; Type of Music he likes most: Traditional jazz; Favorite Food: Steak & Chips; Favorite Actress: Brigitte Bardot

1964 GEORGE HARRISON Real Name: George Harrison; Birthplace: Liverpool, England; Birthdate: February 25, 1943; Hair: Dark Brown; Eyes: Hazel; Education: Liverpool Institute; Marital Status: Single; Plays: Guitar & one finger piano; Favorite Instrument: Guitar; Favorite Hate: Having his hair cut; Dislikes Most: Traveling on buses; Favorite Actress: Elizabeth Taylor

RINGO STARR Real Name: Richard Starkey; Birthplace: Liverpool, England; Birthdate: July 7, 1940; Heigt: 5'8"; Hair: Brown; Eyes: Blue; Education: St. Salas & Dingle Vale Secondary Modern School; Marital Status: Single; Plays: Drums; Favorite Singers: Dinah Washington, Ray Charles; Dislikes Most: Riding a scooter; Favorite Cartoon: Donald Duck; Favorite Actress: Brigitte Bardot

16. 10. THE BEATLES:
Single *If I Fell/Tell Me Why.*
Parlophone DP 562, England (zwecks Export);
19. 1. 65: Parlophone DP 562, England.

19. 10. THE BEATLES:
Single *Slow Down/I'm Happy Just To Dance With You.*
Odeon 0 22 838, BRD.

23. 10. CILLA BLACK:
EP It's For You
It's For You; – He Won't Ask Me./ – You're My World; – Suffer Now I Must.
Parlophone GEP 8916, England.

26. – 28. 10. THE BEATLES (EMI Abbey Road Studio, London):
[u. a.?] Aufnahme der zweiten Weihnachts-Plattenfolie für den Fan-Club: *Another Beatles Christmas Record.*

● 30. 10. ALMA COGAN:
Single *I Knew Right Away/ – It's You.*
Columbia DB 7390, England.
PAUL MC CARTNEY spielt Tamburin.

1964 George Martin Orchestra:

● 2. 11. **LP *A Hard Day's Night***
Capitol [?], USA.
Es ist uns nicht gelungen, herauszufinden, welche orchestralen Beatles-Songs auf dieser LP zu hören sind. Auf jeden Fall handelt es sich u. a. um die Titel *A Hard Day's Night*, *I Should Have Known Better, And I Love Her* und *Ringo's Theme (This Boy)*.

4. 11. The Beatles:
EP *Extracts From The Film »A Hard Day's Night«*
I Should Have Known Better; If I Fell./Tell Me Why; And I Love Her.
Parlophone GEP 8920, England.

6. 11. Billy I. Kramer With The Dakotas:
EP *From A Window*
From A Window; –Second To None./ –Dance With Me; –The Twelfth Of Never.
Parlophone GEP 8921, England.

The Beatles:
EP *Extracts From The Album »A Hard Day's Night«*
Anytime At All; I'll Cry Instead./Things We Said Today; When I Get Home.
Parlophone GEP 8924, England.

9. 11. The Beatles:
Single *I Feel Fine/She's A Woman,*
Odeon 0 22 851, BRD;
23. 11. 64: Capitol 5327, USA;
27. 11. 64: Parlophone R 5200, England.

● 13. 11. Rory Storm And The Hurricanes:
Single *–America/ –Since You Broke My Heart.*
[?], England.
Die Gruppe, bei der Ringo bis Anfang August 1962 Schlagzeug gespielt hatte, kam – um Karriere zu machen – zu spät zum Zuge. Der Markt war inzwischen »gesättigt«. Nur jene Interpreten und Gruppen, die es

1964 bis dahin geschafft hatten, waren auch in den nächsten Jahren erfolgreich.

THE BEATLES:
LP *Beatles For Sale*
No Reply; I'm A Loser; Baby's In Black; Rock And Roll Music; I'll Follow The Sun; Mr. Moonlight; Kansas City/Hey Hey Hey Hey./Eight Days A Week; Words Of Love; Honey Don't Every Little Thing; I Don't Want To Spoil The Party; What You're Doing; Everybody's Trying To Be My Baby.
Odeon SMO« 83 790, BRD;
4. 12. 64: Parlophone PMC 3062 (mono) und PCS 3062 (stereo), England;
1966: Odeon SMO« 73 790, BRD;
1969: Odeon 1 C 062-04 200, BRD;
1976: Odeon 1 C 072-04 200, BRD;
1977: Apple 1 C 072-04 200, BRD;
1981: Odeon 1 C 072-04 200, BRD.
Auf der LP befinden sich insgesamt sechs Lieder, die nicht von den Beatles komponiert wurden. Der Grund für diesen Griff in die »alte Kiste« mag darin zu suchen sein, daß sie doch allzusehr von den Tourneen in Anspruch genommen wurden, die sich über den gesamten Oktober bis zur Mitte des Monats November 1964 hinzogen. Sie fanden kaum noch Zeit, ungestört neue Songs zu komponieren. Verständlich, daß sie auf Material zurückgreifen mußten, das sie bereits im Cavern gespielt hatten. Hinzu kam der nicht zu unterschätzende Vorteil einer stark verkürzten Produktionsdauer. Zu etwa der gleichen Zeit, als diese Langspielplatte auf den Markt kam, war eine andere LP das Hauptgesprächsthema der britischen Musikbranche, und zwar die LP *With The Beatles* – ihre zweite. Von dieser Platte wurden innerhalb eines Jahres eine Million Stück verkauft, ein Rekord, der jahrelang ungebrochen bleiben sollte. *Beatles For Sale* stand vier Monate lang an erster Stelle der englischen LP-Hitparade. Erst danach begann sie langsam zu fallen, blieb aber dennoch über ein halbes Jahr hinweg notiert.

1964 THE HOLLYRIDGE STRINGS:
Mitte **LP *The Beatles Song Book – Vol. 2***
November *A Hard Day's Night; Things We Said Today; She's A Woman; If I Fell; I'll Cry Instead; I'm Happy Just To Dance With You./I Feel Fine; No Reply; I'll Be Back; I'm A Looser; I'll Follow The Sun.*
Capitol T 2202 (mono) und ST 2202 (stereo), USA.
Eine weitere LP gleicher Machart wie die erste (Mitte 1964).

23. 11. THE BEATLES:
D-LP *The Beatles' Story*
On Stage With The Beatles; How Beatlemania Began; Beatlemania In Action; Man Behind the Beatles – Brian Epstein; John Lennon; Who's A Millionaire?./Beatles Will Be Beatles; Man Behind The Music – George Martin; George Harrison./ A Hard Day's Night – Their First Movie; Paul McCartney; Sneaky Haircuts And More About Paul./The Beatles Look At Life; »Victims« Of Beatlemania; Beatle Medley; Ringo Starr; Liverpool And All the World!.
Capitol TBO 2222 (mono) und STBO 2222 (stereo), USA.
Dieses »Dokumentations«-Doppel-Album ist speziell für Beatles-Fans gedacht, der marktschreierische Text ist von John Babcock, Al Wiman und Roger Christian geschrieben und gesprochen worden. Eine Inhaltsangabe ergibt die Übersetzung der einzelnen Kapitel (und evtl. kurze Erläuterungen): *Die Beatles auf der Bühne; Wie die Beatlesbegeisterung begann; Beatlesbegeisterung in Aktion; Der Mann hinter den Beatles – Brian Epstein; John Lennon (Kurzbiografie); Wer ist ein Millionär? (Interview-Ausschnitt)./Beatles wollen Beatles sein; Der Mann hinter der Musik – George Martin; George Harrison (Kurzbiografie)./A Hard Day's Night – ihr erster Film; Paul McCartney (Kurzbiografie); Schnieke Frisuren und mehr über Paul./Die Beatles »stehen ihren Mann«* (Anfang von *Twist And Shout,* live gespielt am 23. 8. 1964 in Los Angeles); *»Opfer« der Beatlesbegeisterung; Beatle-Song-Medley* (folgende Ti-

1964 tel werden kurz eingeblendet: *Things We Said Today, I'm Happy Just To Dance With You, Little Child, Long Tall Sally* und *She Loves You); Ringo Starr (Kurzbiografie); Liverpool und die ganze Welt!.*

Die meisten Interviews, aus denen ganz kurze Ausschnitte zu hören sind, wurden am 19. und 20. 8. 1964 in San Francisco und Las Vegas, USA, aufgenommen. Zwischen dem gesprochenen Text der einzelnen Kapitel sind noch kurze Ausschnitte aus folgenden Beatles-Songs zu hören: *I Want To Hold Your Hand, Slow Down, This Boy, You Can't Do That, If I Fell, And I Love Her, A Hard Day's Night* (speziell zusammengeschnitten), noch einmal *And I Love Her* und *Boys.*

Die schmalzige, instrumentale Hintergrund-Musik stammt von The Hollyridge Strings: *I Want To Hold Your Hand, Can't Buy Me Love, From Me To You, P.S. I Love You, She Loves You, Love Me Do, All My Loving, I Saw Her Standing There* und zum Schluß noch einmal *I Want To Hold Your Hand* (auch »pur« auf der LP *The Beatles Songbook* erschienen, Capitol T 2126 und ST 2116).

Anfang Dezember JOHN LENNON (Haus »Kenwood«, Weybridge, Surrey): John läßt sich ein eigenes Aufnahme-Studio in seinem Haus einrichten.

15. 12. THE BEATLES:

LP *Beatles '65*

No Reply; I'm A Loser; Baby's In Black; Rock And Roll Music; I'll Follow The Sun; Mr. Moonlight./Honey Don't; I'll Be Back; She's A Woman; I Feel Fine; Everybody's Trying To Be My Baby.

Capitol T 2220 (mono) und ST 2220 (stereo), USA;
28. 5.1965: Odeon SMO 0 83 917, BRD;
1966: Odeon SMO 917, BRD;
1969: Odeon 1 C 062-04 201, BRD;
1976: Odeon 1 C 072-04 201, BRD;
1977: Apple 1 C 072-04 201, BRD;
1981: Odeon 1 C 072-04 201, BRD.

1964 THE BEATLES:
18. 12. **Flexi-Single *Another Beatles Christmas Record.***
Ohne Bestell-Nummer, England.
Wie im vorigen Jahr: Zu Weihnachten verschicken die Beatles über den Fan-Club ihre speziellen musikalischen Weihnachtsgrüße an alle Fan-Club-Mitglieder in England und erstmals auch in den USA. Dort erscheint die Flexi-Single unter dem Titel *Seasons Greetings From The Beatles.*

Ende des Jahres JOHN LENNON/JOHN, PAUL, GEORGE, RINGO:
LP *Hear the Beatles Tell All – Interviews by Jim Steck and Dave Hull:* *Jim Steck Interviews John Lennon./ Dave Hull Interviews John, Paul, George, Ringo.*
Vee Jay PRO 202, USA
Ende 1964 läuft der Vee Jay-Plattenvertrag mit den Beatles aus. Deshalb – so ist anzunehmen – ist dieses Interview-Album als Promotion-LP ausgewiesen und entweder noch Ende '64 veröffentlicht oder »zurückdatiert«. Im März 1981 erscheint die LP in England, im Juni desselben Jahres in der Bundesrepublik.

● TOM CLAY:
Interview-Single *Remember, We Don't Like Them, We Love Them*
[?], USA.
Auszüge aus Interviews, die (auch) am 19./20. 8. 1964 in San Francisco und Las Vegas, USA aufgenommen wurden.

1965

● 1. 1. THE BEATLES:
Single *Sing A Song Of Beatles*
[?], England.
Musik-Verleger Dick James veröffentlicht in geringer Stückzahl eine Single mit einem Medley von Beatles-Songs.

1965 THE BEATLES:
21. 1. **Single** *No Reply/Eight Days A Week*
Odeon 0 22 893, BRD.

29. 1. THE BEATLES:
Single *If I Fell/Tell Me Why*
Parlophone [?], England.

Anfang Februar THE BEATLES:
(EMI Abbey Road Studio, London):
Die BEATLES nehmen zwei Kompositionen von GEORGE HARRISON auf; sehr wahrscheinlich *I Need You.*

I Need You
George war hier der Sänger seiner eigenen Komposition, von John und Paul begleitet. Die akustische Rhythmusgitarre steuerte John bei. Der zweite Titel könnte eine Version von *You Like Me Too Much* gewesen sein, die aber nicht veröffentlicht wurde.

THE BEATLES, TONY SHERIDAN AND THE BEAT BROTHERS:
25 cm Ø-LP *Meet the Beat*
Sweet Georgia Brown; What'd I Say; Lantern Hully Gully; Nobody's Child; Let's Dance./ Jambalaya; Take Out Some Insurance On Me, Baby; Madison Kid; Nick-Nack Hully Gully; Top Ten Twist.
(– = mit TONY SHERIDAN AND THE BEAT BROTHERS, nicht BEATLES)
Club-Sonderauflage der Polydor J 73557 (mono) und J 74557 (stereo), BRD.
Diese 25 cm Ø-LP zählt inzwischen zu den teuersten Sammler-Stücken; 500 DM und mehr werden für ein gut erhaltenes Exemplar verlangt – und bezahlt.

1. 2. THE BEATLES:
EP *4 By The Beatles*
Honey Don't; I'm A Loser./Mr. Moonlight; Everybody's Trying To Be My Baby.
Capitol R 5365, USA.

1965 THE BEATLES (EMI Abbey Road Studio, London):
12. 2. Aufnahme von *Ticket To Ride* und *Yes It Is*.

Ticket To Ride
Dieses Lied wurde von John gesungen. Ringo demonstrierte wieder einmal sehr eindeutig, daß auch er sein Instrument beherrschte. Gekonnte Wirbel und durchgehend geschlagene Triolen brachte er überzeugend. Der stampfende 4/4-Takt war nicht mehr Trumpf.
Diesmal spielte nicht nur George Leadgitarre, sondern auch Paul, von dem die Soli jeweils am Ende des Mittelteils stammten. Der Song leitete das ein, was man aus unserer heutigen Sicht als die »mittlere Periode« bezeichnen könnte. Kritik wurde damals vor allem laut, weil die Beatles zum erstenmal keinen ausgesprochen schnellen Titel auf die A-Seite einer neuen Single setzten.

Yes It Is
wurde von John und Paul gesungen. George übernahm hier wieder die Leadgitarre, die er über ein neuartiges »Volume Tone Pedal« spielte. Diese Ballade geriet durch die sehr gute A-Seite schnell in Vergessenheit, obwohl sie beim Erscheinen der Platte hervorragende Kritiken bekam.

15. – THE BEATLES (EMI Abbey Road Studio, London):
20. 2. Die BEATLES nehmen die Songs *The Night Before, You've Got To Hide Your Love Away, Another Girl* und *You're Going To Lose That Girl*.

The Night Before
Dieser Song wurde von Paul gesungen. John begleitete ihn auf einem elektrischen Klavier. George spielte sowohl elektrische als auch akustische Gitarre. Alle drei gemeinsam bestritten den Hintergrundchor.

You've Got To Hide Your Love Away
John Lennon: »Das hab' ich während meiner Dylan-Zeit für den Film *Help*! geschrieben. Als ich Teenager

1965 war, pflegte ich Gedichte zu schreiben, aber ich versuchte immer, meine wirklichen Gefühle zu verstecken. Ich war in Kenwood, und ich wollte einfach Songs schreiben; und so versuchte ich, jeden Tag ein Lied zu schreiben, und es ist eines von denen, die du ein wenig traurig vor dich hin singst, ›here I stand, head in hand . . .‹

Ich begann, über meine Gefühle nachzudenken – ich weiß nicht genau, wann es anfing mit *I'm A Loser* oder *Hide Your Love Away* oder diesen Sachen –, anstatt mich selbst in eine Situation hineinzuversetzen, wollte ich nur versuchen, zum Ausdruck zu bringen, was ich von mir zu halten hatte; was ich in meinen Büchern getan habe. Ich glaube, es war Dylan, der mir half, das zu verwirklichen – nicht durch irgendeine Diskussion oder irgend so etwas, sondern durch das Anhören seiner Werke. Ich hatte so einen Anflug von professionellem Songschreiber, um Popsongs zu schreiben; er wollte einen bestimmten Typ von Songs für eine Single produzieren; und wir wollten eine bestimmte Art von Dingen für dieses oder jenes Stück. Ich war schon auf dem ersten Album ein stilistischer Songschreiber. Aber um mich selbst auszudrücken, wollte ich *Spaniard In The Works* oder *In His Own Write* schreiben; die persönlichen Gedichte, die meine persönlichen Gefühle ausdrückten. Es gibt noch einen komponierenden John, der Songs für den Unterhaltungsmarkt schreibt; aber ich habe nicht in Betracht gezogen – die Texte oder all das –, daß sie überhaupt einen tieferen Sinn haben. Sie waren nur ein Gag. Dann begann ich, in den Songs ich selbst zu sein, sie nicht objektiv zu schreiben, sondern subjektiv.

. . . Später gab es dann noch mal eine sehr gute Version von meinem Lied, ich glaube, die Silkies haben sie gemacht, und George Harrison produzierte sie.«

George Martin spielte bei *You've Got To Hide Your Love Away* Flöte, die Begleitung auf den akustischen Gitarren kam von George und John. Das Tamburin schlug Ringo, die E-Gitarre, die teilweise zu hören ist, stammte von George Harrison.

1965 *Another Girl*

15. – 20. 2. Paul sang bei diesem Titel die Hauptstimme, unterstützt beim Refrain von John und George. Die Leadgitarre spielte Paul, George und John die Rhythmusgitarren.

You're Going To Lose That Girl
Johns Ansichten zu diesem Stück: »Das war auch so eins meiner Lieder, bei denen ich damals noch keinen Wert auf die Texte legte. Sie zählten einfach nicht für mich. Dann kam Dylan und sagte mir, ›Hör auf den Text, Mann‹. ›Ich höre ihn nicht, er ist nicht wichtig für mich‹, antwortete ich ihm damals. Später dann kam mir seine Mahnung noch oft in den Sinn.«
Neben Schlagzeug spielte Ringo auch die Bongos. George und John teilten sich die Rhythmusgitarre.

15. 2. THE BEATLES:
Single *Eight Days A Week./I Don't Want To Spoil The Party.*
Capitol 5371, USA.

● GEORGE MARTIN ORCHESTRA:
EP *Music from »A Hard Day's Night«:*
vier Titel [?].
Parlophone [?], England.

22. 2. THE BEATLES:
Single *Rock And Roll Music/I'm A Loser.*
Odeon 0 22 915, BRD.

März THE BEATLES:
EP *The Beatles' Music*
No Reply; I'm A Loser./Rock And Roll Music; Eight Days A Week.
Odeon SMO 41 668, BRD.

THE BEATLES MIT TONY SHERIDAN:
Single *Sweet Georgia Brown/Why.*
Amiga 450 471, DDR.
Die zweite Beatles-Single im anderen Deutschland.

1965 THE BEATLES:
Single *It Won't Be Long/Devil In Her Heart.*
Amiga 450 493, DDR.
Die dritte und – bis heute! – letzte DDR-Beatles-Single. Aber es werden noch einige wenige LP's erscheinen.

● 19. 3. GEORGE MARTIN ORCHESTRA:
Single *I Feel Fine/* [?].
Parlophone [?], England.

22. 3. THE BEATLES:
LP *The Early Beatles*
Love Me Do; Twist And Shout; Anna (Go To Him); Chains; Boys; Ask Me Why./Please Please Me; P.S. I Love You; Baby It's You; A Taste Of Honey; Do You Want To Know A Secret.
Capitol T 2309 (mono) und ST 2309 (stereo), USA

25. 3. THE BEATLES:
Single *Ticket To Ride/Yes It Is.*
Odeon 0 22 950, BRD,
9. 4. 65: Parlophone R 5265, England;
19. 4. 65: Capitol 5407, USA.

Das Jahr 1965 brachte eine spürbare Veränderung im internationalen Musikgeschehen. Neue Talente tauchten auf, z. B. Eric Clapton, Jeff Beck, Pete Townshend. Eine gewisse Konkurrenzsituation entstand, die auf die gesamte Popmusik befruchtend wirkte. Sie wurde zunehmend anspruchsvoller. Durch diese Herausforderung ermuntert und durch die zurückliegende Entwicklung geprägt, begann sich die Musik der Beatles zu wandeln. Erste Ansätze wurden in der neuen Single erkennbar.
Als die Single in England veröffentlicht wurde, waren die Beatles mitten in den Dreharbeiten zu ihrem zweiten Kinofilm. Man gab ihm den Titel *Eight Arms To Hold You.*
In den USA erschien *Ticket To Ride* am 19. April 1965.

1965 Auf das Plattenlabel wurde damals noch die Zeile: »From the United Artists Release *Eight Arms To Hold You«* zusätzlich aufgedruckt, weil man den ursprünglichen Film-Titel, der zu lang erschien, erst danach in *Help!* abänderte, obwohl Lennon schon einen Song *Eight Arms To Hold You* geschrieben hatte.
Die Platte verkaufte sich, wie auch fast alle vorigen, auf Anhieb sehr gut, die Vorbestellungen beliefen sich auf über 250 000 Stück. Schon wieder eine »Silberne« für sie.

April P.J.PROBY (Schallplattenstudio, wahrscheinlich London):
Aufnahme der Lennon/McCartney-Komposition *That Means A Lot.*

GEORGE MARTIN ORCHESTRA (EMI Abbey Road Studio, London):
Aufnahme der orchestralen Versionen von *I've Just Seen A Face* (Arbeitstitel *Auntie Gin's Theme)* und *Yesterday (Scrambled Egg).*

4. 4. JOHN LENNON und PAUL MCCARTNEY schreiben den Song *Help!.*

6. 4. THE BEATLES:
EP *Beatles for Sale*
No Reply; I'm A Loser./Rock And Roll Music; Eight Days A Week
Parlophone GEP 8931, England.

13. 4. THE BEATLES:
(EMI Abbey Road Studio, Berlin London): Aufnahme des Titels *Help!.*
Help! ist eine typische Lennon-Komposition. Beschränkt man sich nur auf den Text, kann *Help!* durchaus als Aufschrei verstanden werden. »Als ich noch jünger war, viel jünger als heute, habe ich nie irgendwelche Hilfe von jemandem gebraucht. Doch nun sind diese Tage vorüber, meine Selbstsicherheit ist dahin.«

1965 Im Gegensatz dazu steht die »flotte« Melodie. Diese Spannung ist in vielen Lennon/McCartney-Kompositionen zu finden: sentimentaler Text und beschwingte Musik (*Misery, There's A Place, I'll Cry Instead* und auch *She Loves You*). Bei *Help!* wurde erstmals persönliche Betroffenheit vermittelt, die vor allem bei den hervorragenden Cover-Versionen von Deep Purple (1968) und Tina Turner (1984) transparent wird.
Zurück zur Aufnahme der Beatles: Leadsänger: John; die lässig und gekonnt gespielte Gretsch-Gitarre: George.
Es wurden (mindestens) zwei Versionen eingespielt.
John Lennon: »Ich dachte es mir aus. – Der Text ist heute noch genauso gut wie er damals war. Es ist kein Unterschied, und es gibt mir ein sicheres Gefühl zu wissen, daß ich mir damals meiner selbst bewußt war. Ich habe eben ›Help!‹ gesungen, und ich meinte es auch so.
Ich mag die Aufnahme nicht sehr; wir versuchten, es allzu kommerziell zu machen. Ich mag ›I Want To Hold Your Hand‹. Wir schrieben es zusammen; es ist eine wunderschöne Melodie. Ich würde ›I Want To Hold Your Hand‹ und ›Help!‹ wieder machen, weil ich sie mag und singen kann. ›Strawberry Fields‹, weil es real ist, real für damals, und ich denke, es ist wie reden.
Der Film *Help!* war Krampf, weil wir nicht wußten, was vor sich ging. Lester war seiner Zeit tatsächlich etwas voraus mit der Batmansache, aber damals nahmen wir Pot, und all das gute Material, wo wir herumalbern und herumtorkeln, blieb auf dem Boden des Schneideraums liegen.«

10. /11. 5. THE BEATLES: (EMI Abbey Road Studio, London):
Die BEATLES nehmen *You Like Me Too Much, Bad Boy, Dizzy Miss Lizzy* und *Tell Me What You See* auf.

You Like Me Too Much
Die zweite Harrison-Komposition sah ihren Urheber auch als Leadsänger, von Pauls zweiter Stimme begleitet. John spielte E-Piano, während das Klavier-

1965 solo von Paul und George Martin gemeinsam auf einem Steinway-Flügel gespielt wurde.

Bad Boy
war schon fast ein Rock'n'Roll-Klassiker, Komposition und Erstveröffentlichung: Larry Williams. Die Beatles-Version wird von John Lennon gesungen.

Dizzy Miss Lizzy
Hier zeigte sich John wieder von seiner besten Seite als Sänger dieses Rock'n'Roll-Standards. Die Leadgitarre spielte er, George die Rhythmusgitarre, am Piano Paul und George Martin, an der Hammondorgel John.

Tell Me What You See
Ein Duett von John und Paul. Am E-Piano diesmal Paul, Ringo steuerte das Tamburin bei, die E-Gitarren wurden von John und George gespielt.

Während einer der Aufnahme-Sessions im Mai oder Juni 1964 nimmt JOHN LENNON zum zweiten Mal den Titel *Keep Your Hands Off My Baby* auf – wieder keine Veröffentlichung!

14., 15., 17. und/oder 18. 5. THE BEATLES (EMI Abbey Road Studio, London): Bezüglich der Daten sind wir uns nicht sicher, doch steht mit ziemlicher Sicherheit fest, daß von *I'm Down* zwei Versionen aufgenommen werden.

I'm Down
wurde von Paul in typischer Little-Richard-Manier gesungen. Dieses Stück ist einer der härtesten Rocktitel, den McCartney jemals komponiert hat. John spielt hier Hammondorgel. Für Paul war *I'm Down* besser als die A-Seite. Um dem Film zur nötigen Promotion zu verhelfen, beugte er sich der EMI, die *Help!* als A-Seite haben wollte.

● **1965** Es soll auch eine Aufnahme von *Eight Arms To Hold You* eingespielt worden sein, als geplanter Titelsong für den zweiten Beatles-Film, der dann aber in *Help!* umbenannt wurde.

13., 14., 15., 17., 18. 6. THE BEATLES (EMI Abbey Road Studio, London): Aufnahme folgender Songs: *Act Naturally, It's Only Love, Tell Me What You See, I've Just Seen A Face, Yesterday* und *Dizzy Miss Lizzy.*

Act Naturally
Ein Song mit parodistischem Einschlag, den Ringo Starr dank seiner schauspielerischen Erfolge recht überzeugend darbrachte. In Deutschland und den USA wurde dieser Titel, mit *Yesterday* als Rückseite, als Single herausgebracht. Prompt wurde sie ein Riesenhit. Sicher lag es auch an der Zugkraft von *Yesterday*, daß sie dort innerhalb dreier Wochen über eine Million Mal verkauft wurde.

It's Only Love
(Arbeitstitel: *It's A Nice Hat/Cap)*
John, Sänger und Autor, steuerte zur Einleitung eine zaghaft und zurückhaltend gespielte Hammondorgel bei. Gelegentlich leistete er sich den Spaß, ein rollendes »r« nach Art der Kontinentaleuropäer zu singen.

I've Just Seen A Face
(Arbeitstitel: *Auntie Gin's Theme)*
Paul sang diesen balladenhaften Song teilweise mit sich selbst im Duett. Er und George spielten die den schnellen Achtelrhythmus vorantreibenden akustischen Gitarren, wobei George die Soli vorbehalten waren.

Yesterday
Vom heutigen Standpunkt aus läßt sich wohl die Behauptung wagen, daß dies der weltweit bekannteste Song der Beatles ist.
Das Lied wurde von Paul allein komponiert und getextet. Wie üblich wurde John als Mitautor angeführt.

1965 Lange lag es unberührt in der Schublade, und die Melodie hatte zunächst den Titel *Scrambled Egg*. Paul spielte *Yesterday* nur mit Gesang und akustischer Gitarre ein, George Martin umrahmte dann die Aufnahme mit einem Streichquartett – eine damals als Sensation empfundene Neuerung in der Popmusik.
Yesterday erreichte innerhalb kurzer Zeit die meisten Cover-Versionen, die je von einem Beatles-Song gemacht wurden. Inzwischen sind es mehr als tausend. Paul McCartney spielte *Yesterday* auch auf den Tourneen und, wie die Publikumsreaktion beweist, hat die Faszination, die von *Yesterday* ausgeht, immer noch nicht nachgelasssen.
Wahrscheinlich werden am 17. und 18. Juni 1965 von *Act Naturally, It's Only Love, I've Just Seen A Face* und *Yesterday* mindestens jeweils eine weitere Version aufgenommen.

4. 6. THE BEATLES:
EP *Beatles For Sale (No. 2)*
I'll Follow The Sun; Baby's In Black./Words Of Love; I Don't Want To Spoil The Party.
Parlophone GEP 8938, England.

8. 6. THE BEATLES:
Single *Kansas City/I Don't Want To Spoil The Party.*
Odeon 0 22 999, BRD.

10. 6. Inventur: Bisher wurden genau 1337 Versionen von Beatles-Kompositionen von anderen Interpreten und Gruppen aufgenommen, hauptsächlich von Lennon/McCartney, einige wenige von Harrison.

14. 6. THE BEATLES:
LP *Beatles VI*
Kansas City/Hey Hey Hey Hey; Eight Day's A Week; You Like Me Too Much; Bad Boy; I Don't Want To Spoil The Party; Words Of Love./What You're Doing; Yes It Is; Dizzy Miss Lizzie; Tell Me What You See; Every Little Thing.

1965 Capitol T 2358 (mono) und ST 2458 (stereo), USA. Rechnet man die Doppel-LP *The Beatles' Story* nicht mit, ist *Beatles VI* tatsächlich die sechste Beatles-Capitol-LP. (*Original Motion Picture Sound Track A Hard Day's Night* erschien bei United Artists, erst Jahre später bei Capitol.)

18. 6. THE BEATLES:
LP *The Beatles' Greatest*
I Want To Hold Your Hand; Twist And Shout; A Hard Day's Night; Eight Days A Week; I Should Have Known Better; Long Tall Sally; She Loves You; Please Mister Postman./I Feel Fine; Rock And Roll Music; Ticket To Ride; Please Please Me; It Won't Be Long; From Me To You; Can't Buy Me Love; All My Loving.
Odeon SMO 83 991, BRD;
1966: Odeon SMO 73 991, BRD;
1969: Odeon 1 C 062-04 207, BRD;
1976: Odeon 1 C 072-04 207, BRD;
1981: Crystal 038 CRY 04 207, BRD.

27. 6. THE BEATLES (Teatro Adriano, Rom, Italien):
Das Konzert der Beatles wird aufgenommen und angeblich auf LP veröffentlicht, deren Auslieferung aber nach etwa tausend Exemplaren gestoppt wird. Fraglich ist diese »Geschichte« deshalb, weil diese Aufnahmen bis heute nie wieder aufgetaucht sind, es gibt lediglich einen tonqualitativ schlechten Mitschnitt, der von einem Konzertbesucher gemacht wurde.

5. 7. P. J. PROBY:
Single *That Means A Lot./–Let The Water Run Down.*
Liberty 55806, USA.

THE BEATLES:
Single *Help!/I'm Down.*
Odeon 0 23 023, BRD;
Odeon 0 923 023 (Spezial-Edition), BRD.
19. 7. 65: Capitol 5476, USA;
23. 7. 65: Parlophone R 5305, England.

1965 THE BEATLES:
6. 8. **LP *Help!***
Help!; The Night Before; You've Got To Hide Your Love Away; I Need You; Another Girl; You're Going To Lose That Girl; Ticket To Ride./Act Naturally; It's Only Love; You Like Me Too Much; Tell Me What You See; I've Just Seen A Face; Yesterday; Dizzy Miss Lizzy.
Parlophone PMC 3071 (mono) und PCS 3071 (stereo), England;
12. 8. 65: Odeon SMO 83991, BRD;
8. 65: Hör Zu SHZE 162, BRD;
1969: Odeon 1 C 062-04 217, BRD;
1973: Hör Zu SHZE 162, BRD;
1976: Odeon 1 C 072-04217, BRD;
1977: Apple 1 C 072-04 217, BRD;
1981: Odeon 1 C 072-04 217, BRD.

9. 8. THE SILKIE (Fontana Studio, London):
Aufnahme des Lennon/McCartney-Titels *You've Got To Hide Your Love Away,* bei der Paul McCartney Gitarre spielt, George Harrison das Tamburin schlägt und John Lennon als Produzent tätig ist. Die Session dauert ca. sechs Stunden.

13. 8. THE BEATLES:
LP *Original Motion Picture Soundtrack Help!*
*James Bond Theme** (weder auf Cover noch auf Label angegeben); *Help!; The Night Before; From Me To You Fantasy**; *You've Got To Hide Your Love Away; I Need you; –In The Tyrol/Introducing Wagner's Overture to Act III of »Lohengrin« Beatles Style**./*Another Girl; Another Hard Day's Night**; *Ticket To Ride; –The Bitter End**; *You're Going To Lose That Girl; –The Chase**.
Capitol MAS 2386 (mono) und SMAS 2386 (stereo), USA.

* instrumentale Filmmusik mit KEN THORNE ORCHESTRA.

1965 THE BIRDS (Schallplattenstudio [?], USA):
24. oder 27. 8. PAUL MCCARTNEY und GEORGE HARRISON sind bei der Einspielung der DYLAN-Komposition *The Times They Are A-Changin'* der BYRDS anwesend. »Eingegriffen« haben sie nicht.

29./30. 8. THE BEATLES (Hollywood Bowl, Los Angeles, USA): Beide Konzerte werden von der Plattenfirma Capitol in stereo aufgenommen. BRIAN EPSTEIN spricht sich gegen eine Veröffentlichung aus. Erst im April 1977 ist es soweit.

6. 9. GEORGE MARTIN ORCHESTRA:
LP *Help!*
Help!; Another Girl; You're Going To Lose That Girl, I Need You; You've Got To Hide Your Love Away; The Night Before./Ticket To Ride; I've Just Seen A Face (auf Cover Arbeitstitel *Auntie Gin's Theme)*; *It's Only Love* (auf Cover Arbeitstitel *That's A Nice Hat/Cap); Tell Me What You See; Yesterday* (auf Cover Arbeitstitel *Scrambled Egg)*.
United Artists UAL 3448 (mono) und UAS 6448, USA.

10. 9. THE SILKIE:
Single *You've Got To Hide Your Love Away/–City Winds.*
Fontana TF 603, England;
20. 9. 65: Fontana 1525, USA.

September THE BEATLES:
EP *Beatles Forever:*
Dizzy Miss Lizzy; You Like Me Too Much./Bad Boy; Tell Me What You See.
Odeon SMO 41 681, BRD.

13. 9. THE BEATLES:
Single *Yesterday/Act Naturally.*
Capitol 5498, USA.

1965 THE BEATLES:
14. 9. **Single** *Act Naturally/Yesterday.*
Odeon 0 23 031, BRD.

17. 9. P. J. PROBY:
Single *That Means A Lot/–My Prayer.*
Liberty 10215, England.

ca. THE BEATLES:
Oktober **LP *The Beatles Beat***
She Loves You; Thank You Girl; From Me To You; I'll Get You; I Want To Hold Your Hand; Hold Me Tight./ Can't Buy Me Love; You Can't Do That; Roll Over Beethoven; Till There Was You; Money; Please Mister Postman.
Impression Deutsche Buch-Gemeinschaft 6086, BRD.

4. 10. ALMA COGAN (Schallplattenstudio, wahrscheinlich London):
Aufnahme von *Eight Days A Week*; nur »anwesend«: John und Paul.

● 8. 10. [?]: **Single** *People Say/–I'm Walking.*
[?], USA.
Tatsächlich erschien diese Single. Tatsache ist aber auch – allen Gerüchten zum Trotz –, daß die Beatles mit diesen beiden Songs nichts zu tun haben.

11. 10. THE BEATLES:
Single *Twist And Shout/There's A Place.*
Capitol Starline 6061, USA.

THE BEATLES:
Single *Love Me Do/P.S. I Love You.*
Capitol Starline 6062, USA.

THE BEATLES:
Single *Please Please Me/From Me To You.*
Capitol Starline 6063, USA.

1965 The Beatles:
Single *Do Want To Know A Secret/Thank You Girl.*
Capitol Starline 6064, USA.

The Beatles:
Single *Roll Over Beethoven/Misery.*
Capitol Starline 6065, USA.

The Beatles:
Single *Boys/Kansas City.*
Capitol Starline 6065, USA.
Wegen der Veröffentlichung dieser Single legte sich Brian Epstein am 13. 11. 1965 mit Capitol an, weil er gerade diese Songs für Beatles-untypisch hielt.

12., 13., The Beatles (EMI Abbey Road Studio, London):
16.–24. 10. Aufnahmen für die LP *Rubber Soul.*
3.–6., 8.,
9.–11. 11. *Drive My Car*
Schneidend und aufdringlich die Gesangsstimme Pauls (gelegentlich mit John), dazu der schwarze Humor in Johns Text – ein ziemlich »böser« Song. Paul am Piano.

Norwegian Wood (This Bird Has Flown)
John, hier Leadsänger, beschrieb ein sehr persönliches Erlebnis mit einer jungen Dame während einer Tournee, freilich nicht ohne den Text zu verschlüsseln. Er war schließlich verheiratet. Hier wurde zum erstenmal auf einer Pop-Platte die indische Sitar gespielt. George hatte sie von einem Indientrip mitgebracht. Er leitete damit eine mittlere Revolution in der Popmusik ein.
John Lennon: »Ich versuchte, über eine Affäre zu schreiben, ohne meine Frau wissen zu lassen, daß ich über eine Affäre schrieb, so war es ein ziemliches Geschwafel. Im Grunde habe ich über meine Erfahrungen geschrieben, Wohnungen von Mädchen, solche Dinge . . .
Ich schrieb es in Kenwood. George hatte gerade die Sitar bekommen, und ich sagte: ›Könntest du dieses

1965 Stück spielen?‹ Wir gingen viele verschiedene Versionen des Songs durch; und ich wurde sehr ärgerlich darüber; es haute nicht so hin, wie ich es wollte. Sie sagten: ›Gut, nun mach es so, wie du es spielen willst.‹ Und ich sagte: ›Gut, ich möchte es so spielen.‹ Sie ließen mich gewähren, und ich spielte die Gitarre sehr laut ins Mikro und sang es gleichzeitig, und dann hatte George die Sitar, und ich fragte ihn, ob er das Stück, das ich geschrieben hatte, spielen könnte; weißt du, dee diddley dee diddley dee, *dieses* Stück; und er war nicht sicher, ob er es schon spielen konnte, weil er noch nicht viel auf der Sitar gespielt hatte, aber er war bereit, einen Versuch zu machen, wie es seine Art ist. Ich glaube, wir machten es abschnittweise.«

You Won't See Me
Paul sang, begleitet von John und George, und spielte Klavier. An der Hammondorgel Mal Evans.

Nowhere Man
Johns zunehmende Vorliebe für surreale Texte kam hier zum Ausdruck. Er selbst meinte zur Entstehung dieses Songs:
»Ich saß herum und versuchte, mir einen Song einfallen zu lassen, und ich dachte an mich selbst, wie ich so dasaß, nichts tat und nicht weiterkam. Nachdem mir das eingefallen war, war es einfach. Es kam alles heraus. Nein, jetzt erinnere ich mich, in Wirklichkeit hatte ich aufgehört zu versuchen, mir etwas auszudenken. Nichts wollte mir einfallen. Ich war gelangweilt und ging, um mich hinzulegen. Ich hatte aufgegeben. Dann stellte ich mir mich selbst als ›Nowhere Man‹ vor – ›sitting in his nowhere land‹.«
Das sehr interessante Gitarrensolo ist wieder George zuzuschreiben.

Think For Yourself
Dieses Lied wurde von George Harrison komponiert und gesungen. Den Background-Gesang bestreiten John und Paul, der zum erstenmal einen Fuzz-Baß

1965 einsetzte. Er schloß seinen Hoefner-Baß an einen speziellen Verstärker an, der die normalen Baßtöne verzerrte.

The Word
John singt hier zusammen mit Paul, der zugleich auch den Pianopart übernommen hatte. Am Harmonium George Martin.
Paul sagte zu *The Word*: »John und ich würden gerne ausschließlich Songs machen, die nur auf einer einzigen Note basieren – wie damals *Long Tall Sally*. Bei *The Word* waren wir ganz knapp dran. Ein neues Beispiel dafür, daß man es sattkriegt, ewig dasselbe zu tun. Wäre ein hübsches Lied für die Heilsarmee.«

Michelle
Diese typische McCartney-Komposition wurde auch von ihm gesungen, John und George steuerten die Harmonien bei. Der Titel erreichte fast den gleichen Erfolg wie *Yesterday* und war das dritte Lied nach *Sie liebt dich/Komm gib mir deine Hand*, das Pauls Fremdsprachenbegabung auf eine harte Probe stellte. Den Refrain sang er in einem herrlich englisch angehauchten Französisch.

What Goes On
Endlich bekam Ringo wieder einmal Gelegenheit, als Gesangssolist zu glänzen. Außerdem war das der erste Song, den er auch komponierte – mit Hilfe von Paul McCartney, der dann auch darauf bestand, als Autor genannt zu werden. Da bei allen Titeln, die Lennon oder McCartney schrieben, John Lennon und Paul McCartney als Autoren angegeben wurden, entstand bei *What Goes On* der Eindruck, John und Paul hätten Ringo auch ein paar Takte kompositorischer Arbeit beisteuern lassen. George Harrison verhielt sich einige Jahre später wesentlich kollegialer. Bei *Octopus's Garden* (1969) verzichtete er darauf, als Mitkomponist aufgeführt zu werden, nur weil er Ringo Starr einige Tips gegeben hatte.

1965 Ringo Starr: »Ich habe mir immer gewünscht, Lieder schreiben zu können wie die anderen – und ich habe es versucht, aber ich kann das nun mal nicht. Den Text kriege ich ganz gut hin, aber so oft ich mir eine Melodie ausdenke und sie den andern vorsinge, sagen sie immer: ›Ja, es klingt wie das und das‹, und wenn sie es mir erklären, weiß ich, was sie meinen. Aber bei einem Lied wurde ich als Mitkomponist erwähnt – es heißt *What Goes On*.«

Girl
Der Titel ist eine Lennon-Komposition, die stellenweise an den sehr alten Titel *Young Love* erinnert.
John war hier der Leadsänger. Den eigenartigen Zischton erzeugten sie durch Einziehen von Luft durch die geschlossenen Zähne. Johns Kommentar dazu:
»Das war über ein Traumgirl. Als Paul und ich früher Texte schrieben, lachten wir gewöhnlich darüber, wie es die Tin-Pan-Alley-Leute tun würden. Und erst später war es soweit, daß wir versuchten, den Text der Melodie anzupassen. Ich mag dieses Stück. Es ist eines meiner besten.«

I'm Looking Through You
wurde von Paul gesungen. Zum erstenmal bei Plattenaufnahmen spielte Ringo Hammondorgel. Ein Anzeichen für das zunehmende Bemühen aller vier, ihre Musikertalente auf mehreren Instrumenten einzusetzen.
Auf der amerikanischen Ausgabe von *Rubber Soul* (Capitol ST 2442) hat man die beiden Fehlstarts mit auf Platte gepreßt. Wenn Ringo Starr sich 1985 nicht gegen die Veröffentlichung der LP *Sessions* ausgesprochen hätte, gäbe es sogar noch eine dritte Version von *I'm Looking Through You*, die mit Händeklatschen und akustischer Gitarre beginnt. Und Paul singt deutlich »weicher«.

You've Got Troubles
ist ebenfalls für die LP *Rubber Soul* aufgenommen

1965 worden, wurde dann aber verworfen. John und/oder Paul haben dieses simple Liedchen geschrieben, welches von Ringo gesungen wird.

That Means A Lot
– ebenfalls von Lennon/McCartney – war bereits P. J. Proby überlassen worden. Und es existiert auch nur eine ziemlich »unfertige« Version mit verwaschenem Sound. Diese wurde aber bereits 1965 als Demo aufgenommen, die für *Rubber Soul* eingespielte Version ist nie mehr aufgetaucht, natürlich auch nicht auf der LP. Geplant war, die erste Version auf der LP *Sessions* (1985) zu veröffentlichen.

In My Life
George Martins Einfluß auf ihre Musik wurde hier besonders stark spürbar. Sein exzellentes Barockpiano im Mittelteil gab dem Stück seinen eigenartigen Reiz. Beim Erscheinen der LP schrieb man dieses Solo zunächst John zu. John selbst klärte diesen Irrtum vor der Presse auf und gab George Martin als den Urheber an, der Text stammt von Lennon.
John Lennon: »Ich schrieb dies in Kenwood. Gewöhnlich schrieb ich im oberen Stockwerk, wo ich so etwa zehn Brunell-Tonbandmaschinen hatte, die alle miteinander gekoppelt waren; ich hatte sie über etwa zwei Jahre zur Verfügung – ich konnte nie eine Rock'n'Roll-Aufnahme machen, aber ich konnte einige progressive Sachen damit machen. Ich schrieb zuerst den Text und sang es dann. Das war normalerweise der Fall bei Sachen wie *In My Life* und *Universe* und einige von denen, die ein wenig ausgefallen sind.«

Wait
Wieder eine Gemeinschaftsarbeit von John und Paul, außerdem spielten sie noch Hammondorgel. Die Rhythmus- und auch die Leadgitarre kam von George.

If I Needed Someone
Dieses von George komponierte und gesungene Lied

1965 gehört wohl mit zu den besten des Albums. Herausragend sein Gitarrensolo, bei dem er von Paul und John an der akustischen und elektrischen Gitarre unterstützt wurde. Das Tamburin steuerte Mal Evans bei. Imposant auch die Dreierharmonien am Schluß.

Run For Your Life
Leadgesang John, zweite Stimme Paul und George. John hierzu: »Ich habe dieses Lied niemals leiden können, es ist so furchtbar hektisch und brutal.«
Es ist anzunehmen, daß die Beatles auch die Songs *Rubber Soul, Maisy Jones* und *Baby Jane* einspielten; belegbar ist dies nicht.

19. 10. THE BEATLES: (Abbey Road Studio, London):
Während der Aufnahme-Arbeiten zur LP *Rubber Soul* produzieren die Beatles – wie nun schon üblich – klingende Weihnachtsgrüße für ihre Fans. Spätestens 1985 sollte auf dem bereits erwähnten Album *Sessions* ein Ausschnitt daraus als Weihnachtssong veröffentlicht werden, aber daraus wurde nichts.

Anfang November THE BEATLES (EMI Abbey Road Studio, London):
We Can Work It Out und *Day Tripper* werden für die nächste Single eingespielt.

We Can Work It Out
war Pauls Lied. Auffallend die durchgehende, etwas monoton wirkende Harmoniumbegleitung George Martins. Das Mittelstück wurde – ein reizvoller rhythmischer Einfall – mehrere Male durch ¾taktige Einschübe unterbrochen. Gut gelungen außerdem der Wechsel in den Harmonien von Dur zu Moll. Textlich ist *We Can Work It Out* einer der interessantesten Titel des Jahres 1965: Die Bitte um Verständnis steht im Vordergrund; eigentliche Aussage ist, daß das Leben viel zu kurz sei, um die Zeit damit zu vertun, sich zu streiten: *Life is very short and there's no time for fussing and fighting my friend.* Der Text stammt von Lennon, die Musik von McCartney.

1965 *Day Tripper*
wurde von John geschrieben. John und Paul singen gemeinsam. Day Tripper basierte auf einem ähnlichen Kompositionsprinzip wie auch schon *Ticket To Ride*. Um ein eingängiges Riff herum entwickelte sich der Song. Das Stück begann mit einer ständig wiederkehrenden Baßfigur, die den Soul-Stilisten Otis Redding derart faszinierte, daß er das Stück sofort in das Repertoire seiner Backing Band *The Bar-Keys* aufnahm.

22. 11. THE BEATLES: **Single** *We Can Work It Out/Day Tripper.*
Odeon 0 23 122, BRD;
3. 12. 65: Parlophone R 5389, England;
6. 12. 65: Capitol 5555, USA.
Wieder ein Hitparadenblitzstart für die Gruppe, von Null auf eins in einer Woche. Das, was kaum je anderen Künstlern vor und nach ihnen gelungen war, schafften die Boys aus Liverpool bis zum Erscheinen von *Day Tripper* gleich siebenmal, und zwar mit den folgenden Songs: *I Want To Hold Your Hand, Can't Buy Me Love, A Hard Day's Night, I Feel Fine, Ticket To Ride, Help* und *We Can Work It Out.*
Wieder ein Rekord, der ihre überragende Bedeutung für die britische Schallplattenindustrie und ihre phänomenale Wirkung auf das Publikum in augenfälliger Weise unterstrich. Wobei als besonderer Umstand die Tatsache zu werten ist, daß im Falle von *Day Tripper* nicht nur die A-, sondern auch die B-Seite auf dem ersten Platz der Hitparaden stand. Das hatte es in England seit sechs Jahren nicht mehr gegeben. Aus der Notwendigkeit, eine B-Seite produzieren zu müssen, hatten die Beatles eine Tugend gemacht.

19. 11. GEORGE MARTIN ORCHESTRA:
LP *Help!*
Help!; Another Girl; You're Going To Lose That Girl; I Need You; You've Got To Hide Your Love Away; The Night Before./Ticket To Ride; –Bahama Sound; I've Just Seen A Face; It's Only Love; Tell Me What You See; Yesterday.
Columbia 33 SX 1775, England.

1965 Dezember — PETER AND GORDON (Plattenstudio, wahrscheinlich London):
Aufnahme von *Woman*, von Paul McCartney unter dem Pseudonym Bernard Webb geschrieben.

● PAUL MCCARTNEY (EMI Abbey Road Studio, London):
Aufnahme einer Weihnachtsschallplatte mit speziellen Einspielungen für John, George und Ringo.
Sehr wahrscheinlich handelt es sich um eine LP, Titel: *Paul's Christmas Album*, von der nur vier Exemplare hergestellt werden.

3. 12. THE BEATLES:
LP *Rubber Soul*
Drive My Car; Norwegian Wood (This Bird Has Flown); You Won't See Me; Nowhere Man; Think For Yourself; The Word; Michelle./What Goes On; Girl; I'm Looking Through You; In My Life; Wait; If I Need Someone; Run For Your Life.
Parlophone PCM 3075 (mono) und PCS 3075 (stereo), England;
7. 12. 65: Odeon SMO 84 066, BRD;
1966: Odeon SMO 74 066, BRD;
1969: Odeon 1 C 062-04 115, BRD;
1976: Odeon 1 C 072-04 115, BRD;
1977: Apple 1 C 072-04 115, BRD;
1981: Odeon 1 C 072-04 115, BRD.
Diese Langspielplatte leitete eine Entwicklung ein, die wegführen sollte von ihrem fröhlich-unkomplizierten Mop-Top-Image. Ihre Musik wurde kunstvoller und konnte nur noch im Studio verwirklicht werden. Live-Auftritte gerieten dabei immer mehr zu lästigen Pflichtübungen. George Martins Funktion als Arrangeur nahm an Bedeutung zu, ebenso wie sein Einfluß auf die Gruppe aufgrund seiner musikalischen Vorbildung.
Mit *Rubber Soul* erreichten die Beatles einen ersten Zenit in ihrem musikalischen Schaffen.
John Lennon: »Wir wurden immer besser, technisch und musikalisch. Letztlich übernahmen wir das Studio.

1965 In den frühen Tagen hatten wir zu nehmen, was man uns gab, wir wußten nicht, wie man mehr Baß bekommt. Wir haben die Technik während *Rubber Soul* gelernt. Wir waren gewissenhafter, als wir das Album machten, das ist alles, und wir übernahmen das Cover und alles. Es war Pauls Bezeichnung, es war wie ›Yer Blues‹. Ich nehme an, ausdrucksvoller als ›English Soul‹; ich glaube, nur ein Wortspiel. Hinter all dem ist keine große mysteriöse Bedeutung; es waren nur vier Jungs, die das ausarbeiteten, was man ein neues Album nennt. Du weißt es nie, bis du selbst den Song hörst. Ich wollte die Gitarre oder die Stimme oder irgendwas zweispurig auf dem Band. Ich glaube, Paul half mir bei dem Mittelstück von *Norwegian Wood* und *In My Life*, und äußerte Anerkennung, wo es angebracht war.«

6. 12. THE BEATLES:
LP *Rubber Soul*
I've Just Seen A Face; Norwegian Wood (This Bird Has Flown); You Won't See Me; Think For Yourself; The Word; Michelle./It's Only Love; Girl; I'm Looking Through You; In My Life; Wait; Run For Your Life.
Capitol T 2442 (mono) und ST 2442 (stereo), USA.
Insgesamt fehlen vier Titel auf der amerikanischen Ausgabe von *Rubber Soul*, dafür sind *I've Just Seen A Face* und *It's Only Love* von der englischen *Help*!-Rückseite dazugekommen. Die US-*Rubber Soul* verkaufte sich innerhalb eines Tages eine Million mal.

6. 12. THE BEATLES: **EP *The Beatles' Million Sellers***
She Loves You; I Want to Hold Your Hand./Can't Buy Me Love; I Feel Fine.
Parlophone GEP 8946, England.
Diese EP wurde in England speziell für das Weihnachtsgeschäft auf den Markt geworfen; sie wurde auch unter dem Namen *The Beatles' Golden Discs* bekannt.

15. 12. PETER AND GORDON:
Single *A World Without Love/Nobody I Know.*
Capitol Starline 6076, USA.

1965 THE BEATLES:
17. 12. **Flexi-Single *The Beatles Third Christmas Record***
Ohne Bestell-Nummer, England und USA.

1966
Anfang des Jahres THE BEATLES:
LP *And Now: The Beatles*
She Loves You; Thank You Girl; From Me To You; I'll Get You; I Want To Hold Your Hand; Hold Me Tight./ Can't Buy Me Love; You Can't Do That; Roll Over Beethoven; Till There Was You; Money; Please Mister Postman.
SR International 73 735, BRD.

10. 1. PETER AND GORDON:
Single *Woman/–Wrong From The Start.*
Capitol 5579, USA;
11. 2. 66: Columbia DB 7834, England.

21. 1. THE BEATLES:
Single *Michelle/Girl.*
Odeon 0 23 152, BRD.

Februar THE BEATLES:
EP *The Beatles' Soul*
Michelle; Run For Your Life./Drive My Car; Girl.
Odeon SMO 41 681, BRD.

Mitte Februar FREDDIE LENNON:
Single *–That's My Live/–The Next Time You Feel Important.*
PYE 7 N 35290, England;
[?], USA
Johns Vater Freddie Lennon brachte diese Single heraus und behauptete, sich nur auf diesem Wege seinem Sohn gegenüber erklären zu können.

1966 The Beatles:
21. 2. **Single** *Nowhere Man/What Goes On.*
Capitol 5587, USA;
3. 3. 66: Odeon 0 23 171, BRD.

4. 3. The Beatles:
EP Yesterday
Yesterday; Act Naturaly/You Like Me Too Much; It's Only Love.
Parlophone GEP 8948, England.

6. 4. The Beatles (EMI Abbey Road Studio, London):
Aufnahme von *Tomorrow Never Knows.*
Von John gesungen und auch komponiert, war das erste Stück, das bei den Aufnahmearbeiten für die neue LP produziert wurde. Es hatte damals noch den Titel *The Void.* Erst Wochen später änderte John ihn um. Man kann die Produktion wohl als den ersten wirklich experimentellen Versuch der Beatles ansehen. Da der Text vor und unabhängig von der Melodie entstanden war, wollten alle vier, daß die Musik genauso wirkungsvoll würde wie der Text. Jeder für sich experimentierte nun zu Hause an einer eigenen Vertonung mit den eigenartigsten Melodien. Aus der Kombination von fünf verschiedenen Bändern wurde dann die eigentliche, auf der Platte zu hörende Version erstellt. John sagte zu diesem Stück:
»Häufig kommt die Begleitung, die ich mir zu Anfang ausdenke, niemals zustande. Bei *Tomorrow Never Knows* hatte ich mir vorgestellt, man würde im Hintergrund Tausende von Mönchen präludieren hören. Natürlich war das unmöglich, und wir machten irgend etwas anderes. Ich hätte versuchen sollen, meiner ursprünglichen Idee – den singenden Mönchen – näher zu kommen. Jetzt ist mir klar, daß es genau das war, was ich wollte.«

1966 The Beatles (EMI Abbey Road Studio, London):
6. 4.– Die Beatles arbeiten an den Aufnahmen folgender
29. 4., Songs:
5./6., 9., *Taxman, Love You Too, Here, There And Everywhere,*
16.–18. 5. *She Said, She Said, Good Day Sunshine, For No One,*
I Want To Tell You und *Got To Get You Into My Life.*

Taxman

Dieser von George komponierte und gesungene Titel griff ziemlich unverhüllt und massiv die englische Steuergesetzgebung an. Persönlichkeiten des öffentlichen Lebens waren bisher noch nie Anschuldigungen der Beatles ausgesetzt, hier jedoch sind sogar die Namen derjenigen aus einer Chorpassage deutlich herauszuhören, die George für die hohen Steuersätze (immerhin mußten die Beatles bis zu 98% ihrer Einkünfte an Steuern abführen) verantwortlich machte, nämlich Mr. Wilson und Mr. Heath. Sie stellten für ihn nichts anderes als Steuereinzieher (Taxman) dar.

Love You Too

Georges wachsender Einfluß innerhalb der Gruppe schlug sich in seinen Versuchen nieder, die indische Musik in die Musik der anderen zu integrieren. Für die Aufnahmen seiner Komposition *Love You Too*, die fast ausschließlich auf Sitars und Tablas gespielt wurde, holte er den indischen Tablaspieler Anil Bhagwat ins Studio, zusammen mit einigen anderen indischen Musikern. Da George trotz intensiver Studien große Schwierigkeiten mit dem Sitarsolo zu Beginn hatte, dauerten die Aufnahmen einen ganzen Tag.
George sagte später einmal über diesen Song: »Dadurch, daß die Tourneen wegfielen, hatte ich mehr Zeit, um Stücke zu schreiben. Nachdem mir die indischen Lieder so sehr durch den Kopf geschwirrt waren, mußte das ja wohl kommen.«

Here, There And Everywhere

Diese Ballade wurde von Paul gesungen, John und George begleiteten ihn. Sie hatte von der Machart her

1966 viel Ähnlichkeit mit *Yesterday* und *Michelle*, eine typische McCartney-Komposition.

She Said, She Said
Nach *Taxman* der zweite Rocksong, gesungen von John, an manchen Stellen von Paul und George begleitet.
John Lennon: »Ich mag dieses Stück. Ich schrieb es über einen LSD-Trip, auf dem ich in Los Angeles war. Es war erst der zweite Trip, den wir hatten. Wir nahmen es, weil wir angefangen hatten, Dinge darüber zu hören, und wir wissen wollten, was es damit auf sich hatte. Peter Fonda kam bei uns vorbei und begann solche Dinge zu erzählen wie: ›Mensch, ich weiß wie es ist, tot zu sein‹, und wir wollten es wirklich nicht wissen, aber er redete und redete darüber . . . Das ist es jedenfalls, woher dieser Song kam, und es ist auch ein schönes Lied.«

Good Day Sunshine
Paul, Autor des Liedes, war hier Leadsänger, begleitet von John. Das Piano spielten Paul und George Martin gemeinsam. Von Martin stammte auch folgende treffende Charakterisierung des fälschlicherweise oft als Einheit angesehenen Autorenteams Lennon/McCartney: »John ist sehr faul, im Gegensatz zu Paul, ohne den er oftmals alles hingeworfen hätte. Er schreibt zu seinem eigenen Vergnügen, während Paul die Öffentlichkeit braucht.«

For No One
war eine McCartney-Komposition mit traurig-melancholischem Unterton. Er sang sie ohne stimmliche Begleitung und teilte sich mit John das Piano. Die von ihm komponierten Lieder wurden aufnahmetechnisch ständig komplizierter und finanziell aufwendiger. So mußte speziell für *For No One* der Hornist Alan Civil geholt werden, um das kurze Solo zu blasen, das Paul während der Proben eingefallen war.

1966 *I Want To Tell You*
war die dritte Harrison-Komposition für die neue LP. Bei seinem Gesang wurde er von John und Paul begleitet, die Leadgitarre übernahm diesmal John. George und Paul spielten die Rhythmusgitarren, die zudem noch doppelt aufgenommen wurden.

Got To Get You Into My Life
Paul sang seinen soulorientierten Titel, für dessen Bläsersatz man die Gruppe Sounds Incorporated ins Studio holte. Diese Musiker begleiteten schon 1965 die Beatles auf ihrer USA-Tournee und bestritten damals auch das Vorprogramm des Konzerts im Shea Stadium. Johns Ansicht hierzu: »Wir wurden gerade von der Tamla-Motown-Geschichte beeinflußt. Sie sehen, wir werden durch alles beeinflußt, was gerade läuft.« Dieser Titel war bereits einige Wochen vor Veröffentlichung der LP *Revolver* von Cliff Bennett ins Programm genommen worden, als er die Beatles auf ihrer Deutschland- und Japantournee begleitete.

13. 4. THE BEATLES (EMI Abbey Road Studio, London):
Aufnahme von *Paperback Writer.*
Paperback Writer wurde im EMI-Studio 3 in der Abbey Road produziert. Bisher hatten die Aufnahmen der Beatles immer im Studio 2 stattgefunden. Bei *Paperback Writer* spielte George einige Partien auf seinem neuen Burns-Baß. An den E-Gitarren George und John, teilweise auch Paul, der das Baßfundament lieferte. Für die Aufnahmen legte er sich einen neuen Baß zu und rangierte seinen Hoefner-Baß, der später von der Instrumentenfabrik als »Beatle-Baß« verkauft wurde, zunächst einmal aus. Paul benutzte von da ab fast nur noch einen rot-weißen Rickenbacker-Baß, lediglich bei späteren Auftritten kam der alte noch mal zu Ehren. Der Song *Paperback Writer* stammt von Paul McCartney.

20. und 27. 4. THE BEATLES (EMI Abbey Road Studio, London):
Aufnahme von *Eleanor Rigby.*

1966 *Eleanor Rigby*

Für diesen Titel fanden die Gesangsaufnahmen mit Paul am 20. April 1966 statt, erst 7 Tage später fügte man die Streicher – vier Violinen, zwei Violen, zwei Celli – hinzu.

George Martin äußerte sich einmal in einem Interview über die unterschiedlichen musikalischen Talente von Paul und John: »Paul ist von beiden eine Art Rodgers und Hart (ein sehr erfolgreiches amerikanisches Musical-Autorenteam, Anm. d.A.), aber ich glaube nicht, daß er besonders stolz darauf ist. Er versucht ständig, immer besser zu werden, vor allem, um Johns Begabung als Texter zu erreichen. Sein Zusammentreffen mit ihm spornte ihn an, auch mal tiefergehende Texte zu schreiben. Ohne ihn würde Paul wohl kaum *Eleanor Rigby* geschrieben haben.«

Eleanor Rigby gilt als der »sozialkritischste« Text, den McCartney als Beatle geschrieben hat, jedoch stammt ein Teil des Textes von Lennon.

Paul McCartney: »Na ja, das begann damit, daß ich mich ans Klavier setzte und die erste Zeile der Melodie verfaßte und mit Worten herumspielte. Ich glaube, es war ursprünglich Miß Daisy Hawkins; dann war sie es, die in einer Kirche nach einer Hochzeit den Reis auflas. So ist es, wie fast alle unsere Songs beginnen, mit der ersten Zeile, die aufgrund einer Anregung aus einem Buch oder einer Zeitung zustande kommt.

Zuerst dachte ich, es sei eine junge Miß Daisy Hawkins, ein bißchen wie ›Annabel Lee‹, aber nicht so sexy, aber dann las ich: ›Sie sammelt den Reis in der Kirche auf‹, folglich mußte sie eine Putzfrau sein; sie hatte die Hochzeit versäumt, und plötzlich war sie allein. Wirklich, sie hatte alles versäumt – sie war der Alte-Jungfern-Typ.

Jane (Asher) spielte damals in einem Stück in Bristol, und ich ging durch die Straßen und wartete darauf, daß sie Schluß hatte. Ich mochte ›Daisy Hawkins‹ nicht wirklich – ich wollte einen Namen, der realer war. Dann kam der Gedanke: ›Eleanor Rigby sammelt den Reis auf und lebt in einem Traum‹ – so war sie da. Die

1966 nächste Sache war ›Father MacKenzie‹. Es sollte Father McCartney werden, aber dann dachte ich, daß es ein bißchen schockierend für meinen Paps wäre, in diesem einsamen Song vorzukommen. So sahen wir das Telefonbuch durch. Das ist das Schöne beim aufs Geratewohl arbeiten – es kommt perfekt raus, viel besser, als du es dir mit deiner Intelligenz auszudenken versuchst. Auf jeden Fall war Father MacKenzie da, und er war genauso, wie ich ihn mir vorgestellt hatte, einsam, seine Socken stopfend. Wir waren nicht sicher, ob der Song Erfolg haben würde. In der nächsten Strophe dachten wir an einen etwas spießigen Mann, an einen alten Burschen, der in Mülltonnen rumwühlt; aber es wurde zu kompliziert – unpassend. John und ich fragten uns, ob Eleanor Rigby und er ein Verhältnis hatten, aber wir sahen eigentlich nicht ein, warum. Als ich es John vorspielte, beschlossen wir, damit aufzuhören.
Das war's eben im wesentlichen. Sie brachte es nicht, sie brachte es nie mit irgend jemand, sie sah noch nicht einmal danach aus, als ob sie es je packen würde.«

26./27. 4. THE BEATLES (EMI Abbey Road Studio, London): Aufnahme von *Rain* für die Rückseite der nächsten Single und von *Dr. Robert.*

Rain
ist ein Song von John Lennon und ein kurzer Ausflug ins Wunderland des Psychedelischen, von John gesungen: »Am Schluß hört man, wie ich's verkehrt herum singe. Im großen und ganzen hatten wir das Ding schon bei der EMI im Kasten, aber dann nahmen wir's immer wieder mit nach Hause, um nach einigen kleinen Extradingen zu suchen und um das Gitarrensolo durch die Mangel zu drehen. Damals kam ich so um fünf Uhr morgens heim, todmüde, einen ganzen Hornissenschwarm im Schädel, stolperte zu meinem Tonbandgerät, drückte den Knopf, doch es kam verkehrt herum raus, und ich hing ganz behämmert zwischen den Kopfhörern. Was war bloß los? Für mich war's das Größte, wissen sie, und eigentlich wollte ich das ganze Ding

1966 anschließend verkehrt herum singen. Und so war's dann auch teilweise. Wir haben's hinten drangeklebt. Reiner Zufall damals, ich hatte das Band verkehrt eingelegt, die Musik kam einfach verkehrt heraus, es machte mich ganz fertig. Die Stimme klang wie die eines alten Inders.«

Dr. Robert
wurde kurze Zeit nach *Rain* aufgenommen. John war Autor und Leadsänger, Paul spielte Hammondorgel und gab auch eine kurze Interpretation:
»Na ja, er ist eine Art Witzfigur. Da gibt's so einen Burschen in New York, und in den Staaten haben wir die Leute sagen hören: ›Du kannst alles von ihm haben, alle Pillen, die du willst.‹ Es war ein Riesenspektakel, aber auch zum Lachen mit diesem Burschen, der alle und alles mit all diesen Pillen und Beruhigungsmitteln kurierte, Injektionen für dies und das; er hielt ganz New York auf Trab. Das ist alles, was *Dr. Robert* war, einfach ein Pillendoktor, der dich in Ordnung bringt. Es war ein Spaß unter uns, aber *sie* vertiefen sich in die Gags und kommen zu dem Schluß, daß es keine Gags sind, weil jeder zuhört und seine eigene Sache daraus macht, was großartig ist. Ich meine, als ich jung war, wußte ich nie, was ›gilly gilly elsa fetter cats. . . ‹ zu bedeuten hatte, aber ich singe es immer noch gerne. Du legst deine eigene Bedeutung und dein eigenes Niveau in unsere Songs, und das ist das Gute an ihnen.«

26./27. 4., 6., 7.und/ oder 9. 5 THE BEATLES (EMI Abbey Road Studio, London): Aufnahme der Titel *I'm Only Sleeping,* und *And Your Bird Can Sing.*

I'm Only Sleeping
Bei der Aufnahme von *I'm Only Sleeping* stand John unter erheblicher Einwirkung von Drogen, die von den Beatles seit etwa 1965 in unregelmäßigen Abständen genommen wurden, wobei Paul sich als der psychisch am wenigsten Anfällige erwies.

1966 Die begleitenden Harmonien sangen Paul und George, der auch mit George Martin auf die Idee mit dem rückwärts eingespielten Gitarrensolo am Schluß kam.

And Your Bird Can Sing
John sang diesmal und spielte außerdem elektrische und akustische Gitarre. George gestaltete auf der Leadgitarre ein beachtenswertes Schlußsolo.

23. 5.: THE BEATLES:
Single *Paperback Writer/Rain.*
Odeon 0 23 210, BRD;
30. 5. 66: Capitol 5651, USA;
10. 6. 66: Parlophone R 5452, England.

Paperback Writer
war die erste Single der Beatles seit *I Want To Hold Your Hand*, die nicht mehr auf Anhieb auf den ersten Platz gelangte. Es dauerte jedoch nur eine Woche, dann standen beide Seiten der Single wie gewohnt an erster Stelle der Hitparade.
Zu dieser Single wurde – wie schon bei anderen Singles zuvor – ein Promotionfilm gedreht. Der Film, produziert in der Hauptsache für das britische und amerikanische Fernsehen, wurde von Michael Lindsay Hogg im Park des Chiswick House aufgenommen und am 9. Juni 1966 in der TV-Show *Top Of The Pops*, einen Tag vor Erscheinen der Platte, gezeigt. Bei einer ähnlichen Gelegenheit – man drehte gerade für die Ed Sullivan Show – ließen es sich einige sehr prominente Showgrößen nicht nehmen, als Besucher dekorativ in der Landschaft herumzustehen: Gerry and the Pacemakers, die Hollies und Bruce Johnston von den Beach Boys.

1966 The Beatles (EMI Abbey Road Studio, London):
7.–10. 6. Die Beatles nehmen mindestens drei Versionen von *Yellow Submarine* auf.

Paul schrieb diesen Titel, von dem er sagte, er hätte die Melodie schon Jahre im Kopf gehabt, speziell für Ringo. Bei *Yellow Submarine* sangen nicht weniger als

12 Personen mit, unter anderem auch die Roadmanager und die Studiotechniker. Paul und John sprachen die Befehle zum Lukenschließen und Tauchen des imaginären U-Boots. Bei der Wiederholung von Textpassagen gegen Ende wurde Johns Stimme künstlich verändert. Bei der Abmischung der Stereo-Version wurde diese »Schnorchel«-Stimme zu spät eingeblendet, so daß die erste Zeile davon nicht zu hören ist. Die Mono-Abmischung ist komplett.

Paul McCartney: »Ich wußte, es würde eine Bedeutung bekommen, aber es war im Grunde ein Kinderlied. Ich war mal vernarrt in die Idee, daß Kinder es singen würden. Die ganze Idee bei *Yellow Submarine* war, ›wenn ich eines Tages irgendwo lang gehe, würden es die Kinder singen‹, so ist es sehr einfach geworden – da ist nicht ein einziges schwieriges Wort. Kinder werden es eher verstehen als die Erwachsenen. ›In the town where I was born / there lived a man who sailed to sea / and he told us of his life in the land of submarines.‹ Es ist wirklich der Anfang einer Kindergeschichte. Da gibt's in Griechenland so ein Zeug wie Puderzucker – was man essen kann. Es ist so etwas wie eine Süßspeise, und man tut es ins Wasser. Es heißt Submarine; wir bekamen es, als wir in Urlaub waren.«

Ringo Starr auf die Frage, ob der Song *Yellow Submarine* etwas mit Drogen zu tun hätte: »Durchaus nicht. Es ist einfach ein Kinderlied ohne versteckte Absichten. Viele Leute haben es als Kriegslied interpretiert; daß vielleicht die ganze Welt in gelben Unterseebooten leben würde. Das ist nicht der Fall.«

1966 THE BEATLES:
15. 6. **LP »*Yesterday*« . . . *and Today***
Drive My Car; I'm Only Sleeping; Nowhere Man; Dr. Robert; Yesterday; Act Naturally./And Your Bird Can Sing; If I Needed Someone; We Can Work It Out; What Goes On; Day Tripper.
Capitol T 2553 (mono) und ST 2553 (stereo), USA.
Diese Langspielplatte erschien mit dem sogenannten Butcher-Cover: ein Foto, auf dem die Beatles mit zerbrochenen Baby-Puppen und rohem Fleisch zu sehen waren. Es gab einen Proteststurm, der die Plattenfirma Capitol veranlaßte, die Platte zurückzunehmen und am 20. Juni 1966 mit einem neuen Cover noch einmal herauszubringen.

Mitte des Jahres GEORGE HARRISON (EMI Abbey Road Studio, London):
GEORGE spielte [mit anderen BEATLES?] den Song *Pink Litmus Paper Shirt* ein, der jedoch nie veröffentlicht wird.

THE BEATLES (EMI Abbey Road Studio, London):
Aufnahme von *Colliding Circles,* gesungen von JOHN; ebenfalls unveröffentlicht.

PETE BEST:
LP *Best of the Beatles*
–Last Night; –Why Did You Leave Me Baby; –Shimmy Like My Sister Kate; –I Need Your Lovin'; –Nobody But You; –I Can Do Without You Now./–Casting My Spell; –Wait And See; –Some Other Guy; –I'm Blue; –She's Allright; –Keys to My Heart.
Savage BM-71, USA
Eine »Mogelpackung«-LP, auf deren Hülle in großen Buchstaben *Best of the Beatles* steht (was auch *Das Beste der Beatles* heißen kann) und ein Foto der Beatles aus den Hamburger Tagen (noch mit Stuart Sutcliffe und natürlich Pete Best).

1966 THE BEATLES:
8. 6. **EP *Nowhere Man***
Nowhere Man; Drive My Car./Michelle; You Won't See Me.
Parlophone GEP 8952, England.

28. 7. THE BEATLES:
LP *Revolver*
Taxman; Eleanor Rigby; I'm Only Sleeping; Love You To (auf allen *Revolver*-LP's ist weltweit falsch »*To*« statt richtig »*Too*« angegeben); *Here, There and Everywhere; Yellow Submarine; She Said, She Said. / Good Day Sunshine; And Your Bird Can Sing; For No One; Dr. Robert; I Want To Tell You; Got To Get You Into My Life; Tomorrow Never Knows.*
Odeon SMO 74 161, BRD;
Hör Zu SHZE 186, BRD;
5. 8. 66: Parlophone PMC 7009 (mono) und PCS 7009 (stereo), England;
1969: Odeon 1 C 062-04 097, BRD;
1973: Hör Zu SHZE 186, BRD;
1976: Odeon 1 C 072-04 097, BRD;
1977: Apple 1 C 072-04 097, BRD;
1981: Odeon 1 C 072-04 097, BRD.
Was sich schon bei *Rubber Soul* abzuzeichnen begann, wurde hier immer deutlicher. Die Zeit der simplen Beatles-Songs war vorüber, die Lust am Experiment, am Ausprobieren neuer Möglichkeiten trat an die Stelle des »Nur-Lieder-Schreibens«. Insbesondere John erkannte, was man mit technischen Aufnahmetricks an neuen Gestaltungsmitteln hinzugewinnen konnte. Der größte Teil ihrer Lieder war zur damaligen Zeit nicht mehr auf der Bühne zu verwirklichen. Zudem stiegen die Aufnahmekosten stark an, verursacht durch zeitraubende Experimente. Dauerten früher die Aufnahmen zu einer LP höchstens eine Woche, so brauchten die Beatles jetzt schon fast zwei Monate für *Revolver*.
Das LP-Cover wurde von Klaus Voormann, einem Grafiker und Bassisten, den die Beatles während ihrer Hamburger Zeit kennengelernt hatten, gezeichnet.

1966 *Revolver*, in der Qualität *Rubber Soul* mindestens ebenbürtig, hatte einen schwierigeren Start als frühere LPs, denn kurz zuvor war *Aftermath* von den Rolling Stones erschienen. Sie erreichte dennoch nach einer Woche den ersten Platz und rutschte erst danach auf den dritten Platz ab. Für den Titel *Revolver* konnten sich die Beatles erst kurz vor Erscheinen der Platte entschließen. Zur Auswahl standen noch *Magic Circle, Four Sides To The Circle, Beatles On Safari* und *After Geography,* eine Anlehnung an den Titel *Aftermath* (Wortspiel: nach der »Mathe«-Stunde).

1. 8. The Beatles:
Single *Yellow Submarine/Eleanor Rigby.*
Odeon 0 23 280, BRD;
5. 8. 66: Parlophone R 5493, England;
8. 8. 66: Capitol 5715, USA.
Die EMI veröffentlichte diese Single sozusagen als »Auszug« aus *Revolver*, und als solche enthielt sie zwei A-Seiten. Beide Titel standen dann auch sofort nach Erscheinen auf dem ersten Platz der Charts.

5. 8. Cliff Bennett And The Rousers:
Single *Got To Get You Into My Life/–Baby Each Day.*
Parlophone R 5489, England;
ABC 10842, USA.
Paul McCartney hat die A-Seite produziert.

8. 8. The Beatles:
LP *Revolver*
Taxman; Eleanor Rigby, Love You Too; Here, There and Everywhere; Yellow Submarine; She Said, She Said. /Good Day Sunshine; For No One; I Want To Tell You; Got To Get You Into My Life; Tomorrow Never Knows.
Capitol T 2576 (mono) und ST 2576 (stereo), USA.
Die Amerikaner boten schon seit jeher weniger Songs auf ihren LP's. Dies wurde auch bei den Alben der Beatles so gehandhabt. *Revolver* sollte aber die letzte LP sein, die weniger bzw. anderes Material enthielt als die europäischen Ausgaben.

● **1966** September
THE ESCOURTS (Plattenstudio, wahrscheinlich London): Aufnahme des Titels *From Head To Toe.* Paul McCartney spielt das Tamburin und hat produziert; wahrscheinlich auch die B-Seite für die kommende Single: *Night Time*.

November
PAUL MCCARTNEY schreibt die Filmmusik *The Family Way*.

● 18. 11.
THE ESCOURTS:
Single *From Head To Toe / Night Time.*
Columbia DB 8061, England.
Single-A-Seite (und -B-Seite, ?) produziert von Paul McCartney.

24. 11.
THE BEATLES (EMI Abbey Road Studio, London):
Die erste Aufnahme von *Strawberry Fields Forever;* allerdings sind die Beatles mit dem Ergebnis nicht zufrieden.

25. 11.
THE BEATLES (EMI Abbey Road Studio, London):
Die Beatles nehmen wieder Weihnachtsgrüße für ihre Fans auf.

28./29. 11. 6., 8./9., 15., 20./ 21., 29./ 30. 12.
THE BEATLES (EMI Abbey Road Studio, London):
In den letzten November-Tagen sollten Songs für eine weitere LP aufgenommen werden, die noch vor Weihnachten herauskommen sollte. Zunächst war geplant, *Strawberry Fields Forever* auf LP zu veröffentlichen. Ein weiterer Titel, der für die geplante neue LP aufgenommen wird, ist *When I'm Sixty-Four.* Der dritte Song, der noch aufgenommen wurde: *Penny Lane*.

Strawberry Fields Forever
John war mit den zwei ersten Fassungen des Stücks nicht zufrieden, deshalb wurde aus dem Zusammenschnitt beider Bänder eine dritte Version erstellt. Paul spielte die Einleitung auf einem Mellotron mit Flötenregister. Er und George spielten auch Tampani und Bongos, Mal Evans übernahm das Tamburin.

1966 Überhaupt lebte diese Produktion mehr von plötzlichen Einfällen als von genau kalkulierten Arrangements. Das angehängte Ende wurde gegen Schluß der Session aufgenommen. Alle spielten gerade das, was ihnen einfiel. Auch Ringos Schlagzeugspiel fiel derart aus dem Rahmen, daß viele Diskjockeys der Meinung waren, ein Session-Musiker hätte an den Drums gesessen. Ringo, der darüber sehr sauer war, meinte: »Wenn ich nur Off-Beat spiele, sagen alle, ›ja, das ist Ringo‹. Will ich aber mal was zeigen, heißt es sofort, das ist doch nicht Ringo, so was kann der doch gar nicht spielen, aber was soll's, es nutzt ja doch nichts.«

Paul McCartney sagte über diese Lennon-Komposition: »Es sind eine Menge von Zufälligkeiten in unseren Liedern – ›Strawberry Fields‹ ist der Name von einer Heilsarmeeschule – die zu uns kommen, während wir schreiben. Wir haben darüber nachgedacht, es den anderen vorgespielt, es aufgeschrieben, und sie kurze Zeit darüber nachdenken lassen, es einmal aufgenommen und entschieden, daß es nicht ganz richtig war und machten es noch einmal und fanden: Oh, das ist es. Das Solo kommt hierhin, und dieses kommt dahin, dann – peng – hast du das Puzzlespiel.

Das passiert mit allen unseren Liedern, außer bei denen, die wir wirklich ganz einfach halten wollen, wie *When I'm 64* und *Fixing A Hole*.

Das war überhaupt nicht ›I buried Paul‹ (A. d.Ü.: Ich beerdigte Paul), das war John, der Cranberry sauce (A. d. Ü.: Preiselbeerkompott) sagte. Es war der Schluß von *Strawberry Fields*. Das ist Johns Humor. John wollte irgend etwas ganz Abwegiges sagen, wie ›Cranberry sauce‹. Wenn du dir nicht klarmachst, daß John einfach ›Cranberry sauce‹ sagen will, wenn ihm danach ist, dann hörst du dort ein nettes kleines Wort und denkst: ›Aha!‹«.

When I'm Sixty-Four

Leadsänger war Paul, außerdem spielte er noch Klavier und Baß. John, Paul und George sangen die Harmonien. Arrangiert wurde das Stück für zwei Klarinetten

1966 und eine Baßklarinette, um einen Vaudeville-Sound zu erzielen. Laut McCartney wurde das Lied bereits 1962/63 von ihm geschrieben, jedenfalls Bruchstücke davon. Zu Ehren seines Vaters, der 1967 64 Jahre alt wurde, überarbeitete Paul McCartney die Fragmente und setzte sie zu einem Song zusammen.
When I'm Sixty-Four entstand nach den Aufnahmen für *Strawberry Fields* und vor der Produktion von *Penny Lane.*

Penny Lane
Eine Komposition Paul McCartneys, auch von ihm gesungen, begleitet von John Lennon. Ein in England sehr bekannter Trompeter blies den markanten Mittelteil auf der Bach-Trompete. Außerdem wurden noch folgende Instrumente eingesetzt: Flöten, Piccolos, ein Flügelhorn und ein von John und George Martin gespieltes Piano.
Das Original, das für die Platte eingespielt wurde, enthielt zum Schluß eine Art Fanfare, die jedoch – aus welchen Gründen auch immer – nicht mit auf die Platte kam. Nur auf einigen wenigen amerikanischen Promotion-Schallplatten ist *Penny Lane* vollständig zu hören.
Paul McCartney: »Penny Lane ist eine Bus-Endhaltestelle in Liverpool; und da gibt es einen Friseurladen, wo Fotografien von allen Köpfen ausgestellt sind, die er kennt – nein, das ist nicht wahr, es sind nur Fotos von Haarmoden. ›But all the people who come and go / stop and say hello‹. Da ist eine Bank an der Ecke, so schrieben wir das Stückchen über den Bankier in seinem Automobil. Es ist teils Wirklichkeit, teils Heimweh nach einem Platz, der ein herrlicher Platz ist, blauer Vorstadthimmel, wie wir ihn in Erinnerung haben, und es gibt ihn noch immer.
Und wir fügten noch einen oder zwei Gags dazu: ›Four of fish and finger pie.‹ Die Frauen würden nie wagen, das zu sagen, außer untereinander. Die meisten Leute möchten es nicht hören, aber ›finger pie‹ (›Befummeltes‹) ist nur ein netter kleiner Gag für die Liverpooler Burschen, die ein wenig Zoten mögen.«

1966 Die ersten 25 000 Platten von *Penny Lane / Strawberry Fields Forever* wurden in einem besonderen Plattencover ausgeliefert, das auf alten Fotos die vier als Babys zeigte.
Radio London strahlte am 31. Januar 1967 als Welturaufführung beide Seiten der Single aus. Obwohl sie von den Musikjournalisten mit Begeisterung aufgenommen wurde, erreichte sie in verschiedenen Hitparaden nicht mehr den ersten Platz, ein Umstand, der dem Gerücht »mit den Beatles geht's bergab« starken Aufwind verlieh.

28. 11. GEORGE MARTIN ORCHESTRA:
LP *Instrumental Salute To The Beatle Girls*
Girl; Eleanor Rigby; She Said, She Said; I'm Only Sleeping; Anna (Go To Him); Michelle./Got To Get You Into My Life; Woman; Yellow Submarine; Here, There And Everywhere; And Your Bird Can Sing; Good Day Sunshine.
United Artists 369 139 (mono) und 669 139 (stereo), USA.
3. 3. 67: Columbia [?], England.

10. 12. THE BEATLES:
LP *A Collection Of Beatle Oldies*
She Loves You; From Me To You; We Can Work It Out; Help!; Michelle; Yesterday; I Feel Fine; Yellow Submarine./Can't Buy Me Love; Bad Boy; Day Tripper; A Hard Day's Night; Ticket To Ride; Paperback Writer; Eleanor Rigby; I Want To Hold Your Hand.
Parlophone PMC 7016 (mono) und PCS 7016 (stereo), England;
24. 2. 71: Odeon 1 C 062-04 258, BRD;
1976: Odeon 1 C 072-04 258, BRD;
1977: Apple 1 C 072-04 258, BRD;
1981: Odeon 1 C 072-04 258, BRD.
Da vor Weihnachten 1966 keine LP mit neuen Aufnahmen herausgegeben werden konnte, brachte EMI England dieses Sampler-Album auf den Markt. In der Bundesrepublik erschien die LP erst fünf Jahre später.

1966 THE BEATLES:
16. 12. **Flexi-Single *The Beatles Fourth Christmas Record***
Song *Everywhere It's Christmas; Orowanya; Corsican Choir And Small Choir; A Rare Cheese; Two Elderly Scotsmen; The Feast; The Loyal Toast./Podgy The Bear And Jasper; Felpin Mansions: Part Two; The Count And The Pianist;* Song *Please Don't Bring Your Banjo Back; Everywhere It's Christmas* (MAL EVANS); *Reprise: Everywhere It's Christmas.*
Ohne Bestell-Nummer, England;
als *Everywhere It's Christmas,* ohne Bestell-Nummer, USA.
Die BEATLES sind mit skurrilen Sketchen und einigen »ungestüm« intonierten Weihnachtsliedern, selbst komponiert, zu hören. Es ist inzwischen die vierte Weihnachts-Flexi-Platte für die Mitglieder des Beatles-Fan-Clubs.

1967

Januar THE BEATLES:
LP *The Beatles*
She Loves You; Misery; A Taste of Honey; You Really Gotta Hold On Me; A Hard Day's Night; P.S. I Love You./I Want To Hold Your Hand; Please Please Me; Ask Me Why; Do You Want To Know A Secret; Little Child; Please Mister Postman.
Amiga 850 040, DDR.
Die erste und während der »Beatles-Jahre« (bis 1970) auch die einzige LP der Beatles, die in der Deutschen Demokratischen Republik erschien. Hinweis für alle Sammler: Einige wenige erste Exmplare haben auf dem Label statt des zu hörenden *A Hard Day's Night* den Song *It Won't Be Long* notiert.

4. 1.–1. 4. THE BEATLES (EMI Abbey Road Studio, London; am 9. 2. 67 im Regent Studio, London):
In dieser Zeit nehmen die Beatles alle Songs für ihre neue LP *Sgt. Pepper's Lonely Hearts Club Band* auf.

1967 Hier die chronologische Übersicht der Arbeiten im Studio:

4.– 6.1.: EMI Abbey Road Studio.
9.–10.1.: EMI Abbey Road Studio.
12.1.: EMI Abbey Road Studio.
19.–20.1.: EMI Abbey Road Studio: *A Day In The Life.*
1.2.: EMI Abbey Road Studio: *Sgt. Pepper* mit Hörnern, ohne Ringo.
2.– 3.2.: EMI Abbey Road Studio.
9.2.: Regent Studio.
10.2.: EMI Abbey Road Studio.
13.–14.2.: EMI Abbey Road Studio.
16.2.: EMI Abbey Road Studio: *Good Morning, Good Morning.*
17.2.: EMI Abbey Road Studio: *Being For The Benefit Of Mr. Kite!*
21.2.: EMI Abbey Road Studio: *Fixing A Hole.*
22.2.: EMI Abbey Road Studio: *Lovely Rita.*
2.3.: EMI Abbey Road Studio: *Lucy In the Sky With Diamonds.*
9.3.: EMI Abbey Road Studio: *Getting Better.*
15.3.: EMI Abbey Road Studio. *Within You, Without You.*
ca. 15.3.: EMI Abbey Road Studio: *With A Little Help From My Friends.*
17.3.: EMI Abbey Road Studio: *She's Leaving Home.*
29.3.: EMI Abbey Road Studio: *Sgt. Pepper.*
29.3.: Der Titel der neuen LP steht fest: *Sgt. Pepper's Lonely Hearts Club Band,* Namensfinder: Paul McCartney und Roadmanager Mal Evans.
30.3.: EMI Abbey Road Studio: *With A Little Help From My Friends.*
1.4.: EMI Abbey Road Studio: letzte Abmischungen.

1967 *A Day In The Life*
Aufnahmebeginn: 19. Januar 1967
Ursprünglich waren es zwei Songs, aber da Johns Stück keinen Mittelteil und das von Paul keinen Anfang hatte, verschmolz George Martin beide Fragmente zu einem Ganzen. Der erste Teil wurde von John gesungen, der zweite von Paul und der dritte wieder von John.
Über diesen Titel wurde bereits lange vor der Fertigstellung sehr viel in der Presse geschrieben, denn es war durchgesickert, daß die Beatles für diese Produktion ein 41 Mann starkes Orchester engagiert hatten. Am 10. Februar wurden die zwei Streicherparts aufgenommen, die die Verbindung zwischen den drei Teilen darstellten. John spielte die Gitarrenpassage zu Beginn, während ein Weckerrasseln Pauls Mittelteil einläutete. Der mächtige Schlußakkord, oft als Zuschlagen eines Sarkophagdeckels interpretiert, wurde von Ringo, Paul, Mal und John auf dem Klavier und von George Martin auf dem Harmonium gespielt. Er dauert 42 Sekunden. Ein letzter spleeniger Gag: Auf die sonst tote Auslaufrille wurde ein skurriles Gelächter und unverständliches Gekrächze überspielt, das nur hörbar wird, wenn die Platte auf einem Gerät ohne automatische Endabschaltung abgespielt wird. 1980 wurde dieser Geräuschfetzen auf der amerikanischen LP *Rarities* noch einmal veröffentlicht – diesmal nicht auf der Auslaufrille. Verständlicher wurden die Wortfetzen dadurch jedoch nicht.
Dieser Titel wurde von der BBC nicht gespielt, weil man der Ansicht war, es stelle einen Mann dar, der im LSD-Rausch ist. John schrieb über den Entstehungsprozeß: »Ich schrieb den Song mit der aufgeschlagenen *Daily Mail* vor mir auf dem Klavier, ich hatte ›News In Brief‹ oder ›Far Or Near‹, oder wie immer sie es nennen, aufgeschlagen. Da war ein Artikel über 4000 Höhlen in Blackburn, Lancashire, die entdeckt worden waren; und da fehlte noch ein Wort in dieser Strophe, als wir zur Aufnahme kamen. Ich wußte, daß die Zeile ›Now they know how many holes it takes to fill the Albert Hall‹ lauten mußte. Es war eigentlich ein

1967 Nonsensvers, aber aus irgendwelchen Gründen fiel mir das Zeitwort nicht ein. Was hatten die Höhlen mit der Albert Hall zu tun? Es war Terry Doran [ein Apple-Mitarbeiter, Anm. d. A.], der sagte: ›Fill the Albert Hall.‹
Es war das einzige Stück auf dem Album, das als eine bewußte Provokation geschrieben wurde. Also schreib es dir hinter die Ohren . . . denn was wir wollten, ist euch zur Wahrheit zu bringen, eher als zum Marihuana.«

Sgt. Pepper's Lonely Hearts Club Band
Aufnahmebeginn: 1. Februar 1967
Paul sang, die Chorstimmen kamen von John und George. Der Bläsersatz wurde von vier Session-Musikern gespielt, die Publikumsgeräusche entlieh George Martin dem EMI-Geräuscharchiv. George Harrison spielte eine halbakustische, Rhythmus- und Leadgitarre über Fuzzpedal.
Über die Entstehung gibt es eine Stellungnahme Pauls: »Ich dachte nur an hübsche Worte, wie Sergeant Pepper und Lonely Hearts Club Band, und sie kamen ohne Grund zusammen. Aber nachdem man das niedergeschrieben hat, fängt man an zu denken: ›Da ist dieser Sergeant Pepper, der der Band das Spielen beibrachte und sie so weit brachte, daß sie wenigstens ein Stück hinkriegte. Einerseits sind sie so etwas wie eine Blasmusikkapelle, andererseits auch eine Rockband; eben auch eine Rockband, weil sie etwas von dieser San-Francisco-Sache haben.‹ Und ich hatte die Idee, daß sie anstelle der Hell's Angels sich an Hitlers Ideen halten würden und an die letzten Nazi-Embleme und Leder und so was. Wir gingen es einfach an wie: Laßt uns nur eine gute Show machen.
Es ist nicht nötig, Dinge zu erfinden. Wir begannen mit Reportern, die sagten: ›Was glaubt ihr?‹, und wir sagten: ›Wir glauben nicht an Satin-Uniformen; das ist ein Versuch, es zu glorifizieren, aber dadurch wird es auch nicht besser.‹ Das hält dich von den wirklichen Dingen ab. Das ist es, warum Daisy Hawkins überhaupt nicht

1967 gut war – es klingt, als wenn Daisy aufgibt. Billy Shears ist auch einer, der wie ein Schulkamerad klingt, aber keiner ist. Möglicherweise werden wir alle diese Leute eines Tages treffen.
Ringo ist Billy Shears. Definitiv! Das war gerade während der Aufnahme zu *Sgt. Pepper.* Es ergab sich, daß wir Billy Shears erfanden. Es war ein Reim auf ›years‹ . . . ›band you've known for all these years . . . and here he is, the one and only Billy Shears‹. Wir dachten, das ist ein großartiger kleiner Name, es ist eine Art Eleanor-Rigby-Name, ein Name mit netter Atmosphäre, und es leitet über zu Ringos Stück. Denn so viel wir uns auch damit befaßten, es war schlicht und einfach nur ein Kunstgriff, um in den nächsten Song überzuleiten.«

Sgt. Pepper's Lonely Hearts Club Band (Reprise)
Bei der Wiederholung in Kurzfassung sang jeder mit, der sich gerade im Studio aufhielt. Der letzte Ton von *Good Morning,* der krähende Hahn, von der Gitarre übernommen, ist gleichzeitig der Anfangston dieser Reprise. Auch hier wurde nicht auf Publikumsgeräusche verzichtet. Der Text jedoch wurde, entsprechend seiner Funktion als Überleitung zum Schlußtitel der LP, variiert.
Bei der Aufnahme scheint es sehr lustig und turbulent zugegangen zu sein. Gegen Ende kann man noch einmal Paul McCartney nach »live-Manier« schreien hören – wenn man genau hinhört, denn bei der Endmischung hat man die entsprechende Spur ausgeblendet. Nur bei der sehr raren Mono-Version der *Sgt. Pepper*-LP kann man Paul deutlich hören.

Good Morning, Good Morning
Aufnahmebeginn: 16. Februar 1967
Nach einem Hahnenschrei stieg John mit seinem Gesang ein, von Paul, der auch das Gitarrensolo beisteuerte, beim Refrain unterstützt. Für den Bläsersatz holte man sich wieder die Sounds Incorporated mit drei Saxophonen und einem French-Horn. Der Schluß

1967 klingt wie eine fröhliche Farmidylle mit Hundegebell, Schafblöken, Pferdegetrappel und Fuhrwerkquietschen, ein Gag, den die Beach-Boys bereits im Jahr zuvor auf der LP *Pet Sounds* eingesetzt hatten.
John Lennon: »Ich sitze oft am Klavier, arbeite an Songs mit leise laufendem Fernseher im Hintergrund. Wenn ich ein wenig erschöpft bin und nicht viel getan bekomme, dann dringen die Worte vom Fernseher durch. So war es, als ich *Good Morning, Good Morning* hörte . . . es war eine Corn-flakes-Werbung.«

Being For The Benefit Of Mr. Kite
Aufnahmebeginn: 17. Februar 1967
Gesang John, Gitarrensolo Paul, Mundharmonika Ringo; George, Neil Aspinall (der zweite Roadmanger) und Mal Evans. Man wollte dem Lied eine Zirkus- oder Kirmesatmosphäre geben. Um diese Stimmung noch zu vertiefen, hatte John vor, eine alte Dampforgel einzusetzen. Leider war in ganz England keine mehr aufzutreiben, die mit der Hand bedient werden konnte. Es gab nur noch Dampforgeln, die nach vorgestanzten Scheiben spielten.
Um die Vorstellungen John Lennons zu realisieren, ließ George Martin die Aufnahme zweier Orgeln, die von Lennon und Martin gespielt wurden, mit halber Geschwindigkeit ablaufen und mischte drei verschiedene Drehorgeln aus dem EMI-Tonarchiv darunter. Diese Effekte vereinigte er auf einem Band und überspielte sie auf den rechten Kanal. Auf dem linken Kanal ließ er schließlich die Aufnahme des rechten Kanals leise im Acht-Sekunden-Abstand nachlaufen, gemischt mit Harmonika-Klängen, gespielt von George Harrison, Ringo Starr und Mal Evans. Trotzdem blieb Lennon unzufrieden.
Paul erlöste die Öffentlichkeit von ihren Mutmaßungen über den surrealistischen Text: »John hat dieses alte Plakat, wo ganz oben steht: ›Pablo Fanques Fair presents the Hendersons for the benefit of Mr. Kite‹, und es enthält all die Stücke von den Sachen, die so ungewöhnlich klingen: ›Over men and horses, hoops and

1967 garters, lastly throught a hogshead of real fire.‹ – ›The Hendersons‹ – das konnte man nicht erfinden.«

Fixing A Hole
Aufnahmebeginn: 21. Februar 1967
Paul sang dieses Stück, das er auch geschrieben hatte. Er und John spielten Cembalo.
Die Sologitarre wurde von George über Tonepedal gespielt. Die Tamboura spielte ebenfalls George
Paul McCartney: »Dieses Lied handelt von einem Loch in der Straße, das von Regenwasser gefüllt wird, ein guter, alter Vergleich – das Loch in deinem Make-up, das den Regen hereinläßt und verhindert, daß deine Gedanken machen, was sie wollen. Es ist, als wenn du dich in Dinge einmischst, als wenn jemand zu dir kommt und sagt: ›Ich bin der Sohn Gottes.‹ Und du sagst: ›Nein, bist du nicht; ich werde dich kreuzigen‹, und du kreuzigst ihn. Ja, so ist das Leben, aber es schließt kein Loch.
Es handelt auch von den Fans: ›See the people standing there / who disagree and never win / and wonder why they don't get in / silly people, run around / they worry me / and never ask me why they don't get in my door.‹ Wenn sie nur wüßten, daß die beste Möglichkeit hereinzukommen die ist, es nicht mit Gewalt zu versuchen, denn selbstverständlich gehört jeder dazu, der aufrichtig und wie ein wirklicher Freund und ehrlicher Mensch zu uns ist, aber sie stehen einfach da und meinen: ›Wir sind Fans, laß uns nicht herein.‹
Manchmal bitte ich sie herein, aber irgendwie fängt es dann an nicht so ganz das Wahre zu sein, denn ließ ich eine herein, dann war sie am nächsten Tag mit ihrer Mutter beim *Daily Mirror* und erzählte, wir würden heiraten. So sagen wir den Fans: ›Vergeßt es!‹«

Lovely Rita
Aufnahmebeginn: 22. Februar 1967
Leadsänger war wieder Paul, der auch Klavier spielte, wobei das Honky-Tonk-Solo jedoch George Martins Werk war. John, Paul und George sangen die Hinter-

1967 grundstimmen, und um einen besonderen Effekt zu erzielen, präsentierten sie sich zusätzlich noch als Kammbläser.

Paul über *Lovely Rita:* »Ich klimperte in Liverpool auf dem Klavier, als mir irgend jemand erzählte, daß sie in Amerika die Parkuhrenfrauen Meter Maids nennen. Ich dachte, das wäre toll, und ich kam zu *Rita Meter Maid* und dann zu *Lovely Rita Meter Maid,* und ich dachte vage daran, daß es ein böses Lied sein könnte: ›You took my car away and I'm so blue today.‹ Und du würdest sie nicht mögen, aber dann dachte ich, es würde besser sein, sie lieb zu haben, auch wenn sie sehr affektiert war, wie ein Soldat, mit einer Tasche über ihrer Schulter. Ein zackiger Typ, aber nett.

Das Lied beschreibt die Situation, wenn jemand meine Autonummer aufschreibt und ich mich plötzlich in sie verliebe. Die Person, die ich wäre, und die sich in ein Parkuhrenmädchen verliebt, wäre etwa ein schüchterner Büroschreiber, und ich würde sagen: ›Dürfte ich diskret anfragen, wann Sie Zeit haben, um einen *Tee* mit mir zu nehmen?‹ Tee, kein *Pot!* Es ist, als wenn man sagt: ›Komm, und laß uns *Gras* schneiden‹, und du stellst fest, das könnte auch *Pot* sein; oder der alte Teepott könnte etwas mit *Pot* zu tun haben. Aber ich meinte nicht *Pot,* und ich ließ die Worte drin. Sie sind nicht mit Absicht eingesetzt, nur um Pot zu sagen und pfiffig zu sein.« *(A. d. Ü.: Tee, Gras und Pot sind Bezeichnungen für Marihuana.)*

Lucy in the Sky with Diamonds
Aufnahmebeginn: 2. März 1967
Leadstimme John, teilweise im Double-Track-Verfahren, Chorgesang Paul McCartney und George Harrison. Das Intro, Orgel über Phaser, stammt von McCartney, der sich zu diesem Titel äußerte:

»Es ist erstaunlich. Wie ich schon zuvor gesagt habe, wenn du einen Song schreibst, und du meinst eine bestimmte Sache, und dann kommt jemand daher und sagt irgend etwas darüber, woran du nicht gedacht hast – du kannst es nicht dementieren. Wie bei *Lucy In The*

1967 Sky With Diamonds Leute daherkamen und sehr verschmitzt sagten: ›In Ordnung, ich weiß schon! L–S–D!‹, und es passierte, als alle Zeitungen über LSD geschrieben haben, aber wir haben nie daran gedacht. Was passiert war, war, daß Johns Sohn Julian in der Schule eine Zeichnung machte und sie mit nach Hause brachte; und er hat eine Mitschülerin, die Lucy hieß, und John sagte: ›Was ist das?‹, und er sagte: ›Lucy im Himmel mit Diamanten‹ – so hatten wir einen netten Titel. Wir machten die ganze Sache wie ein Alice-im-Wunderland-Projekt, in einem Boot auf dem Fluß sitzend, langsam stromabwärts treibend und diese herrlichen Zellophanblumen hoch über unserem Kopf. Von Zeit zu Zeit hörten sie auf, und du sahst *Lucy in the Sky with Diamonds* überall am Himmel. Diese Lucy war Gott, diese große Persönlichkeit, ein Glückssymbol. Du kannst eben ein Lied schreiben mit phantasievollem Text, und das ist's, was wir taten.

Es ist wie moderne Dichtung, aber weder John noch ich haben viel gelesen. Als ich mich das letztemal damit beschäftigte, dachte ich: Das ist außergewöhnlich und vollkommen unüblich, und ich habe das alles nicht so ganz begriffen, außer bei Dylan Thomas, den ich plötzlich zu verstehen begann, und ich war sehr zufrieden mit mir, weil ich es verstand; aber ich hatte nicht erkannt, daß er genau die gleichen Dinge sagte.«

Getting Better
Aufnahmebeginn: 9. März 1967
Die Leadstimme kam von Paul, John und er sangen noch dazu die Harmonien. George spielte Tamboura, ein indisches Instrument. George Martin bediente sich des Flügels in besonderer Weise: er schlug nicht die Tasten an, sondern zupfte die Klaviersaiten. Die Steelgitarre spielte George Harrison.

Der Einfall zur Titelzeile kam Paul, als er eines Abends mit Hunter Davies, ihrem Biographen, in seiner Wohnung zusammensaß und mit ihm über alte Zeiten plauderte. Man erinnerte sich an die Australientournee, bei der Jim Nichols für den erkrankten Ringo eingesprun-

1967 gen war und anfangs einige Schwierigkeiten hatte, mit der Gruppe warm zu werden. So nach und nach lief es jedoch bei ihm, so daß er jeden gelungenen Auftritt erleichtert mit dem Stoßseufzer »It's getting better all the time« quittierte.

Within You, Without You
Aufnahmebeginn: 15. März 1967
Die einzige Komposition, die George beisteuerte und der man eine gewisse Distanz seiner Mitspieler anmerkte. Keiner der anderen beteiligte sich an diesem Werk. Georges damaliger, unreflektierter Enthusiasmus für die indische Musik war unüberhörbar. Indische Freunde spielten weitgehend die Instrumente: die Dilruba (eine Art Geige), drei Tambouras, sie wurden u. a. von George und Neil Aspinall gespielt, und eine Tabla (vergleichbar der Bongotrommel). George setzte außerdem noch ein indisches Instrument ein, das unserer abendländischen Zither sehr stark ähnelt. Dies Instrument ist schon bei den Aufnahmen zu *Strawberry Fields* verwendet worden. Die Streicherparts gestalteten drei Celli und acht Violinen.
»Klaus (Voormann) hatte in seinem Haus ein Harmonium, das ich nie zuvor gespielt hatte. Ich dudelte darauf herum, spielte zu meinem Vergnügen, als *Within You* entstand. Die Melodie kam zuerst; dann fiel mir die erste Zeile ein. Es entwickelte sich aus dem, was wir an diesem Abend getan hatten.«

With A Little Help From My Friends
Aufnahmebeginn: ca. 15. März 1967
Dieser Song hatte lange Zeit den Titel *Bad Finger Boogie.* Paul McCartney erinnerte sich später an *Bad Finger,* als er einen neuen Namen für die Gruppe Iveys suchte.
Sie setzten die Aufnahmearbeiten am 30. 3. fort und es war der letzte Song, den sie für *Sgt. Pepper* fertigstellten.
Ringo, der Leadsänger, wurde begleitet von John und Paul, die zum Teil in einer Art Wechselgesang antwor-

1967 teten. Am Klavier Paul, an der Leadgitarre George, der auch gelegentlich Ringo an den Drums aushalf. George Martin spielte Hammondorgel und verband den vorhergehenden Titel, in dem Ringo als »Billy Shears« angekündigt wurde, mit diesem Stück durch eine Hammondorgelüberleitung. Ringos Kommentar war offen und ehrlich: »Sie wissen ja, daß ich kein aufregender Sänger bin, weil mein Tonumfang recht bescheiden ist. Deshalb schreiben die Burschen für mich Songs, die schön tief und nicht schwierig zu singen sind.«

She's Leaving Home
Aufnahmebeginn: 17. März 1967
John und Paul teilten sich den Gesangspart. Da ihre Stimmen außerdem noch gedoppelt wurden, erzielte man einen Quartetteffekt. Ansonsten war keiner der vier mit seinem Instrument vertreten, denn der Komponist Mike Leander spielte die Harfe und dirigierte die Streicher.
Paul zur Entstehung dieses reichlich sentimentalen Liedes: »Sie ist ein viel jüngeres Mädchen als ›Eleanor Rigby‹, aber es ist die gleiche Art von Einsamkeit. Da war auch ein *Daily-Mirror*-Artikel: Dieses Mädchen lief von zu Hause fort, und ihr Vater sagte: ›Wir gaben ihr alles, ich weiß nicht, warum sie fortlief.‹ Aber er gab ihr nicht sehr viel, nicht das, was sie brauchte, als sie fortlief.«

6. 1. GEORGE MARTIN ORCHESTRA:
LP *The Family Way Original Sound Track Recording From The Film*
Love In The Open Air (Cut One – Six)./Love In The Open Air (Cut One – Seven).
Decca LK 4847 (mono) und SLK 4847, England;
London MS 82007, USA
George Martin und sein Orchester haben die von Paul McCartney komponierte Filmmusik eingespielt.

21. 1. THE BEATLES: **Single** *Strawberry Fields Forever/Penny Lane.*
Odeon 0 23 436, BRD.

1967 THE BEATLES:
13. 2. **Single** *Penny Lane/Strawberry Fields Forever.*
Capitol 5810, USA;
Parlophone R 5570, England

10. 4. THE BEACH BOYS (Plattenstudio, Los Angeles, USA):
Aufnahme von *On Top Of Old Smokey* mit Paul McCartney am Baß.

20. 4. THE BEATLES (wahrscheinlich EMI Abbey Road Studio, London):
Die erste Aufnahmesession für den Song *Magical Mystery Tour.*
Paul war Führer bei dieser magisch-mysteriösen Fahrt ins Blaue, er sprach die Einleitungsworte und sang die Hauptstimme. Die drei anderen lieferten den Chorgesang und sangen jeweils die Antworten. Drei Trompeten gaben dem Arrangement den Aufforderungscharakter. Paul übernahm auch noch den Pianopart gegen Ende mit den speziellen Echoeffekten. *Magical Mystery* ist aus McCartneys Feder.

25. 4. THE BEATLES (wahrscheinlich EMI Abbey Road Studio, London):
Zwei weitere Versionen vom *Magical Mystery Tour* werden eingespielt.

1. 5. PETER AND GORDON: **Single** *I Don't Want To See You Again./Woman.*
Capitol Starlin 6155, USA.

11. 5 THE BEATLES (Olympic Sound Studio, London):
Schallplattenaufnahmen: wahrscheinlich *You Know My Name (Look Up The Number)* und *Baby You're A Rich Man.*

You Know My Name (Look Up The Number)
war mehr als musikalischer Jux gedacht denn als ernsthafter Titel.
Die Pianointroduktion gestaltete Paul, der dann mit

1967 John zusammen in betonter Was-kümmert's-uns-Manier ein paarmal die Titelzeile sang. Die Arbeit an der *Magical Mystery Tour* muß wohl auf John abgefärbt haben, als sie diesen Song ungefähr zur gleichen Zeit produzierten, denn er mimte einen Sonntag-Nachmittag-Conférencier, als er Ringo mit nasaler Stimme als »Dennis O'Bell on rhythm« ankündigte. Er und Ringo gaben auf den Bongos den zickigen Rumbarhythmus vor, und dann ging es in bester Stehgeigertradition von schaurig-schnulzig bis total übergeschnappt weiter.

Baby You're A Rich Man
Früherer Titel *One Of The Beautiful People,* gedacht für einen Zeichentrickfilm über die Beatles. Das Instrument, das die eigenartigen Töne zu Beginn von sich gab, war eine Clavioline, gespielt von John. Sie ähnelte im Klang einer Flöte. Am Klavier John und Paul, Leadgesang John und George, die Falsettöne kamen von Paul.

12. und 17.5. THE BEATLES (EMI Abbey Road Studio, London): Schallplattenaufnahmen.

18. 5. THE ROLLING STONES (Olympic Sound Studio, Barnes): Aufnahme von *We Love You* mit John Lennon und Paul McCartney im Backing Choir.

25. 5. THE BEATLES (De Lane Lea Studio, London-Kingsway): Schallplattenaufnahmen.

26. 5. THE BEATLES:
LP *Sgt. Pepper's Lonely Hearts Club Band*
Sgt. Pepper's Lonely Hearts Club Band; With A Little Help From My Friends; Lucy In The Sky With Diamonds; Getting Better; Fixing A Hole; She's Leaving Home; Being For The Benefite of Mr. Kite!./Within You, Without You; When I'm Sixty-Four; Lovely Rita; Good Morning, Good Morning; Sgt. Pepper's Lonely Hearts Club Band (Reprise); A Day In The Life.

1967 Parlophone PMC 7027 (mono) und PSC 7027 (stereo), England;
30. 5. 67: Odeon SMO 81 045, BRD;
30. 5. 67: Hör Zu SHZE 401, BRD;
2. 6. 67: Capitol MAS 2653 (mono) und SHAS 2653 (stereo), USA;
1969: Odeon 1 C 062-04 177, BRD;
1973: Hör Zu SHZE 401, BRD;
1976: Odeon 1 C 072-04 177, BRD;
1977: Apple 1 C 072-04 177, BRD;
1981: Odeon 1 C 072-04 177, BRD.

Mit den oben gemachten Angaben korrigieren wir »das« *Sgt.-Pepper-Datum* 1. Juni 1967, welches auch zwanzig Jahre später »bejubelt« wurde. Das liegt daran, daß der 1. 6. 1967 als offizielles Erscheinungsdatum vorgesehen und propagiert worden war. Jedoch entschloß sich die EMI in England kurzfristig, die Platte fünf Tage früher herauszubringen, weil bereits am 12. 5. 1967 die BBC Aufnahmen von der LP gesendet hatte.

John Lennon: »*Sgt. Pepper* ist *das* Album. Es war ein Höhepunkt. Paul und ich arbeiteten definitiv gemeinsam, besonders an *A Day In The Life,* was sehr realistisch war . . . Die Art und Weise, auf die wir damals eine Menge schrieben: Du hast einen guten Part geschrieben, den Part, der leicht war, wie ›I read the news today‹ oder was immer es war; dann, wenn man steckenblieb, oder wann auch immer es schwierig wurde, hörte man auf, anstatt weiterzumachen; dann trafen wir uns, und ich sang es halb, und er wurde inspiriert, das nächste Stück zu schreiben und umgekehrt. Er scheute sich ein wenig davor, denn ich glaube, er dachte, daß es bereits ein guter Song wäre. Manchmal wollten wir beide jeder den anderen sich nicht in einen Song einmischen lassen, denn du neigst dazu, etwas nachlässig mit dem Material eines anderen umzugehen; du experimentierst ein bißchen. So machten wir es in seinem Zimmer mit dem Piano. Er sagte: ›Sollen wir das machen?‹ – ›Ja, so machen wir's!‹

Ich sage die ganze Zeit, daß ich schon immer das

1967 Doppelalbum bevorzugte, weil *meine* Musik auf dem Doppelalbum besser ist. Ich kümmere mich nicht um das gesamte Konzept von *Pepper,* es mag besser sein, aber für mich war die Musik auf dem Doppelalbum besser, weil ich darauf ich selbst bin. Ich glaube, es ist genauso einfach wie das neue Album, wie bei *I'm So Tired* nur die Gitarre. Ich fühle mich ungezwungener dabei als bei der Produktion. Ich mag die Produktion nicht so sehr. Aber *Pepper* war schon ein Höhepunkt.

Aus der Sicht George Martins stellte sich die Arbeit an der LP, die von vielen als kreativer Höhepunkt in der Musik der Beatles angesehen wurde, wie folgt dar: »*Sgt. Pepper* war wohl in der Hauptsache das Werk Pauls. John steuerte lediglich drei Songs bei, nämlich *Mr. Kite, Lucy* und *Good Morning.* Nichtsdestoweniger entstanden gerade die beiden stärksten Titel *With A Little Help* und *A Day in The Life* in Gemeinschaftsarbeit.«

Dies war die aufwendigste Produktion der Beatles. Für jeden Titel war fast eine Woche Aufnahmezeit nötig. Dadurch stiegen die Kosten auf die für damalige Verhältnisse astronomische Summe von über £ 40 000 (1967 etwa DM 330 000).

In der Relation ebenso teuer war das Plattencover von *Sgt. Pepper,* das in Entwurf und Ausstattung neue Maßstäbe im Popgeschäft setzen sollte. Viele Spekulationen gab es über den Symbolgehalt des Titelbildes, verursacht durch das Blumenarrangement.

Schon Wochen vor Erscheinen waren über mehrere englische und amerikanische Radiostationen Teile der Langspielplatte gesendet worden. Und so herrschte bei der offiziellen Veröffentlichung in beiden Ländern eine erwartungsvolle Spannung, die sich in einem gewaltigen Ansturm auf die Plattenläden löste. Innerhalb von zwei Wochen verkaufte sich die LP allein in England über 250 000mal, in den USA waren es innerhalb einer Woche bereits über eine Million Stück. Ursprünglich war sie als Doppel-LP geplant. Das Projekt wurde aber aus finanziellen Gründen von der EMI abgeblasen, lediglich das bereits konzipierte Plattencover blieb.

1967 THE BEATLES (De Lane Lea Studio, London-Kingsway):
26. 5. Schallplattenaufnahmen.

Ende Mai JOHN LENNON schreibt *All You Need Is Love.*

1./2. 6. THE BEATLES (De Lane Leo Studio, London-Kingsway):
Schallplattenaufnahmen.

8. 6. THE BEATLES (EMI Abbey Road Studio, London):
Schallplattenaufnahmen.

14. 6. THE BEATLES (Olympic Sound Studio, Barnes):
Schallplattenaufnahmen; wahrscheinlich Passagen von *All You Need Is Love.*

24. 6. THE BEATLES (Olympic Sound Studio, Barnes):
Nach einem Fototermin im Platten-Studio soll noch eine private Aufnahme-Session stattgefunden haben. Sehr wahrscheinlich haben die Beatles mit Freunden für den nächsten Tag geprobt.

25. 6. THE BEATLES (EMI Abbey Road Studio, London):
Am Anfang 1967 wurden die Beatles ausgewählt, um England in der weltweiten Fernsehshow »Our World« zu repräsentieren. Für diesen Zweck wollten die Beatles ein besonderes Lied komponieren. Ähnlich unseren heutigen, vielfach mit Recht geschmähten Spezialkompositionen für das Eurovisions-Festival, sollte es leicht ins Ohr gehen und einen allgemeinverständlichen Text haben. Die Aufgabenstellung war also die gleiche, damals wie heute, aber was haben die Beatles daraus gemacht!

All You Need is Love
Der erste Teil wurde am 14. Juni in den Olympic-Studios in London aufgenommen. John spielte Cembalo, Paul den Arco-Baß, jedoch mit einem Geigenbogen, und George versuchte sich zum erstenmal in seinem Leben an einer Geige. In den Abbey-Road-Studios

1967 wurde dann der Titel komplettiert. Zur üblichen Besetzung kam ein dreizehn Mann starkes Orchester hinzu, bestehend aus zwei Trompeten, zwei Saxophonen, einem Akkordeon, sechs Violinen und zwei Celli.

Am 25. Juni 1967 war Welturaufführung in der obengenannten TV-Show. Im Studio mit dabei eine ganze Reihe prominenter britischer Showgrößen, so z. B. Mick Jagger, Marianne Faithful und Keith Richard.

Noch heute wirkt der grandiose Einfall nach, den Song mit der französischen Nationalhymne beginnen zu lassen, denn immer dann, wenn man sie hört, fällt einem unwillkürlich die »Make love, not war«-Botschaft der Beatles ein.

Teile von *In The Mood* und *Greensleeves* wurden ebenfalls benutzt. Paul McCartney zitierte *She Loves You, Yeah, Yeah, Yeah* und John Lennon *Yesterday,* während der Chor *Love Is All You Need* sang. *All You Need Is Love* ist ein sehr typisches John-Lennon-Lied, welches thematisch von *Give Peace A Chance* und *Power To The People* gar nicht so weit enfernt ist, wie es scheint.

Paul McCartney: »George Martin hat immer irgendwas damit zu tun, aber manchmal mehr als andere. Er schrieb zum Beispiel den Schluß von *All You Need is Love* und kam in Schwierigkeiten, weil für das *In-The-Mood*-Stück Copyright bestand. Wir dachten an all die üblichen Klischees, die zum größten Teil Zufall sind. Es war eine übereilte Session, und wir hatten nichts dagegen, ihn den Schluß schreiben zu lassen – wir sagten nur: ›Das ist der Schluß, aber wir möchten, daß es immer weitergeht‹! Was er schrieb, war in Wirklichkeit viel zusammenhangloser, und als wir die Teile zusammenfügten, sagten wir: ›Können wir *Greensleeves* direkt nach diesem kleinen Bachstück nehmen?‹ Und danach hatten wir das *In-The-Mood*-Stück.

George (Martin) ist wirklich sehr klug. Manchmal arbeitet er mit uns, manchmal gegen uns; er paßt immer auf uns auf. Ich glaube nicht, daß er so viel getan hat, wie einige Leute denken. Manchmal machte er die ganzen Arrangements, und wir änderten sie eben um.«

1967 THE BEATLES:

30. 6. **Single** *All You Need Is Love/Baby You're A Rich Man.* Odeon 0 23 560, BRD;
7. 7. 67: Parlophone R 5620, England;
17. 7. 67: Capitol 5964, USA.

Mit der Single gab es einige Schwierigkeiten, zuerst wollten die Beatles sie gar nicht in dieser Form erscheinen lassen. Aber auf Drängen der Fans und der Schallplattenfirmen kam sie doch als Single heraus.

In den USA erschien *All You Need Is Love* etwa zur gleichen Zeit wie auch die Single *Pleasant Valley Sunday* der Monkees, die damals die größten Konkurrenten der Beatles in Amerika waren. Aber während die Monkees »nur« Platz 3 erreichten, schafften die Beatles mit *All You Need Is Love* zum 14. Mal die Nummer eins.

Juli THE SCAFFOLD (EMI Abbey Road Studio, London): Die Gruppe, zu der auch Pauls Bruder Mike McGear gehört, nimmt *Thank You Very Much* auf. Paul McCartney ist Co-Produzent.

18. 8. THE ROLLING STONES:
Single *We Love You/–Dandelion.*
Decca F 12654, England;
28. 8. 67: London 905, USA;
8. 67: DL 25 306, BRD.

22. 8. THE BEATLES (Chappell Studio, London):
Aufnahme von *Your Mother Should Know.*
Diese Ballade wurde ebenfalls von Paul gesungen, von dem auch die Komposition stammte. Außerdem spielte er Piano, bei dem er an einigen Stellen von John an der Orgel begleitet wurde.

5. 9. THE BEATLES (EMI Abbey Road Studio, London):
Schallplattenaufnahme.

6. 9. THE BEATLES (EMI Abbey Road Studio, London):
Die Beatles nehmen *Blue Jay Way* (von George) und zwei Versionen vom *I Am The Walrus* (von John) auf.

1967 *Blue Jay Way*
Harrisons Beitrag zur *Magical Mystery Tour*. Wieder nutzte man die Aufnahmetechnik, um seine Stimme zu verdoppeln, später setzte man sogar noch Pauls Stimme hinzu. Den schwirrenden Basisakkord, der sich durch das ganze Lied hindurchzieht, erzeugte George auf einer Orgel. Ein Cello rundete den geisterhaften Sound ab. George erläuterte die Grundidee: »Derek Taylor [Pressechef der Beatles, Anm. d. A.] wurde aufgehalten. Er rief an, um zu sagen, daß er sich verspäten würde. Ich sagte ihm, daß das Haus im *Blue Jay Way* wäre. Er sagte, er würde es bestimmt finden, er könne immer noch einen Polizisten fragen.«

I Am The Walrus
entstand während der Aufnahmen zum Fernsehfilm *Magical Mystery Tour*. Der Anfang wurde von John auf dem Mellotron gespielt. Ihn soll dabei das Sirenengeheul eines amerikanischen Streifenwagens inspiriert haben. Dann setzten acht Violinen und vier Celli ein. George Martin arrangierte diesen Teil. Ergänzt wurde der surreale, unwirkliche Sound durch drei Hörner und eine »Radiostimme«. Für das Finale bediente sich John der Michael Sammers Singers, die sich aus sechs Männern und sechs Frauen zusammensetzten. Die Männerstimmen sangen: »Oompaah, oompah, stick it up your jumpah!«, die Frauen dagegen: »Everybody's got one.« John mußte hierfür herbe Kritiken einstecken; man machte ihm den Vorwurf der Obszönität.

8. 9. THE BEATLES (EMI Abbey Road Studio, London): Aufnahme von *Flying*.
Dies ist das erste und einzige Instrumentalstück, das die Gruppe unter dem Namen Beatles veröffentlichte. Gleichzeitig stellte es auch die einzige Gemeinschaftskomposition aller vier dar. Das Grundthema wurde von John auf dem Mellotron gespielt. George und Paul begleiteten ihn auf mehreren Gitarren. Gegen Schluß sind noch einige elektronische Effekte eingebaut worden, deren Urheber John und Ringo waren.

1967 THE BEATLES (EMI Abbey Road Studio, London):
16. 9. Schallplattenaufnahme.

25. 9. THE BEATLES (EMI Abbey Road Studio, London):
Aufnahme von *The Fool On The Hill.*
Wieder ein von Paul komponiertes und gesungenes Lied. Während der Aufnahmesession zu *Fool On The Hill* beschlossen sie, *Your Mother Should Know* noch einmal umzuschreiben, da ihnen die Fassung dieses Liedes nicht mehr gefiel. Erst hiernach wurde die Arbeit an *Fool On The Hill* abgeschlossen. Paul begleitete sich am Klavier, Ringo bediente die Cymbals, George und John spielten Mundharmonika. Das Gitarrensolo stammte von George, während die Blockflöte von Paul gespielt wurde.
Interessant ist die Aussage des Textes: Der Narr weiß, daß nicht eigentlich er, sondern die anderen die Narren sind. Aber er schweigt zu allem, und gerade darin liegt seine Weisheit.

27. und THE BEATLES (EMI Abbey Road Studio, London):
29. 9. Schallplattenaufnahmen.

2. 10. THE BEATLES (EMI Abbey Road Studio, London):
Aufnahme von *Hello Goodbye.*
Paul war der Leadsänger, begleitet von George, während John die Antworten sang. John und George spielten die metallisch klingenden Gitarrensoli, Paul saß am Klavier, hinzugefügt wurden noch zwei Violinen, von Studiomusikern gespielt.

12. 10. THE BEATLES (EMI Abbey Road Studio, London):
Schallplattenaufnahmen.

13. 10. JOHN LENNON als MUSKETEER GRIPWEED / THE THIRD TROOP:
Single *How I Won The War/–Aftermath.*
United Artists UP 1196, England.
John Lennon ist in einer Szene aus dem Film *How I Won The War (Wie ich den Krieg gewann)* zu hören.

1967 THE CHRIS BARBER BAND:
20. 10. **Single** *Catcall/–Mercy Mercy Mercy.*
Paul McCartney ist Autor des Stückes *Catcall.*

20. und THE BEATLES (EMI Abbey Road Studios, London):
25. 10. Schallplattenaufnahmen.

Herbst THE BEATLES:
LP The Beatles
Eight Days A Week; Rock and Roll Music; No Reply; And Your Bird Can Sing; Good Day Sunshine; All My Loving; And I Love Her; A Hard Day's Night./Girl; Eleanor Rigby; Things We Said Today; Yellow Submarine; Michelle; If I Fell; I Should Have Known Better; Dr. Robert.
Deutscher Schallplattenring H 052, BRD;
Fono Ring im Christopherus Verlag SFGLP 77 939, BRD.

THE BEATLES:
LP The World's Best – The Beatles
Good Day Sunshine; All My Loving; Eight Days A Week; No Reply; Rock And Roll Music; A Hard Day's Night; I Should Have Known Better; And I Love Her./Things We Said Today; Michelle; Dr. Robert; Yellow Submarine; If I Fell; And Your Bird Can Sing; Girl; Eleanor Rigby.
SR International Club-Sonderauflage 77 235, BRD;
1967: Odeon-Club-Sonderauflage 27408-4, BRD.

9. 11. THE BEATLES:
Single *Hello Goodbye/I Am The Walrus.*
Odeon 0 23 660, BRD;
24. 11. 67: Parlophone R 5655, England;
27. 11. 67: Capitol 2056, USA.
Schon kurz vor Weihnachten war die Millionengrenze in England überschritten, in den USA benötigten sie dafür nur eine Woche.
Der Promotionfilm für diese Single wurde im Saville-Theater in London aufgenommen, das Brian Epstein

1967 gehörte; in der amerikanischen Version des Films, der für die Ed Sullivan Show gedreht wurde, trugen sie noch einmal ihre Sgt.-Pepper-Kostüme.

November THE BEATLES:
D-EP *Magical Mystery Tour*
Magical Mystery Tour; Your Mother Should Know. /I Am The Walrus./The Fool On The Hill; Flying. /Blue Jay Way.
Odeon SMO 39 501/02, BRD;
8. 12. 67: Parlophone MMT 1/2 (mono) und SMMT 1/2 (stereo), England.
Diese Doppel-EP stellte den Soundtrack ihres ersten, in eigener Regie gedrehten Fernsehfilms, dar. Der Film hatte am 26. Dezember 1967 in vielen Ländern gleichzeitig Premiere. Zwei bereits eingespielte Titel, *Jessies Dream* und *Shirley's Wild Accordeon,* gelangten jedoch nie auf die Platte.
Die Angaben zu diesen Songs sind widersprüchlich, so daß die Information, ob es sich tatsächlich um Beatles-Kompositionen handelt, nur mit Vorbehalt weitergegeben werden kann.
Der Film kam bei Publikum und Kritik gleichermaßen schlecht weg, die Platte jedoch, Zeichen ungebrochener Popularität, wurde ein riesiger Erfolg für sie. Kurz vor Weihnachten und neues Material der Beatles – eine mehr als günstige Kombination. Probleme hatte nur George Martin. Er mußte entscheiden, ob diese Lieder auf einer LP oder als Singles erscheinen sollten. Sechs Titel waren für eine LP zuwenig und für eine EP zuviel. Anfangs plante man eine EP herauszubringen, die mit der LP-Geschwindigkeit von 33 U/min abzuspielen gewesen wäre. Dann jedoch verfiel man auf die elegantere Lösung, die sechs Songs als Doppel-EP herauszugeben. Dieser EP lag ein kleines Buch mit Fotos, Songtexten und Zeichnungen von Filmszenen bei.
Die amerikanische Capitol ging all diesen Schwierigkeiten gekonnt aus dem Weg. Sie brachte am 27. November eine Langspielplatte *Magical Mystery Tour* auf den Markt.

1967 In der darauffolgenden Zeit wurden keine EPs mehr gepreßt, sondern nur noch LPs.
Trotz ihres Preises stand die EP wieder an erster Stelle der Single-Hitparaden. Von der LP wurden in den USA über zwei Millionen Stück innerhalb kürzester Zeit verkauft.
John Lennon: »Paul machte einen Versuch, weiterzumachen, als ob Brian mit den Worten gestorben wäre: ›Los, los, Jungs, wir werden eine Platte machen!‹ So wie ich nun mal bin, dachte ich, gut, machen wir eben eine Platte, so werde ich mich darum kümmern; also gingen wir hin und machten eine Platte. Und das war, als wir *Magical Mystery Tour* machten. Das war die Wirklichkeit . . .
Paul hatte einen Hang dazu, daherzukommen und zu sagen, er hätte nun diese zehn Songs geschrieben, laßt sie uns jetzt aufnehmen. Und ich sagte: ›Gut, gib uns ein paar Tage, und ich werde ein paar hinhauen‹, oder irgend so etwas. *Magical Mystery Tour* war etwas, was er mit Mal (Evans) ausgearbeitet hatte, und er machte mir klar, was seine Pläne waren und so spielte es sich ab, die Handlung und wie er alles handhabte . . . die Produktion und alles.
Paul sagte: ›So, hier ist *ein* Teil, du schreibst ein kleines Stück dafür!‹ Und ich dachte: Verfluchter Idiot! So rannte ich davon und ich schrieb die Traumszene für die dicke Frau und die ganze Sache mit den Spaghetti. Dann meckerten George und ich über diesen verdammten Film, aber wir dachten, wir werden es besser tun, denn wir hatten das Gefühl, daß wir es dem Publikum schuldig waren, diese Dinge zu tun.«

27. 11. THE BEATLES:
LP *Magical Mystery Tour:*
Magical Mystery Tour; The Fool On The Hill; Flying; Blue Jay Way; Your Mother Should Know; I Am The Walrus./Hello Goodbye; Strawberry Fields Forever; Penny Lane; Baby You're A Rich Man; All You Need Is Love.

1967 Capitol MAL 2835 (mono) und SMAL 2835 (stereo), USA;
16. 9. 71: Hör Zu SHZE 327, BRD;
Ende 1973: Apple 1 C 062-05 449, BRD;
1976: Apple 1 C 072-04 449, BRD;
19. 11. 76: Parlophone PCTC 255, England.

28. 11. The Beatles (EMI Abbey Road Studio, London):
Aufnahme der alljährlich klingenden Weihnachtsgrüße für die Fans.

Dezember George Harrison (wahrscheinlich EMI Abbey Road Studio, London):
Aufnahme der »englischen« Titel für die Solo-LP *Wonderwall Music.*

15. 12. The Beatles:
Flexi-Single Christmas Time Is Here Again!
Ohne Bestell-Nummer, England und USA.

1968

9.–15. 1. George Harrison (EMI Studio, Bombay, Indien):
Aufnahme der »indischen« Titel für die Solo-LP *Wonderwall Music.*

11. 1. George Harrison (EMI Studio, Bombay, Indien):
Aufnahme des Instrumentalteils von *The Inner Light.*

The Beatles, The Beatles With Tony Sheridan und Tony Sheridan And The Beat Brothers:
LP *The Beatles In Hamburg*
+Ain't She Sweet; +Cry For A Shadow; –Let's Dance; My Bonnie; If You Love Me, Baby; –What'd I Say. /Sweet Georgia Brown; The Saints (When The Saints Go Marching In); –Ruby Baby; Why; Nobody's Child; –Ya Ya.
Tip 634 022, BRD;
10. 68: Karussell 635 056, BRD.
Titel + mit den Beatles; – ohne Beatles.

1968 Februar PAUL MCCARTNEY und CILLA BLACK (EMI Abbey Road Studio, London):
Paul nimmt zunächst eine sogenannte Demo-Version von *Step Inside Love* auf, als »Richtlinie« für die kurze Zeit später stattfindende Platteneinspielung von Cilla Black.

3./4. 2. THE BEATLES (EMI Abbey Road Studio, London):
Aufnahme des Titels *Lady Madonna.*

Die Wochen im Februar verliefen für die Beatles turbulent und hektisch. Die Verpflichtung, eine neue Single abzuliefern, ließ sich nur schwer mit ihrem Wunsch vereinbaren, am 13. Februar nach Indien zu fliegen.
Lady Madonna war im großen und ganzen schon von Paul McCartney vorbereitet worden, als sie sich am Samstag, dem 3. Februar 1968, die in Abbey-Road-Studios zur Produktion zurückzogen. Bei den ersten Takten spielten John und George ihre Gitarren über einen einzigen Verstärker, um so den typisch simplen Rock'n'Roll-Sound zu erzielen. In letzter Minute wurden noch vier Saxophone hinzugefügt, die von Ronnie Scott, Harry Klein, Bill Povey und Bill Jackman gespielt wurden. Am Piano Paul und George, indem sie durch die vor den Mund gehaltene Faust sangen. Es klang fast so, als ob sie, wie schon bei früheren Gelegenheiten, auf einem Kamm geblasen hätten.
Ringo Starr: »Es klingt wie Elvis, oder? Nein – nein, es klingt nicht wie Elvis. Es ist Elvis – sogar die Stellen, wo er [Paul, Anm. d. A.] sehr hoch singt.«

4.,6. und 8. 2. THE BEATLES (EMI Abbey Road Studio, London):
Aufnahme von *Across the Universe.*
Leadsänger war John, aber hier zum erstenmal von zwei Mädchenstimmen begleitet. Während der Aufnahmen standen zwei Mädchen, Gayleen Pease und Lizzie Bravo, vor den Toren der Abbey-Road-Studios und warteten darauf, daß die Beatles irgendwann einmal rauskämen. Paul lud sie ein, nachdem er sich von ihren stimmlichen Fähigkeiten überzeugt hatte, den Chor für

1968 *Across The Universe* zu singen. Es waren schlicht »normale« Beatle-Fans, keine professionellen Sängerinnen. Die übrige Besetzung: George an der Sitar und Maracas, John und George Martin an je einer Orgel und Paul am Klavier.

John Lennon schrieb diesen Song in Indien, und er spiegelt seine Erfahrungen wider, die er zur damaligen Zeit machte. Zuerst entstand der Text, später schrieb er mit Hilfe von Paul McCartney die Melodie.

Das Stück lieh John später für die Wohltätigkeits-LP *World Wild Life* aus, ohne damit allerdings besonderen Erfolg zu haben. So wurde es ein Jahr später erneut aufgenommen, diesmal für die LP *Let It Be.*

8. 2. THE BEATLES (EMI Abbey Roads Studio, London): Gesangsparts für *The Inner Light.*

Die Musikaufnahmen begannen am 10. Januar 1968 in Bombay. George war gerade dort, um seine Musik für den Film *Wonderwall* fertigzustellen. Erst am 8. Februar setzte George den Gesang darauf, mit John und Paul als Begleitchor. Mehr wurde, außer der Endmischung, nicht in London gemacht.

Paul über *The Inner Light:* »George hat es geschrieben. Vergeßt die indische Musik, und hört auf die Melodie. Denkt Ihr nicht auch, daß es eine wunderschöne Melodie ist? Sie ist wirklich hübsch.«

11. 2. THE BEATLES (EMI Abbey Road Studio, London): Aufnahme von *Only A Northern Song* und *Hey Bulldog.*

Only A Northern Song

Diese Komposition von George, die auch von ihm gesungen wurde, bezog sich auf den Musikverlag, der die Rechte an den Songs der Beatles hatte. Paul spielte Orgel, John begleitete ihn auf einer zweiten Orgel. Die Trompeten wurden fast bis zur Unkenntlichkeit verzerrt, der gesamte Sound hatte einen mehr irrealen Charakter. Paul saß am Klavier, das Glockenspiel wurde von Ringo und Mal bedient.

1968 *Hey Bulldog*
Während der Aufnahmen wurde gerade ein Promotionfilm für die Single *Lady Madonna* gedreht. John, Komponist und Leadsänger, spielte dazu auf dem Piano. Die interessante Baßfigur stammte von Paul, das Gitarrensolo von George. Johns Stimme wurde teilweise doppelt überspielt, wobei ihm Paul gelegentlich antwortete. Das Ende des Titels funktionierten John und Paul zu einer regelrechten Stimmorgie um. Sie ahmten Hundegebell nach und schrien sich gegenseitig an. *Hey Bulldog* entstand während einer der kürzesten Aufnahmesitzungen der Beatles; nach ungefähr vier Stunden war der Titel fertig produziert.
John Lennon: »Paul sagte, wir sollten einen richtigen Song im Studio machen, um unnütze Zeit einzusparen. Konnte ich einen hinhauen? Ich hatte einige Texte zu Hause, und so brachte ich sie mit.«

27. 2. THE BEATLES:
Single *Lady Madonna/The Inner Light.*
Odeon 0 23 733, BRD;
15. 3. 68: Parlophone R 5675, England;
18. 3. 68: Capitol 2138, USA.
Die Beatles läuteten mit der A-Seite eine gewaltige Rock'n'Roll-Wiedergeburt ein, die viele alte Rockstars wieder aus der Versenkung auftauchen ließ. Eine regelrechte Rock'n'Roll-Welle brach über England herein. Noch bis Anfang März war es nicht sicher, ob *Inner Light* die Rückseite der neuen Single werden würde, da noch ein anderer Titel zur Auswahl stand, nämlich Johns *Across The Universe.* Der Promotionfilm für die Single *Lady Madonna* wurde am 11. Februar von den Kameraleuten der neugegründeten Firma Apple Films gedreht und zeigte sie bei der Recording-Session.

29. 2. YOKO ONO (Royal Albert Hall, London):
Während ihres Konzertes wird auch der Titel *A.O.S.* aufgenommen, mit John Lennon an der Gitarre. Der Song erscheint später auf der LP *Yoko Ono/The Plastic Ono Band.*

1968 März
THE BONZO DOG DAH DOO BAND (Schallplattenstudio, wahrscheinlich London):
Aufnahme von *I'm The Urban Spaceman,* von Paul McCartney produziert.

15. 3.
THE BEATLES [?], Rishikesh, Indien
Aufnahme von *Indian Rope Trick* und das Geburtstagsständchen *Happy Birthday Mike Love.* (Mike Love von den Beach Boys war mit den Beatles nach Indien zum Maharishi gefahren.)

Ende Mai
JOHN LENNON und YOKO ONO (Weybridge):
John und Yoko nehmen während der ersten Nacht bei John Lennon zu Hause ein Tonband auf, welches später als LP *Two Virgins* erscheint.

30./31. 5.
THE BEATLES (EMI Abbey Road Studio, London):
Aufnahme von *Revolution 9* und *Revolution 1.*
Revolution 9
Hier haben wir die Originalversion von *Revolution* vor uns. Sie war ursprünglich über zehn Minuten lang, ist aber dann für dieses Album auf acht Minuten verkürzt worden. John arbeitete vorwiegend mit Tonbandcollagen, von Musik im eigentlichen Sinn konnte nicht die Rede sein, was er auch nicht beabsichtigt hatte: »Es war eine Art Gemälde über alles das, von dem ich glaubte, was so passieren könne – ein Gemälde über die Revolution. Ich hatte über dreißig Einzeltakes mit Geräuschen, die ich zu einem einzigen Band zusammenfügte. Da waren Stücke mit klassischer Musik darunter, die ließ ich vorwärts und rückwärts, schneller und langsamer ablaufen. Dann hatte ich noch ein kurzes Band, auf dem eine Stimme immer sagte: ›Dies ist die EMI-Test-Serie Nummer neun. Ich verkürze es auf Number nine. Neun ist meine Glückszahl, an einem Neunten habe ich auch Geburtstag.‹ Dazu kamen dann noch Babystimmen, Frauenchöre, Geschrei und viele andere Geräusche.«

1968 *Revolution 1*
Dies war die zweite Version von insgesamt vier, mit gleicher Melodie und gleichem Text wie die Single auf der Rückseite von *Hey Jude,* nur im Tempo etwas langsamer. Session-Musiker spielten die Trompeten und Saxophone.
Über die Entstehung gibt es eine Erläuterung Johns: »Als George, Paul und all die anderen in Ferien waren, schrieb ich die verschiedenen Versionen von Revolution. Ich wollte Revolution 1 und 9 auf einer Single herausbringen und hatte dafür schon alles vorbereitet. Aber da kamen die anderen zurück und sagten, daß es dafür nicht gut genug sei. Sie setzten es dann nur auf die Rückseite von *Hey Jude,* aber wir hätten doch beide veröffentlichen sollen. Ich wollte allen Leuten mit diesem Lied sagen, was ich über Revolution denke. Es war höchste Zeit darüber zu sprechen, denn wir hatten ein Stadium erreicht, da wir die Fragen über den Vietnamkrieg unbeantwortet ließen. Ich sagte damals zu Brian Epstein: ›Wir werden über den Krieg sprechen und nicht einfach dasitzen und schweigen.‹ Eine der Textstellen hieß: ›Zähl mich mit, du kannst auf mich rechnen.‹ Gemeint war die Gewalt. Aber auf der Version, die dann endgültig erschien, sagte ich genau das Gegenteil. Ich wollte keine blutige Revolution unterstützen, um nicht zu sterben, nachdem ich über alles nachgedacht habe, was passieren könnte.«

4.–6. 6. THE BEATLES (EMI Abbey Road Studio, London): Schallplattenaufnahmen.

Juni THE BEATLES:
Single: *Skinny Minny/My Bonnie.*
Polydor 2135 501, BRD.
Tatsächlich wurde diese Single mit *Tony Sheridan* (A-Seite) und *Tony Sheridan With the Beatles* (B-Seite) als »reine« Beatles-Platte verkauft. Weder auf der Hülle noch auf dem Etikett wurden die wirklichen Interpreten angegeben.

1968 PAUL MCCARTNEY (EMI Abbey Road Studio, London):
11. 6. Aufnahme von *Blackbird.*
Dieser balladenhafte Song erzählt von einer Amsel, die am Ende einer dunklen Nacht zwitschernd auf den anbrechenden Tag wartet, um zum erstenmal zu fliegen. Die zarte, gefühlvolle Begleitung auf der akustischen Gitarre stammte von Paul, der dieses Stück auch komponiert hatte und sang. Viele hielten damals *Blackbird* für eine Sympathiebekundung Pauls an die Black Power-Bewegung, was sicherlich eine Überinterpretation war, da er sich politisch eher zurückhielt. Später hat er den Song auch ins Repertoire seiner Gruppe Wings übernommen.

20. 6. THE BEATLES (EMI Abbey Road Studio, London):
Schallplatten-Aufnahmen.

24.–26. 6. JACKIE LOMAX (Trident Studio, London):
Aufnahme der HARRISON-Komposition *Sour Milk Sea,* bei der George Gitarre spielt und die Produktion übernimmt.

27./28. 6. THE BEATLES (EMI Abbey Road Studio, London):
Schallplattenaufnahmen.

30. 6. JOHN FOSTER & SONS LTD. AND BLACK DYKE MILLS BAND (Victoria Hall, Bredford):
Das Orchester nimmt die beiden Lennon/McCartney-Kompositionen *Yellow Submarine* und *Thingumybob* auf, dirigiert und produziert von Paul McCartney.

1. 7. THE BEATLES (EMI Abbey Road Studio, London):
Aufnahme von *Goodnight.*
John schrieb dieses Gutenachtlied für Ringo, dessen Stimme dabei in den Sound eines 30-Mann-Orchesters, eines Harfenisten und eines achtköpfigen Chores eingebettet wurde. Am Schluß flüsterte Ringo sein »Good Night, sleep tight« ins Mikrophon.

1968 Ringo Starr: »Alle denken, Paul hätte es geschrieben, aber John schrieb es für mich. Er hat schon 'ne Menge Seele, dieser John, weißt du.«
Während der Arbeiten an dieser Langspielplatte wurden noch zwei weitere Songs vollständig produziert: *Not Guilty* von George und Johns *What's The New Mary Jane*.

2. 7. THE BEATLES (Trident Studio, London):
Aufnahme von *Ob-La-Di, Ob-La-Da.*
Paul verarbeitete die ersten spürbaren Einflüsse der karibischen Musik auf die englische Popszene in diesem augenzwinkernd gesungenen Reggae-Song. Da die Titelfigur Desmond Jones hieß, fühlte sich der in Jamaika geborene Reggae-Star Desmond Dekker als Inspirator und sparte nicht mit erläuternden Kommentaren: »*Ob-La-Di, Ob-La-Da* ist in meiner Heimat ein ziemlich obszöner Slangausdruck, nicht gerade jugendfrei. Ganz gut, daß die alte Tante BBC davon keine Ahnung hatte. Es wär' sonst bestimmt verboten worden.«
Ihren verdienten Erfolg als Single erlebte dieser Song in England in einer Version mit der englischen Gruppe Marmalade. Sie hatte damit einen Nr. 1-Hit. Man hatte den Song in der Nacht nach Herausgabe des Albums der Beatles aufgenommen. In Deutschland und den USA wurde die Beatles-Version auf Single veröffentlicht.

4. 7. THE BEATLES (EMI Abbey Road Studio, London):
Schallplattenaufnahmen.

5. 7. THE BEATLES (Trident Studio, London):
Schallplattenaufnahmen.

9. 7. SOLOMON KING (EMI Abbey Road Studio, London):
Aufnahme von *Somewhere In The Crowd,* mit Ringo Starr als Background-Sänger.

1968 THE BEATLES (EMI Abbey Road Studio, London):
Aufnahme von *Revolution.*
John war ganz versessen darauf, *Revolution* herauszubringen, gab sich jedoch mit den Einspielungen noch nicht zufrieden.

12. 7. THE BEATLES (EMI Abbey Road Studio, London):
Aufnahme von *Don't Pass Me By.*
Dies war das erste Stück, welches Ringo ohne die Hilfe seiner Freunde komponiert hatte (George hat vielleicht ein wenig geholfen.), und es hieß zunächst *This Is Some Friendly.* Aus der Art, wie Ringo das Lied sang, läßt sich seine Vorliebe für Country & Western heraushören, der er später auf seinen Soloalben in weit stärkerem Maß nachgegangen ist.
Am Klavier Ringo zusammen mit Mal Evans, die Hill-Billy-Fiddle wurde von einem Studiomusiker gespielt. John saß an der Hammondorgel.

15. 7. THE BEATLES (EMI Abbey Road Studio, London):
Aufnahme von *Cry Baby Cry.*
John war hier Komponist und gleichzeitig Leadsänger. Außerdem spielte er noch Piano und Orgel. George Martin war an Hammondorgel und Harmonium mit von der Partie.

ca. 17. 6. MARY HOPKIN (EMI Abbey Road Studio oder Apple Studio, London):
Aufnahme von *Those Were The Days* und *Turn! Turn! Turn!,*
produziert von Paul McCartney.

18./19. 7. THE BEATLES (EMI Abbey Road Studio, London):
Aufnahme von *Helter Skelter.*
Die ursprüngliche Fassung dieses von Paul komponierten und gesungenen Titels war über 24 Minuten lang. Die Trompete und das Saxophon wurden von John und Mal Evans geblasen, die sich eigens für diesen Zweck in The Two Harry's umbenannten. Mal blies Trompete und John Saxophon. In der zweiten Septemberwoche

1968 wurde das gesamte Stück noch einmal überarbeitet, da die Beatles unbedingt die neue 8-Spur-Maschine, die von der EMI gerade installiert worden war, ausprobieren wollten. Auf der zweiten Fassung spielte John Baß. Dem amerikanischen Massenmörder Charles Manson diente der Song als Aufforderung und Legitimierung seiner grauenvollen Verbrechen.

Johns Stellungnahme war eindeutig: »Manson ist ein Wahnsinniger. Er ist der übelste von all denen, die unsere Texte für ihre privaten Zwecke mißdeuten.

Es ist immer dasselbe. Bekommen so 'n paar Intellektuelle unsere Texte in die Hand, dann fangen sie an, alles mögliche hineinzulesen. Wir nahmen damals noch unsere Rolle in der Gesellschaft sehr wichtig, aber ich kann nicht verstehen, was *Helter Skelter* damit zu tun hat, daß jemand erstochen werden soll. Ich habe noch nicht einmal auf den Text geachtet, ehrlich, für mich war er nur ein riesiges Geräusch.«

John Lennon, der sich mit diesen Äußerungen nicht nur von denen Mansons distanzierte, sondern auch McCartneys Komposition unterschwellig kritisierte, wurde vom amerikanischen Gericht gebeten, den Songtext während der Verhandlung um Manson zu interpretieren und erklären. Lennon lehnte ab. »Man kann auch nicht Shakespeare vor Gericht bitten, damit er seine Werke erläutert. Und außerdem habe nicht ich das Stück geschrieben, sondern Paul.«

Bei der Abmischung für die Doppel-LP *The Beatles* machte man sich den Spaß, nach dem Ausblenden noch einmal einzublenden, um dann erst zu enden. Bei der Abmischung für die Mono-Ausgabe (England und USA) wurde jedoch dieser zweite Schluß vergessen.

19. 7. THE BEATLES (EMI Abbey Road Studio, London): Aufnahme von *Sexy Sadie*.

Das war Johns private Abrechnung mit den Machenschaften des Maharishi. Er begleitete sich auf seiner akustischen Gibson-Gitarre, George übernahm die E-Gitarre, Paul das Klavier und die Orgel. Die Harmonien wurden gemeinsam von allen dreien gesungen.

1968 John: »Ja, das ist über den Maharishi. Ich fand es heraus, aber ich wollte nicht schreiben: ›Maharishi what have you done, you made a fool of everyone.‹ Aber nun kann es gesagt werden, liebe Zuhörer. Ich durchschaute ihn so in etwa. Da gab es einen großen Tumult wegen ihm, als er versuchte, Mia Farrow oder sonstwen zu vergewaltigen. Er versuchte, mit ein paar anderen Frauen abzuhauen und solche Sachen. Wir gingen hin, um ihn zu sehen, nachdem wir eine ganze Nacht aufgeblieben waren, um darüber zu diskutieren, ob es wahr sei oder nicht. Als George anfing zu glauben, es könnte wahr sein, dachte ich, na ja, es muß wahr sein; denn wenn George anfängt zu glauben, es könnte wahr sein, dann muß etwas dran sein.

So gingen wir hin, um den Maharishi zu sehen, die ganze Clique von uns, am nächsten Tag, wir rannten runter zu seiner Hütte, zu seinem Bungalow, zu seinem sehr protzig aussehenden Bungalow in den Bergen und wie gewöhnlich, wenn es um die Dreckarbeit ging, war ich der Sprecher – immer wenn es um die Dreckarbeit ging, hatte ich selbstverständlich der Anführer zu sein, wo immer die Sache auch stattfand; wenn es zur Sache ging, hatte ich zu reden –, und ich sagte: ›Wir reisen ab.‹

›Warum?‹ fragte er und all den Mist, und ich sagte: ›Wenn du so kosmisch bist, mußt du doch wissen, warum.‹

Er war ja immer so allwissend, und da waren immer diese so allwissenden Helfershelfer, die all den Zauber machten. Und ich sagte: ›Du weißt, warum‹, und er sagte: ›Ich weiß nicht, warum, du mußt es mir schon sagen‹, und ich sagte eben andauernd: ›Du solltest es wissen‹, da warf er mir einen Blick zu wie: ›Ich könnte dich töten, du Hundesohn!‹ Genauso sah er mich an. Und da wußte ich, ich hatte seinen Bluff durchschaut. Kein heidnischer Bastard wird es schaffen, sich an mir eine goldene Nase zu verdienen!«

22. 7. THE BEATLES (EMI Abbey Road Studio, London): Schallplattenaufnahmen.

1968 THE BEATLES (EMI Abbey Road Studio, London):
23. 7. Aufnahme von *Everybody's Got Something To Hide Except Me And My Monkey*
Zunächst hatte dieses Stück den Titel *Come On, Come On.* John bewies als Autor und Sänger wieder einmal, daß seine Stärke der Rock ist. Gesanglich wurde er von Paul und Yoko Ono unterstützt.

24. 7. THE BEATLES (EMI Abbey Road Studio, London): Schallplattenaufnahmen.

25.7. THE BEATLES (EMI Abbey Road Studio, London): Aufnahme von *While My Guitar Gently Weeps.*
George Harrison komponierte und sang diesen Titel. Die makellose Blues-Gitarre allerdings spielte nicht er, sondern sein Freund Eric Clapton, damals gerade Mitglied der Gruppe Cream. Da Clapton auf dem Cover aber nicht erwähnt wurde, glaubte man, das Solo stamme von George. Er spielte jedoch nur die Rhythmusgitarre, an der Orgel saß John.
Natürlich gibt es – wie von fast allen Songs – auch von *While My Guitar Gently Weeps* mehrere Versionen. Eine von den unveröffentlichten wäre beinahe auf der geplanten LP *Sessions* (1985) erschienen.

26. 7. Während des gesamten Freitags arbeiten Paul und John fast durchgehend in Pauls Heimstudio an *Hey Jude.*

29. 7. THE BEATLES (EMI Abbey Road Studio, London): Schallplattenaufnahmen.

30. 7. THE BEATLES (EMI Abbey Road Studio, London): Aufnahme von *Hey Jude.*
Paul und John spielen zunächst George und Ringo die Rohfassung vor. Dann arbeiteten sie gemeinsam bis zum frühen Morgen.

1968 THE BEATLES (EMI Abbey Road Studio, London):
31. 7. Die Beatles arbeiten weiter an *Hey Jude* und spielen jene Version von *Revolution* ein, die später auf der Single-Rückseite erscheint.

Revolution
John schrieb dieses Lied während des Indienaufenthalts. Seit Jahren schon kam die Gruppe nie vor ungefähr 20.00 Uhr in die Studios. Deshalb ist es um so erstaunlicher, daß die Aufnahmen von *Revolution* bereits um 14.30 Uhr begannen. Während der Aufnahmen waren mehrere prominente Kollegen der Beatles dabei, so z. B. die Sängerin Lulu, das Fotomodell Twiggy und Davy Jones von den Monkees. Mit der zehnminütigen Originalversion von *Revolution,* am 30. Mai entstanden, waren sie nicht zufrieden und nahmen deshalb noch drei weitere, unterschiedliche Fassungen auf. Die vierte und letzte Version, auch die aggressivste, wurde als B-Seite für die neue Single ausgewählt. George und John spielten die Gitarren, Paul die Orgel.

1. 8. THE BEATLES (Trident Studio, London):
Aufnahme von *Hey Jude.*

Hey Jude
Im Trident Studio wurden die Streicherparts mit einem 40-Mann-Orchester aufgenommen. Paul spielte Klavier, und Ringo schlug das Tamburin. George Martin setzte diesen Teil an den, den Paul zu Hause und in den Abbey-Road-Studios produziert hatte. Erst jetzt kam Pauls Stimme hinzu, wobei ihn John und George begleiteten. Auf der endlos langen Ausblende, die damals als sensationell empfunden wurde, sangen und klatschten alle mit, die gerade im Studio waren.
Paul, zur Vorgeschichte: »Ich fuhr zufällig raus, um Cynthia Lennon zu sehen. Ich glaube, es war gerade nachdem John und sie sich getrennt hatten, und ich mochte Julian [ihren Sohn, Anm. d. A.]. Julian ist ein nettes Kind. Und ich fuhr in meinem Auto raus und sang vage dieses Lied, und es ging ›Hey Jules‹. Ich weiß

1968 nicht, warum. ›Hey Jules‹. Es war nur *diese* Sache, weißt du, ›Don't make it bad / take a sad song . . .‹ Und dann dachte ich, daß ›Jude‹ ein besserer Name war. Ein bißchen mehr Country and Western für mich.
Wenn du einmal etwas analysierst und dahinterblickst, kommen Dinge zum Vorschein und fügen sich ein. Weil *alles* hineinpaßt, es hängt nur davon ab, wie man sich den Dingen nähert. Wenn man alles mit einer negativen Einstellung betrachtet, wirkt alles düster.«

7. 8. The Beatles (EMI Abbey Road Studio, London): Einspielung von *Not Guilty*.
George, hier Leadsänger, spielt auf einer Gitarre, die ihm Eric Clapton geschenkt hatte. Es war eine rote Gibson, die »Lucy« genannt wurde. Eric Clapton ist ebenfalls bei dieser Aufnahme dabei, die jedoch nicht veröffentlicht wurde. 1985 sollte *Not Guilty* auf der LP *Sessions* zu hören sein, aber daraus wurde nichts.

8. 8. The Beatles (EMI Abbey Road Studio, London): Schallplattenaufnahmen.
Es ist nicht sicher, aber wahrscheinlich wurde *All Together Now* an diesem und/oder an einem der anderen August-Tage aufgenommen. Pauls Faible für simple, kinderliedähnliche Songs mit ebensolchen Texten kam hier erneut zum Vorschein. Er selbst sang und spielte mit John und George zusammen Gitarre, an der Mundharmonika hört man John. Der Refrain wurde von allen gesungen, die sich zur Zeit der Aufnahme in Studio befanden, mithin fünfzehn Personen. Die Percussion-Instrumente Tamburin und Glockenspiel bedienten Ringo und John, auf der Trompete bliesen Mal und John.

9. 8. Paul McCartney (EMI Abbey Road Studio, London): Aufnahme von *Mother Nature's Son*.
Paul begann mit der Aufnahme erst, als die anderen bereits nach Hause gegangen waren. Gegen drei Uhr nachts nahm er die Gitarre und seinen Gesang auf, um dann am nächsten Tag Bläser und Percussion draufzusetzen.

1968 THE BEATLES (EMI Abbey Road Studio, London):
12. 8. Wahrscheinlich nahmen die Beatles an diesem Tag *It's All Too Much* auf.
Wieder ein Song von George, der sich beim Singen von John und Paul begleiten ließ. Am Anfang dieses Stükkes ein paar Sprachfetzen von George, der auch mit John zusammen das verzerrte Gitarrenintro spielte. Danach setzte die von Paul gespielte Orgel ein. John, Paul und Ringo sind für den gleichbleibenden monotonen Rhythmus des Liedes verantwortlich. Sie schlugen mit Trommelstöcken auf verschiedene Tom-Toms, Trommeln und Becken, unterstützt von Mal am Tamburin. Die Trompeten wurden von Sessionmusikern geblasen.

13. 8. THE BEATLES (EMI Abbey Road Studio, London):
Aufnahme von *Yer Blues.*
Dieser Titel wurde von John wiederum in Indien komponiert und ist charakteristisch für das 1968 in England neu erwachende Interesse am Blues. Der Reiz des Stückes liegt in den Übergängen von der klassischen Bluesform zum Rock'n'Roll und wieder zurück zum Blues. John ging es in der Hauptsache um die Karikatur von Musikern der britischen Bluesszene, die glaubten, als erste verschiedene musikalische Neuerungen eingeführt zu haben, obwohl das, wie John wußte, nicht den Tatsachen entsprach.
Der Titel selbst, »Yer Blues«, ist schon satirisch. »Yer« ist Liverpooler Slang. Es bedeutet ungefähr soviel wie »'n Blues«, was abwertend gemeint ist. »Yer what« bedeutet »Was soll das?«

14. 8. THE BEATLES (EMI Abbey Road Studio, London):
Aufnahme von *What's The New Mary Jane?*
Ein Werk von John, das er mit George Harrison und Yoko Ono aufgenommen hatte. Das Stück beginnt mit simplen Klavier-Akkorden, dann setzt Johns Gesang ein, als würde er ein Kinderlied singen. Nach etwa drei Minuten Monotonie beginnt dann der experimentelle Teil: verhallte Stimmen (Johns und Yokos) und Instru-

1968 mente (Johns Klavier, Georges Gitarre). Insgesamt dauert alles etwa sechs Minuten.
Wir wollen an dieser Stelle unsern Leserinnen und Lesern keine »lange Nase« drehen, aber auch diese Aufnahme sollte auf die LP *Sessions* (1985).

15./16. 8. PAUL McCARTNEY (EMI Abbey Road Studio, London): Aufnahme von *Rocky Raccoon.*
Paul McCartney und Produzent George Martin brachten gemeinsam die Aufnahme »auf den Weg«. Erst später, wahrscheinlich am nächsten Tag, komplettierten George (Gitarre) und John (Mundharmonika) den fast fertigen Song.
Die Geschichte, die Paul hier erzählte, hat etwas von der archaischen »Auge-um-Auge«-Atmosphäre aus den Gründerjahren des amerikanischen Westens. Rocky Raccon, aus den Bergen Dakotas, versucht sich in der Stadt als Rächer an dem Mann, der ihm die Frau wegnahm.
Gitarren George und Paul, E-Piano Paul, Mundharmonika John.

16. 8. THE BEATLES:
Single *Hey Jude/Revolution.*
Odeon 0 23 880, BRD;
26. 8. 68: Apple 2276, USA;
30. 8. 68: Apple R 5722, England;
Ende 68: Apple 0 23 880, BRD.
Es war die erste Single der Beatles, die bei der eigenen Plattenfirma Apple herauskam. Apple-Platten wurden aber – wie alle anderen Platten der Gruppe zuvor auch – in England und der Bundesrepublik weiter von EMI, und in den USA von Capitol vertrieben. Bei uns war man mit der Veröffentlichung der Single *Hey Jude* gegenüber England und den USA wieder eine Nasenlänge voraus, deshalb erschien sie auch zunächst noch auf dem Odeon-Label und erst Ende 1968 auf Apple.
Für diese Single wurden mehrere Promotionfilme gedreht, von denen der beste live bei der »David Frost Show« mitgeschnitten worden war. Zuschauer und Kri-

1968 tiker waren überrascht, daß der Live-Sound kaum vom Plattensound abwich.
Bis zum 1. Januar 1971 wurden von dieser Single auf der ganzen Welt über sechs Millionen Stück verkauft.

20./21. 8. Paul McCartney (EMI Abbey Road Studio, London): Aufnahme von *Wild Honey Pie.*
Dieses relativ kurze Stück war ganz allein Pauls Angelegenheit, der beide Gitarren, den Baß und die Baßtrommeln spielte und zudem auch noch sang. Auf dieses Grundplayback setzte er dieselben Instrumente noch einmal drauf, so daß der Eindruck entstand, als ob die ganze Gruppe das Stück singen und spielen würde.
Paul hierzu: »Das war nur ein Fragment von einem Instrumentalstück, von dem wir nicht überzeugt waren; aber Patti (Harrison) mochte es sehr, und so beschlossen wir, es auf dem Album zu lassen.«

22./23. 8. John Lennon, Paul McCartney und George Harrison (EMI Abbey Road Studio, London):
Es hatte Krach gegeben, und Ringo Starr hatte die Gruppe verlassen. So wurde *Back In The U.S.S.R.* von den andern drei aufgenommen.
Hier setzte sich Paul in parodistischer Weise mit den Eindrücken auseinander, die er durch einen Film über die Sowjetunion von diesem Land gewonnen hatte. Der Song ist auch eine Anspielung auf Chuck Berrys *Back In The USA.*
John spielte Baß (six-string), ebenso George, während Paul Schlagzeug, Solo- und Rhythmusgitarre übernahm.

26. 8. John Foster & Sons Ltd. and Black Dyke Mills Band: **Single** *Thingumybob/Yellow Submarine.*
Apple 1800, USA;
6. 9. 68: Apple 4, England.

1968 MARY HOPKIN:
Single *Those Were The Days/Turn! Turn! Turn!*.
Apple 1801, USA;
30. 8. 68: Apple 2, England;
8. 68: Apple 0 23 888, BRD (es handelte sich um ein vorläufiges Apple-Etikett auf der Platte).
Ende 68: Apple (endlich das richtige Etikett!) 0 23 888, BRD.

JACKIE LOMAX:
Single *Sour Milk See/The Eagle Laughs At You.*
Apple 1802, USA; Apple 3, England.

28. 8. THE BEATLES (Trident Studio, London):
Der Streit zwischen Ringo und den anderen war (vorerst) bereinigt, und man nahm gemeinsam *Dear Prudence* auf.
Dear Prudence wurde von John zur Zeit des Indienaufenthalts komponiert. An der Reise zum Maharishi hatten unter anderen auch Mia Farrow und deren Schwester Prudence teilgenommen. Letztere fiel John auf, weil sie sehr viel länger als all die anderen meditierte. Das inspirierte ihn zu dem Text: »Prudence, willst du nicht zum Spiel herauskommen? Die Sonne scheint, der Himmel ist blau, der Tag ist wundervoll, so wie du.«
Paul übernahm Piano und Flügelhorn, John und Mal Evans das Tamburin, Klatschen und Chor kam von allen vier sowie von Pauls Vetter Jackie Lomax.
Ob nun Zufall oder nicht: Ringo steuerte zu dieser Aufnahme den »Schlagzeug-Pudding-Sound« bei, den er durch Lösen der Trommelfelle erreichte.

September MARY HOPKIN (Trident Studio, London):
Da schon abzusehen war, daß die Single *Those Were The Days* mit Mary Hopkin eine der erfolgreichsten des Jahres 1968 werden würde, produzierte Paul McCartney folgende fremdsprachigen Versionen *Quelli Erand Giorni* (italienisch), *Le Temps Des Fleurs* (französisch), *En Aquellos Dias* (spanisch) und *An jenem Tag* (deutsch).

1968 THE BEATLES (EMI Abbey Road Studio, London):
1. 9. Weitere Aufnahmearbeiten an dem Titel *Helter Skelter,* die bereits am 18. und 19. 7. 1968 fast abgeschlossen waren.

3., 5.– 7., 9./ 10. 9. THE BEATLES (EMI Abbey Road Studio, London): Weitere Aufnahmearbeiten an den Songs für die geplante Doppel-LP.

11. 9. JOHN LENNON und PAUL MCCARTNEY (EMI Abbey Road Studio, London):
Aufnahme von *Glass Onion.*
Der Song besteht aus einer Anhäufung von Zitaten aus früheren Texten, wozu gesagt wird, daß alles durch eine gläserne Zwiebel zu betrachten sei; gleichzeitig ein Hinweis darauf, daß Beatles-Texte subjektiv sind: Alles ist möglich, und nichts ist real. Die akustische (Gibson-) Gitarre spielte ebenfalls John.
Bereits an einem der Tage zuvor aufgenommen: Ringo an zwei Schlagzeugen.

16. 9. JOHN LENNON, PAUL MCCARTNEY und GEORGE HARRISON (EMI Abbey Road Studio, London):
Aufnahme von *I Will,* hauptsächlich [oder auch alleine?] von Paul McCartney.

17. 9. THE BEATLES (EMI Abbey Road Studio, London):
Schallplattenaufnahmen.

18. 9. THE BEATLES: (EMI Abbey Road Studio, London):
Aufnahme von *Birthday*.
Da es die vier schon früher gestört hatte, daß in Rundfunkprogrammen bei Geburtstagsgrüßen immer nur *Happy Birthday* gespielt wurde, komponierten sie diesen Titel, um Radio One einen »vernünftigen« Song für solche Zwecke an die Hand zu geben. Das Stück wurde an einem Tag geschrieben und aufgenommen.
Man begann mit den Aufnahmearbeiten an diesem Tag allerdings einige Stunden früher als sonst üblich. Sie trafen sich bereits um 13 Uhr im Studio, produzierten

1968 den größten Teil von *Birthday* und fuhren dann alle gemeinsam zu Paul nach Hause, um sich im Fernsehen das Musical *The Girl Can't Help It* anzusehen. Anschließend ging man wieder ins Studio und beendete die Arbeit an *Birthday*.
John und Paul teilten sich den Gesangspart, George schlug das Tamburin, die Wiederholungen des Wortes *Birthday* sangen Linda McCartney, Patti Harrison und Yoko Ono. Das speziell von George Martin präparierte Klavier spielte Paul.

19. 9. The Beatles: (EMI Abbey Road Studio, London): Aufnahme von *Piggies*.
George gab hier seinem Unmut über einen gesellschaftlichen Mißstand Ausdruck, dem »White Collar Crime«, der Weiße-Kragen-Kriminalität, die er in ziemlich drastischen Worten geißelte.
George Martins Assistent Chris Thomas spielte Cembalo, am Tamburin Ringo, die Tierstimmen wurden von John aufgenommen.

20. 9. The Beatles: (EMI Abbey Road Studio, London): Schallplattenaufnahmen.

23. 9. The Beatles: (EMI Abbey Road Studio, London): Aufnahme von *Happiness Is A Warm Gun*.
Dies ist wohl der musikalisch schwierigste Titel, bedingt durch die häufigen Rhythmuswechsel. Zum Teil überlagern sich verschiedene Taktarten, z. B. hatte die Melodie an einer bestimmten Stelle einen 3/4-Takt, während das Schlagzeug einen Viererrhythmus durchhielt. Leadstimme John, Chor Paul und George.
John Lennon: »Oh, ich mag das, eines von meinen besten; das hatte ich vergessen! Oh, ich liebe es! Ich glaube, es ist ein wunderschöner Song. Ich mag all die verschiedenen Sachen, die darin vorkommen. Wie ein ›Gott‹ habe ich etwa drei Abschnitte von verschiedenen Songs zusammengestellt, zumindest versucht. Der Song schien alle verschiedenen Arten der Rockmusik zu durchlaufen.

1968 Es war überhaupt nicht über ›H‹ [*Heroin*]! George Martin hatte ein Buch über Gewehre, von dem er mir erzählte – ich kann mich nicht erinnern – oder ich glaube, er zeigte mir den Umschlag eines Magazins, wo stand: ›Happiness Is A Warm Gun‹. Es war ein Magazin über Gewehre; das ist es. Ich las es, dachte, es wäre eine fantastische, verrückte Sache, das zu sagen. Ein warmes Gewehr verdeutlicht, daß man gerade etwas geschossen hat.«
Paul McCartney: »Ich glaube, das ist mein Favorit auf dem Album *The Beatles*.«

24. 9. THE BEATLES (EMI Abbey Road Studio, London): Schallplattenaufnahmen.

Oktober THE BEATLES (EMI Abbey Road Studio, London): Trotz vieler Recherchen sind die Aufnahmedaten von einigen Songs nur vage bekannt. So zum Beispiel von einem Lennon-Titel, der zwar damals mit den Beatles aufgenommen wurde, aber erst 1971 (neu eingespielt) veröffentlicht wurde: *Oh My Love.*
Ein anderer Titel von George Harrison erschien ein halbes Jahr später als Single-Rückseite: *Old Brown Shoe.* Paul spielte Piano und Baß, John zusammen mit George Sologitarre und an manchen Stellen auch Hammondorgel.

THE CREAM (Schallplattenstudio, wahrscheinlich London):
Aufnahme von *Badge,* eine Komposition von Eric Clapton und George Harrison, der auch die Rhythmus-Gitarre spielt.

1. 10. THE BEATLES (Trident Studio, London):
Aufnahme von *Honey Pie.*
Ein Titel von Paul, im Stil der zwanziger Jahre geschrieben und auch so produziert. Fünfzehn Session-Musiker spielten den Bläsersatz, der im Sound einer Band von 1920 arrangiert worden war. Paul spielte Piano, John Leadgitarre und George Baß. Bei den Aufnahmen war

1968 gerade der amerikanische Songschreiber Jim Webb (*Up, Up And Away*) zu einem kurzen Besuch im Studio.

3. 10. 68: John Lennon, Paul McCartney und George Harrison (Trident Studio, London):
Aufnahme von *Savoy Truffle.*
Das von George geschriebene Stück wird auch von ihm gesungen. An der Hammondorgel saß Paul, die Hörner wurden von Studiomusikern gespielt.

4. 10. The Beatles (Trident Studio, London):
Aufnahme von *Martha My Dear.*
Obwohl sein Schäferhund ebenfalls Martha hieß und so eine Beziehung recht nahe gelegen hätte, schwebte Paul beim Komponieren dieses Songs eher ein launenhaftes, junges Mädchen vor.
Paul war eigentlich immer der fleißigste und disziplinierteste der Beatles. So war er zunächst alleine im Studio, ließ seine Stimme verdoppeln, sich von Bläsern begleiten und spielte die Pianoparts. Als die anderen Beatles eingetroffen waren, gab es eine kleine Verzögerung. Es mußte zuerst eine neue Baßtrommel für Ringo besorgt werden, da er kurz vorher einmal zu heftig auf die Fußmaschine getreten hatte und die alte Bassdrum daher ein großes Loch zierte.

7. 10. The Beatles (EMI Abbey Road Studio, London):
Schallplattenaufnahmen.

8. 10. George Harrison, Paul McCartney und John Lennon (EMI Abbey Road Studio, London):
Aufnahme von *Long, Long, Long.*
Wieder ein von George komponiertes Lied, das auch von ihm gesungen wurde. Es trug zuerst den Titel *It's Been A Long, Long, Long Time.* Später dann empfand George diesen Titel als zu lang. Paul spielte Hammondorgel und den Baß, George die Sologitarre.

1968 JOHN LENNON (EMI Abbey Road Studio, London):
9. 10. Aufnahme von *I'm So Tired.*
Wieder eine Lennon-Komposition, diesmal während einer einzigen Aufnahmesession, das heißt innerhalb weniger Stunden, aufgenommen. Thematisch schloß sie sich an sein *I'm Only Sleeping* aus der *Revolver*-LP an. »Es ist doch verrückt«, meinte John hierzu, »ich schrieb dieses Lied, als ich beim Maharishi in Indien war. Ich hatte den Guru dabei. Ich meditierte den ganzen Tag in Anwesenheit des Guru und was schrieb ich: ›Ich bin so müde!‹ Ich sollte eigentlich sehr glücklich sein, aber mein Geist kam einfach nicht zur Ruhe.«

9./10. 10. THE BEATLES (EMI Abbey Road Studio, London):
Aufnahme von *Bungalow Hill* und *Why Don't We Do It In The Road.*

Bungalow Bill
Nachdem etwa um Mitternacht *I'm So Tired* auf Band war, beschloß die Gruppe, die Session noch nicht abzubrechen, sondern einen weiteren Titel aufzunehmen. Bis in die frühen Morgenstunden blieb das Studio voller Leute, sie alle sangen bei den Chorpassagen mit. An einigen Stellen des Stückes läßt sich bei genauem Hinhören die hohe Stimme Yoko Onos erkennen. John, Leadgesang, spielte Orgel und George Martins Assistent Chris Thomas Mellotron. Obwohl es sich um eine fröhliche Melodie handelte, lag der Komposition ein ernster Gedanke zugrunde; Johns Verurteilung des sinnlosen Abschlachtens der Wildtiere: »Ich traf mal einen weißen Jäger, der immer nach Afrika fuhr, um Löwen und andere Tiere zu schießen. Es beschreibt seinen Pirschgang durch den Dschungel.«

Why Don't We Do It In The Road
Paul war in dieser Nacht alleine im Studio zurückgeblieben, während die anderen erschöpft von den Aufnahmen zu *Bungalow Bill* nach Hause fuhren. So entstand ein One-Man-Song, bei dem Paul Gitarre, Klavier, Schlagzeug und Baß spielte und sang.

1968 THE BONZO DOG DOO DAH BAND:
11. 10. **Single** *I'm The Urban Spaceman/–Canyons Of Your Mind.*
Liberty LBF 15 144, England;
18. 12. 68: Imperial 66 345, USA.
Produzent Paul McCartney taucht auf dem Platten-Etikett unter dem Pseudonym »Apollo C Vermouth« auf.

13. 10. JOHN LENNON (EMI Abbey Road Studio, London):
Aufnahme von *Julia.*
John Lennon nahm den Titel alleine an einem Sonntag auf. John schrieb ihn als Erinnerungsstück an seine verstorbene Mutter.

16. 10. THE BEATLES (sehr wahrscheinlich EMI Abbey Road Studio, London):
John, Paul und George setzten sich zur abschließenden Besprechung zusammen und arbeiteten sämtliche Stücke noch einmal durch. Bei diesem Gespräch wurde die Reihenfolge der Songs für die anstehende Produktion der Doppel-LP festgesetzt, ebenso Titel und Aufmachung. Sehr viel später neigte John zu der Ansicht, daß Paul diese LP wohl kaum gemocht haben kann, da sie zu wenig das Werk der ganzen Gruppe war. Allerdings billigte er ihm zu, daß er es war, der die organisatorischen Dinge leistete, um die Band zusammenzuhalten.
Radio Luxemburg stellte in einer Sondersendung am 21. November 1968 sämtliche Lieder des Albums zum erstenmal der Öffentlichkeit vor, versehen mit Kommentaren von Paul, die einen Tag vorher aufgenommen worden waren.

17. 10. JACKIE LOMAX (Schallplattenstudio, Los Angeles, USA):
In Los Angeles produziert George Harrison vier Titel für die LP *Is This What You Want?* von Jackie Lomax, bei denen er auch Gitarre spielt.

1968 MARY HOPKIN:
25. 10. **Single** *An jenem Tag/Turn! Turn! Turn!*
Apple 0 23 910, BRD.

MARY HOPKIN:
Single *Quelli Erand Giorni/Turn! Turn! Turn!.*
Apple 2, Italien.

29. 10. THE BEATLES:
D-LP The Beatles (White Album)
Back In The U.S.S.R.; Dear Prudence; Glass Onion; Ob-La-Di, Ob-La-Da; Wild Honey Pie; The Continuing Story Of Bungalow Bill; While My Guitar Gently Weeps; Happiness Is A Warm Gun./Martha My Dear; I'm So Tired; Blackbird; Piggies; Rocky Raccoon; Don't Pass Me By; Why Don't We Do It In the Road; I Will; Julia./Birthday; Yer Blues; Mother Nature's Son; Everybody's Got Something To Hide Except Me And My Monkey; Sexy Sadie; Helter Skelter; Long, Long, Long./Revolution 1; Honey Pie; Savoy Truffle; Cry Baby Cry; Revolution 9; Good Night.
SMO 2051/2, BRD;
22. 11. 68: Apple PMC 7067/8 (mono) und PSC 7067/8 (stereo), England;
25. 11. 68: Apple SWBO 101, USA;
1970: Apple 1 C 192-04 173/4, BRD;
1973: Apple 1 C 188-04 173/4, BRD;
1976: Apple 1 C 172-04 173/4, BRD;
1978: Apple 1 C 172-04 173/4, BRD.
Während in früheren Jahren John und Paul einen Teil des Songmaterials gemeinschaftlich erarbeitet hatten, brachte das *White Album* in Konzept und Durchführung eine radikale Abkehr vom bisher in weiten Teilen praktizierten Teamwork. Diese LP besteht aus Solotiteln einzelner Gruppenmitglieder und ist mehr eine Sammlung von Stücken, die jeder der vier für sich, freilich mit Hilfe der anderen, realisiert hat – also kaum noch das geschlossene Werk einer Gruppe.
Obwohl kritische Stimmen meinten, aus dem vorhandenen Material hätte man eher eine einzelne, dafür aber

1968 makellose LP machen sollen, wurde auch diese LP zu einem gigantischen, weltweiten Erfolg für die Gruppe. In Deutschland verlieh man ihnen den Preis der Schallplattenindustrie, in Amerika wurden sie mit Auszeichnungen geradezu überhäuft und blieben neun Wochen an der Spitze der LP-Chart.

November TONY SHERIDAN WITH THE BEATLES:
Doppel-Single *Die großen 4*
–Skinny Minny/Sweet Georgia Brown./My Bonnie/–My Babe.
Polydor 2136 025/26 (auf der Hülle: 2606 013), BRD.

THE BEATLES AND TONY SHERIDAN:
D-LP *In The Beginning*
+Ain't She Sweet; +Cry For A Shadow; –Let's Dance; My Bonnie; If You Love Me, Baby; –What'd I Say./ Sweet Georgia Brown; The Saints (When The Saints Go Marching in); –Ruby Baby; Why; Nobody's Child; –Ya Ya./–Just A Little Bit; –Kansas City; –Save The Last Dance For Me; –Unchained Melody; Get On The Right Track, Baby; –Skinny Minny./–Jambalaya; –Will You Still Love Me Tomorrow; –My Babe; –You Better Move On; –I Got A Woman.
Karussell 2652 045, BRD.
Was hat sich die deutsche Polydor-Plattenfirma eigentlich dabei gedacht, auf ihrem Label »Karussell« ebenfalls eine Doppel-LP herauszubringen, die von der Aufmachung her eine Beatles-D-LP zu sein scheint, dann aber nur zwei Songs (+) von den Fab Four, sechs Titel mit Tony Sheridan und Beatles, und 15 weitere Titel bringt, die mit den Beatles absolut nichts zu tun haben?

1. 11. GEORGE HARRISON: **LP *Wonderwall Music.***
(siehe: *Die Soloplatten)*

4.–25. 11. JOHN LENNON und YOKO ONO (Charlotte's Hospital, London):
Aufnahmen, die später auf der LP *Unfinished Music No. 2/Life With The Lions* erscheinen.

1968 11. 11. JOHN LENNON und YOKO ONO: **LP *Two Virgins – Unfinished Music No. 2.***
(siehe: *Die Soloplatten)*

November oder Dezember THE BEATLES (wahrscheinlich EMI Abbey Road Studio, London):
Die Beatles nehmen separat die einzelnen Teile für die Weihnachts-Flexi-Single auf, die von Kenny Everett schließlich zusammengefügt werden.

20. 12. THE BEATLES: **Flexi-Single *The Beatles 1968 Christmas Record.***
Ohne Bestell-Nummer, England und USA.

1969

2.–17. 1. THE BEATLES (Twickenham Filmstudios, London):
In dieser Zeit befinden sich die Beatles in einem Filmstudio, um in bewegten Bildern festhalten zu lassen, wie sie eine LP aufnehmen. Es werden unzählige Songs gespielt – und aufgenommen. Die ganzen Sessions zum Warmspielen wurden auf Tonbändern gespeichert, die später zum Teil unbeachtet tatsächlich in Büros, Studios und Kellern herumlagen. Einige der Bänder gingen zwar verloren, aber die meisten Aufnahmen – ca. fünfzehn Stunden – liegen vor. Dabei handelt es sich allerdings in den meisten Fällen nicht um fertig abgemischte Songs. Die ausgereiftesten Titel sind im Film *Let it Be* (1970) zu sehen und zu hören.

20.–22. 1. THE BEATLES (Apple Studio, London, Savile Row 3):
Während dieser drei Tage nahmen die Beatles weitere Titel auf, die sie größtenteils auch schon im Twickenham Filmstudio gespielt hatten.
Nachstehend nun alle uns bekannten Titel, die während dieser beiden Zeiträume gespielt wurden, die aber nicht genauer zu datieren sind. Zunächst jene, die später auf der LP *Let It Be* veröffentlicht wurden.

1969 *Two Of Us*
wurde bereits im Herbst 1968 von Paul McCartney komponiert. Originaltitel *Two Of Us On Our Way Home,* zum erstenmal schlug sich Pauls neue und enge Beziehung zu Linda Eastman in einem Song nieder. Er sang ihn zusammen mit John. Das Stück wurde im wesentlichen in der Standardbesetzung aufgenommen, lediglich Pauls Baß wurde durch einen von George Harrison gespielten Fender-6-Saiten-Baß ersetzt. McCartney und Lennon spielten akustische Gitarren.
Zu Beginn des Songs, auch als Einführung in die LP zu verstehen, hört man John Lennons Bemerkung: »I dig a Pygmy by Charles Hawtrey and the Deaf Aids. Phase One in which Doris gets her oats.« Lennons Worte, gesprochen am 2. Januar 1969, wurden nachträglich vor den Song *Two Of Us* geschnitten.

Across The Universe
wurde auf ausdrücklichen Wunsch John Lennons für die LP *Let It Be* neu eingespielt, nachdem die erste Version bereits im März 1968 schon einmal aufgenommen worden war. Diese erste Version erscheint am 12. Dezember 1969 auf der LP *No One's Gonna Change Our World,* zugunsten des World Wild Life Fund.
John, leicht frustriert über diesen Song: »Eins meiner besten Lieder, aber wir haben's in so vielen verschiedenen Fassungen aufgenommen, daß es nie richtig als Platte erschien. Zuerst gab ich's ab an den World Wild Life Fund, aber die haben nichts daraus gemacht, und am Schluß ist es dann auf *Let It Be* gelandet.«
John singt die Leadstimme, Background John, Paul und George. Sitar und Wah-Wah-Pedal-Gitarre werden von George Harrison gespielt, Paul McCartney spielt Höfner-Baß und Ringo Schlagzeug. Mal Davis (Harfe), Brian Rogers (Spinett), Richard Hewson (akustische Gitarre) und Peter Brown (Samba-Rasseln, Tamburin) begleiten die Beatles.

1969 *I've Got A Feeling*
Paul mußte seine Stimmbänder beträchtlich strapazieren, um den Eindruck eines Hard-Rock-Sängers hervorzurufen. Er schrie mehr als er sang. John griff die von Paul gesungenen Phrasen auf, wiederholte sie und gab dann wieder ab an Paul, so daß sich teilweise ein Wechselgesang entwickelte. An der Orgel Billy Preston zusammen mit Paul. Nachdem der letzte Akkord verklungen war, konnte sich John die Bemerkung nicht verkneifen: »Oh, my soul. It's so hard.«

One After 909
ist ein klassischer Rock'n'Roll, der bereits 1960 von John und Paul geschrieben worden war, in Anlehnung an *Lime Street Station.* Auch dieser Song wurde im Studio und nicht auf dem Dach des Apple-Hauses aufgenommen. Die Gesprächsfetzen wurden von Phil Spector dazugeschnipselt. Auch hier brillierte Billy Preston an der Orgel, den Gesang teilten sich John und Paul. Nach dem Schlußakkord machte sich John den Spaß, das irische Volkslied *Danny Boy* kurz anzusingen. Über *One After 909* sagte er: »Eines meiner besten Lieder aus der Anfangszeit.«

The Long And Winding Road
gehört sicher zu den sentimentalsten Liedern, die Paul je geschrieben hat. Die Originalfassung bestand ausschließlich aus seinem Gesang, der Klavierbegleitung und Schlagzeug.
Erst viel später ließ Phil Spector dazu ein süßliches Orchesterarrangement schreiben und zerstörte damit, wie von vielen Seiten beklagt, das gesamte musikalische Gefüge dieses Liedes. Paul äußerte sich verärgert und frustriert: »Einige Wochen bevor das Stück erschien, sandte mir Allan Klein die neugemischte Version mit Harfen, Hörnern, Streichern und einem Frauenchor. Niemand hat mich je gefragt, was ich davon halte. Für mich war's unbegreiflich. Ich war immer gegen Sängerinnen auf Beatles-Platten. Es war widerlich für mich.«

1969 *For You Blue*
ist Georges Kompositionsbeitrag zu dieser LP. Er sang und spielte akustische Gitarre. Die Fender-Stratocaster-Steel-Gitarre wurde von John Lennon gespielt und gab so dem Stück einen Hauch von Südsee. Paul McCartney am verstimmten und mit verlangsamter Bandgeschwindigkeit eingespielten Piano.

Nachfolgend die Titel, die ebenfalls im Januar 1969 (Twickenham Filmstudio und/oder Apple Studio) gespielt wurden, in alphabetischer Reihenfolgen:
Act Naturally, All Along The Watchtower, All Shook Up, All Things Must Pass, Almost Grown, Another Day, Baby I Dont't Care, Back Seat Of My Car, Back To Commonwealth, Bad Boy, Be-Bop-a-Lula, Blackbird, Blowin' In The Wind, The Blues, Bluesmachine, Blue Suede Shoes, Bring It Home To Me, Brown-Eyed Handsome Man, Chopsticks, Crackin' Up, Crying Waiting Hoping, A Day In The Life No. 1, A Day In The Life No. 2, Digging My Potatoes, Domino, Don't Be Cruel/Tiny Bossanova, Don't Let Me Down, Don't Let The Sun Catch You Crining, Down In Mississippi, Down In New Orleans, Early In The Morning, Every Night, Feedback Guitar, A Fool Like Me, Frère Jacques/ It Ain't Me Babe, George's Court Arrearance, George's Solo, Get Back (German Version, Last two verses in French), Gimme Some Truth, Golden Slumbers/Carry That Weight, Good Rockin' Tonight, Great Balls Of Fire, Hare Krishna Mantra, Harry Lime Theme, Hava Nagila, Hear Me Lord, Hello Dolly, Help, Her Majesty, High Heel Sneakers, Hi Ho Silver, Hippy Hippy Shake, Hitchhike, Hole In My Heartcase, Honey Pie, House Of The Rising Sun, I Bought a Picasso, I Got You, I Had A Dream, I'm Down, I Me Mine, I'm So Tired, The Inner Light, Instant Karma, Instrumental, I Shall Be Released, I Threw It All Away, It's Just For You, I've Got A Feeling, Jam/Johnny B. Goode, Jealous Guy, Jenny Jenny/ Slippin' and Slidin', Let It Down, Little Eddie, Little Queenie, Live Show Discussion, Lucille, Lunch, Madman, Mailman Bring Me No Moore Blues,

1969 *Maxwell's Silver Hammer, Maybe Baby, Mean Mr. Mustard, Midnight Special, Minute Walz, Momma You've Been On My Mind, Money, Moving Along The River Rhine, Negro In Reserve, Norwegian Wood, Ob-La-Di Ob-La-Da, Octopus' Garden, Oh Darling, Peace Of My Heart, Penina, Piano Theme, Please Come On Home, Please Mrs. Henry, Please Please Me, Polythene Pam, A Quick One He's Away, Rainy Day Woman Nos. 12&35, The Real Case Has Just Begun, Revolting, The Right String But Wrong Yo Yo, Rock And Roll Music, Rock Island Line, Rock'n'Roll Medley, Roll Over Beethoven, Round And Round, Save The Last Dance For Me, Science Fiction Movie, Shake Rattle And Roll, Shaking In The Streets, Shaking In The Sixties, She Came In Through The Bathroom Window, She Got The Devil In Her Heart, She's My Queen, She Said She Said,*

1969 *Short Fat Fanny, A Shot Of Rythm and Blues, Shout, Singin' The Blues, Soldier Of Love, Spending Lazy Hours Of Plummet Space, Stand By Me, Suicide, Sun King, Suzy Parker, Sweet Little Sixteen, Take This Hammer, Talking 'bout You, Tea For Two, Teddy Boy, Tell Me What I Say/Shout, Tennessee, That'll Be The Day, That Must Be My Girl, There One Was A Beautiful Girl, Third Man Theme, Three Cool Cats, Tomorrow Never Comes, Too Bad About Sorrows, True Love, Wake Up In The Morning, The Walk, Watching Rainbows, Well Allright, What Do You Want To Make, When I'm Sixty-Four, When Irish Eyes Are Smiling, White Power, White Power/Promenada, Whole Lotta Shakin', Winston Richard and John, Woman, Won't You Please Say Goodbye, Yackety Jack, You Can't Do That, You Got Me Thinking, You Win Again.*

1969 THE BEATLES (Twickenham Filmstudio, London):
3. 1. Aufnahme von *I Me Mine.*
George komponierte und sang es, Paul steuerte das Orgelintro bei, in das dann wieder George mit seiner Gitarre einfiel. Bei diesem Stück waren schon von vornherein Streicher mit hinzugezogen worden, die jeweils bei den beiden langsamen Parts für die sentimentale Stimmung sorgten. Während der schnellen Passagen lag die Gitarrenarbeit bei John, ansonsten bei George, der eine Gitarre über Fuzzpedal spielte. Der akustischen Gitarre, ebenfalls von Harrison gespielt, hatte man einen unsauberen Klang gegeben.
In Me Mine war ursprünglich nicht für die LP vorgesehen. Letztlich zog man es aber dem Song *All Things Must Pass* vor.

13. 1. THE BEATLES:
LP *Yellow Submarine*
Yellow Submarine; Only A Nothern Song; All Together Now; Hey Bulldog; It's All Too Much; All You Need Is Love./Die B-Seite enthält die instrumentale Filmmusik mit dem GEORGE MARTIN ORCHESTRA: *Pepperland; Sea Of Time; Sea Of Holes; March Of The Meanies; Pepperland Laid Waste; Yellow Submarine In Pepperland.*
Apple SW 153, USA;
Apple PMC 7070 (mono) und PCS 7070 (stereo), England;
21. 1. 69: Apple SMO 74 585, BRD;
1969: Apple 1 C 062–04 002, BRD;
1976: Odeon 1 C 072–04 002, BRD;
1977: Apple 1 C 072–04 002, BRD.
Obwohl die vier neuen Songs, die die Beatles für den Zeichentrickfilm *Yellow Submarine* beisteuerten, eine vorzügliche EP abgegeben hätten, die auch ursprünglich geplant war, verlangten die Gesetze des Marktes aufgrund des Filmerfolgs die Veröffentlichung einer LP.

1969 The Beatles:
14. 1. **Single** *Ob-La-Di Ob-La-Da/While My Guitar Gently Weeps.*
Apple 0 24 004, BR.

Mitte Januar The Beatles (Twickenham Filmstudio, London):
Aufnahme von *Don't Let Me Down.*
Diesen Titel widmete John Yoko Ono. Auch hier Billy Preston an der Orgel, die gesamte Gitarrenarbeit lag allein in den Händen Johns. Dafür spielte George zusammen mit Paul Baß.

20. 1. The Beatles (Apple Studio, London, Savile Row 3):
Aufnahme von *Let It Be.*
Hier haben wir die Version vor uns, die auf der LP erschien und im Unterschied zur überarbeiteten Single-Fassung länger war und ein viel prägnanteres Gitarrensolo von Harrison enthielt. Paul sang und spielte einen Steinway-Flügel. Den sechssaitigen Fender-Baß spielte Lennon und Billy Preston Orgel. Ringo Starrs Schlagzeug wurde nachträglich verhallt und mit einem Echoeffekt versehen.

20.–22. 1. The Beatles (Apple Studio, London, Savile Row 3):
Aufnahme von *Dig It, Maggie Mae* und *Let It Be.*

Dig It
Die auf LP erschienene Aufnahme stammt aus einer ca. 30minütigen Improvisation. Paul und Billy Preston an der Orgel, John dafür am Baß und George an der Gitarre. Der Text, der während der Jam-Session gesungen wurde, bestand aus einer Aufzählung von Titeln, Begriffen und Namen, die John und Paul gerade einfielen: z. B. Like A Rolling Stone, FBI, CIA, BBC, B. B. King, Doris Day, Matt Busby und einige andere mehr. Den Übergang zum nächsten Titel sprach John mit Kopfstimme: »That was ›Can You Dig It‹ by Georgie One. Now we'd like to do ›Hark The Angles Come‹.« Auf LP dauert der Titel knapp fünfzig Sekunden, im Film sind immerhin noch dreieinhalb Minuten zu hören.

1969 *Maggie Mae*
war ebenso wie *Dig It* früher Teil einer Jam-Session. Es ist ein altes Volkslied aus Liverpool, und die vier sangen es hier gemeinsam, um zu zeigen, daß sie den Dialekt ihrer Heimatstadt noch nicht verlernt hatten. Auch früher schon hatten sie es zur Belustigung des Publikums im Cavern-Club gesungen, damals jedoch mit einem sehr eindeutig zweideutigen Text, den Lennon ursprünglich auch für die Plattenproduktion singen wollte.

Let It Be
Aus dem aggressiven, über einen Verzerrer gespielten Gitarrenteil wurde ein eher zurückhaltender Solopart Georges, der für diesen Zweck seine Leslie-Gitarre so einstellte, daß sie wie eine Orgel klang und damit den pseudo-sakralen Charakter des Songs wirkungsvoll akzentuierte. Bedingt durch die quasi-religiösen Bezüge im Text, kam es eine Zeitlang zu Spekulationen, ob mit »Mother Mary« Pauls Mutter oder »die Muttergottes« gemeint sei. Paul selbst hat sich nie dazu geäußert.
Für die Single wurde dieses Lied noch einmal überarbeitet. Die etwas längere Originalversion kam dann später auf die LP, während man für die Singleveröffentlichung das Arrangement noch einmal abänderte.

26. 1. The Beatles (Apple Studio, London, Savile Row 3): Aufnahme von *Blue Suede Shoes* und einer neuen Version von *Love Me Do*.

27.–30. 1. The Beatles (Apple Studio, London, Savile Row 3): Aufnahme von *Get Back* und *Dig A Pony*.

Get Back
sollte ursprünglich der Titelsong des Films werden, den die Beatles zu dieser Zeit, auf Initiative Pauls, über ihre Probenarbeit im Studio drehten. Paul sang die Leadstimme, George übernahm den Part des Rhythmusgitarristen und John die Sologitarre. An der Orgel saß der farbige Sänger Billy Preston.

1969 Die Beatles kannten Billy Preston schon seit ihrer Hamburger Zeit, sie hatten ihn 1962 im Starclub kennengelernt.

George Harrison war es, der später wieder auf Billy Preston aufmerksam wurde und ihn zu den Aufnahmearbeiten ins Studio einlud. Preston war der erste Musiker, der mit den Beatles auf einer Platte erwähnt wurde.

Paul McCartney: »Wir saßen im Studio, und wir griffen es einfach aus der Luft . . . Wir fingen auf der Stelle an, den Text zu schreiben . . . als wir ihn fertig hatten, nahmen wir ihn im Apple Studio auf, und machten ihn so im Vorbeigehen zu einem Song.«

Paul fühlte sich verpflichtet, nach den vielen Auseinandersetzungen das Solo John zu überlassen. Für die LP-Ausgabe von *Get Back* wurde von Produzent Phil Spector noch ein wenig gebastelt, denn im Gegensatz zu dem eigentlichen Song stammen die Gesprächsfetzen vor und nach *Get Back*, unter diesem Namen übrigens noch bis Ende 1969 das gesamte Projekt geführt wurde, von dem »Savile Row«-Dach-Konzert.

George spielt A-Dur an, worauf Paul sich schneuzt und Ringo und John im Hintergrund herumklimpern.

Paul: »Rosetta!« Ringo: »I take a tomtom.« John: »Sweet Loretta thought she was a cleaner, but she was a frying pan.« Paul: »Sweet Loretta, Mo«. (Ringos Frau Maureen ist gemeint). John: »Yeh, so pick that!« George schlägt erneut A-Dur an. John: »So pick it, picks for the fingers right?« Paul: »Ooh!« John: »Okay!«

Nach dem Song sagt Paul: »Thanks Mo« (gemeint war Ringos Frau Maureen). Lennon bedankte sich mit den Worten: »I'd like to say thank you on behalf of the group and ourselves. I hope we passed the audition.« Die Umstehenden nahmen's mit Beifall und Lachen zur Kenntnis.

Dig A Pony

Aufnahme: Donnerstag, 30. Januar 1969, gegen 10.00 Uhr

1969 Dieser Blues stammte aus der Feder Johns, der auch die Leadstimme übernahm, gelegentlich von Paul begleitet. Wieder einmal saß Billy Preston an der Orgel und verhalf dem Gitarrenspiel von John und George zu zusätzlichen Konturen. Recht ungewöhnlich die starke Betonung des Beckenanschlags bei Ringo, wahrscheinlich bei der Endmischung durch Phil Spector aus dem Gesamtklangbild hervorgeholt.

Der Song bezieht seinen Live-Charakter durch die Gesprächsfetzen, die man vor und nach der Aufnahme hinzugefügt hat. Sie stammen aus der Vorstellung, die die Beatles am gleichen Tag auf dem Dach des Apple-Gebäudes gaben: Aufnahmeleiter: »Allright?« George: »Yeah!« Aufnahmeleiter: »Okay!« George: »A one two three . . .« John: »Hold it.« Paul zieht die Nase hoch: »Uah.« Ringo schlägt auf die Kante der Snaredrum. John: »What do you . . .« Aufnahmeleiter lacht. George: »A one two three.«

Nach dem Song hantiert Ringo noch mal mit seinen Stöcken, während John sich äußert: »Thank you brothers! My hands get too cold to record«, während George herumklimpert.

30. 1. THE BEATLES (Dach des Apple-Gebäudes, London, Savile Row 3):

Die Beatles gaben ihr letztes Live-Konzert. Da einige der Aufnahmen für die LP *Let It Be* verwendet wurden, hier die Titel in entsprechender Reihenfolge: *Get Back, Don't Let Me Down, I've Got A Feeling (Version 1), One After 909, I Dig A Pony, Get Back, I've Got A Feeling (Version 2)* und *Get Back (Reprise)*.

Alle Titel, bis auf *I've Got A Feeling (Version 2)* waren später auch im Film *Let It Be* zu hören und zu sehen.

21. 2. MARY HOPKIN:

LP *Postcard*

Land Of The Reedy River; Happiness Runs (Pebble And The Man); Love Is The Sweetest Thing; Y Blodyn Gwyn; The Honeymoon Song; The Puppy Song; Inchworm (From Hans Christian Andersen)./Voyage Of The

1969 *Moon; Lullaby Of The Leaves; Young Love; Someone To Watch Over Me; Prince En Avignon; The Game; There's No Business Like Show Business.*
Apple Sapcor 5, England;
3. 3. 69: Apple ST 3351, USA (zusätzlich mit Song *Those Were The Days)*;
3. 69: Apple 1 C 062-90 019, BRD.
Paul McCartney produzierte diese LP und ist auch größtenteils für die Auswahl der Songs verantwortlich.

THE FOURMOST:
Single *Rosetta/–Just Like Before.*
CBS 4041, England.
Der Song *Rosetta* wurde von Paul McCartney produziert.

25. 2. THE BEATLES (EMI Abbey Road Studio, London):
Die Beatles beginnen mit den Aufnahmen für die LP *Abbey Road.*

März GEORGE HARRISON, PAUL MCCARTNEY und JOHN LENNON (EMI Abbey Road Studio, London):
Aufnahme von *Old Brown Shoe*, eine Komposition von George. Paul spielte Piano, Baß und Schlagzeug, John mit George Sologitarre und an manchen Stellen auch Hammondorgel.

JACKIE LOMAX (Schallplattenstudio, wahrscheinlich London):
Aufnahme der Titel *New Day* (mit Ringo Starr am Schlagzeug) und *Goin' Back to Liverpool* (mit George Harrison als Produzent. Der letzte der beiden Titel wurde nie veröffentlicht.

THE BEATLES (EMI Abbey Road Studio oder Apple Studio, London):
Die BEATLES spielen noch einmal die Songs *What's The New Mary Jane* und *Not Guilty*. Diese und auch die beiden neuen Stücke, *Jubilee* und *I Should Like To Live Up A Tree,* bleiben unveröffentlicht.

1969 MARY HOPKIN (Schallplattenstudio, London):
1./2. 3. Aufnahme der Lennon/McCartney-Komposition *Goodbye*, produziert von Paul, von dem der Titel auch ursprünglich stammt. Es gibt auch eine Demo-Version von *Goodbye* mit Paul McCartney.

11. 3. THE BEATLES (EMI Abbey Road Studio, London): Wahrscheinlich weitere Aufnahmen für die LP *Abbey Road*.

JACKIE LOMAX (Apple Studio, London, Savile Row 3): Aufnahme von *Thumblin' A Ride* mit Paul McCartney am Schlagzeug.

17. 3. THE CREAM:
Single *Badge/–What A Bringdown*.
ATCO 6668, USA;
3. 4. 69: Polydor 2058-285, England.

JAMES TAYLOR:
Single *Carolina In My Mind/–Taking It In*.
Apple 1805, USA.

21. 3. JACKIE LOMAX:
LP Is This What You Want?
Speak To Me; Is This What You Want?; How Can You Say Goodbye; Sunset; Sour Milk Sea; I Fall Inside Your Eyes./Little Yellow Pills; Take My Word; The Eagle Laughs At You; Baby You're A Lover; You've Got Me Thinking; I Just Don't Know.
Apple Sapcor 6, England.
März: Apple 1 C 062-90 045, BRD;
19. 5.: Apple ST 3354, USA (statt *How Can You Say Goodbye: New Day*).

28. 3. MARY HOPKIN:
Single *Goodbye/Sparrow*.
Apple 10, England;
7. 4. 69: Apple 1806, USA;
3. 69: Apple 1 C 006-90 099, BRD.

1969 Frühjahr GEORGE HARRISON, unterwegs mit der akustischen Gitarre im Garten von Eric Claptons Haus, schreibt *Here Comes The Sun*.

April BILLY PRESTON (Schallplattenstudio, London): Aufnahme der Songs *That's The Way God Planned It* und *What About You* mit George Harrison als Gitarrist und Produzent. In dieser Zeit werden auch die anderen Songs für die LP *That's The Way God Planned It* aufgenommen, ebenfalls mit George als Produzent.

7. 4. THE BEATLES (wahrscheinlich Apple Studio, London, Savile Row 3):
Die allerletzten Abmischungen für die Single-Veröffentlichung von *Get Back*, nachdem die vorletzte Abmischung nicht den Beifall der englischen Discjockeys fand, denen man das Ergebnis vorgespielt hatte.

10. 4. THE BEATLES:
Single *Get Back/Don't Let Me Down*.
Apple 1 C 006-04 084, BRD;
Apple R 5777, England;
Apple 2490, USA.
Die Single erreichte sofort nach Veröffentlichung den ersten Platz der englischen Hitparade und hielt diese Position für weitere sechs Wochen. In den USA erreichte *Get Back* nach drei Wochen Platz eins und blieb dort fünf Wochen. Am 19. Mai 1969 wurde die Platte in den USA bereits vergoldet. *Get Back* war außerdem Nummer eins in Deutschland, Kanada, Frankreich, Spanien, Norwegen, Dänemark, Holland, Australien und Belgien. Geschätzter Verkauf weltweit: ca. 4,5 Millionen.
Für diese Single wurde die bis dahin aufwendigste Promotionkampagne ihrer Karriere gestartet. Im Daily Mirror vom 15. April erschien eine viertelseitige Anzeige, in der auf die Veröffentlichung ihrer neuen Single *Get Back* hingewiesen wurde. Die Anzeige kostete die Beatles zwar über 15 000 DM, hatte aber einen ungeheuren Werbeeffekt, da Plattenwerbung bis-

1969 her hauptsächlich in Musikzeitschriften stattgefunden hatte. Der Anzeigentext: »Dies ist die erste Beatles-Platte, die so live ist, wie es eine Platte in diesem elektronischen Zeitalter nur sein kann.«
Der Erfolg dieser ungewöhnlichen Promotion spielte die Kosten hundertfach wieder ein. *Get Back* wurde erneut ein Nr.-1-Hit in England und den USA, wobei die Platte nur drei Wochen brauchte, um an die Spitze der US-Top-100 zu gelangen. Zwei »Goldene« kamen – ebenfalls in Amerika – innerhalb von vierzehn Tagen hinzu.

14., 16., 18. und 20. 4. THE BEATLES (EMI Abbey Road Studio, London): Die Beatles arbeiten an den Aufnahmen für ihre LP *Abbey Road*. Es kann davon ausgegangen werden, daß die nun noch erwähnten Songs (unter den entsprechenden Daten) bereits geprobt und gespielt wurden.

22. 4. THE BEATLES (EMI Abbey Road Studio, London): Aufnahme von *The Ballad Of John And Yoko*.
Dies war eine ausschließliche Gemeinschaftsarbeit von John und Paul. Da George sich gerade in den USA befand und Ringo mit Peter Sellers filmte, blieb ihnen nichts anderes übrig, als alle Stimmen und Instrumente allein zu spielen. Im einzelnen sah das dann so aus: Paul spielte Klavier, Baß und Schlagzeug, John Solo- und Rhythmusgitarre sowie ebenfalls Klavier. Bei der modernen Mehrspurtechnik war eine solche Produktionsweise leicht zu realisieren.
Johns Kommentar zum Stück: »Es ist ein feiner, etwas einfach und altertümlich klingender Song über Yoko und mich, über unsere Heirat, unseren Ausflug nach Paris, unser Amsterdamer Bed-in und über die anderen Dinge, die Yoko und ich zusammen unternahmen.«

1969 THE BEATLES (EMI Abbey Road Studio, London):
6. 4. Ringo Starr spielt seinen Kollegen den Song *Octopus's Garden* vor. Erste Gehversuche hatte er bereits im Januar 1969 (Twickenham Filmstudio) unternommen. Die anderen Beatles äußerten sich zu dem Zwischenergebnis zustimmend, und Ringo arbeitete zu Hause weiter daran.

29. 4. THE BEATLES (EMI Abbey Road Studio, London): Schallplattenaufnahmen.

2. 5. THE BEATLES (EMI Abbey Road Studio, London): Auch George Harrison experimentierte. *Something* wurde zunächst gemeinsam mit Eric Clapton (Gitarrensolo) aufgenommen; jedoch wurde diese Version später verworfen.

9. 5. GEORGE HARRISON: *Electronic Sound.*
(siehe: *Die Solo-Aufnahmen*)

JACKIE LOMAX:
Single *New Day/I Fall Inside Your Eyes.*
Apple 11, England.

11. 5. JACK BRUCE (Schallplattenstudio, wahrscheinlich London):
Aufnahme von *Never Tell Your Mother She's Out Of Tune* mit George Harrison als Gitarrist und Produzent.

21. 5. THE BEATLES:
Single *The Ballad Of John And Yoko/Old Brown Shoe.*
Apple 1 C 006-04 108, BRD;
30. 5. 69: Apple R 5786, England;
4. 6. 69: Apple 2531, USA.
Diese Single erschien zu einer Zeit auf dem Markt, als *Get Back* noch auf dem ersten Platz der englischen Hitparade lag. Ein allgemeines Erstaunen über dieses selbstmörderische Geschäftsgebaren machte in der Musikwelt daraufhin die Runde. John lieferte kurze Zeit später die Erklärung: »Ich brauchte dringend

1969 Geld, denn ich hatte mit Entsetzen festgestellt, daß meine Kassen so gut wie leer waren.« Es war ihm lediglich der »lumpige« Betrag von ca. 500 000 DM geblieben.
Diese Single traf der Bannstrahl vieler Radiostationen in den USA wegen der Anspielung Johns auf die Kreuzigung Jesu im Vergleich zum Verhalten der Öffentlichkeit ihm und Yoko gegenüber. Was John aber nicht davon abhielt, einen Promotionfilm von der Single zu drehen, der ihn mit Yoko zusammen in ihrem neuen Rolls-Royce zeigte.
Die Single erreichte nach zwei Wochen Platz 1 in England und blieb vierzehn Wochen in der Hitparade. Verkauf in England: über 300 000. In den USA kam *The Ballad Of John And Yoko* auf Platz 7. Am 16. Juli 1969 gab es Gold in den USA für ca. 1,4 Millionen verkaufter Exemplare. Weltweit wurden etwa 2,5 Millionen verkauft.

2. 6. JACKIE LOMAX:
Single *New Day/Thumbin' A Ride.*
Apple 1807, USA.

16. 6. THE STEVE MILLER BAND:
Single *My Dark Hour/–Song For Our Ancestors.*
Capitol 2520, USA;
Capitol CL 15604, USA.
Bei dem Song *My Dark Hour* wirkt Paul McCartney unter dem Pseudonym Paul Ramon mit: Baßgitarre, Schlagzeug und Background-Gesang.

27. 6. BILLY PRESTON:
Single *That's The Way God Planned It/What About You?*
Apple 12, England;
7. 7. 69: Apple 1808, USA;
7. 69: Apple 1 C 006–90 361, BRD.

Sommer THE BEATLES (wahrscheinlich EMI Abbey Road Studio und Apple Studio, London):
Nicht belegbar, aber die Beatles sollen folgende Songs

1969 aufgenommen haben: *Bad Penny Blues; Four Nights in Moscow; Just Dancing Around; Little Eddie* (bereits schon einmal im Januar 1969 aufgenommen); *My Kind Of Girl; Portraits Of My Love; Proud As You Are; Suicide* (bereits schon einmal im Januar 1969 aufgenommen); *Swinging Days; When Everybody Comes To Town* und *Zero Is Just Another Number*.

1. 7. PAUL MCCARTNEY, GEORGE HARRISON und RINGO STARR (EMI Abbey Road Studio, London): Schallplattenaufnahmen.

2.–4. 7. THE BEATLES (EMI Abbey Road Studio, London): Paul nimmt die erste von drei Versionen von *Her Majesty* auf. An diesen Tagen beschäftigten die Beatles sich aller Wahrscheinlichkeit nach mit folgenden Liedern: *Carry That Weight* und *Because*.

Her Majesty
Aufnahmebeginn: 2. Juli 1969
Zwischen *The End* und diesem musikalischen »Postskriptum« lagen ungefähr zwanzig Sekunden Stille. Dann setzte Paul noch einmal mit einem Liedfetzen von 23 Sekunden ein. Er nahm zuerst nur den Gesang auf und begleitete sich anschließend auf einer akustischen Gitarre. Danach wurden die anderen Instrumente draufgesetzt, Schlagzeug, Gibson- und Epiphone-Gitarre. Bei der Endmischung fehlte dann wieder ein großer Teil der elektrischen Gitarren.
Dadurch, daß das Stück damals weder auf dem Plattenetikett noch auf der Hülle angegeben war, gewann *Her Majesty* an Bedeutung- und Aussage.
Von den Beatles selbst war keine Auskunft darüber zu erhalten, ob dies eine Anspielung auf die englische Königin sei, was aber damals niemanden daran gehindert hat, es so aufzufassen. Die Gruppe bestätigte diese Annahme nur indirekt, indem sie noch vor dem offiziellen Erscheinungstermin fünf Platten an den Buckingham Palace schickte. Der Hof reagierte darauf kurze Zeit später mit einem sehr netten Dankschreiben.

1969 *Carry That Weight*

Paul gliederte das Lied in drei Teile, von denen der erste von ihm gemeinsam mit John und George gesungen wurde, eröffnet durch ein Gitarrensolo Ringos. Am Klavier ebenfalls Paul, an der Gitarre George.

Der zweite Teil ist nichts weiter als eine Wiederholung von *You Never Give Me Your Money*, an die sich dann erneut der erste Teil anschloß. Hier waren es John und George, die den Gitarrenpart übernahmen. Ringo bediente diesmal außer seinem Schlagzeug auch noch fünf große Standpauken, das Ganze mündete dann in ein Finale mit Streichorchester und Paul an der Orgel. Nach einem kurzen Tonartwechsel ging das Stück sofort über in *Because*.

Because

wurde durch ein cembaloähnliches E-Piano, von Paul gespielt, eröffnet und ging dann in ausgeklügelte Gesangsharmonien über, an denen alle, außer Ringo, beteiligt waren. Den Leadgitarrenpart teilten sich John und George, wobei John den ersten Teil übernahm, am Klavier und Baß Paul. Die Bläserarrangements wurden von Studiomusikern gespielt. John über die Idee zu *Because*: »Yoko spielte einige Takte von Beethoven, und ich sagte ihr, sie soll das Stück mal rückwärts spielen. Es ist wirklich die *Mondschein-Sonate* rückwärts gespielt.«

4. 7. THE PLASTIC ONO BAND:
Single *Give Peace A Chance/Remember Love*.
Apple 13, England;
7. 7. 69: Apple 1809, USA;
7. 69: Apple 1 C 006–90 372, BRD.

6. oder 7. 7. THE BEATLES (EMI Abbey Road Studio, London):
Aufnahme von *I Want You (She's So Heavy)*.
Wieder war John der Leadsänger, hin und wieder von Paul unterstützt. Johns Gitarrensolo wurde von Paul unisono auf der Orgel begleitet, der nicht endenwollende Schlußteil wurde in der Hauptsache von John

1969 gespielt, wobei George die tiefen Gitarrenakkorde beisteuerte. *I Want You* schließt abrupt, was einfach daran lag, daß das Original zu lang war, um auf der LP verwendet werden zu können. Um einmal keine Ausblende zu haben, schnitt man das Band in der Mitte durch. Johns Erläuterung klingt wie eine Entschuldigung: »Das ist über Yoko. Sie ist sehr stark, und da gab es nichts anderes, was ich über sie hätte sagen können, als ›I want you, she's so heavy‹. Irgendwer sagte, der Text wäre nicht sehr gut, aber da gab es nichts anderes, was ich sagen wollte.«

John Lennon: »Ich erinnere mich, daß die Einfachheit auf dem neuen Album auch auf dem Beatles-Doppelalbum offensichtlich war. Es war offensichtlich in *She's So Heavy*. Tatsächlich schrieb eine Kritikerin über *She's So Heavy*: ›Er scheint sein Talent für Texte verloren zu haben. Es ist so simpel und langweilig.‹ – *She's So Heavy* handelt von Yoko. Also, wenn es erst mal so weit kommt, wie sie (die Kritikerin) sagt! Wenn du ertrinkst, sagst du auch nicht: ›Ich wäre wahnsinnig erfreut, wenn jemand die Freundlichkeit hätte zu bemerken, daß ich ertrinke und kommen würde, um mir zu helfen.‹ Du *schreist* einfach. Und in *She's So Heavy* sang ich eben dieses ›I want you, I want you so bad, she's so heavy, I want you.‹«

9. 7. Paul McCartney und Ringo Starr (EMI Abbey Road Studio, London):

Aufnahme von *Maxwell's Silver Hammer*.

Diesen Titel hatten sie bereits im Januar 1969 in einer Rohfassung produziert, die dann ab 9. Juli von Paul fertiggestellt wurde. Er sang auch und begleitete sich auf der Gitarre, wobei ihn George auf einer viersaitigen Gitarre unterstützte. Auf der Rohfassung hatte Mal Evans den Hornpart übernommen, aber da er bei der Fertigstellung nicht in London war, mußte Ringo für ihn einspringen. Am 11. Juli kam die akustische Gitarre von George hinzu, sowie die Orgel, die George Martin spielte. Er war es auch, der den von Harrison in den USA gekauften Moog Synthesizer bediente.

1969 Paul über dieses Lied: »Es schildert die Tiefpunkte des Lebens. Gerade wenn alles glatt geht, ›bang bang‹, kommt Maxwell's Silver Hammer runter und zerstört alles.«

12. 7. THE BEATLES (EMI Abbey Road Studio, London): Aufnahme von *Something*.
Eine der besten, sicher aber die erfolgreichste Komposition von George. Er arbeitete mehrere Wochen an diesem Song, nahm ihn immer wieder neu auf und korrigierte verschiedene Male das Arrangement, für das extra ein 30-Mann-Orchester engagiert wurde. Nachdem Georges Stimme auf Band war, fügte man in einem zweiten Arbeitsgang noch Pauls und Ringos Stimmen sowie ihr Klatschen hinzu. Es ist übrigens eines der wenigen Male, daß Ringo die Begleitstimme bei einem Song sang. Paul am Baß, George an der akustischen und John an der Leslie-Gitarre.
Bei der ursprünglichen Version von *Something* spielte Eric Clapton noch das Gitarrensolo, später wurde es dann teilweise durch eine Orgel ersetzt.

15. 7. THE BEATLES (EMI Abbey Road Studio, London): Aufnahme von *You Never Give Me Your Money*.
Der Titel lag seit etwa zwei Monaten fast fertig in der Schublade. Zunächst war geplant, ihn in das Medley (LP *Abbey Road*) einzubauen, jedoch am 15. Juli wurde dieses Vorhaben zugunsten eines Einzelsongs aufgegeben.
Paul komponierte den Song zu einer Zeit, wie er später selbst sagte, in der sie große finanzielle Probleme mit Apple hatten. Mehrere Anspielungen auf sein schlechtes Verhältnis zu Allan Klein sind ohne viel Mühe aus dem Text herauszulesen: »Du gibst mir nie dein Geld, nur so'n albernes Stück Papier.«
Das musikalische Grundgerüst nach dem filigranen Piano-Intro Pauls besorgten George an der Gitarre und John am Klavier, zusammen mit Ringos variablem Schlagzeug- und Percussionspiel. Als zusätzlichen Effekt überspielte man Georges Gitarrensolo zweimal.

1969 THE BEATLES (EMI Abbey Road Studio, London):
17. 7. Aufnahme von *Octopus's Garden.*
Ringo trug seine Komposition bereits am 26. April in einer zweiten Rohfassung den anderen im Studio vor. Bei der endgültigen Ausarbeitung half ihm allerdings George, ohne jedoch als Co-Autor in Erscheinung zu treten.
Bei der abschließenden Session am 17. Juli spielte die Gruppe in Standardbesetzung mit John, Paul und George als Backgroundchor. Ringo selbst war es dann, der die zusätzlichen Spezialeffekte beisteuerte, indem er mit einem Strohhalm in ein Glas Wasser blies und diese Töne verstärkt aufnahm.
Ringo zur Entstehung dieses Songs: »Ich kam auf die Idee, als ich mit den anderen in Griechenland war. Wir machten damals eine Bootsfahrt, und jemand zeigte mir einen Tintenfisch und erzählte mir, wie die so leben. So kam ich eben auf dieses Lied.«

18. 7. Verschiedene Interpreten:
Special Business Promotion EP *Wall's Ice Cream*
THE IVEYS: *–Storm in a Teacup*; JAMES TAYLOR: *–Something's Wrong-*/JACKIE LOMAX: *Little Yellow Pills*; MARY HOPKIN: *Happiness Runs (Pebble And The Man*).
Apple CT 1, England.
Die erste und einzige Apple-EP, die für Promotionzwecke herausgegeben wurde.

THE BEATLES (EMI Abbey Road Studio, London):
Aufnahme von *Oh! Darling*.
Der Titel war bereits im Herbst 1968 so gut wie fertig und sollte eigentlich auf das Doppelalbum, aber da Paul mit der ersten Version nicht zufrieden war, überarbeitete er *Oh! Darling* noch einmal.
Pauls Leadgesang in bester Slow-Rock-Tradition – Chorstimmen ebenfalls von ihm und George – wurde teilweise mit Echohall versetzt. Besetzung: George Sologitarre, Paul Rhythmus- und Baßgitarre sowie Piano, Ringo am Schlagzeug.

1969 Paul gab auch eine Erklärung für seine Reibeisenstimme: »Als wir dieses Stück aufgenommen haben, kam ich eine Woche lang jeden Tag sehr früh in die Studios, um es für mich allein zu singen, weil meine Stimme zuerst zu klar war. Ich wollte, daß es so klang, als ob ich es die ganze Woche auf der Bühne vortragen würde.«

21. 7. THE BEATLES (EMI Abbey Road Studio, London): Aufnahme von *Come Together*.
John sang beide Stimmen, die erste und die zweite und spielte Slide- und E-Gitarre, Ringo und Paul, der auch Orgel spielte, wechselten sich am Schlagzeug ab.
John Erläuterungen hierzu: »Das ist ein weiterer meiner Favoriten. Er war zuerst als ein Propagandasong vorgesehen, aber es klang nie danach. Die Leute fragten oft, wie ich schreibe; ich tue es auf jede mögliche Art und Weise – mit Klavier, Gitarre, jeder Kombination, die du dir vorstellen kannst. Tatsächlich, es ist nicht leicht.«

24. 7. THE BEATLES (EMI Abbey Road Studio, London): Aufnahme von *Here Comes The Sun, Sun King* und *Mean Mr. Mustard*.

Her Comes The Sun
Etwa drei Wochen vor dem 24. Juli lag dieser Titel bereits als fast fertige Produktion vor. Paul, George und Ringo hatten ihn ohne Johns Mitwirkung vorbereitet, da er sich zu diesem Zeitpunkt in Amerika aufhielt. Zunächst nannte George seine Komposition *Here Comes The Sun (Sun King)*, wobei der zweite, instrumentale Teil *Sun King* sich unmittelbar anschloß. Erst bei den abschließenden Aufnahmen hatte Paul den Einfall, *Sun King* abzutrennen.
Die Besetzung: George – Leadgesang und akustische Gitarre, Paul – Baß- und Harmonium, John – Maracas, Ringo – Schlagzeug und Bongos und George Martin – Orgel und Mellotron, um den Soundeffekt eines Streichorchesters zu erzielen.

1969 *Sun King*

Nachdem Paul den Vorschlag zur Abtrennung von *Here Comes The Sun* gemacht hatte, arbeitete es John zu einem eigenen Song aus. Das Grillenzirpen und Vogelgezwitscher des Anfangs nahm John selbst in einem Park auf. Außerdem spielte er noch Sologitarre und Maracas. Ringo am Tamburin und Glockenspiel, Paul an Baß und Harmonium. Zu Johns Leadgesang sangen Paul und George die Harmonien mit teilweiser Verdopplung der drei Stimmen. Gegen Ende ging der ohnehin spärliche Text in einen Nonsens-Sprechgesang aus italienischem und spanischem Kauderwelsch über, das Lennon irgendwo einmal aufgeschnappt hatte.
Mit *Sun King* beginnt eine Art Medley aus ineinander übergehenden Einzeltiteln, das die B-Seite wie ein durchkonzipiertes längeres Werk wirken läßt.
Der Song wurde auf der Platte als eine Lennon-McCartney-Komposition angegeben. Daß George Harrison die Melodie schrieb, wird nicht erwähnt.

Mean Mr. Mustard

Eine für Beatles-Songs recht seltene Schlagzeug-Eröffnung bildete den Einstieg zu *Mean Mr. Mustard*, wieder einer der Titel, die John während seiner Zeit beim Maharishi in Indien komponierte. Er sang ihn auch, zusammen mit Paul und George und spielte sämtliche Gitarren, Paul übernahm einmal mehr Baß und Harmonium, George setzte Akzente mit dem Tamburin.

25. 7. THE BEATLES (EMI Abbey Road Studio, London): Aufnahme von *She Came In Through The Bathroom Window*.

Bereits im Januar 1969 brachte Paul eine Rohfassung dieses Stücks mit ins Studio, er nannte es damals noch *Bathroom Window*. Unter dem neuen Titel wurde in folgender Besetzung produziert: John E-Gitarre, George akustische Gitarre, Paul Baß und Ringo Schlagzeug. Pauls Leadgesang, der teilweise auch gedoppelt wurde, erhielt Unterstützung durch John und George. Paul wurde durch eine Begebenheit angeregt, die sich

1969 während seiner Tourneezeit in den USA zugetragen hatte. Ein Mädchen schaffte es damals, durch ein Badezimmerfenster zu den Beatles durchzukommen.

28. 7. THE BEATLES (EMI Abbey Road Studio, London): Die Beatles stellen den Song *Polythene Pam* fertig. Eigentlich hatten sie vor, dieses Stück noch ins Doppelalbum aufzunehmen, aber die Aufnahmen konnten nicht rechtzeitig beendet werden.
John sang die Leadstimme, begleitet von George und Paul. Während des Instrumentalteils wurde der Rhythmus von verschiedenen Percussioninstrumenten verstärkt: Paul Kuhglocke, John Maracas und George Tamburin. Gegen Ende hört man, wie John Paul mit den Worten »Come out now . . . look out now« aufforderte, das nächste Stück zu singen. Paul schrieb über das Medley, zu dem *Polythene Pam* gehört: »Die Form des Medleys von etwa 15 Minuten Dauer auf *Abbey Road* wählten wir deshalb, weil John und ich eine Anzahl guter Lieder hatten, die wir gerne aufnehmen wollten, die aber noch nicht ganz fertig waren.«
John Lennon: »Ich schrieb dieses Stück in Indien, und als ich es aufnahm, verwendete ich einen starken Liverpooler Akzent, weil es angeblich von einer fiktiven Liverpooler Reinemachefrau, die Gummistiefel und einen Schottenrock trägt, handelt.«

31. 7. THE BEATLES (EMI Abbey Road Studio, London): Aufnahme von *Golden Slumbers* und *The End*. Außerdem feilen die BEATLES noch an *Carry That Weight*, das bereits Anfang Juli 1969 fast fertig aufgenommen wurde.

Golden Slumbers
Ohne Zweifel eine der besten gesanglichen Leistungen vollbrachte Paul bei diesem Stück, das seinen sanften, wiegenliedähnlichen Charakter durch die melodische Baßfigur, das ostinate Klavier und die opulenten Streicherklänge zu Beginn erhielt.

1969 Paul über dieses Lied: »Ich war im Haus meines Vaters in Cheshire, klimperte so auf dem Klavier herum und stieß dabei per Zufall auf das Lied *Golden Slumbers* aus Ruths (Stiefschwester Paul McCartneys, Anm. d. A.) Liederbuch. Da dachte ich, es wäre ganz schön, mein eigenes *Golden Slumbers* zu schreiben.«

The End
dessen rhythmisches Rückgrat wiederum die Standpauken zusätzlich zum Schlagzeug bildeten. John und George an den E-Gitarren. Die sehr aggressiven Gitarrensoli teilten sich George, John und Paul. George nahm hierfür seine rote Gibson, John und Paul benutzten Gitarren von Epiphone. Gegen Schluß überwog Pauls Klavier- und Gitarrenspiel, von Streichern unterlegt.

August THE PLASTIC ONO BAND (wahrscheinlich Apple Studio, London, Savile Row 3):
Aufnahme von *Rock Peace*, nie veröffentlicht.

8. 8. THE BEATLES (Abbey Road, London):
Um 10.00 Uhr morgens wird das Foto gemacht, welches später auf die Hülle der LP *Abbey Road* kommt.

9./10. 8. MARY HOPKIN (wahrscheinlich Apple Studio, London, Savile Row 3):
Aufnahme von *Que Sera Sera* und *Fields Of St. Etienne* mit Paul McCartney (Gitarre, Produktion) und Ringo Starr (Schlagzeug).

22. 8. RADHA KRISHNA TEMPLE (London):
Single *Hare Krishna Mantra/Prayer To The Spiritual Masters*.
Apple 1810, USA;
29. 8. 69: Apple 15, England;
8. 69: Apple 1 C 006-90 587, BRD.

1969 BILLY PRESTON:
LP *That's The Way Go Planned It*
Do What You Want; –I Want To Thank You; Everything's All Right; She Belongs To Me; It Doesn't Matter; Morning Star./–Hey Brother; What About You?; Let Us All Get Together Now; This Is It; –Keep It To Yourself; That's The Way God Planned It (Part 1 & 2).
(Produziert von George Harrison außer Titel mit »–«)
Apple Sapcor 9, England;
10. 9. 69: Apple ST 3359, USA;
9. 69: Apple 1 C 062-90 543, BRD.

26. 8. THE BEATLES (EMI Abbey Road Studio, London): Abmischungen für LP *Abbey Road.*

September THE BADFINGER (wahrscheinlich Apple Studio, London, Savile Row 3):
Aufnahme der McCartney-Komposition *Come And Get It,* Paul McCartney produziert. Es gibt auch eine Demo-Aufnahme von diesem Song mit Paul McCartney, die 1985 auf der LP *Sessions* veröffentlicht werden sollte.

11. 9. THE BEATLES:
LP *Abbey Road*
Come Together; Something; Maxwell's Silver Hammer; Oh! Darling; Octopus's Garden; I Want You (She's So Heavy)./Here Comes The Sun; Because; You Never Give Me Your Money; Sun King; Mean Mr. Mustard; Polythene Pam; She Came In Through The Bathroom Window; Golden Slumbers; Carry That Weight; The End; Her Majesty.
Apple 1 C 062-04 243, BRD;
26. 9. 69: Apple PCS 7088, England.
1. 10. 69: Apple SO 383, USA;
1976: Apple 1 C 072-04 243, BRD;
Abbey Road erreichte in vielen internationalen LP-Hitparaden schon nach sehr kurzer Zeit Platz eins. Sie wurde rasch zu der bis dahin meistverkauften Langspielplatte der Beatles, von der innerhalb von drei Wochen über vier Millionen Stück verkauft wurden. Sie

1969 stand fast ein Dreivierteljahr in England an erster Stelle der LP-Chart, unter den ersten zehn sogar ein volles Jahr. In Amerika notierte sie 83 Wochen in der Hitparade. 1969 gab es außerdem noch den Grammy für »Best Engineered Recording«.

Das Foto auf dem Front-Cover sorgte sofort nach Veröffentlichung für Schlagzeilen in der einschlägigen Fanpresse. Für die Behauptung zweier kanadischer Diskjokkeys, Paul McCartney sei tot, schien das Foto bei tiefergehender Interpretation den schlüssigen Beweis zu liefern. Wohl über alle Maßen sensible Mitmenschen dachten sich das so: Die vier Beatles stellen einen Leichenzug dar, mit dem weißgekleideten John als Priester vorneweg. Demnach muß Ringo, da er einen schwarzen Anzug trägt, ein Verwandter des Verblichenen sein. Jetzt kommt Paul, barfüßig, was in der alten römischen und ägyptischen Mystik ein Zeichen des Todes ist. Zudem betritt er (welche Symbolik!) nur die schwarzen Stellen des Fußgängerüberwegs, während die anderen sowohl die schwarzen als auch die weißen Streifen betreten. Und zu allem Überfluß befindet er sich mit den anderen auch nicht im Gleichschritt. Das kann ja nichts Gutes verheißen. Den schlüssigsten Beweis für ihre Behauptung sahen die Kanadier darin, daß Paul McCartney auf dem Cover seine Zigarette in der rechten Hand hält, obwohl der »wahre« Paul Linkshänder ist.

Außerdem: Die Autonummer 281 F des auf dem Cover abgebildeten weißen Volkswagens wurde als »28 if« (28 wenn) interpretiert. So alt wäre nämlich Paul McCartney, wenn . . .

George Harrison, der den »Leichenzug« abschließt, kann demnach nur der Totengräber sein, da er als einziger »Arbeitskleidung« trägt – einen von ihm sehr oft getragenen Jeansanzug.

Einige Tage nachdem dieses Gerücht sogar von der BBC ausgestrahlt wurde, berief Paul, relativ lebendig, in Schottland eine Pressekonferenz ein: »Mein Name ist James Paul McCartney, und wie Sie sehen können, lebe ich noch und fühle mich sehr wohl. Diese Gerüchte sind der größte Unsinn, der mir je begegnet ist.«

1969	Weitere »Beweise« für die Unrichtigkeit der Deutung: Paul McCartney hielt die Zigarette rechts, weil er zuvor den Zeigefinger der linken Hand brauchte, als er in der Nase bohrte. Barfuß war er, weil McCartneys Haus direkt um die Ecke lag. Warum Paul aus dem Gleichschritt war, ist bis heute eines der ungeklärten Beatles-Geheimnisse – und soll es auch bleiben. Zur Kleidung: Die Beatles trugen damals ihre gewöhnlichen Sachen.
16. 9.	MARY HOPKIN: **Single** *Que Sera Sera/Fields Of St. Etienne.* Apple 16, Frankreich; 15. 6. 70: Apple 1823, USA; Mitte 70: Apple 1 C 006-91 624, BRD.
Oktober	BILLY PRESTON (Trident Studio, London): Aufnahme von *All That I've Got* mit George Harrison (Leadgitarre und Produktion).
3. 10.	THE BEATLES: **Single** *Something/Come Together.* Apple 1 C 006-04 266, BRD; 17. 10. 69: Apple 19, England; 24. 10. 69: Apple 1814, USA. Diese Auskopplung aus *Abbey Road* zollte der kompositorischen Leistung Harrisons Tribut. Es war das erstemal, daß eine Komposition von ihm auf der A-Seite einer Beatles-Single kam. Das Lied *Something* wurde für ihn zum Durchbruch als eigenständiger Songschreiber, zumal eine lange Reihe internationaler Topstars davon Cover-Versionen aufnahmen. Erneut eine sichere Nr. 1 in USA, in England erreichte die Single Platz 4 der Hitliste. In den USA wurden ca. 1,75 Millionen und weltweit ca. 2,5 Millionen verkauft.
ca. Oktober	DORIS TROY (Trident Studio, London): Aufnahme von 16 Songs, bei einigen spielt George Harrison Gitarre, bei mindestens drei ist er Co-Autor, bei zwei weiteren sind George und Ringo Starr Co-

1969 Autoren. Angeblich soll George auch produziert haben, aber auf der LP, die 1970 erscheint (Titel *Doris Troy*), ist die Interpretin als Produzentin angegeben. U. a. wurden folgende Songs aufgenommen: *Ain't That Cute, Special Care, Give Me Back My Dynamite, You Tore Me Up Inside, Games People Play, Gonna Get My Baby Back, I've Got To Be Strong, Hurry, So Far, Exactly Like You, You Give Me Joy Joy, Don't Call Me No More* und *Jacob's Ladder.*

17. 10. BILLY PRESTON:
Single *Everything's All Right/I Want To Thank You.*
Apple 19, England;
24. 10. 69: Apple 1814, USA;
10. 69: Apple 1 C 006-90 720, BRD.

20. 10. THE PLASTIC ONO BAND:
Single *Cold Turkey/Don't Worry Kyoko (Mummy's Only Looking For A Hand In The Snow).*
Apple 1813, USA;
24. 10. 69: Apple 1001, England;
10. 69: Apple 1 C 006-90 719, BRD.

JOHN LENNON/YOKO ONO:
LP *Wedding Album*
(siehe: *Die Solo-Aufnahmen)*

Ende ● Oktober RICK GRECH (Schallplattenstudio, wahrscheinlich London):
Aufnahme eines Songs mit George Harrison (Gitarre), der aber nicht veröffentlicht wird.

November THE BEATLES (EMI Abbey Road Studio und/oder Apple Studio, London):
Die Beatles nehmen separat ihre klingenden Weihnachtsgrüße für die Fans auf, zum letzten Mal. Die Zusammenstellung besorgt Maurice Cole.

1969 THE BADFINGER:
5. 12. **Single** *Come And Get It/ –Rock Of All Ages.*
Apple 20, England;
12. 1. 70: Apple 1815, USA;
1. 70: Apple 1 C 006-90 916, BRD.

12. 12. THE PLASTIC ONO BAND:
LP *The Plastic Ono Band – Live Peace In Toronto 1969*
(siehe: *Die Solo-Aufnahmen*)

12. 12. Verschiedene Interpreten:
LP *No One's Gonna Change Our World*
THE BEATLES: *Across The Universe;* CILLA BLACK: *–What The World Needs Now Is Love;* ROLF HARRIS: *–Cuddly Old Koala*; THE HOLLIES: *–Wings*; SPIKE MILLIGAN: *–Ning Nang Nong/The Python.*/BEE GEES: *–Marley Purt Drive*; LULU: *–I'm A Tiger*; DAVE DEE DOZY BEAKY MICK & TICH: *–Bend It*; CLIFF RICHARD & THE SHADOWS: *–In The Country*; BRUCE FORSYTH: *–When I See An Elephant Fly*; HARRY SECOMBE: *Land Of My Father.*
Regal Star Line SRS 5013, England.
Lange Zeit war diese LP eine der gesuchtesten Raritäten, weil die darauf befindliche Version von *Across The Universe* exklusiv für diese Wohltätigkeits-LP des World Wildlife Fund zur Verfügung gestellt worden war; bis September 1978. Dann gab es diese Version auf der weniger raren LP *Rarities.*

19. 12. THE BEATLES:
Flexi-Single *The Beatles Seventh Christmas Record*
Ohne Bestell-Nummer, England und USA.
(In den USA unter dem Titel *Happy Christmas.*)
Es war die letzte Weihnachts-Botschaft der Beatles an ihre Fans.

1970

3./4. 1. THE BEATLES (EMI Abbey Road Studio, London):
Es waren die letzten beiden Tage, an denen John, Paul, George und Ringo als Beatles im Studio waren. Ob und was sie aufgenommen haben, konnte bis heute nicht ermittelt werden. Und es ist sogar fraglich, ob sie tatsächlich alle vier *gemeinsam* dort waren.

30. 1. BILLY PRESTON:
Single *All That I've Got/ –As I Get Older.*
Apple 21, England;
16. 2.. 70: Apple 1817, USA;
2. 70: Apple 1 C 006-91 161 BRD.

6. 2. JOHN LENNON WITH THE PLASTIC ONO BAND/YOKO ONO WITH THE PLASTIC ONO BAND:
Single *Instant Karma!/Who Has Seen The Wind.*
Apple 1003, England;
20. 2. 70: Apple 1818, USA;
2. 70: Apple 1 C 006-91 149, BRD.

12. 2. THE BEATLES:
Single *Let It Be/You Know My Name (Look Up The Number).*
Apple 1 C 006-04 353, BRD;
6. 3. 70: Apple R 5833, England;
11. 3. 70: Apple 2764, USA.

13. 2. DORIS TROY:
Single *Ain't That Cute/Vaya Con Dios.*
Apple 24, England;
16. 3. 70: Apple 1820, USA.

26. 2. THE BEATLES:
LP *Hey Jude*
Can't Buy Me Love; I Should Have Known Better; Paperback Writer; Rain; Lady Madonna; Revolution. /Hey Jude; Old Brown Shoe; Don't Let Me Down; The Ballad Of John and Yoko.

1970 Apple SO 385 (unter *The Beatles Again*), USA;
Apple SW 385, USA;
27. 2. 70: Apple 1 C 062-04 348 (unter *The Beatles Again*), BRD;
3. 70: Apple 1 C 062-04 348, BRD;
1976: Apple 1 C 072-04 348, BRD;
11. 5. 79: Apple PCS 7184, England.
In USA und der Bundesrepublik Deutschland erschien die LP zunächst unter *The Beatles Again*, doch die BEATLES erhoben Einspruch, und das Album wurde in *Hey Jude* umbenannt.
Die Vorbestellungen für diesen Sampler beliefen sich auf über 2 Millionen für die LP und 1 Million für die Musik-Kassette. Nach drei Monaten waren über 3,3 Millionen Exemplare verkauft. 33 Wochen hielt sich die LP in den US-Charts und war vom 13. Juni bis 4. Juli 1970 Nummer eins (Billboard).

6. 3. RADHA KRISNA TEMPLE (London):
Single *Govinda/Govinda Jai Jai.*
Apple 25. England;
24. 3. 70: Apple 1821, USA;
3. 70: Apple 1 C 006-91 253, BRD.
Diese Single hatte George Harrison produziert.

9. 3. JACKIE LOMAX:
Single *How The Web Was Woven/I Fall Inside Your Eyes.*
Apple 1819, USA.

23. 3. LEON RUSSELL:
LP *Leon Russell*
A Song For You; Dixie Lullaby; I Put A Spell On You; Shoot Out On The Plantation; Hummingbird./Delta Lady; Prince Of Peace; Give Peace A Chance; Hurtsome Body; Pisces Apple Lady; Roll Away The Stone.
Shelter SHE 1001, USA;
24. 4. 70: A & M AMLS 982, England.
Es wirken u. a. mit: George Harrison (Gitarre) und Ringo Starr (Schlagzeug).

1970 RINGO STARR:
27. 3. **LP *Sentimental Journey***
(siehe: *Die Solo-Aufnahmen*)

10. 4. An diesem Tag verkündet PAUL MCCARTNEY, daß er nicht mehr bereit ist, mit den BEATLES gemeinsam zu arbeiten.
Damit ist das Kapitel »Schallplattenaufnahmen der Beatles« abgeschlossen. Im Anhang haben wir die Beatles-»posthum«- und Solo-Beatles-Platten zusammengefaßt. Lediglich folgende beiden Platten gehören noch zu dem eigentlich schon abgeschlossenen Kapitel.

29. 4. THE BEATLES:
LP *Let It Be*
Two Of Us; Dig A Pony; Across The Universe; I Me Mine; Dig It; Let It Be; Maggie Mae./I've Got A Feeling; One After 909; The Long And Winding Road; For You Blue; Get Back.
Apple 1 C 062-04 433 in einer Box plus Buch; BRD;
8. 5. 70: Apple PXS 1 in einer Box plus Buch; England;
18. 5. 70: Apple AR 34001, USA;
6. 11. 70: Apple PCS 7096, England;
Ende 1970: Apple 1 C 062-04 433, BRD;
1976: Apple 1 C 072-04 433, BRD.
Durch Interessenkonflikte, innere Querelen und zunehmende Distanz der einzelnen voneinander wurde das Album und Film-Projekt *Get Back*, oder, wie es dann endgültig hieß, *Let It Be,* immer wieder hinausgezögert. Die ersten Presseverlautbarungen nannten noch den August 1969 als Veröffentlichungstermin, dann wurde Dezember daraus, aber erst im Mai 1970 konnte die LP auf den Markt gebracht werden. Die Verzögerungen wurden zu einem Teil durch die unter einem unglücklichen Stern stehenden Dreharbeiten des Films, der sie bei der Arbeit an dieser LP zeigen sollte, verursacht, zum anderen waren entsetzliche Mißstände in ihrer Firma Apple schuld daran. Bemerkenswert ist, daß die Gruppe bewußt auf Studioeffekte und jegliche technischen Tricks verzichtete, ja, daß sogar die Urfassung

1970 live eingespielt wurde, ohne orchestrale Schnörkel und Soundmixereien. Als zweiten Produzenten holte man sich, da auch die Zusammenarbeit mit George Martin nicht mehr so reibungslos lief, den jungen Glyn Johns ins Studio, der sich gerade bei den Rolling Stones die ersten Produzentenlorbeeren verdient hatte. Der später von John und George engagierte amerikanische Produzent Phil Spector überarbeitete diese Fassung in seinem Sinn noch einmal und veränderte sie nicht unwesentlich, indem er unter anderem auch Titel mit einem großen Streichorchester unterlegte. Der unzweifelhafte Wert der zwar gewiß nicht perfekten, aber dafür ehrlichen Live-Aufnahmen ging dabei verloren. Am deutlichsten distanzierte sich Paul von den, wie er sagte, ohne sein Wissen zustande gekommenen Eingriffen Spectors, besonders im Fall von *The Long And Winding Road*. Phil Spector selbst reagierte auf die Vorwürfe Pauls mit der Behauptung, alle vier hätten ihr O.K. zu seiner Endmischung gegeben. Dennoch war ein zunehmendes Desinteresse der Beatles, vielleicht mit Ausnahme Pauls, an ihrer Arbeit unverkennbar.

Bei den Aufnahmen zum Film und zur Platte müssen wohl starke Spannungen innerhalb der Gruppe aufgetreten sein. So sollen George und Paul am 10. Januar handgreiflich gegeneinander vorgegangen sein – so jedenfalls wußte die Presse zu berichten. Die Wahrheit war undramatischer: George verließ lediglich die Twikkenham-Studios für eine kurze Zeit. Später gab er den Presseleuten vor den Studios eine Erklärung für sein Verlassen des Gebäudes: »Wir sind alt und klug genug, um zu wissen, daß man mit Schlägereien nicht weiterkommt. Wir haben lange Zeit vieles gemeinsam getan, so daß wir diese Art von Auseinandersetzungen nicht brauchen. Wir diskutieren die Dinge durch und sind entweder damit einverstanden oder nicht.«

Die Wogen glätteten sich wieder, die Arbeit ging weiter, dennoch hing auch weiterhin ständig eine gewisse Spannung und Unzufriedenheit in der Luft.

Die LP sollte zunächst *Get Back* heißen, früher erscheinen und war anders konzipiert. Als Coverfoto sollte

1970 eine Aufnahme verwendet werden, die eine Nachstellung des Fotos auf der ersten LP, Please Please Me, war: Die Beatles im Treppenhaus des EMI-Hauses (London, Manchester Square 20). George Martin sollte die LP produzieren, ohne daß Phil Spector seine Finger im Spiel gehabt hätte, und folgende Songs beinhalten: *One After 909, Don't Let Me Down, Dig A Pony, I've Got Feeling, Get Back, For You Blue, Teddy Boy, Two Of Us On Our Way Back Home, Dig It, Let It Be* und *The Long And Winding Road.* Es soll noch Überlegungen gegeben haben, den Song *Save The Last Dance For Me* auf das Album zu nehmen. Erschienen wäre diese LP unter der EMI/Apple-Nummer: PCS 7080.
Tatsächlich tauchten 1988 einige Apple-Versandtaschen auf, die die oben beschriebene LP und ein Ankündigungsposter enthielten. Auf jeden Fall kam alles ganz anders. Der amerikanische Produzent Phil Spector nahm sich der Bänder an, und es dauerte bis zum April 1970, ehe die LP erschien.
Obwohl die Verkäufe zunächst etwas schleppend anliefen – Pauls erstes Soloalbum war kurz vorher erschienen – wurde auch die letzte LP der Beatles wieder ein gigantischer weltweiter Verkaufserfolg.
Innerhalb der ersten zwei Wochen nach Veröffentlichung verkaufte sich die LP 3,7 Millionen mal; das entsprach einem Verkaufswert von 25 Millionen Dollar, ein neuer Rekord im amerikanischen Showgeschäft. Die LP wird in den USA 5 Wochen und in England 6 Wochen auf Platz 1 notiert.
Die Uraufführung des Films *Let It Be* fand am 13. Mai 1970 in New York statt. Die Beatles bekamen nicht nur einen Oscar für die beste Filmmusik des Jahres 1970 verliehen, sondern erhielten auch den Grammy.
Die LP *Let It Be* hielt sich noch bis zum Februar 1971 in der amerikanischen Top 100. Zur Erstauflage hatte man einen 100seitigen Fotoband voller ausgezeichneter Farbbilder von der Aufnahmesession beigepackt, die heute schon für einige hundert Mark gehandelt wird.
Das Kritikerecho war bezüglich der LP zwiespältig.

1970 Heute neigt man dazu, Film und Album als intimes und aufschlußreiches Dokument einer auch im Zerfall noch genialen Rockband anzusehen.

Nach Veröffentlichung der letzten, noch gemeinsam produzierten LP hat die Gruppe aufgehört zu bestehen. Rückblickend faßte John sehr viel später einmal in knappen Worten zusammen, wie sich aus seiner Sicht der phänomenale Aufstieg der Beatles dargestellt hat: »Wir haben gespürt, daß wir's schaffen würden, weil es vier von uns gab. Alleine wäre wohl keiner so weit gekommen, Paul war nicht stark genug, ich kam nicht so gut bei den Mädchen an, George war zu ruhig und Ringo war der Schlagzeuger. Aber wir haben gedacht, jedem müßte es möglich sein, zumindest einen von uns zu mögen, und so ist es dann ja auch gekommen.«
Die letzte Single der Beatles erschien nicht in England, nur in USA und danach in der Bundesrepublik Deutschland.

11. 5. THE BEATLES:
Single *The Long And Winding Road/For You Blue.*
Apple 2832, USA;
26. 7. 70: Apple 1 C 006-04 514; BRD.

Beatles-Platten nach Auflösung der Gruppe

Auflistung der Beatles-LPs, die bis dahin unveröffentlichte Aufnahmen enthalten und wichtiger Samplers, die nach der Trennung erschienen sind. (Kompositionen, wenn nicht anders angegeben, von Lennon/McCartney.)

1970

18. 12. **LP *The Beatles' Christmas Album***
Apple LYN 2154 (England)
The Beatles Christmas Record (Dezember 1963)/
Another Beatles Christmas Record (Dezember 1964)/
The Beatles Third Christmas Record (Dezember 1963)/
The Beatles Fourth Christmas Record (Dezember 1966)/
Christmas Time Is Here Again! (Dezember 1967)/
The Beatles 1968 Christmas Record (Dezember 1968)/
The Beatles Seventh Christmas Record (Dezember 1969)
Diese LP erschien nur für die Mitglieder des damaligen Beatles-Fan-Clubs. Sie enthält alle sieben Christmas-Records, die die Beatles jeweils zu Weihnachten in den Jahren 1963 bis 1969 auf Folienschallplatten herausgegeben hatten; als »Dankeschön« an die Fans.

1973

2. 4. **D-LP *The Beatles 1962–1966***
Apple SKBO 3403, USA;
6. 4. 73: Apple 1 C 118-05 307/08, BRD; 20. 4. 73: Apple PCSP 717, England; 1976: Apple 1 C 172–05 307/08, BRD.
Love Me Do/Please Please Me/From Me To You/She Loves You/I Want To Hold Your Hand/All My Loving/Can't Buy Me Love
A Hard Day's Night/And I Love Her/Eight Days A Week/I Feel Fine/Ticket To Ride/Yesterday
Help!/You've Got To Hide Your Love Away/We Can Work It Out/Day Tripper/Drive My Car/Norwegian Wood (This Bird Has Flown)
Nowhere Man/Michelle/In My Life/Girl/Paperback Writer/Eleanor Rigby/Yellow Submarine

1973 D-LP *The Beatles 1967–1970*
2\. 4. Apple SKBO 3404, USA;
6\. 4. 73: Apple 1 C 118-05 309/10, BRD; 20. 4. 73: Apple PCSP 718, England; 1976: Apple 1 C 172-05 309/10, BRD.
Strawberry Fields Forever/Penny Lane/Sgt. Pepper's Lonely Hearts Club Band/With A Little Help From My Friends/Lucy In The Sky With Diamonds/A Day In The Life/All You Need Is Love
I Am The Walrus/Hello Goodbye/The Fool On The Hill/Magical Mystery Tour/Lady Madonna/Hey Jude/Revolution/Back In The U.S.S.R/While My Guitar Gently Weeps (George Harrison)/*Ob-La-Di, Ob-La-Da/Get Back/ Don't Let Me Down/The Ballad Of John And Yoko/Old Brown Shoe*
Here Comes The Sun/Come Together/Something (George Harrison)/*Octopus's Garden/Let It Be/Across The Universe/The Long And Winding Road*
Fast auf den Tag genau drei Jahre nach dem Erscheinen der letzten LP *Let It Be* wurden diese beiden Doppelalben veröffentlicht. Die Zusammenstellung und Neu-Abmischung besorgte Allan Klein. In der Bundesrepublik und England verwendete man jedoch die alten Abmischungen. Einsprüche der Ex-Beatles gegen diese ohne ihr Wissen erfolgten Neuauflagen kamen zu spät und konnten die Veröffentlichung nicht mehr rückgängig machen. Die riesigen weltweiten Stückzahlen, in denen diese beiden Doppel-LPs verkauft wurden, bewiesen sehr rasch die richtige Markteinschätzung Kleins und legitimierten in gewisser Weise nachträglich dieses Projekt. In der Bundesrepublik waren sie drei Jahre hintereinander, von 1973 bis 1975, die meistverkauften LPs. Bis Ende 1976 belief sich die deutsche Gesamtauflage auf 1,3 Millionen Stück, eine Zahl, die hierzulande auch nicht annähernd von früheren LPs der Beatles erreicht werden konnte. In den USA stand das Album *1967–1970* sogar Ende 1976 noch in der Top-200-Chart.
Beide Alben verkauften sich weltweit mehr als 2,5millionenmal.

1976 D-LP *Rock And Roll Music*
7. 6. Capitol SKBO 11537, USA;
11. 6. 76: Parlophone PCSP 719, England; 6. 76: Odeon 1 C 178-06 137/38, BRD; 1977: Odeon 1 X 172-06 137/38, BRD.
Twist And Shout/I Saw Her Standing There/You Can't Do That/I Wanna Be Your Man/I Call Your Name/Boys/Long Tall Sally/Rock And Roll Music/Slow Down/Medley: *Kansas City; Hey-Hey-Hey-Hey/Money (That's What I Want)/Bad Boy/Matchbox/Roll Over Beethoven/Dizzy Miss Lizzy/An Time At All/Drive My Car/Everybody's Trying To Be My Baby/The Night Before/I'm Down/Revolution/Back In The U.S.S.R/Helter Skelter/Taxman/Got To Get You Into My Life/Hey Bulldog/Birthday/Get Back.*

Nachdem die alten Verträge der vier als Gruppe wie auch als Einzelinterpreten abgelaufen waren und die EMI nun frei über die Rechte am Gesamtkatalog der Beatles verfügen konnte, konstituierte sich eine Kommission aus Vertretern des Stammhauses und verschiedener Tochtergesellschaften, der die alleinigen Zuständigkeit für die Zusammenstellung und Aufmachung aller nachfolgenden Veröffentlichungen übertragen wurde, mit der Absicht, in Zukunft weltweit nur noch einheitliche Kopplungen erscheinen zu lassen.

Die hier vorliegende erste Zusammenstellung seit 1973 unter dem thematischen Oberbegriff »Rock'n'Roll« besorgte weitgehend die amerikanische Tochter der EMI. In regelmäßigen Abständen erschienen immer wieder die alten Songs in neuen Zusammenstellungen. Die nicht immer glückliche oder gar einfallsreiche Verkaufspolitik fand ihren vorläufigen Höhepunkt in der Herausgabe der Doppel-LP *Rock And Roll Music* als zwei Einzel-LPs (1980). Wesentlich interessanter war dagegen ein Doppelalbum, das aus Interviews mit den vier einzelnen Beatles bestand.

1976 **D-LP *The Beatles Tapes From The David Wigg Interviews***
30. 7.
Polydor 2683 068 (England); Polydor 26 33, USA.
Auf jeder der vier LP-Seiten ist ein Interview mit John Lennon und Yoko Ono, Paul McCartney, George Harrison sowie Ringo Starr. Obwohl die Beatles Einspruch gegen die Veröffentlichung erhoben und mit einer einstweiligen Verfügung das Erscheinen verhindern wollten, wurde die Doppel-LP dennoch veröffentlicht. In dem vorangegangenen Urteil wurde von dokumentarischen Aufnahmen gesprochen, die – obwohl sich die Beatles vom Inhalt ihrer Äußerungen distanzierten – es wert wären, veröffentlicht zu werden.

1977

8. 4. **D-LP *The Beatles Live! At The Star-Club In Hamburg, Germany, 1962***
Bellaphon BLS 5560 (BRD);
25. 5. 77: Lingasong LNL 1, England; 13. 6. 77: Lingasong LS 27001, USA.
Introduction Of The Band/I Saw Her Standing There/Roll Over Beethoven/Hippy Hippy Shake/Sweet Little Sixteen/Lend Me Your Comb/Your Feet's Too Big
*Twist And Shout/Mr. Moonlight/A Taste Of Honey/Besame Mucho/Reminiscing/*Medley: *Kansas City; Hey-Hey-Hey-Hey*
Nothin' Shakin' (But The Leaves On The Trees)/To Know Her Is To Love Her/Little Queenie/Falling In Love Again (Can't Help It)/Ask Me Why/Be-Bop-A-Lula/Hallelujah, I Love Her So
Red Sails In The Sunset/Everybody's Trying To Be My Baby/Matchbox/I'm Talking About You/Shimmy Shake/Long Tall Sally/I Remember You
Das Erscheinen von Aufnahmen der Beatles aus der Zeit des Hamburger Star-Clubs war – schlicht gesagt – sensationell. John Lennon, Paul McCartney und die Plattenfirma EMI, bei der die Beatles exklusiv unter

1977 Vertrag waren, betrachteten die Veröffentlichung mit sehr viel Argwohn, zumal die Herausgabe der LP *The Beatles At The Hollywood Bowl* fast zur gleichen Zeit geplant war. So wurde auch die sehr schlechte Tonqualität als Begründung aufgeführt, die Aufnahmen nicht erscheinen zu lassen. Außerdem seien die »Darbietungen nicht typisch für die Beatles«. Das britische Gericht schloß sich jedoch der Meinung der Herausgeber an, die von einer Dokumentation sprachen.

Um weiteren Rechtsstreitigkeiten aus dem Wege zu gehen, ließ man verlauten, daß die Aufnahmen aus einer Zeit stammten, als die Beatles noch nicht an die Plattenfirma EMI gebunden waren. Tatsache aber ist, daß Ted »King Size« Taylor einen Auftritt der Beatles vom 31. Dezember 1962 mitgeschnitten hatte, Monate nach Abschluß des Schallplattenvertrages. Dies wird nicht nur durch die Aussage des Geschäftsführers des Star-Clubs, Horst Fascher, belegt, der immerhin mit den Beatles die beiden Songs *Be-Bop-A-Lula* und *Hallelujah, I Love Her So* sang, sondern auch durch die Tatsache, daß die Beatles den Frank-Ifield-Song *I Remember You* spielten, der erst Ende Juni 1962 erschien.

In den USA, Kanada und Israel erschien die Doppel-LP mit vier Titeln, die in Europa bis dahin noch nicht veröffentlicht waren. Statt *I Saw Her Standing There, Twist And Shout, Reminiscing* und *Ask Me Why* beinhaltete das Album *I'm Gonna Sit Right Down and Cry Over You, Where Have You Been All My Life, Till There Was You* und *Sheila*. Später erschien in Deutschland noch eine LP, die diese vier Titel enthielt. Jedoch wurden diese vier Songs mit höherer Geschwindigkeit überspielt, wahrscheinlich um das Rauschen zu unterdrücken. Bedauerlich auch, daß man sehr viele der recht lustigen Ansagen Johns und Pauls herausgeschnitten hatte, die auf dem Originalband waren.

1977 **LP *The Beatles At The Hollywood Bowl***

20. 4. Odeon 1 C 072-06377, BRD; 4. 5. 77: Capitol SMAS 11638, USA; 6. 5. 77: Parlophone EMTV 4, England. *Aufgenommen:* 23. August 1964 und 30. August 1965 in Los Angeles, Hollywood Bowl

Twist And Shout/She's A Woman/Dizzy Miss Lizzy/Ticket To Ride/Can't Buy Be Love/Things We Said Today/Roll Over Beethoven

Boys (Luther Dixon/Wes Farrell)/*A Hard Day's Night/Help!/All My Loving/She Loves You/Long Tall Sally* (Enotris Johnson/Richard Penniman/Robert Blackwell)

Nachdem die Star-Club-Doppel-LP erschienen war, konnte *The Beatles At The Hollywood Bowl* nicht mehr als erstes Live-Album angekündigt werden. So stellte man die wirklich gute Tonqualität in den Vordergrund und betonte, daß es das einzige von den Beatles autorisierte Live-Album sei. Man verpackte die LP in ein Klapp-Cover und bildete auf der Vorderseite zwei Eintrittskarten ab, deren Echtheit oft bezweifelt wurde, da das 1965er Konzert laut Ticket am 29. und laut Cover-Text am 30. August stattfand. Die Tatsache, daß die Beatles an beiden Tagen in Los Angeles, Hollywood Bowl, auftraten, dürfte alle Zweifel zerstreuen.

1978

September **LP *The Beatles Rarities***

Apple 1 C 198-53176 (in der 13-LP-Box *The Beatles Collection*), BRD;

2. 12. 78: Parlophone PSLP 261 (in der 13-LP-Box *The Beatles Collection*), England; 10. 79: Apple 1 C 038-06867, BRD; 1980: Parlophone PCM 1001, England.

Across The Universe/Yes It Is/This Boy/The Inner Light/I'll Get You/Thank You Girl/Komm, gib mir deine Hand/You Know My Name (Look Up The Number)/Sie liebt dich Rain/She's A Woman/Matchbox/I Call Your Name/Bad Boy/Slow Down/I'm Down/Long Tall Sally.

Across The Universe dürfte der einzige Song sein, der als »Rarity« zu bezeichnen ist. Es handelt sich um die Version, die Lennon 1968 der World-Wild-Life-Fund-

1978 Organisation zur Verfügung stellte, von der er dann erst Ende 1969 auf der LP *No One's Gonna Change Your World* veröffentlicht wurde.

Alle andere Aufnahmen sind Single-B-Seiten oder bisher nicht auf europäischen Beatles-LPs enthalten gewesen. Der Informationsgehalt der Angaben auf Hülle und Etikett ist dürftig. Die beiden deutschsprachigen Lieder wurden nicht 1963, sondern 1964 produziert.

Darüber hinaus wurde diese LP nur in einer Box mit 12 anderen angeboten und verkauft – für über 150 DM. Für viele Beatles-Fans muß es wie ein Schlag ins Gesicht gewirkt haben, daß die gleiche LP ein Jahr später unter der Bestellnummer Apple 1 C 038-06 867 als Einzelplatte veröffentlicht wurde.

1980

24. 3. **LP *The Beatles Rarities***
Capitol SHAL-12060, USA
Erscheinungsdatum: Januar 1980 in USA
Love Me Do/Misery/There's A Place/Sie liebt dich/And I Love Her/Help!/I'm Only Sleeping/I Am The Walrus/Penny Lane/Helter Skelter/Don't Pass Me By/The Inner Light/Across The Universe/You Know My Name (Look Up The Number)/Sgt. Pepper Inner Groove.

Mit dem Entschluß, weltweit LPs mit derselben Zusammenstellung erscheinen zu lassen, schien es nicht mehr weit her zu sein. Die Amerikaner veröffentlichten unter dem Namen »Rarities« andere Aufnahmen, die nicht nur für den amerikanischen Fan als Rarität einzustufen sind.

Love Me Do: Hier handelt es sich um die Version, die als A-Seite der ersten Beatles-Single veröffentlicht wurde; mit Andy White am Schlagzeug (den George Martin »für alle Fälle« hatte kommen lassen) und Ringo am Tamburin. Später – bei der Nachpressung der ersten Singleplatte – hat man auf eine Version mit Ringo Starr am Schlagzeug zurückgegriffen. Für die LP *Rarities* wurde eine Original-Single überspielt, da die Bänder nicht mehr aufzutreiben waren.

1980 *Misery:* ist hier anders abgemischt als auf den heute erhältlichen LPs. Diese Version erschien lediglich für sehr kurze Zeit auf einer amerikanischen Single.

There's A Place: Das ist (wahrscheinlich) die erste Stereoversion, die in den USA erschien.

Sie liebt dich: In den USA erschien *Sie liebt dich* nur für kurze Zeit auf Single. Dieser Song wurde zuvor nie auf LP veröffentlicht. Ausnahme: Japan-LP *The Beatles No. 5* (1964).

And I Love Her: Es gibt zwei Versionen von *And I Love Her*. Bei der bekannteren ist McCartneys Stimme nicht gedoppelt. Am Schluß sind vier Gitarrenriffs zu hören. Dies hier ist die unbekanntere Fassung. Pauls Stimme ist »overdubbed«, und die Aufnahme schließt mit sechs Gitarrenriffs.

Help!: Der Titelsong ihres zweiten Filmes wurde zweimal auf das fertige Playback gesungen. Eine Version gibt es auf den einschlägigen LPs, die andere auf der amerikanischen Rarities.

I'm Only Sleeping: Diese Version ist für Europa keine Rarität. In den Staaten wurde eine andere Abmischung für die LP *Revolver* verwendet. Verständlich, daß die Amerikaner die europäische Version als Rarität ansehen.

I Am The Walrus: Die amerikanische Plattenfirma Capitol hat zwei rare Versionen von *I Am The Walrus* zusammengeschnitten – und so eine dritte geschaffen. Aus England borgte man sich den Anfang aus (6 Gitarrenriffs statt 4), der Rest besteht aus einer raren amerikanischen Version, die zwischen den Textpassagen »I'm crying« und »Yellow matter custard« einige Takte mehr beinhaltet als die bekannte Version.

Penny Lane: In den USA – so unglaublich es auch klingt – wurde *Penny Lane* nie in Stereo veröffentlicht. Zweite Rarität: An diese Stereoversion hängte man das komplette Trompetensolo, welches nur auf einer Promotion-Single für Radiostationen in den USA und Kanada enthalten war. Aus einem bis heute unerklärlichen Grund wurde dieser Schluß für die normale Single-Produktion abgeschnitten.

Helter Skelter
Don't Pass Me By: Beide Aufnahmen stammen von der sehr raren Monoausgabe der Doppel-LP »The Beatles«, die in den Staaten erschien, und sind anders abgemischt als die Stereoaufnahmen. Bei *Helter Skelter* ist Pauls Leadstimme wesentlich lauter und klarer. Außerdem fehlt die nochmalige Hochblende, die bei der Stereoversion zu hören ist. Bei *Don't Pass Me By* wurde eine andere Einspielung der Violine verwendet. Auch hier ist die Stimme, diesmal Ringo, wesentlich lauter.
The Inner Light: George Harrisons Song erschien in den Staaten nur als B-Seite. Eine Stereoversion ist gänzlich unbekannt.
Across The Universe: siehe LP *Rarities* (Deutschland)
You Know My Name (Look Up The Number): Diese B-Seite . . . (siehe Single Let It Be)
Sgt. Pepper Inner Groove: Hier hat man erstmals die Gesprächsfetzen für jeden abhörbar auf Platte genommen, die bislang nur in der Auslaufrille der LP *Sgt. Pepper* gewesen sind.

1982

1. 9. **LP *The Complete Silver Beatles***
Audiofidelity AFELP 1047 (England)
Erscheinungsdatum: 1. September 1982
Three Cool Cats/Crying, Waiting, Hoping/Besame Mucho/Searchin'/The Sheik of Araby/Money (That's What I Want).
To Know Her Is To Love Her/Take Good Care Of My Baby/Memphis Tennessee/Sure To Fall/Till There Was You/September In The Rain.
Auf dieser LP erschienen die sogenannten Decca-Songs. Inzwischen gibt es ca. 20 LPs mit diesem Repertoire, mal kombiniert mit den Star-Club-Aufnahmen, mal gemeinsam mit den Aufnahmen der LP *Stop And Smell The Roses* von Ringo Starr.

Das Kapitel »Chronologie ihrer Musik« wird wohl nie abgeschlossen werden können. Immer wieder werden

Beatles-Songs in neuen Kopplungen auf Singles und LPs erscheinen. Vielleicht wird man auch bald auf die Idee kommen, wieder EPs zu veröffentlichen – sofern der Markt dafür da ist. Sicher werden auch noch Aufnahmen erscheinen, die bisher unveröffentlicht sind. Die Möglichkeiten sind vielfältig: Interviews, unbekannte Songs, Live-Aufnahmen und vieles mehr. Wenn man bedenkt, daß sich Beatles-Schallplatten immer noch gut verkaufen, kann man vielleicht das Interesse der Schallplattenfirma verstehen; auch wenn die Veröffentlichungspolitik nicht immer logisch und für den Fan nachvollziehbar ist.

1985 In diesem Jahr wäre beinahe eine LP erschienen, die den Fan mehr als zufriedengestellt hätte. Aber es gibt in England ein Gremium, welches über die Erscheinung von »neuen alten« Beatles-Aufnahmen entscheidet. Und diesem gehören auch die drei Ex-Beatles an. Ringo Starr war es damals, der sich gegen die Veröffentlichung der LP *Sessions* aussprach, die wir schon so oft erwähnten. Wir können hier nur mit der Inhaltsangabe dienen:
Come And Get It/Leave My Kitten Alone/Not Guilty/I'm Looking Through You 2'52"/What's The New Mary Jane?/How Do You Do It?/Besame Mucho/One After 909/If You've Got Troubles/That Means A Lot/While My Guitar Gently Weeps/Mailman, Bring Me No More Blues/Christmas Time (Is Here Again).

1988 Mitte 1988 wurde gemunkelt, daß *Sessions* doch noch erscheinen sollte. Ein allerletzter Telefonanruf im September 1988 – quasi schon nach der Drucklegung dieses Buches – brachte die Information, daß die Plattenfirma EMI Electrola in Köln nichts von einer Veröffentlichung weiß.

Eine Auflistung aller Schallplatten mit altem Material in neuer Zusammenstellung und/oder neuer Aufmachung würde den Rahmen dieses Buches sprengen. Selbst von den sogenannten Dokumentations-LP's mit Interviews gibt es mittlerweile einige Dutzend. Auch die Auflistung von halb-legalen Live-Aufnahmen aus Italien und Japan und der mittlerweile zahlreich erschienenen CD's mit Beatles- und Solo-Beatles-Aufnahmen muß aus Platzgründen späteren Publikationen vorbehalten werden.

Die Auftritte (1956–1988)

Bei dieser bislang vollständigsten Auflistung aller Auftritte handelt es sich um alle bekannten und belegbaren Daten. Es ist nicht auszuschließen, daß weitere Auftritte (insbesondere während der Jahre 1956 bis 1962) nie notiert wurden. Die mit dem Zeichen T versehenen Auftritte liegen als Tonaufzeichnungen vor, die mit dem Zeichen F als Filmdokument in der Sammlung »Rainer Moers/-Beatles Information Center«. Die Autoren der aufgeführten Songs sind im Stichwortverzeichnis angegeben.

1956

15. 6. John Lennon spielt mit Freunden als The Quarrymen auf dem Kirchenfest in Liverpool-Woolton. Ivan Vaughn, ein Freund von John Lennon, bringt Paul McCartney mit, und Lennon bietet Paul an, in der Gruppe mitzuspielen.

1957 John Lennon und Paul McCartney spielen in einer Skiffle-Gruppe, die von Nigel Whalley gemanagt wird.

1958 Paul McCartney macht John Lennon und George Harrison miteinander bekannt.

Ende des Jahres John Lennon und Paul McCartney treten als The Nurk Twins auf.

The Quarrymen (mit John Lennon, Paul McCartney, George Harrison und wechselnden Schlagzeugern) nennen sich bei Auftritten Johnny And The Moondogs.

1959 John Lennon, Paul McCartney und George Harrison ergänzen sich um Stuart Sutcliffe (der dann erst Bassgitarre spielen lernt) und Thomas Moore (Schlagzeug).

Die Gruppe spielt u. a. im Plaza in St. Helens.

1959

Mai — DOUG MARTIN eröffnet das Lokal The Jive Hive in Crosby. Die Gruppe soll dort im Mai 1959 und den folgenden Monaten einige Hunderte von Auftritten gehabt haben.

Juni — THE MOONDOGS nehmen an der »Carroll Levis Discovery Show« im Empire Theatre in Liverpool teil.

Sommer — JOHNNY AND THE MOONDOGS (JOHN, PAUL und GEORGE) nehmen an der nächsten Runde der »Discovery Show« in Manchester teil, die als Fernseh-Talent-Show teilweise [?] aufgezeichnet und später gesendet [?] wird.

August — Promoter SAM LEACH präsentiert lokale Gruppen in der St. George's Hall und im Tower Ballroom, u. a. auch die Beatles (damals noch unter dem Namen THE MOONDOGS oder JOHNNY AND THE MOONDOGS).

29. 8. — Die QUARRYMEN spielen im Casbah Club mit Schlagzeuger KEN WOOD, weitere Auftritte folgen, später dann mit PETE BEST als Schlagzeuger. Bei einigen Auftritten spielt Gitarrist KEN BROWN mit.

November — Die Band löst sich auf, formiert sich aber nach wenigen Tagen wieder als LONG JOHN AND THE SILVER BEATLES und ändert den Namen schließlich um: THE SILVER BEATLES.

1959/60 — Die Gruppe spielt regelmäßig bei Tanzveranstaltungen des Liverpool College of Art (Kunsthochschule).

1960

April — JOHN LENNON, PAUL MCCARTNEY, GEORGE HARRISON, PETE BEST und nun auch STUART SUTCLIFFE haben einen Probeauftritt für den Promoter LARRY PARNES.

Frühjahr — THE SILVER BEATLES touren als Background-Gruppe für JOHNNY GENTLE zwei Wochen durch Schottland.

Mai — Die Gruppe begleitet musikalisch einige Auftritte der Striptease-Tänzerin SHIRLEY in einem Lokal in der Nähe der Upper Parliament Street in Liverpool.

6. 6. — THE SILVER BEATLES: Grosvenor Ballroom, Wallasey, abwechselnd mit GERRY AND THE PACEMAKERS.

17. 8.– — THE BEATLES (LENNON, MCCARTNEY, HARRISON, SUT-

1960

16. 10. CLIFF und BEST): Indra Club, Hamburg (dieser wird am 16. oder 17. Okt. vom Ordnungsamt geschlossen).

Ⓣ Ein Titel existiert auf Tonband: *Twist And Shout*.

17. oder 18. 10. bis Dezember: THE BEATLES: Kaiserkeller, Hamburg; abwechselnd mit anderen Gruppen, u. a. RORY STORM AND THE HURRICANES mit RINGO STARR am Schlagzeug. Auch von einem dieser Auftritte existiert ein Song auf Tonband:

Ⓣ *Roll Over Beethoven*.

Dezember: THE BEATLES: nur einen Abend im Top Ten Club, Hamburg. (GEORGE HARRISON wird ausgewiesen, da er noch keine 18 Jahre alt ist.)

24. 12. THE BEATLES: Grosvenor Ballroom, Wallasey.

27. 12. THE BEATLES: Litherland Town Hall, Liverpool.

1961

25. 1. THE BEATLES: Hambleton Hall, Liverpool.

24. 2. THE BEATLES: Grosvenor Ballroom, Wallasey.

21. 3. THE BEATLES: Cavern, Liverpool.
(Erster Auftritt der BEATLES im Cavern, abwechselnd mit der Gruppe BLUEGENES, späterer Name: SWINGING BLUE JEANS.)

April–Juni: Top Ten Club, Hamburg.
(Im Juni verläßt STUART SUTCLIFFE die BEATLES, da er ASTRID KIRCHHERR heiratet und in Hamburg bleiben möchte.)

Juli: THE BEATMAKERS (BEATLES und GERRY AND THE PACEMAKERS): Litherland Town Hall, Liverpool.

14. 7. Im Cavern, Liverpool, wird ein »Welcome Home Evening« für die BEATLES veranstaltet.
Aller Wahrscheinlichkeit nach werden die BEATLES ebenfalls gespielt haben, vielleicht gemeinsam mit den Musikern JOHNNY SANDON und/oder THE SEARCHERS, die für diesen Abend gebucht waren.

21. 7. THE BEATLES: Cavern, Liverpool (Nachmittagsvorstellung).

25. 7. THE BEATLES: Cavern, Liverpool (Abendvorstellung, abwechselnd mit BLUEGENES, GERRY AND THE PACEMAKERS, REMO FOUR und FOUR JAYS).

1961

26. 7. THE BEATLES: Cavern, Liverpool (Abendvorstellung, abwechselnd mit REMO FOUR, THE FOUR JAYS und weiteren Gruppen).

2. 8. THE BEATLES: Cavern, Liverpool (Abendvorstellung).

5. 8. THE BEATLES: Cavern, Liverpool (Special Show, nach Mitternacht, abwechselnd mit THE REMO FOUR, KENNY BALL'S JAZZMEN und MIKE COTTON'S JAZZMEN).

1. 9. THE BEATLES: Cavern, Liverpool (Nachmittagsvorstellung, abwechselnd mit KARL TERRY AND THE CRUISERS).
THE BEATLES: Cavern, Liverpool (Abendvorstellung, abwechselnd mit DIZZY BURTON'S JAZZBAND).

5. 9. THE BEATLES: Cavern, Liverpool (Abendvorstellung, abwechselnd mit BLUEGENES, REMO FOUR, GERRY AND THE PACEMAKERS).

6. 9. THE BEATLES: Cavern, Liverpool (Abendvorstellung, abwechselnd mit IAN AND THE ZODIACS, JOHNNY SANDON und THE SEARCHERS).

7. 9. THE BEATLES: Cavern, Liverpool (Abendvorstellung).

13. 9. THE BEATLES: Cavern, Liverpool (Abendvorstellung, abwechselnd mit THE REMO FOUR und THE PRESSMEN).

15. 9. THE BEATLES: Cavern, Liverpool (Nachmittagsvorstellung).

19. 9. THE BEATLES: Cavern, Liverpool (Nachmittagsvorstellung).

20. 9. THE BEATLES: Cavern, Liverpool (Abendvorstellung, abwechselnd mit IAN AND THE ZODIACS, KARL TERRY AND THE CRUISERS).

21. 9. THE BEATLES: Cavern, Liverpool (Nachmittagsvorstellung).

18. 10. THE BEATLES: Cavern, Liverpool (Abendvorstellung, abwechselnd mit THE FOUR JAYS und IAN AND THE ZODIACS).

19. 10. THE BEATMAKERS (einige Musiker von THE BEATLES und GERRY AND THE PACEMAKERS): Litherland Town Hall, Liverpool.

9. 11. THE BEATLES: Cavern, Liverpool (Nachmittagsvorstellung; unter den Besuchern ist BRIAN EPSTEIN, der die BEATLES das erste Mal sieht).

1961

10. 11. The Beatles: »Operation Big Beat« im Tower Ballroom, New Brighton (ebenfalls treten auf: Gerry And The Pacemakers, Rory Storm And The Hurricanes, Remo Four, King »Size« Taylor And The Dominoes).

1. 12. The Beatles: Tower Ballroom, New Brighton (ebenfalls treten auf: Rory Storm And The Hurricanes, Dale Roberts And The Jaywalkers, King »Size« Taylor And The Dominoes, Derry And The Seniors).

8. 12. The Beatles: »Davy Jones Show« im Tower Ballroom, New Brighton (ebenfalls treten auf: Davy Jones, Rory Storm And The Hurricanes, Gerry And The Pacemakers, Remo Four, Earl Preston And The TT's).

13. 12. The Beatles: Casbah Club, Liverpool.

15. 12. The Beatles: Tower Ballroom, New Brighton (ebenfalls treten auf: Rory Storm And The Hurricanes, Derry And The Seniors, Dale Roberts And The Jaywalkers).

The Beatles: Cavern, Liverpool (Abendvorstellung, abwechselnd mit Saints Jazz Band, Micky Ashman's Ragtime Jazzband und wahrscheinlich einer weiteren Gruppe; wahrscheinlich ist Mike Smith, A&R Manager der Plattenfirma Decca, an diesem Abend unter den Gästen, um sich die Beatles anzusehen).

27. 12. The Beatles: Cavern, Liverpool (Abendvorstellung, abwechselnd mit Gerry And The Pacemakers, King »Size« Taylor And The Dominoes).

29. 12. The Beatles: Cavern, Liverpool (Abendvorstellung, abwechselnd mit Yorkshire Jazz Band).

1962

6. 1. The Beatles: Cavern, Liverpool (Abendvorstellung, abwechselnd mit The Collegians).

10. 1. The Beatles: Cavern, Liverpool (Abendvorstellung, abwechseln mit Gerry And The Pacemakers und The Strangers).

12. 1. The Beatles: Cavern, Liverpool (Abendvorstellung, abwechselnd mit Mike Cotton's Jazzmen).

1962

17. 1. THE BEATLES: Cavern, Liverpool (Abendvorstellung, abwechselnd mit THE REMO FOUR und IAN AND THE ZODIACS).

zwischen Ende Januar und März: THE BEATLES: Thistle Cafe, West Kirby. (Dies war das erste Konzert, wo die BEATLES als eine von BRIAN EPSTEIN unter Vertrag stehende Gruppe gastierten. Einige spätere Auftritte waren bereits vorher ohne BRIAN EPSTEIN ausgehandelt worden.)

3. 2. THE BEATLES: Cavern, Liverpool (Abendvorstellung, abwechselnd mit GERRY AND THE PACEMAKERS und THE SAINTS JAZZBAND).

24. 2. THE BEATLES: Cavern, Liverpool (Special Show, bis nach Mitternacht, abwechselnd mit RED RIVER JAZZMEN, TOM SMITH'S JAZZMEN und THE VINTAGE).

28. 2. THE BEATLES: Cavern, Liverpool (Abendvorstellung, abwechselnd mit THE SEARCHERS, GERRY AND THE PACEMAKERS und JOHNNY SANDON).

2. 3. THE BEATLES: Cavern, Liverpool (Abendvorstellung).

3. 3. THE BEATLES: Cavern, Liverpool (Abendvorstellung, abwechselnd mit JIM MCHARG'S JAZZMEN).

Anfang März: THE BEATLES: Auftritte in Southport, Chester und Gloucester.

Ⓣ 7. 3. THE BEATLES: BBC's Playhouse Theatre, Manchester. Die BEATLES spielen für die Rundfunksendung »Teenagers Turn« die Titel *Dream Baby, Memphis Tennessee* und *Please Mr. Postman*; die Sendung wird am 8. 3. 1962 ausgestrahlt.

23. 3. THE BEATLES: Cavern, Liverpool (Abendvorstellung, abwechselnd mit GERRY AND THE PACEMAKERS).

24. 3. THE BEATLES: Jazzclub, Hewall (Nachmittagsvorstellung).

THE BEATLES: Women's Institute, Barnson (Abendvorstellung, ebenfalls treten auf: PASADENA JAZZMEN).

28. 3. THE BEATLES: Cavern, Liverpool (Abendvorstellung, abwechselnd mit GERRY AND THE PACEMAKERS und REMO FOUR).

29. 3. THE BEATLES: The Odd Spot, Liverpool (ebenfalls treten auf: THE MERSEY BEATS).

1962

30. 3. THE BEATLES: Cavern, Liverpool (Abendvorstellung, abwechselnd mit THE DALLAS JAZZ BAND).

2. 4. THE BEATLES (gebucht als MERSEYSIDE'S JOY): Pavilion Theatre, Liverpool (ebenfalls treten auf: THE ROYAL SHOW BAND).

4. 4. THE BEATLES: Cavern, Liverpool (Abendvorstellung, abwechselnd mit THE DOMINOES und THE FOUR JAYS).

5. 4. THE BEATLES: »An Evening with John, George, Paul & Pete«, präsentiert von »The Beatles Fan Club«: Cavern, Liverpool (ab 19.30 Uhr).

7. 4. THE BEATLES: Cavern, Liverpool (Abendvorstellung, abwechselnd mit THE SAINTS JAZZ BAND).

13. 4. THE BEATLES: Eröffnung des Star-Club, Hamburg.

bis 3. 6. THE BEATLES: allabendliche [?] Auftritte im Star-Club, Hamburg.

9. 6. THE BEATLES: Cavern, Liverpool (Abendvorstellung, abwechselnd mit RED RIVER JAZZMEN, KEN DALLAS AND THE SILHOUETTES und THE FOUR JAYS).

Ⓣ 11. 6. THE BEATLES: wahrscheinlich BBC's Playhouse Theatre, Manchester. Die BEATLES spielen für die Rundfunksendung »Here We Go« die Eigenkomposition *Ask Me Why* und die beiden Titel *Besame Mucho* und *A Picture Of You*; die Sendung wurde am 15. 6. 1962 ausgestrahlt.

15. 6. THE BEATLES: Cavern, Liverpool (Abendvorstellung, abwechselnd mit THE SPIDERMEN).

16. 6. THE BEATLES: Cavern, Liverpool (Abendvorstellung, abwechselnd mit TONY SMITH'S JAZZMEN).

19. 6. THE BEATLES: Cavern, Liverpool (Abendvorstellung, abwechselnd mit THE BLUEGENES und KEN DALLAS AND THE SILHOUETTES).

20. 6. THE BEATLES: Cavern, Liverpool (Abendvorstellung, abwechselnd mit THE SORRALS und THE STRANGERS).

21. 6. THE BEATLES: »Bruce Channel Show« im Tower Ballroom, New Brighton (ebenfalls treten auf: BRUCE CHANNEL, HOWIE CASEY AND THE SENIORS, BIG THREE und THE FOUR JAYS).

22. 6. THE BEATLES: Cavern, Liverpool (Abendvorstellung, abwechselnd mit THE CYCLONES).

1962

27. 6. The Beatles: Cavern, Liverpool (Abendvorstellung, abwechselnd mit The Big Three).

28. 6. The Beatles: Majestic Ballroom, Birkenhead.

29. 6. The Beatles: Tower Ballroom, New Brighton.

1. 7. The Beatles: Cavern, Liverpool (Abendvorstellung, abwechselnd mit Sounds Incorporated und The Bluegenes als Vorprogramm für den Star des Abends: Gene Vincent).

etwa 23. 7. The Beatles: Plaza Ballroom, St. Helens.

26. 7. The Beatles: Cambridge Hall, Southport (als Vorgruppe für Joe Brown And His Bruvvers).

27. 7. The Beatles: Tower Ballroom, New Brighton (als Vorgruppe für Joe Brown And His Bruvvers).

28. 7. The Beatles: »Mersey Beat Ball« im The Majestic Ballroom, Birkenhead (als Hauptgruppe, mit Bluegenes und Billy Kramer And The Coasters im Vorprogramm; von 19.30 Uhr bis 23.30 Uhr).
The Beatles: Cavern, Liverpool (Abendvorstellung, ab Mitternacht, abwechselnd mit Dee Fenton And The Silhouettes und The Red River Jazzmen).

etwa 30. 7. The Beatles: Plaza Ballroom, St. Helens.

Juli/August The Beatles: Auftritte in Rhyl, Crewe, Warrington, Manchester, Southport, Stroud und Doncaster.

1. 8. The Beatles: Cavern, Liverpool (Abendvorstellung, abwechselnd mit Gerry And The Pacemakers und The Mersey Beats).

2. 8. The Beatles: River Park Ballroom, Chester (ohne Schlagzeuger Pete Best, der krank war).

5. 8. The Beatles: Cavern, Liverpool (Abendvorstellung, abwechselnd mit The Saints Jazzband).

6. 8. The Beatles: Grafton Ballroom, Liverpool (ebenfalls treten auf: Gerry And The Pacemakers und The Big Three).

8. 8. The Beatles: Cavern, Liverpool (Abendvorstellung, abwechselnd mit Shane Fenton And The Fentones und The Big Three).

etwa 13. 8. The Beatles: Plaza Ballroom, St. Helens.

15. 8. The Beatles: Cavern, Liverpool (Abendvorstellung, ob und mit welchen Gruppen abwechselnd, ist unbekannt).

1962 16. 8. The Beatles: Riverpark Ballroom, Chester.

17. 8. The Beatles: Cavern, Liverpool (Abendvorstellung; der letzte Auftritt von Pete Best mit den Beatles).

18. 8. The Beatles: Cavern, Liverpool (Abendvorstellung). Der erste Auftritt von Ringo Starr als Beatle, er war zuvor schon einige Male für fehlende Schlagzeuger eingesprungen. Es gibt eine kurze TV-Reportage der Ⓕ regionalen Fernsehstation »Granada TV«, wo die Beatles zu sehen und zu hören sind, als sie den Titel *Some Other Guy* spielen.

23. 8. The Beatles: Riverpark Ballroom, Chester.

28. 8. The Beatles: Cavern, Liverpool (Abendvorstellung, abwechselnd mit Bluegenes und Gerry Levine And The Avengers).

30. 8. The Beatles: Riverpark Ballroom, Chester.

3. 9. The Beatles: Queen's Hall, Widnes (ebenfalls treten auf: Billy Kramer And The Coasters und Rory Storm And The Hurricanes).

6. 9. The Beatles: Riverpark Ballroom, Chester.

8. 9. The Beatles: Majestic Ballroom, Birkenhead.

9. 9. The Beatles: Cavern, Liverpool (Abendvorstellung, abwechselnd mit Billy Kramer And The Coasters und Clinton Ford).

10. 9. The Beatles: Queen's Hall, Widnes (ebenfalls treten auf: Rory Storm And The Hurricanes und Geoff Stacey And The Wanderers).
Pete Best, erster Auftritt als Schlagzeuger bei Lee Curtis And The All Stars: Majestic Ballroom, Birkenhead).

17. 9. The Beatles: Queen's Hall, Widnes (ebenfalls treten auf: Billy Kramer And The Coasters und The Vikings).

22. 9. The Beatles: Majestic Ballroom, Birkenhead.

23. 9. The Beatles: Cavern, Liverpool (Abendvorstellung, abwechselnd mit The Saints Jazzband und The Dominoes).

26. 9. The Beatles: Cavern, Liverpool (Nachmittagsvorstellung).
The Beatles: Cavern, Liverpool (Abendvorstellung, abwechselnd mit The Spidermen und The Dominoes).

1962

28. 9. THE BEATLES: Cavern, Liverpool (Nachmittagsvorstellung).

30. 9. THE BEATLES: Cavern, Liverpool (Abendvorstellung, abwechselnd mit THE RED RIVER JAZZ MEN und CLAY ELLIS AND THE RAIDERS).

2. 10. THE BEATLES: Cavern, Liverpool (Nachmittagsvorstellung).

3. 10. THE BEATLES: Cavern, Liverpool (Abendvorstellung, abwechselnd mit THE ECHOES und BILLY KRAMER AND THE COASTERS).

4. 10. THE BEATLES: Cavern, Liverpool (Nachmittagsvorstellung).

6. 10. THE BEATLES: Autogrammstunde anläßlich des Erscheinens der ersten Single, *Love Me Do*: Dawson's Music Shop, Widnes.

7. 10. THE BEATLES: Cavern, Liverpool (Abendvorstellung, abwechselnd mit THE RED RIVER JAZZMEN, THE BLUEGENES und THE ZODIACS).

8. 10. THE BEATLES: EMI House, London: Interview oder sonstige Aufnahme für die Sendung »The Friday Spectacular« von Radio Luxemburg; die Sendung wurde am 12. 10. 1962 ausgestrahlt.

10. 10. THE BEATLES: Cavern, Liverpool (Nachmittagsvorstellung).

THE BEATLES: Cavern, Liverpool (Abendvorstellung, abwechselnd mit THE FOUR JAYS und KEN DALLAS AND THE SILHOUETTES).

11. 10. THE BEATLES: Rialto Ballroom, Liverpool.

12. 10. THE BEATLES: Cavern, Liverpool (Nachmittagsvorstellung).

THE BEATLES: Tower Ballroom, New Brighton (BEATLES im Vorprogramm mit BILLY KRAMER AND THE COASTERS, THE UNDERTAKERS, RORY STORM AND THE HURRICANES und (unter Vorbehalt) LEE CURTIS AND THE ALL STARS, MERSEY BEATS, UNDERTAKERS, GUS TRYVIS AND THE MIDNIGHTERS, PEPPERMINT TWISTERS und FOUR JAYS. Als Hauptattraktion an diesem Abend: LITTLE RICHARD).

1962

13. 10. The Beatles: Cavern, Liverpool (Abendprogramm, abwechselnd mit The Zenith Six und Group One).

15. 10. The Beatles: Majestic Ballroom, Birkenhead.

16. 10. The Beatles: La Scala Ballroom, Runcorn.

17. 10. The Beatles: Cavern, Liverpool (Nachmittagsvorstellung).

17. 10. am frühen Abend The Beatles: Granada TV, Manchester: Die Beatles spielen in der Sendung »People and Places« die beiden Titel *Love Me Do* und *Ooh! My Soul*, die Sendung wird am 7. 11. 1962 ausgestrahlt.

The Beatles: Cavern, Liverpool (Abendvorstellung, abwechselnd mit The Big Three und Group One).

Oktober The Beatles: Royal Lido, Prestatyn.

19. 10. The Beatles: Cavern, Liverpool (Nachmittagsvorstellung).

20. 10. The Beatles: Majestic Ballroom, Hull.

21. 10. The Beatles: Empire Theatre, Liverpool (Star des Abends: Billy Fury).

The Beatles: Cavern, Liverpool (Abendvorstellung).

22. 10. The Beatles: Queen's Hall, Widnes (ebenfalls treten auf: Lee Curtis And The All Stars und The Mersey Beats).

25. 10. The Beatles: wahrscheinlich BBC's Playhouse Theatre, Manchester: Die Beatles spielen für die Rundfunksendung »Here We Go« die Titel *Love Me Do, A Taste Of Honey* und *P.S. I Love You*; die Sendung wird am 26. 10. 1962 ausgestrahlt.

26. 10. The Beatles: Cavern, Liverpool (Nachmittagsvorstellung).

The Beatles: Public Hall, Preston.

Ⓣ 27. 10. The Beatles: Interview für Cheshire Hospital Radio Station, Cheshire; das Interview wird am 28. 10. 1962 ausgestrahlt.

The Beatles: Hulme Hall, Port Sunlight.

28. 10. The Beatles: Empire Theatre, Liverpool: Die Beatles treten neben Little Richard als weitere Hauptattraktion auf. Im Vorprogramm: Craig Douglas, Jet Harris And The Jetblacks, Kenny Lynch, Sounds Incorporated und Breakaways.

1962

1. 11– 14. 11. THE BEATLES: Star-Club, Hamburg. Die BEATLES spielen jeden Abend.

7. oder 17. 11. Sendung »People and Places« von Granada TV mit den BEATLES: *Love Me Do* (Aufzeichnung), Sendedatum nicht ermittelt.

16. 11. THE BEATLES: Für Radio Luxemburg nehmen die BEATLES einen kurzen »Spot« (»Hallo, hier sind die BEATLES« oder ähnlich) auf; ausgestrahlt wird dieser in der Sendung »Friday Spectacular« am 23. 11. 1962.

17. 11. THE BEATLES: Matrix Hall, Coventry.

18. 11. THE BEATLES: Cavern, Liverpool (Abendvorstellung, abwechselnd mit THE MERSEY BEATS).

19. 11. THE BEATLES: Cavern, Liverpool (Nachmittagsvorstellung).
THE BEATLES: Adelphi Ballroom, West Bromwich.

20. 11. THE BEATLES: Floral Hall, Southport.

21. 11. THE BEATLES: Cavern, Liverpool (Nachmittagsvorstellung).
THE BEATLES: Cavern, Liverpool (Abendvorstellung, abwechselnd mit THE ZODIACS und JOHNNY TEMPLER AND THE HI-CATS).

22. 11. THE BEATLES: Majestic Ballroom, Birkenhead.

23. 11. THE BEATLES: Cavern, Liverpool (Nachmittagsvorstellung)
und/oder
THE BEATLES: St. James Church Hall, London [?] für BBC-TV. Allerdings wird dieser Auftritt nicht gesendet, weil er zu schlecht ist. Am gleichen Abend fahren die BEATLES mit dem Zug nach New Brighton.
THE BEATLES: »12th Annual Art's Ball« im Tower Ballroom, New Brighton (ebenfalls treten auf: LLEW HIRD JAZZ BAND, BILLY KRAMER AND THE COASTERS und THE PIPES AND DRUMS OF THE 1st BATTALION LIVERPOOL SCOTTISH REGIMENT).

24. 11. THE BEATLES: Royal Lido Ballroom, Prestatyn.

25. 11. THE BEATLES: Cavern, Liverpool (Abendvorstellung, abwechselnd mit THE ZENITH SIX, THE FOUR MOSTS und THE DENNISONS).

1962

27. 11. THE BEATLES: BBC London. Die BEATLES spielen für die Rundfunksendung »The Talent Spot« die Titel *Love Me Do, P.S. I Love You* und *Twist And Shout*; die Sendung wird am 4. 12. 1962 ausgestrahlt.

28. 11. THE BEATLES: Lokal Young Idea Dance/Lewis's Department Store, Liverpool.
THE BEATLES: Cavern, Liverpool (Abendprogramm, abwechselnd mit THE REMO FOUR und DEE YOUNG AND THE PONTIACS).

29. 11. THE BEATLES: Majestic Ballroom, Birkenhead.

30. 11. THE BEATLES: Cavern, Liverpool (Nachmittagsvorstellung).
THE BEATLES: Town Hall, Earlstown.

1. 12. THE BEATLES: (Victory) Memorial Hall, Northwich.
THE BEATLES: Tower Ballroom, New Brighton.

2. oder 10. 12. THE BEATLES: Embassy Cinema, Peterborough. Die BEATLES spielen chaotisch und zu laut. Als Hauptattraktion: FRANK IFIELD.
Außerdem treten auf: TED TAYLOR und JULIE GRANT.

3. 12. THE BEATLES: TWW Studios, Bristol; Live-Auftritt für die Fernsehsendung »Discs-a-Go-Go«.

4. 12. THE BEATLES: Kingsway Studio, London; Live-Auftritt in der Fernsehsendung »Tuesday Rendezvous«.

5. 12. THE BEATLES: Cavern, Liverpool (Nachmittagsvorstellung).
THE BEATLES: Cavern, Liverpool (Abendvorstellung, ob und mit welchen Gruppen abwechselnd, ist unbekannt).

6. 12. THE BEATLES: Club Django im Queen's Hotel, Southport.

7. 12. THE BEATLES: Cavern, Liverpool (Nachmittagsvorstellung).

7. 12. THE BEATLES: Tower Ballroom, New Brighton.

8. 12. THE BEATLES: Oasis Club, Manchester.

9. 12. THE BEATLES: Cavern, Liverpool. (Abendvorstellung, ob und mit welchen Gruppen abwechselnd, ist unbekannt. Produzent GEORGE MARTIN ist anwesend, weil er eine Cavern-Live-LP plant, die aber nie verwirklicht wird. Die einzig bekannte LP heißt *Liverpool Today*

1962 – »Live At The Cavern« und erschien 1965 bei der Plattenfirma Ember mit der Bestell-Nummer NR 5028. Zu hören sind der Disc-Jockey Bob Wooler (der auch damals die Beatles ansagte) und die Musiker Earl Preston's Realms, The Richmond Group und Michael Allen.

10. 12. The Beatles: Cavern, Liverpool (Nachmittagsvorstellung).

11. 12. The Beatles: La Scala Ballroom, Manchester.

12. 12. The Beatles: Cavern, Liverpool (Nachmittagsvorstellung).

12. 12. The Beatles: Cavern, Liverpool. (Abendvorstellung; ob und mit welchen Gruppen abwechselnd, ist unbekannt; wahrscheinlich mit Gerry And The Pacemakers. Im Publikum ist Produzent George Martin, um die Gruppe Gerry And The Pacemakers kennenzulernen. Erstmals trifft er auch mit Priscilla White alias Cilla Black zusammen, die im Cavern als Garderobenfrau arbeitet.

13. 12. The Beatles: Corn Exchange, Bedford.

14. 12. The Beatles: Music Hall, Shrewsbury.

15. 12. 16.00 Uhr The Beatles: Majestic Ballroom, Birkenhead. Die Beatles treten ganz kurz auf, um sich beim Nachmittags-Publikum für die Wahl zur beliebtesten lokalen Gruppe bei einer Umfrage der Zeitschrift »Mersey Beat« zu bedanken.

The Beatles: Majestic Ballroom, Birkenhead (Abendvorstellung).

16. 12. The Beatles: Cavern, Liverpool (Abendvorstellung; ob und mit welchen Gruppen abwechselnd, ist unbekannt).

17. 12. The Beatles: wahrscheinlich Manchester. Live-Auftritt der Beatles bei Granada TV in der Fernsehsendung »People and Places«.

Ⓣ 18. 12.– 31. 12. The Beatles: Star-Club, Hamburg.

King »Size« Taylor nahm am Abend des 31. 12. 1962 den Auftritt der Beatles mit einem Zwei-Spur-Heimtonbandgerät auf. 1977 wurden die meisten der Aufnahmen auf einer Doppel-LP veröffentlicht.

1963

2.–6. 1. The Beatles: Kurze Konzertreise durch Schottland.
2. 1. Longmore Hall, Keith.
3. 1. Two Red Shoes Ballroom, Elgin.
4. 1. Town Hall, Dingwall. Ursprünglich sollten die Beatles im Vorprogramm für Tommy Roe und Chris Montez in England auftreten.
5. 1. Museum Hall, Bridge of Allan.
6. 1. Beach Ballroom, Aberdeen.
7. 1. [?] The Beatles: Majestic Ballroom, Birkenhead. Angeblich bekommen etwa 500 Fans keine Karten mehr, da das Konzert ausverkauft ist.
8. 1. The Beatles: Rundfunk- oder TV-Studio, Glasgow: Die Beatles spielen *Please Please Me*.
10. 1. The Beatles: Grafton Ballroom, Liverpool.
11. 1. The Beatles: Cavern, Liverpool (Nachmittagsvorstellung).
11. 1. The Beatles: Plaza Ballroom, Old Hill.
11. 1. geplant: The Beatles: Ritz Ballroom, King's Heath. Wegen des schlechten Wetters schafften es die Beatles nicht, rechtzeitig von Old Hill nach King's Heath zu fahren. Das Konzert wird auf den 15. 2. 1963 verlegt.
12. 1. The Beatles: Invicta Ballroom, Chatham.
Ⓕ 13. 1. The Beatles: ABC-TV-Studios, Birmingham. Die Beatles treten in der Fernsehsendung »Thank Your Lucky Star« auf; die am 19. 1. ausgestrahlt wird.
14. 1. The Beatles: Civic Hall, Ellesmere Port.
16. 1. The Beatles: BBC's Playhouse Theatre, Manchester. Die Beatles spielen für die Rundfunksendung »Here We Go« die Titel *Chains, Please Please Me* und *Ask Me Why*; die Sendung wird am 25. 1. 1963 ausgestrahlt.
17. 1. The Beatles: Cavern, Liverpool (Nachmittagsvorstellung).
17. 1. The Beatles: Majestic Ballroom, Birkenhead.
Ⓕ 18. 1. The Beatles: Radio Luxemburg *sendet* die beiden Titel *Carol* und *Lend Me Your Comb*. Wann diese aufgenommen wurden, ist unbekannt.
18. 1. The Beatles: Floral Hall Ballroom, Morecambe.
19. 1. The Beatles: Town Hall Ballroom, Whitchurch/ Shropshire.

1963

20. 1. THE BEATLES: Cavern, Liverpool (Nachmittagsvorstellung).

21. 1. THE BEATLES: EMI-Haus, London. Die BEATLES spielen einen kurzen Spot für die Rundfunksendung »Friday Spectacular« von Radio Luxemburg auf, der am 25. 1. 1963 ausgestrahlt wird.

22. 1. THE BEATLES: wahrscheinlich BBC's Playhouse Theatre, Manchester.

Ⓣ Die BEATLES spielen für zwei Rundfunksendungen. »Saturday Club«: *Some Other Guy, Love Me Do, Please Please Me, Keep Your Hands Off My Baby* und *Beautiful Dreamer*, ausgestrahlt am 26. 1. 1963; »The Talent Spot«: *Please Please Me, Ask Me Why* und *Some Other Guy*, ausgestrahlt am 29. 1. 1963; außerdem geben sie ein Live-Interview für die Nachmittagssendung »Pop in«.

23. 1. THE BEATLES: Cavern, Liverpool (Abendvorstellung, ob und mit welchen Gruppen abwechselnd, ist unbekannt).

24. 1. THE BEATLES: Assembly Hall, Mold.

25. 1. CILLA BLACK: Cavern, Liverpool (Dies ist ihr erster Auftritt).

25. 1. THE BEATLES: Co-operative Hall, Darwen.

26. 1. THE BEATLES: El Rio Club, Macclesfield.

26. 1. THE BEATLES: King's Hall, Stoke-on-Trent.

27. 1. THE BEATLES (wahrscheinlich Liverpool): Die BEATLES proben am Morgen und Nachmittag für die anstehende Tournee mit HELEN SHAPIRO. Außerdem geben sie Interviews, wahrscheinlich für Zeitschriften.

27. 1. THE BEATLES: Three Coins Club, Manchester.

28. 1. THE BEATLES: Majestic Ballroom, Newcastle-upon-Tyne.

30. 1. THE BEATLES: Cavern, Liverpool (Nachmittagsvorstellung).

31. 1. THE BEATLES: Cavern, Liverpool (Nachmittagsvorstellung).

31. 1. THE BEATLES: Majestic Ballroom, Birkenhead.

1. 2. THE BEATLES: Assembly Rooms, Tamworth.

1. 2. THE BEATLES: Maney Hall, Sutton Coldfield.

2. 2.– 3. 3. 1963 THE BEATLES: **»Helen-Shapiro-Tour Through Britain«**. Die BEATLES sind neben dem Star HELEN SHAPIRO die Hauptattraktion; außerdem touren mit: DANNY WILLIAMS, KENNY LYNCH, THE KESTRELS, RED PRICE ORCHESTRA, THE HONEYS und DAVE ALLAN.

2. 2. Gaumont Cinema, Bradford.
Das Konzert wird von ABC-TV aufgezeichnet; Teile davon werden in der Sendung »Thank Your Lucky Star« gezeigt.

Außerhalb der Tour:

3. 2. THE BEATLES: »Rhythm and Blues Festival« im Cavern, Liverpool (Abendvorstellung).

4. 2. THE BEATLES: Cavern, Liverpool.
Die letzte Nachmittagsvorstellung der BEATLES.

Fortsetzung der SHAPIRO-Tour

5. 2. Gaumont Cinema, Doncaster.

6. 2. Granada Cinema, Bedford.

7. 2. Regal Cinema oder Odeon (Cinema), Wakefield.

8. 2 ABC Cinema, Carlisle.

9. 2. Empire Theatre oder Odeon (Cinema), Sunderland.

10. 2. Embassy, Peterborough.

Außerhalb der Tour:

11. 2. THE BEATLES: Abbey Road Studios der EMI, London.
Aufnahme für die erste LP, *Please Please Me*.

12. 2. THE BEATLES: Azena Ballroom, Sheffield.
THE BEATLES: Astoria Ballroom, Oldham.

13. 2. THE BEATLES: Majestic Ballroom, Hull.

14. 2. THE BEATLES: Locarno Ballroom, Liverpool.

15. 2. THE BEATLES: Ritz Ballroom, King's Heath.

16. 2. THE BEATLES: Carfax Assembly Rooms, Oxford.

17. 2. THE BEATLES: TV-Auftritt in »Thank Your Lucky Star«; sie spielen *Please Please Me;* die Sendung wird am 23. 2. 1963 gesendet.

18. 2. THE BEATLES: Queen's Hall, Widnes.

19. 2. THE BEATLES: Cavern, Liverpool (Abendvorstellung, ob und mit welchen Gruppen abwechselnd, ist unbekannt).

1963 THE BEATLES: Live-Auftritt in der Rundfunk-Nachmit-
20. 2. tagssendung »Parade of the Pops«: Die BEATLES spielen *Love Me Do* und *Please Please Me*.
21. 2. THE BEATLES: Majestic Ballroom, Birkenhead.

Fortsetzung der SHAPIRO-Tour
23. 2. Granada Cinema, Mansfield.
24. 2. Coventry Theatre, Coventry.

25. 2. THE BEATLES [außerhalb der Shapiro-Tour]: Casino Ballroom, Leigh.

Fortsetzung der SHAPIRO-Tour
26. 2. Gaumont Cinema oder Odeon (Cinema), Taunton.
27. 2. Rialto Theatre, York.
28. 2. Granada Cinema, Shrewsbury.
1. 3. Odeon Cinema, Southport.
2. 3. City Hall, Sheffield.
3. 3. Gaumont Cinema, Hanley.

4. 3. THE BEATLES: Plaza Ballroom, St. Helens.
6. 3. THE BEATLES: Aufnahme für Radiosendung »Here We Go« mit *Misery, Do You Want To Know A Secret* und *Please Please Me*; die Sendung wird am 12. 3. 1963 ausgestrahlt.
7. 3. THE BEATLES: »Mersey Beat Showcase« im Elizabethan Ballroom, Mottingham: Die BEATLES treten als Hauptattraktion mit weiteren Gruppen auf.
8. 3. THE BEATLES: The Royal Hall, Harrogate.

9.–31. 3. THE BEATLES**: Chris Montez und Tommy Roe »on tour«**
1963 Ebenfalls touren mit: THE VISCOUNTS, DEBBIE LEE, TONY MARSH und THE TERRY YOUNG SIX.
9. 3. Granada Cinema, East Ham.
10. 3. Hippodrome Theatre, Birmingham.
11. 3. THE BEATLES [außerhalb der Tour]: EMI House, London.
Die BEATLES machen Aufnahmen [?] für die Sendung »Friday Spectacular« von Radio Luxemburg, die am 15. 3. 1963 ausgestrahlt wird.

1963 *Fortsetzung der Montez & Roe-Tour*

12. 3. Granada Cinema, Badford (John Lennon hat eine sehr starke Erkältung, so daß Paul McCartney, George Harrison und Ringo Starr ohne ihn auftreten müssen).

13. 3. Rialto Theatre, York (ebenfalls ohne John Lennon).

14. 3. Gaumont Theatre, Wolverhampton (immer noch ohne John Lennon).

15. 5. Colston Hall, Bristol (Die Beatles wieder komplett!).

Ⓣ 16. 5. The Beatles [außerhalb der Tour]: Live-Auftritt in der BBC-Rundfunksendung »Saturday Club«. Die Beatles spielen *I Saw Her Standing There, Misery, Too Much Monkey Business, I'm Talking About You, Please Please Me* und *Hippy Hippy Shake*.

Fortsetzung der Montez & Roe-Tour

16. 3. City Hall, Sheffield.
17. 3. Embassy Cinema, Peterborough.
18. 3. Regal Cinema oder ABC (Cinema), Gloucester.
19. 3. Regal Cinema oder ABC (Cinema), Cambridge.
20. 3. Ritz oder ABC Cinema, Romford.

21. 3. The Beatles [außerhalb der Tour]: Aufnahme für die BBC-Radiosendung »On the Scene«: Die Beatles spielen *Misery, Do You Want To Know A Secret* und *Please Please Me*. Die Sendung wird am 28. 3. 1963 ausgestrahlt.

Fortsetzung der Montez & Roe-Tour

21. 3. ABC Cinema, Croydon.
22. 3. Gaumont Cinema, Doncaster.
23. 3. City Hall, Newcastle-upon-Tyne.
24. 3. Empire Theatre, Liverpool.
26. 3. Granada Cinema, Mansfield.
27. 3. ABC Cinema, Northampton.
28. 3. ABC Cinema, Exeter.
29. 3. Odeon Cinema, Lewisham.
30. 3. Guildhall, Portsmouth.
31. 3. De Montfort Hall, Leicester.

1963

1. 4. The Beatles: Aufnahmen für die BBC-Rundfunksendung »Side by Side«: *Side By Side* (Beatles & Karl Denver Trio), *I Saw Her Standing There, Do You Want To Know Secret, Baby It's You, Please Please Me, From Me To You* und *Misery*; am 22. 4. 1963 ausgestrahlt. Ⓣ Ebenfalls Aufnahmen für die nächste BBC-Rundfunksendung »Side By Side«: *Side By Side* (Beatles & Karl Denver Trio), *From Me To You, Long Tall Sally, A Taste Of Honey, Chains, Thank You Girl* und *Boys*; am 13. 5. 1963 ausgestrahlt.

Ⓣ 3. 4. The Beatles: Aufnahmen für die BBC-Rundfunksendung »Easy Beat«: *Please Please Me, Misery* und *From Me To You*; am 7. 4. 1963 ausgestrahlt.

Ⓣ 4. 4. The Beatles: Aufnahmen für die BBC-Rundfunksendung »Side By Side«: *Side by Side* (Beatles & Karl Denver Trio), *Too Much Monkey Business, Love Me Do, Boys, I'll Be On My Way* und *From Me To You*; am 24. 6. 1963 ausgestrahlt.

4. 4. The Beatles: Stowe School, Buckinghamshire.

5. 4. The Beatles: Privatvorstellung im EMI-House, London, anläßlich der Übergabe der »Silbernen« für die Single *Please Please Me*.

5. 4. The Beatles: Swimming Baths, Leyton.

6. 4. The Beatles: Pavilion Gardens Ballroom, Buxton.

7. 4. The Beatles: Savoy Ballroom, Southsea.

9. 4. The Beatles [wahrscheinlich London]: die Beatles geben ein Live-Interview für die BBC-Rundfunksendung »Pop Inn«.

The Beatles (wahrscheinlich London): die Beatles absolvieren einen Live-Auftritt in einer Fernsehsendung.

The Beatles: Studios in Kingsway, London; die Beatles sind zu Gast (Interview oder Auftritt) in der AR-TV-Sendung »Tuesday Rendezvous«.

9. 4. The Beatles: Ballroom des State Gaumont Cinema, Kilburn.

10. 4. The Beatles: Majestic Ballroom, Birkenhead.

11. 4. The Beatles: Co-operative Hall, Middleton.

12. 4. The Beatles: Cavern, Liverpool (Abendvorstellung,

1963 abwechselnd mit THE DENNISONS, FARON'S FLAMINGOS und THE ROADRUNNERS).

13. 4. THE BEATLES: Aufnahme eines Spots (?) für die BBC-TV-Sendung »The 625 Show«, am 16. 4. 1963 ausgestrahlt.

14. 4. THE BEATLES: Teddington Studios, London. Die BEATLES machen Aufnahmen für die TV-Sendung »Thank Your Lucky Star«. U. a. spielen sie *From Me To You*; die Sendung wird am 20. 4. 1963 ausgestrahlt.
THE ROLLING STONES: Crawdaddy Club, Richmond: Die BEATLES gehen zum Konzert.

15. 4. THE BEATLES: Riverside Dancing Club, Tenbury Wells.

16. 4. THE BEATLES: Granada-TV-Studios, Manchester. Die BEATLES treten live in der Sendung »Scene at 6.30« auf.

17. 4. THE BEATLES: Majestic Ballroom, Luton.

18. 4. THE BEATLES: »Swinging Sound '63« in der Royal Albert Hall, London. Dieser Auftritt wird vom BBC-Rundfunk [teilweise?] live übertragen. Erhalten sind von der Show die Titel *Twist And Shout* und *From Me To You*.

19. 4. THE BEATLES: »Mersey Beat Showcase« in der King's Hall, Stoke-on-Trent.

20. 4. THE BEATLES: Mersey View Pleasure Grounds Ballroom, Frodsham.

21. 4. THE BEATLES: »New Musical Express« Poll Winners Concert im Empire Pool, Wembley (Nachmittagsvorstellung).
THE BEATLES: Pigalle Club, London (am Piccadilly).

23. 4. THE BEATLES: Floral Hall, Southport.

24. 4. THE BEATLES: »Mersey Beat Showcase« im Majestic Ballroom, Finsbury Park.

25. 4. THE BEATLES: »Mersey Beat Showcase« in der Fairfield Hall, Croydon.

26. 4. THE BEATLES: Music Hall, Shrewsbury.

27. 4. THE BEATLES: (Victory) Memorial Hall, Northwich.

9. 5. THE BEATLES: BBC – Konzert, Royal Albert Hall, London.

10. 5. THE ESCORTS und weitere Gruppen: Philharmonic Hall, Liverpool. GEORGE HARRISON erzählt während oder

1963 direkt nach dem Konzert DICK ROWE von der Plattenfirma Decca, daß er nach der Ablehnung der BEATLES nun die ROLLING STONES unter Vertrag nehmen solle, der dies auch umgehend tut.

11. 5. THE BEATLES: Imperial Ballroom, Nelson.

12. 5. THE BEATLES: Auftritt in der ABC-TV-Show »Thank Your Lucky Star«; u. a. spielen die BEATLES *From Me To You*; am 18. 5. 1963 wird die Sendung ausgestrahlt.

14. 5. THE BEATLES: Rank Ballroom, Sunderland.

15. 5. THE BEATLES: Royalty Theatre, Chester.

16. 5. THE BEATLES: BBC-TV-Studio, wahrscheinlich London:
Die BEATLES treten live in der TV-Sendung »Pops and Lenny« auf.

17. 5. THE BEATLES: Grosvenor Rooms, Norwich.

18. 5.–9. 6. 1963 THE BEATLES: **»The Beatles Tour«**
Mit im Hauptprogramm: ROY ORBISON und GERRY AND THE PACEMAKERS, im Vorprogramm: DAVID MACBETH, LOUISE CARDET, ERKEY GRANT, IAN CRAWFORD, THE TERRY YOUNG SIX und TONY MARSH.

18. 5. Adelphi Cinema oder Granada (Cinema), Slough.

19. 5. Gaumont Cinema, Hanley.

20. 5. Gaumont Cinema, Southampton.

21. 5. THE BEATLES [außerhalb der BEATLES-Tour; wahrscheinlich London]:
Ⓣ Aufnahmen für zwei Rundfunksendungen. »Saturday Club«: *I Saw Her Standing There, Do You Want To Know A Secret, Boys, Long Tall Sally, From Me To*
Ⓣ *You* und *Money*, am 25. 5. 1963 ausgestrahlt; »Steppin' out«: *Please Please Me, I Saw Her Standing There, Roll Over Beethoven, Thank You Girl* und *From Me To You*, am 3. 6. 1963 ausgestrahlt.

Fortsetzung der BEATLES-Tour

22. 5. Gaumont Cinema, Ipswich.

23. 5. Odeon Cinema, Nottingham.

1963

Ⓣ 24. 5. The Beatles [außerhalb der Beatles-Tour]: BBC Aeolian Hall, London, New Bond Street 135–137. Aufnahme der BBC-Radiosendung »Pop Go the Beatles«, Folge 1, mit den Songs *Pop Go The Beatles, From Me To You, Everybody's Trying to Be My Baby, Do You Want To Know A Secret, You Really Got A Hold On Me, Misery, The Hippy Hippy Shake* und *Pop Go The Beatles*, (Gastgruppe: The Lorne Gibson Trio), ausgestrahlt am 4. 6. 1963.

Fortsetzung der Beatles-Tour

24. 5. Granada Cinema, Walthamstowe.
25. 5. City Hall, Sheffield (Wahrscheinlich wurden an diesem Abend Aufnahmen für einen kurzen Bericht in der Rundfunksendung »Saturday Club« gemacht).
26. 5. Empire Theatre, Liverpool.
27. 5. Capitol Cinema, Cardiff.
28. 5. Gaumont Cinema, Worcester.
29. 5. Rialto Theatre, York.
30. 5. Odeon Cinema, Manchester.
31. 5. Odeon Cinema, Southend-on-Sea.

1. 6. The Beatles [außerhalb der Beatles-Tour]: BBC's »Paris« Studio, London, Lower Regent Street. Aufnahmen: Ⓣ BBC-Radiosendung »Pop Go the Beatles«, Folge 2, mit den Titeln *Too Much Monkey Business*, *I Got To Find My Baby*, *Young Blood*, *Baby It's You, Till There Was You* und *Love Me Do*; (Gastgruppe: The Countries), ausgestrahlt am 11. 6. 1963.

Ⓣ BBC-Radiosendung »Pop Go the Beatles«, Folge 3, mit den Titeln *A Shot Of Rhythm And Blues*, *Memphis Tennessee*, *A Taste Of Honey*, *Sure To Fall*, *Money* und *From Me To You*; (Gastgruppe: Carter-Lewis And The Southerners), ausgestrahlt am 18. 6. 1963.

Fortsetzung der Beatles-Tour

1. 6. Granada Cinema, Tooting.
2. 6. Hippodrome Theatre, Brighton.
3. 6. Granada Cinema, Woolwich.

1963

4. 6. Town Hall, Birmingham.
5. 6. Odeon Cinema, Leeds.
7. 6. Odeon Cinema, Glasgow.
8. 6. City Hall, Newcastle-upon-Tyne.
9. 6. King George's Hall, Blackburn.

10. 6. THE BEATLES: Pavilion, Bath.
12. 6. THE BEATLES: Wohltätigkeitskonzert zugunsten der National Society for the Prevention of Cruelty to Children (Kinderschutzbund) im Grafton Ballroom, Liverpool.
13. 6. THE BEATLES: Palace Theatre Club, Offerton.
THE BEATLES: Southern Sporting Club, Manchester.
14. 6. THE BEATLES: »Mersey Beat Showcase« im Tower Ballroom, New Brighton (außerdem treten weitere Gruppen auf).
15. 6. THE BEATLES: City Hall, Salisbury.
16. 6. THE BEATLES: »Mersey Beat Showcase« im Odeon Cinema, Romford
(außerdem treten auf: GERRY AND THE PACEMAKERS und BILLY J. KRAMER AND THE DAKOTAS (vormals BILLY KRAMER AND THE COASTERS).
Ⓣ 17. 6. THE BEATLES: BBC-Studio, London.
Aufnahme der BBC-Radiosendung »Pop Go the Beatles«, Folge 4, mit den Titeln *I Saw Her Standing There*, *Anna (Go To Him)*, *Boys*, *Chains*, *P.S. I Love You* und *Twist And Shout*, (Gastgruppe: THE BACHELORS), ausgestrahlt am 25. 6. 1963.
Ⓣ 19. 6. THE BEATLES: BBC-Studios [wahrscheinlich London].
Aufnahme der BBC-Radiosendung »Easy Beat« mit den Titeln *Some Other Guy*, *A Taste Of Honey*, *Thank You Girl* und *From Me To You*, ausgestrahlt am 23. 6. 1963.
21. 6. THE BEATLES: Odeon Cinema, Guildford.
22. 6. JOHN LENNON [wahrscheinlich London]: Teilnahme an der BBC-Sendung »Juke Box Jury« als Mitglied der Jury, die über »Hit oder Niete« abstimmt; die Sendung wird am 29. 6. 1963 ausgestrahlt.
THE BEATLES: Town Hall Ballroom, Abergavenny.

1963 23. 6. THE BEATLES [wahrscheinlich London]: Auftritt in der Sendung »Lucky Star«, die am 29. 6. 1963 ausgestrahlt wird.

Ⓣ 24. 6. THE BEATLES: BBC's Playhause Theatre, London: Aufnahme von BBC-Radiosendung »Saturday Club« mit den Titeln *I Got To Find My Baby*, *Memphis Tennessee*, *Money*, *Till There Was You*, *From Me To You* und *Roll Over Beethoven*, ausgestrahlt am 29. 6. 1963.

25. 6. THE BEATLES: Astoria Ballroom, Middlesbrough.

26. 6. THE BEATLES: Majestic Ballroom, Newcastle-upon-Tyne.

28. 6. THE BEATLES: Queen's Hall, Leeds.

30. 6. THE BEATLES: ABC Cinema oder Regal (Cinema) in (Great) Yarmouth.

Ⓣ 2. 7. THE BEATLES: BBC-Studios, London.
Aufnahme der BBC-Radiosendung »Pop Go the Beatles«, Folge 5, mit den Titeln *That's All Right Mama*, *There's A Place*, *Carol*, *Soldier Of Love*, *Lend Me Your Comb* und *Clarabella*, (Gastgruppe: DUFFY POWER AND THE GRAHAM BOND QUARTET, ausgestrahlt am 16. 7. 1963.

3. 7. THE BEATLES: BBC-Studios, Manchester.
Aufnahme der BBC-Radiosendung »The Beat Show« mit den Titeln *From Me To You*, *A Taste Of Honey* und *Twist And Shout*, ausgestrahlt am 4. 7. 1963.

5. 7. THE BEATLES: Plaza Ballroom, Old Hill.

6. 7. THE BEATLES: (Victory) Memorial Hall, Northwich.

7. 7. THE BEATLES: ABC Theatre, Blackpool.

8.–13. 7. THE BEATLES: Winter Gardens, Margate. Die BEATLES geben täglich zwei Vorstellungen, gemeinsam mit BILLY J. KRAMER AND THE DAKOTAS.

10. 7. THE BEATLES: BBC Aeolian Hall/Studio 2, London, New Bond Street 135–137.
Ⓣ Aufnahme der BBC-Radiosendung »Pop Go the Beatles«, Folge 6, mit den Titeln *Sweet Little Sixteen*, *A Taste Of Honey*, *Nothin' Shakin' (But The Leaves On The Trees)*, *Love Me Do*, *Lonesome Tears In My Eyes* und *So How Come (No One Loves Me)*, (Gastgruppe: CARTER-LEWIS AND THE SOUTHERNERS), ausgestrahlt am 23. 7. 1963.

1963 Aufnahme der BBC-Radiosendung »Pop Go the Beatles«, Folge 7, mit den Titeln *Memphis Tennessee*, *Do You Want To Know A Secret*, *Till There Was You*, *Matchbox*, *Please Mr. Postman* und *Hippy Hippy Shake*, (Gastgruppe: THE SEARCHERS), ausgestrahlt am 30. 7. 1963.
Ⓣ

14. 7. THE BEATLES: ABC Theatre, Manchester.

16. 7. THE BEATLES: BBC's »Paris« Studio in London, Lower Regent Street, Aufnahme der BBC-Radiosendung »Pop Go the Beatles«, Folge 8, mit den Titeln *I'm Gonna Sit Right Down And Cry Over You*, *Crying, Waiting, Hoping*, *Kansas City/Hey Hey Hey Hey, To Know Her Is To Love Her*, *The Honeymoon Song* und *Twist And Shout*, (Gastgruppe: THE SWINGING BLUE-JEANS), ausgestrahlt am 6. 8. 1963;
Ⓣ
Aufnahme der BBC-Radiosendung »Pop Go the Beatles«, Folge 9, mit den Titeln *Long Tall Sally*, *Please Please Me, She Loves You*, *You Really Got A Hold On Me*, *I'll Get You* und *I Got A Woman*, (Gastgruppe: THE HOLLIES), ausgestrahlt am 13. 8. 1963;
Aufnahme der BBC-Radiosendung »Pop Go the Beatles«, Folge 10, mit den Titeln *She Loves You*, *Words Of Love, Glad All over, I Just Don't Understand, Devil In Her Heart* und *Slow Down*, (Gastgruppe: RUSS SAINTY AND THE NU-NOTES), ausgestrahlt am 20. 8. 1963.

Ⓣ 17. 7. THE BEATLES: BBC-Studio [wahrscheinlich London], Aufnahme der BBC-Radiosendung »Easy Beat« mit den Titeln *I Saw Her Standing There, A Shot Of Rhythm And Blues, There's A Place* und *Twist And Shout*, ausgestrahlt am 21. 7. 1963.

19. 7. THE BEATLES: Ritz Ballroom, Rhyl.

20. 7. THE BEATLES: Ritz Ballroom, Rhyl.

21. 7. THE BEATLES: Queen's Theatre, Blackpool.

22.–27. 7. THE BEATLES: Odeon Cinema, Weston-super-Mare: wahrscheinlich täglich zwei Shows, gemeinsam mit GERRY AND THE PACEMAKERS und TOMMY QUICKLY.

28. 7. THE BEATLES: ABC Cinema, Great Yarmouth.

30. 7. THE BEATLES: BBC-Studio [wahrscheinlich London]. Interview für BBC-Sendung »Non Stop Pop«, ausgestrahlt am 30. 8. 1963;

1963 Aufnahme für BBC-Radiosendung »Saturday Club« mit den Titeln *Long Tall Sally*, *She Loves You*, *Glad All Over*, *Twist And Shout*, *You Really Got A Hold On Me* und *I'll Get You*, ausgestrahlt am 24. 8. 1963.

31. 7. THE BEATLES: Imperial Ballroom, Nelson.

1. 8. THE BEATLES: BBC's Playhouse Theatre, Manchester. Aufnahme der BBC-Radiosendung »Pop Go the Beatles«, Folge 11, mit den Titeln *Ooh! My Soul, Don't Ever Change*, *Twist And Shout*, *She Loves You*, *Anna (Go To Him)* und *A Shot Of Rhythm And Blues*, (Gastgruppe: CYRIL DAVIES RHYTHM AND BLUES ALL STARS, Gastmusiker: LONG JOHN BALDRY), ausgestrahlt am 27. 8. 1963;
Aufnahme der BBC-Radiosendung »Pop Go the Beatles«, Folge 12, mit den Titeln *From Me To You*, *I'll Get You*, *Money*, *There's A Place*, *Honey Don't* und *Roll Over Beethoven*, (Gastgruppe: BRIAN POOLE AND THE TREMELOES), ausgestrahlt am 3. 9. 1963.
THE BEATLES: [?] Southport.

2. 8. THE BEATLES: Grafton Rooms, Liverpool (ebenfalls treten auf: THE UNDERTAKERS, THE DENNISONS, SONNY WEBB AND THE CASCADES und CHICK GRAHAM AND THE COASTERS).

3. 8. THE BEATLES: Cavern, Liverpool (Abendvorstellung, abwechselnd mit THE ESCORTS, THE MERSEYBEATS, THE ROADRUNNERS, JOHNNY RINGO AND THE COLTS und THE SAPPHIRES). Dies ist der 294. und letzte Auftritt der BEATLES im Cavern, Liverpool.

4. 8. THE BEATLES: Queen's Theatre, Blackpool.

5. 8. THE BEATLES: »A Twist & Shout Dance« (auch »Urmston Show«) im Urmston Abbotsfield Park, Manchester (außerdem treten auf: BRIAN POOLE AND THE TREMELOES, THE DENNISONS und JOHNNY MARTIN AND THE TREMORS).

6. 8. THE BEATLES: Springfield Ballroom, St. Saviour, Jersey.

7. 8. THE BEATLES: Springfield Ballroom, St. Saviour, Jersey.

1963

8. 8. THE BEATLES: Auditorium/Candie Gardens, St. Peter Port, Guernsey.

9. 8. THE BEATLES: Springfield Ballroom, St. Saviour, Jersey.

10. 8. THE BEATLES: Springfield Ballroom, St. Saviour, Jersey.

11. 8. THE BEATLES: ABC Theatre, Blackpool.

12.–17. 8. THE BEATLES: Odeon Cinema, Llandudno (allabendliche Vorstellungen, außerdem treten auf: BILLY J. KRAMER AND THE DAKOTAS und TOMMY QUICKLY).

14. 8. THE BEATLES: TV-Studio, Manchester.
Aufnahme der Granada-TV-Sendung »Scene at 6.30«, ausgestrahlt am 19. 8. 1963.

Ⓣ 18. 8. THE BEATLES: [?]
Aufnahme der Sendung »Lucky Stars« mit den Titeln *Twist And Shout*, *This Boy* und *I Want To Hold Your Hand*, ausgestrahlt am 24. 8. 1963.
THE BEATLES: Princess Theatre, Torquay.

19.–24. 8. THE BEATLES: Gaumont Cinema, Bournemouth (allabendliche Vorstellung; außerdem treten auf: BILLY J. KRAMER AND THE DAKOTAS und TOMMY QUICKLY).

25. 8. THE BEATLES: Queen's Theatre, Blackpool.

26.–31. 8. THE BEATLES: Odeon Cinema, Southport (allabendliche Vorstellung; außerdem treten auf: GERRY AND THE PACEMAKERS und TOMMY QUICKLY).

27. 8. THE BEATLES: Little Theatre, Southport.
Aufnahmen für die BBC-TV-Dokumentationssendung »The Mersey Sound«, Erstsendung [?], wiederholt am 13. 11. 1963.

28. 8. THE BEATLES: TV-Studio, Manchester.
Aufnahme von Interviews für die BBC-TV-Dokumentationssendung »The Mersey Sound«, Erstsendung [?], wiederholt am 13. 11. 1963.

Ⓣ 1. 9. THE BEATLES: Regal Cinema, Yarmouth.
Konzert für die ABC-TV-Sendung »Big Night out«, ausgestrahlt am 7. 9. 1963.

3. 9. THE BEATLES: BBC Aeolian Hall/Studio 2, London, New Bond Street 135–137.
Aufnahme der BBC-Radiosendung »Pop Go the Beat-

1963

Ⓣ les«, Folge 13, mit den Titeln *Too Much Monkey Business*, *Till There Was You*, *Love Me Do*, *She Loves You*, *I'll Get You*, *A Taste Of Honey* und *Hippy Hippy Shake*, (Gastgruppe: JOHNNY KID AND THE PIRATES), ausgestrahlt am 10. 9. 1963;
Aufnahme der BBC-Radiosendung »Pop Go the Beatles«, Folge 14, mit den Titeln *Chains*, *You Really Got A Hold On Me*, *Misery*, *Lucille*, *From Me To You* und *Boys*, (Gastgruppe: THE MARAUDERS), ausgestrahlt am 17. 9. 1963;
Aufnahme der BBC-Radiosendung »Pop Go the Beatles«, Folge 15, mit den Titeln *She Loves You*, *Ask Me Why*, *Devil In Her Heart*, *I Saw Her Standing There*, *Sure To Fall* und *Twist And Shout*, (Gastgruppe: TONY RIVERS AND THE CASTAWAYS), ausgestrahlt am 25. 9. 1963.

3. 9. [?] THE BEATLES: Queen's Theatre, Blackpool.

4. 9. THE BEATLES: Gaumont Cinema, Worcester (außerdem tritt auf: MIKE BERRY).

5. 9. THE BEATLES: Gaumont Cinema, Taunton (außerdem tritt auf: MIKE BERRY).

6. 9. THE BEATLES: Odeon Cinema, Luton (außerdem tritt auf: MIKE BERRY).

7. 9. THE BEATLES: BBC's Playhouse Theatre, London, Northumberland Avenue.
Aufnahme der BBC-Radiosendung »Saturday Club – Fifth Birthday Edition« mit den Titeln *I Saw Her Standing There*, *Memphis Tennessee*, *Happy Birthday Dear Saturday Club*, *I'll Get You*, *She Loves You* und *Lucille*, ausgestrahlt am 5. 10. 1963;
ebenfalls in der Sendung (aber sehr wahrscheinlich zu anderen Zeiten und an anderen Orten aufgenommen): RICK NELSON, JOE BROWN AND HIS BRUVVERS, BOBBY VEE und THE EVERLY BROTHERS.
THE BEATLES: Fairfield Hall, Croydon.

8. 9. THE BEATLES: ABC Theatre, Blackpool.

10. 9. THE ROLLING STONES: Ken Colyer Club, London.
JOHN LENNON, PAUL MCCARTNEY und STONES-Manager ANDREW LOOG OLDHAM besuchen gemeinsam am

1963 Nachmittag die Proben der ROLLING STONES für den Auftritt am Abend. JOHN und PAUL bieten den STONES die Komposition *I Wanna Be Your Man* an und komponieren das noch unfertige Stück in einer Pause fertig.

13. 9. THE BEATLES: Public Hall, Preston.
PAUL MCCARTNEY: Imperial Ballroom, Nelson.
PAUL MCCARTNEY ist Jury-Mitglied bei einem Schönheits-Wettbewerb.

14. 9. THE BEATLES: NEMS-Büro, Liverpool-Moorfield.
Die BEATLES geben Presse-Interviews.
THE BEATLES: (Victory) Memorial Hall, Northwich.

15. 9. THE BEATLES: »Great Pop Prom« in der Royal Albert Hall, London.

3. 10. EVERLY BROTHERS, BO DIDDLEY und THE ROLLING STONES: Odeon Cinema, Southend-on-Sea. RINGO STARR besucht das Konzert.

4. 10. THE BEATLES: BBC's Kingsway-TV-Studios, London.
Live-Auftritt in der BBC-Fernsehsendung »Ready Steady Go!«

5.–7. 10. 1963 THE BEATLES: **Kurz-Tournee durch Schottland**

5. 10. THE BEATLES: Concert Hall, Glasgow.
6. 10. Carlton Theatre oder Regal Cinema, Kirkcaldy.
7. 10. Caird Hall, Dundee.

8. 10. ROLAND KIRK: Ronnie Scott's Club, London.
Die BEATLES besuchen die Vorstellung.

9. 10. THE BEATLES: BBC-TV-Studio [wahrscheinlich London].
Aufnahme für die BBC-Fernsehsendung »The Ken Dodd Show«, die BEATLES spielen *She Loves You*, ausgestrahlt am 3. 11. 1963, wiederholt am 6. 11. 1963.

11. 10. THE BEATLES: Trentham Gardens, Stoke-on-Trent.

12. 10. THE BEATLES: NEMS-Büro, London, Monmouth Street 13.
Die BEATLES proben für den Auftritt am nächsten Abend.

13. 10. THE BEATLES: »Sunday Night at the London Palladium« im Palladium, London.

1963 BBC-TV überträgt live: 15 Millionen Zuschauer!
Ⓣ Später auch [teilweise?] vom BBC-Hörfunk gesendet. U. a. spielen die Beatles: *I Want To Hold Your Hand*, *This Boy*, *All My Loving*, *Money* und *Twist And Shout*.

15. 10. The Beatles: Floral Hall, Southport.

Ⓣ 16. 10. The Beatles: BBC's Playhouse Theatre, London. Aufnahme der BBC-Radiosendung »Easy Beat« mit den Titeln *I Saw Her Standing There, Love Me Do, Please Please Me, From Me To You* and *She Loves You*, ausgestrahlt am 20. 10. 1963.

17. 10. Paul McCartney oder The Beatles: Restaurant, London, Bond Street. Lunch mit dem Gewinner der Aktion »Why I Like the Beatles« einer Jugendzeitschrift.

18. 10. The Beatles: TV-Studio, wahrscheinlich Manchester. Unangekündigter Auftritt in der Fernsehsendung »Scene at 6.30«, Sendedatum nicht zu ermitteln.
The Beatles: Music Hall, Shrewsbury.

19. 10. The Beatles: Pavilion Gardens Ballroom, Buxton.

Ⓕ 20. 10. The Beatles: [?] Birmingham. Das Konzert wird von ABC-TV für die Fernsehsendung »Thank Your Lucky Star« gefilmt und am 26. 10. 1963 ausgestrahlt.

24.–30. 10. The Beatles: **Tournee durch Schweden**

24. 10. Karlaplan, Stockholm.
Auftritt vor Publikum für die Radiosendung »Pop '63«. Die Beatles spielen *I Saw Her Standing There*, *From Me To You*, *Money*, *Roll Over Beethoven*, *You Really Got A Hold On Me*, *She Loves You* und *Twist And Shout*, Sendedatum unbekannt.

25. 10. Sundsta Läroverk, Karlstad (2 Vorstellungen).

26. 10. Kungliga Hallen, Stockholm (2 Vorstellungen).

Ⓣ 27. 10. Cirkus, Göteburg (2 Vorstellungen).

28. 10. Plattengeschäft Waldele, Borås: Autogrammstunde.
Boråashallen, Borås.

29. 10. Sporthallen, Eskilstuna.

Ⓣ 30. 10. TV-Studio [wahrscheinlich Stockholm]: Auftritt vor Publikum für die Fernsehsendung »Drop in«. Die Beatles spielen *I Saw Her Standing There*, *From Me To You*, *Money*, *You Really Got A Hold On Me*, *She Loves You* und *Twist And Shout*, ausgestrahlt am 3. 11. 1963.

1963

31. 10. The Everly Brothers, The Rolling Stones, Bo Diddley und Little Richard: Odeon Cinema, Lewisham.
George Harrison besucht verkleidet [!] das Konzert.

1. 11.– 13. 12. The Beatles: **»Beatles' Autumn Tour«**
Im Vorprogramm: The Rhythm & Blues Quartet, The Vernon Girls, Frank/Mike [?] Berry, Peter Jay And The Jaywalkers und The Kestrels.

1. 11. Odeon Cinema, Cheltenham.
2. 11. City Hall, Sheffield.
3. 11. Odeon Cinema, Leeds.

Ⓕ 4. 11. The Beatles [außerhalb der Tour]: »Royal Variety Performance« im Prince of Wales Theatre, London.
Die Beatles spielen *From Me To You*, *She Loves You*, *Till There Was You* und *Twist And Shout*. John Lennon fordert vor dem letzten Titel auf: »Die Leute auf den billigen Plätzen klatschen in die Hände, und die übrigen rasseln einfach mit ihren Juwelen.«
Außerdem treten auf: Max Bygraves, Tommy Steele und Marlene Dietrich. Die Show wird vom BBC-Fernsehen am 10. 11. 1963 ausgestrahlt.

Fortsetzung der »Beatles Autumn Tour«

5. 11. Adelphi Cinema, Slough: Beatles und Peter Jay And The Jaywalkers geben am Nachmittag spontan eine kurze Vorstellung für 50 Polizisten.
Adelphi Cinema, Slough.
6. 11. ABC Cinema, Northampton.
7. 11. Adelphi Cinema, Dublin (2 Vorstellungen).
8. 11. BBC-TV-Studio, Belfast: Interview und ein Song für die Fernsehsendung »Six O'Clock«, ausgestrahlt am gleichen Abend.
Ritz Cinema, Belfast (2 Vorstellungen).
9. 11. Adelphi Cinema, Slough und/oder Granada Cinema, East Ham.
10. 11. Hippodrome Theatre, Birmingham.
12. 11. Guildhall, Portmouth: Dieses Konzert muß abgesagt

1963 werden, weil PAUL MCCARTNEY eine Magenentzündung hat. Eine Aufnahme für die TV-Show »Day by Day« wird gleichfalls abgesagt. Beides soll am 3. 12. 1963 nachgeholt werden.

13. 11. ABC Cinema, Plymouth.

14. 11. ABC Cinema, Exter.

15. 11. Colston Hall, Bristol.

16. 11. Winter Gardens Theatre, Bournemouth.
Anwesend: drei US-TV-Nachrichtenteams; die Filmberichte vom Konzert und der Beatlemania wurden am 21. 11. 1963 ausgestrahlt; ferner sind Foto-Reporter der US-Zeitschrift »Life« dabei.

17. 11. Coventry Theatre, Coventry.
Anwesend: Foto-Reporter der US-Zeitschrift »Life«.

19. 11. Gaumont Cinema, Wolverhampton.

20. 11. Apollo Cinema oder ABC Cinema, Manchester.
Ⓕ Pathe British News macht Filmaufnahmen für einen Achtminutenfilm, der als Vorprogramm in den Kinos gezeigt wird: Die BEATLES spielen die beiden Titel *She Loves You* und *Twist And Shout*.

21. 11. ABC Cinema, Carlisle.

22. 11. Globe Cinema, Stockton-on-Tees.

23. 11. City Hall, Newcastle-upon-Tyne.

24. 11. ABC Cinema, Hull.

26. 11. Regal Cinema oder ABC Cinema, Cambridge.

27. 11. TV-Studio (wahrscheinlich Manchester): Auftritt und Interviews in der Granada-Fernsehsendung »Scene at 6.30«, Sendedatum unbekannt.
Rialto Theatre, York.

28. 11. ABC Cinema, Lincoln.

29. 11. ABC Cinema, Hudderfields.

30. 11. Empire Theatre, Sunderland.

1. 12. De Monfort Hall, Leicester.

2. 12. THE BEATLES [außerhalb der Tour]:
ATV's Elstree-Studios, London.
Aufnahmen für die Fernsehsendung »Morecambe and Wise Show«: drei Songs und ein Sketch, ausgestrahlt am 18. 4. 1964, wiederholt am 24. 7. 1965.

1963 The Beatles: Ballroom at the Grosvenor Hotel, London (Wohltätigkeitskonzert).

Fortsetzung der »Beatles' Autumn Tour«

3. 12. [?] Aufnahme für die Fernsehshow »Day by Day«, Sendedatum unbekannt.
Guildhall, Porthmouth.

7. 12. Empire Theatre, Liverpool.
Aufnahmen für die BBC-Sendung »Juke Box Jury«, in der die Beatles als Juroren vertreten sind, ausgestrahlt am gleichen Abend.
»Northern Fan Club Convention« im Empire Theatre, Liverpool:
Ⓣ Kurzes Konzert der Beatles für die Mitglieder des Beatles-Fanclubs, welches von BBC-TV gefilmt und am gleichen Abend in der Sendung »It's the Beatles« ausgestrahlt wird.

7. 12. Odeon Cinema, Liverpool.
8. 12. Odeon Cinema, Lewisham.
9. 12. Odeon Cinema, Southend-on-Sea.
10. 12. Gaumont Cinema, Doncaster.
11. 12. Futurist Theatre, Scarborough.
12. 12. Odeon Cinema, Nottingham.
13. 12. Gaumont Cinema, Southampton.

14. 12. The Beatles: »Southern Fan Club Convention« im Ballroom, Wimbledon, 3000 Besucher.

15. 12. The Beatles: TV-Studios [wahrscheinlich Manchester].
Aufnahmen für die Fernsehsendung »Thank Your Lucky Star«, ausgestrahlt am 21. 12. 1963.

Ⓣ 17. 12. The Beatles: BBC's Playhouse Theatre, London, Northumberland Avenue.
Aufnahmen für die BBC-Radiosendung »Saturday Club« mit den Titeln *All My Loving*, *This Boy*, *I Want To Hold Your Hand*, *Till There Was You*, *Roll Over Beethoven*, *Christmas Messages*, *She Loves You* und *Beatle Crimble Medley: Love Me Do/Please Please Me/From Me To You/She Loves You/I Want To Hold Your*

1963 *Hand/Rudolph The Red-Nosed Reindeer*, ausgestrahlt am 21. 12. 1963.

18. 12. THE BEATLES: BBC's »Paris« Studio in London, Lower Regent Street.
Aufnahmen für die BBC-Radiosendung »From Us to You« mit den Titeln *From Us To You*, *She Loves You*, *All My Loving*, *Roll Over Beethoven*, *Till There Was You*, *Boys*, *Money*, *I Saw Her Standing There*, *I Want To Hold Your Hand* und *From Us To You*, ausgestrahlt am 26. 12. 1963.

21. 12. THE BEATLES: Preview von »The Beatles Christmas Show« im Gaumont Cinema, Bradford.

22. 12. THE BEATLES: Preview von »The Beatles Christmas Show« im Empire Theatre, Liverpool.

24. 12. 1963– 11. 1. 1964 **»The Beatles Christmas Show«**
Mitwirkende in der Reihenfolge ihrer Auftritte: THE BARRON KNIGHTS, TOMMY QUICKLY, THE FOURMOST, THE BEATLES: *Sketch »What A Night«*, THE DAKOTAS, BILLY J. KRAMER AND THE DAKOTAS, THE BARRON KNIGHTS, CILLA BLACK, ROLF HARRIS und THE BEATLES: *Roll Over Beethoven*, *All My Loving*, *This Boy*, *I Wanna Be Your Man*, *She Loves You*, *Till There Was You*, *I Want To Hold Your Hand*, *Money* und *Twist And Shout*.
Die Shows finden an folgenden Tagen statt: 24., 26., 27., 28., 30., 31. Dezember 1963; 1., 2., 3., 4., 6., 7., 8., 9., 10. und 11. Januar 1964 jeweils im Astoria Cinema, London, Finsbury Park.

1964

Ⓣ 7. 1. THE BEATLES: BBC's Playhouse Theatre, London, Northumberland Avenue.
Aufnahme der BBC-Radiosendung »Saturday Club« mit den Titeln *All My Loving*, *Money*, *Hippy Hippy Shake*, *I Want To Hold Your Hand*, *Roll Over Beethoven*, *Johnny B. Goode* und *I Wanna Be Your Man*, ausgestrahlt am 15. 2. 1964.

1964 THE BEATLES: »Sunday Night at the London Palladium«
Ⓣ 12. 1. im Palladium, London. (Vom Fernsehen aufgezeichnet; Sendedatum unbekannt.)

15. 1. THE BEATLES: Cinéma Cyrano, Versailles, Frankreich.

16. 1.– THE BEATLES: **»The Beatles at Paris Olympia«**
4. 2. 1964 Im Vorprogramm: TRINI LOPEZ und SYLVIE VARTAN. Die BEATLES werden von ROBERT MARCY angekündigt und spielen u. a. *From Me To You*, *This Boy*, *I Want To Hold Your Hand*, *She Loves You* und *Twist And Shout*.
Jeweils drei [?] Shows finden an folgenden Tagen statt: 16., 17., 18., 19. (eine Show wird von Radio-Station Europe 1 live übertragen), 20., 21., 22. (eine Show wird
Ⓣ vom TV ORTF gefilmt; Sendedatum unbekannt), 23., 24., 25., 26., 27., 29., 30., 31. Januar, 1., 2., 3. und 4. Februar 1964; jeweils im Olympia, Paris, Frankreich.

7. 2. THE PETE BEST FOUR: Downbeat Club, Liverpool. (MIKE SMITH von der Plattenfirma Decca ist im Publikum und verpflichtet die Gruppe für einen Plattenvertrag.)

8. 2. THE BEATLES: Plaza Hotel, New York, USA. Die BEATLES proben für ihren kommenden US-TV-
Ⓣ Auftritt und geben ein Telefon-Interview (live) für die BBC-Radiosendung »Saturday Club«.

9. 2. JOHN LENNON, PAUL MCCARTNEY und RINGO STARR: Plaza Hotel, New York, USA. Weitere Proben für den TV-Auftritt (GEORGE HARRISON ist erkrankt).
JOHN LENNON, PAUL MCCARTNEY und RINGO STARR: Central Park, New York, USA: Fototermin für die US-Presse.
THE BEATLES: CBS-Television Studio, New York, USA.
Ⓕ Der als *dritter* geplante Auftritt in der »Ed Sullivan Show« wird aufgezeichnet. Die BEATLES spielen *Twist And Shout*, *Please Please Me* und *I Want To Hold Your Hand*, ausgestrahlt am 23. 2. 1964.
Ⓕ Abends findet der Live-Auftritt in der »Ed Sullivan Show« statt: die BEATLES spielen *All My Loving*, *Till*

1964 *There Was You*, *She Loves You*, *I Saw Her Standing There* und *I Want To Hold Your Hand*. Die Live-Show sehen 73 Millionen Zuschauer!

Ⓣ 10. 2. THE BEATLES: New York, USA.
Die BEATLES geben weitere Interviews für Funk und Presse.

Ⓣ 11. 2. THE BEATLES: Washington, USA.
Interview für die Radio-Station WWDC.
THE BEATLES: Washington Coliseum, Washington, USA.
Pressekonferenz.

Ⓕ THE BEATLES: Washington Coliseum, Washington, USA.
Im Vorprogramm: THE CARAVELLES, TOMMY ROE und THE CHIFFONS. Die BEATLES spielen *Roll Over Beethoven*, *From Me To You*, *I Saw Her Standing There*, *This Boy*, *All My Loving*, *I Wanna Be Your Man*, *Please Please Me*, *She Loves You* und *I Want To Hold Your Hand*.

12. 2. THE BEATLES: Carnegie Hall, New York, USA (2 Vorstellungen).
Die BEATLES spielen die gleichen Songs wie in Washington. Es ist geplant, die mitgeschnittenen Stereo-Aufnahmen später als Live-LP zu veröffentlichen. Brian Epstein lehnt ab.

14. 2. THE BEATLES: : Miami Beach, USA.
Fotosession für die Zeitschrift »Life«.
THE BEATLES: Beauville Hotel, Miami Beach, USA.
Sehr wahrscheinlich proben die BEATLES kurz für den nächsten Auftritt in der »Ed Sullivan Show«.

15. 2. THE BEATLES: Beauville Hotel, Miami Beach, USA.
Ausführliche Proben für die TV-Show.

16. 2. THE BEATLES: Beauville Hotel, Miami Beach, USA.
Nachmittags: Anprobe der Bühnenkleidung.
Abends: »Ed Sullivan Show« aus dem Beauville Hotel
Ⓕ (Live-TV-Sendung), die BEATLES spielen *She Loves You*, *This Boy*, *All My Loving*, *I Saw Her Standing There*, *From Me To You* und *I Want To Hold Your Hand*.

1964 THE BEATLES: Kingsford-Smith Suite des Londoner
22. 2. Flughafen, London.
Pressekonferenz, gefilmt von BBC-TV, ausgestrahlt am gleichen Abend. Außerdem: Telefon-Interview für die
Ⓣ BBC-Radiosendung »Saturday Club«, ausgestrahlt am gleichen Tag.

Ⓣ 23. 2. THE BEATLES: Teddington Studios, London.
Aufnahmen für die ABC-TV-Sendung »Big Night out« mit den Titeln *All My Loving*, *I Wanna Be Your Man*, *Please Mr. Postman* und *Till There Was You*, ausgestrahlt am 29. 2. 1964.

28. 2. THE BEATLES: BBC's Piccadilly Theatre, Studio 1, London.
Aufnahme der BBC-Radiosendung »From Us to You«, Folge 2, mit den Titeln *From Us To You*, *You Can't Do That*, *Roll Over Beethoven*, *Till There Was You*, *I Wanna Be Your Man*, *Please Mr. Postman*, *All My Loving*, *This Boy*, *Can't Buy Me Love* und *From Us To You*, ausgestrahlt am 30. 3. 1964.

16. 3. CILLA BLACK AND THE SOUNDS INCORPORATED: BBC-Studio, London.
GEORGE HARRISON und BRIAN EPSTEIN, auch Manager von CILLA BLACK, besuchen die Aufnahmen.

18. 3. THE BEATLES: Twickenham Filmstudios, London.
Während der Dreharbeiten zu »A Hard Day's Night« geben sie ein Interview für die BBC-Radiosendung »The Public Ear«, ausgestrahlt am 22. 3. 1964.

Ⓕ 19. 3. THE BEATLES: BBC Television Theatre, London, Sheperd's Bush.
Aufnahmearbeiten für die TV-Sendung »Top of the Pops«. Die BEATLES spielen *Can't Buy Me Love*, ausgestrahlt am 25. 3. 1964.

20. 3. THE BEATLES: Kingsway-TV-Studios, London.
Aufnahmen für die TV-Sendung »Ready Steady Go!«. Gefilmt wird die Übergabe eines Preises der US-Zeitschrift »Billboard«, ausgestrahlt am 27. 4. 1964.

23. 3. JOHN LENNON [wahrscheinlich London]:
Live-Interview für die BBC-Fernsehsendung »Tonight« anläßlich des Erscheinens des Buches *In His Own Write* von JOHN LENNON.

1964

ca. 26. 3. PETE BEST: TV-Studio [?], USA.
Interview in der US-Fernsehshow »I've Got a Secret«.

30. 3.–4. 4. THE BEATLES: Empire Theatre, Liverpool.

[?] 31. 3. THE BEATLES: BBC's Playhouse Theatre, Manchester.
Ⓣ Aufnahme der BBC-Radiosendung »Saturday Club« mit den Titeln *Everybody's Trying To Be My Baby*, *I Call Your Name*, *I Got A Woman*, *You Can't Do That*, *Can't Buy Me Love*, *Sure To Fall* und *Long Tall Sally*, ausgestrahlt am 4. 4. 1963.
JOHN LENNON: BBC-Radio-Studio, wahrscheinlich London.
Interview für die BBC-Radiosendung »A Slice of Life«; ausgestrahlt am 2. 5. 1964.

16. 4. THE BEATLES: Twickenham Filmstudios, London.
Aufnahmen für die US-Fernsehsendung »Ed Sullivan Show«.
ED SULLIVAN interviewt die BEATLES; ausgestrahlt am 24. 5. 1964.

Ⓕ 19. 4. THE BEATLES: IBC Studios, London.
Aufnahme des Soundtracks zur Fernsehsendung »Around the Beatles«.

26. 4. THE BEATLES: »New Musical Express Poll Winners Concert« im Empire Wembley Pool, London.
ABC-TV filmt für Sendung »Big Beat '64«, ausgestrahlt am 10. 5. 1964, wiederholt am 8. 11. 1964.

Ⓕ 27./28. 4. THE BEATLES: Associated-Rediffusion's Webley TV Studios, London.
Aufnahmen für die Fernsehsendung »Around the Beatles«; die BEATLES spielen u. a. (sehr ungern) einen *Shakespeare-Sketch*, ausgestrahlt am 6. 5. 1964, wiederholt am 8. 6. 1964.

29. 4. THE BEATLES: ABC Cinema, Edinburgh (2 Vorstellungen).

30. 4. THE BEATLES: Odeon Cinema, Glasgow.

1. 5. THE BEATLES: BBC-Studio Paris, London, Lower Regent Street.
Aufnahme der BBC-Radiosendung »From Us to You«

1964 mit den Titeln *From Us To You*, *Whit Monday To You*, *I Saw Her Standing There*, *Kansas City/Hey Hey Hey Hey*, *I Forgot To Remember To Forget Her*, *You Can't Do That*, *Sure To Fall*, *Can't Buy Me Love*, *Matchbox*, *Honey Don't* und *From Us To You*, ausgestrahlt am 18. 5. 1964.

Anfang Mai PAUL McCARTNEY: BBC-TV-Studio [wahrscheinlich London].
Interview für die BBC-Fernsehsendung »A Degree of Frost«, ausgestrahlt am 18. 5. 1964, wiederholt am 1. 9. 1964.

30. 5. THE BEATLES und Pressemanager DEREK TAYLOR: NEMS-Büro, London.
Pressekonferenz.

31. 5. THE BEATLES: »Pops Alive!« im Prince of Wales Theatre, London (2 Vorstellungen).

2. 6. CILLA BLACK: London Palladium, London.
PAUL McCARTNEY und Freundin JANE ASHER besuchen das Konzert.

3. 6. JOHN LENNON, PAUL McCARTNEY, GEORGE HARRISON und JIMMY NICOL [wahrscheinlich London]:
Da RINGO STARR eine starke Mandelentzündung hat, proben die anderen BEATLES mit dem kurzfristig engagierten Ersatzmann JIMMY NICOL am Schlagzeug.

4.–30. 6. THE BEATLES: **»Short World Tour«**
JIMMY NICOL vertritt RINGO STARR bis einschließlich 15. 6. 1964.

4. 6. Kopenhagen, Dänemark: Proben für das Konzert am Abend.

Ⓣ Tivoli Gardens oder K. B. Hallen, Kopenhagen, Dänemark; 4400 Besucher.
Die BEATLES spielen *I Saw Her Standing There*, *I Want To Hold Your Hand*, *All My Loving*, *She Loves You*, *Till There Was You*, *Roll Over Beethoven*, *Can't Buy Me Love*, *This Boy* und *Twist And Shout*.

Ⓕ 5. 6. Treslong Studios, Hillegam, Holland:
Aufnahmen für VARA-Fernsehshow mit den Titeln *She Loves You*, *All My Loving*, *Twist And Shout*, *Roll Over Beethoven*, *Can't Buy Me Love*, *Long Tall Sally*

1964 und Interviews, ausgestrahlt am 8. 6. 1964, wiederholt am 18. 7. 1964.

6. 6. Veilinghal »Op Hoop van Zegen«, Blokker, Holland, 2 Vorstellungen mit je 3000 Besuchern.
Im Vorprogramm der Nachmittagsvorstellung: FANCY FIVE, KARIN KENT, JACK & BILL, HERMAN VAN KEEKEN, WANDA, DON MERCEDES AND HIS IMPROVERS und DE TORERO'S;
im Vorprogramm der Abendvorstellung: THE HOTJUMPERS, WANDA, CANDY KIDS, JOHN RUSSELL AND HIS KLAN, KARIN KENT, HERMANN VAN KEEKEN, KWINTET DOMINIQUE und WANDA;
die BEATLES spielen (jeweils Nachmittags- und Abendvorstellung): *I Saw Her Standing There*, *I Want To Hold Your Hand*, *All My Loving*, *She Loves You*, *Till There Was You*, *Roll Over Beethoven*, *Can't Buy Me Love*, *This Boy* und *Twist And Shout*.

9. 6. Princess Theatre, Kowloon, Hongkong (2 Vorstellungen).

Ⓣ 12. 6. Centennial Hall, Adelaide, Australien:
Die BEATLES spielen *I Saw Her Standing There*, *You Can't Do That*, *All My Loving*, *She Loves You*, *Till There Was You*, *Roll Over Beethoven*, *Can't Buy Me Love*, *This Boy* und *Long Tall Sally*.

15. 6. Festival Hall, Melbourne, Australien: gleiche Songs wie 12. 6. 1964.

Ⓣ 16. 6. Festival Hall, Melbourne, Australien: RINGO ist wieder dabei!
Vermutlich haben die BEATLES trotzdem bis zum Ende der Tournee die gleichen Songs gespielt; RINGO singt also keinen Titel.

18. 6. Sydney Stadium, Sydney, Australien, 10 000 Besucher.

19. 6. Sydney Stadium, Sydney, Australien, 10 000 Besucher.

20. 6. Sydney Stadium, Sydney, Australien, 10 000 Besucher.

22. 6. Town Hall, Wellington, Neuseeland, 2 Vorstellungen, je 2500 Besucher.

23. 6. Town Hall, Wellington, Neuseeland, 2 Vorstellungen, je 2500 Besucher.

24. 6. Town Hall, Auckland, Neuseeland, 5000 Besucher.

1964

25. 6. Town Hall, Auckland, Neuseeland, 5000 Besucher.
26. 6. Town Hall, Dunedin oder Majestic Theatre, Christchurch, Neuseeland.
27. 6. Majestic Theatre, Christchurch, Neuseeland.
29. 6. Festival Hall, Brisbane, Australien.
30. 6. [wahrscheinlich:] Festival Hall, Brisbane, Australien.

Ⓣ 7. 7. THE BEATLES: Corporation's Lime Grove TV Studios, London.
Aufnahme für BBC-Fernsehsendung »Top of the Pops«, ausgestrahlt am 8. 7. 1964.
10. 7. THE BEATLES: [?] London, Interview.
11. 7. THE BEATLES: Teddington TV-Studios, London.
Aufnahme für die Fernsehshow »Thank Your Lucky Star«, ausgestrahlt am 18. 7. 1964.
12. 7. THE BEATLES: Hippodrome Theatre, Brighton.
Ⓣ 14. 7. THE BEATLES: BBC Studio, London, Portland Place.
Aufnahmen für BBC-Radiosendung »Top Gear« mit den Titeln *Long Tall Sally*, *Things We Said Today*, *A Hard Day's Night*, *And I Love Her*, *I Should Have Known Better*, *If I Fell* und *You Cant Do That*, ausgestrahlt am 16. 7. 1964.
PAUL MCCARTNEY: BBC-Radio-Studio, London.
Interview für Rundfunksendung »Highlights«, ausgestrahlt am 18. 7. 1964, wiederholt in der Sendung »A Beatle's Eye View« am 11. 9. 1964.
17. 7. THE BEATLES: BBC Paris Studio, London, Lower Regent Street
Aufnahmen für BBC-Radiosendung »From Us to You« mit den Titeln *From Us To You*, *Long Tall Sally*, *If I Fell*, *I'm Happy Just To Dance With You*, *Things We Said Today*, *I Should Have Known Better*, *Boys*, *A Hard Day's Night* und *From Us To You*, ausgestrahlt am 3. 8. 1964.
18. 7. THE BEATLES: wahrscheinlich ABC Theatre, Blackpool.
Proben für die Fernsehsendung am nächsten Tag.
19. 7. THE BEATLES: ABC Theatre, Blackpool.
ABC-Live-Fernsehübertragung von »Blackpool Night Out«.

1964
23. 7. THE BEATLES: Wohltätigkeitskonzert »The Night of a Hundred Stars« im London Palladium, London; mit dabei u. a.: SHIRLEY BASSEY, MAX BYGRAVES, SIR LAWRENCE OLIVIER und DAME EDITH EVANS.

25. 7. GEORGE HARRISON: BBC-TV-Studio, London. Mitwirkung als Jury-Mitglied in der BBC-Live-Fernsehsendung »Juke Box Jury«.
RINGO STARR: BBC-TV-Studio, London. Mitwirkung als Jury-Mitglied in der BBC-Fernsehsendung »Juke Box Jive« (Aufzeichnung!), ausgestrahlt am 1. 8. 1964.

26. 7. THE BEATLES: Opera House, Blackpool.

28. 7. THE BEATLES: Johanneshovs Isstadion, Stockholm, Schweden (2 Vorstellungen).

29. 7. THE BEATLES: Johanneshovs Isstadion, Stockholm, Schweden (2 Vorstellungen).

2. 8. THE BEATLES: Gaumont Cinema, Bournemouth.

3. 8. NINA & FREDERICK: Talk of the Town, London. PAUL MCCARTNEY und Freundin JANE ASHER besuchen das Konzert.

9. 8. THE BEATLES: Futurist Theatre, Scarborough.

16. 8. THE BEATLES: Opera House, Blackpool.

19. 8.– 20. 9. 1964 THE BEATLES: **Erste Amerika-Tournee**
Im Vorprogramm: JACKIE DE SHANNON, THE RIGHTEOUS BROTHERS, BILL BLACK COMBO und THE EXCITERS; die BEATLES spielen jeweils *Twist And Shout*, *You Can't Do That*, *All My Loving*, *She Loves You*, *Things We Said Today*, *Roll Over Beethoven*, *Can't Buy Me Love*, *If I Fell*, *I Want To Hold Your Hand*, *Boys*, *A Hard Day's Night* und *Long Tall Sally*, jeweils 2 Vorstellungen.

19. 8. Cow Palace, San Francisco, USA.

20. 8. Convention Center, Las Vegas, USA.

21. 8. Coliseum, Seattle, USA.

Ⓣ 22. 8. Empire Stadium, Vancouver, Kanada.

23. 8. Hollywood Bowl, Los Angeles, USA. Produzent GEORGE MARTIN reist eigens an, um beide Konzerte für eine geplante Live-LP mitzuschneiden. Erst 1977 werden einige der Aufnahmen auf der LP *The*

1964 *Beatles at the Hollywood Bowl* veröffentlicht: *Things We Said Today*, *Roll Over Beethoven*, *Boys*, *All My Loving*, *She Loves You* und *Long Tall Sally*. (Die anderen Songs auf der LP stammen vom Konzert am 30. 8. 1965 in Los Angeles.) Die in den USA erschienene Dokumentations-Doppel-LP beinhaltet die ersten Takte von *Twist And Shout* aus einem der beiden Konzerte.

26. 8. Red Rocks Ampitheatre, Denver, USA.
27. 8. Cincinnati Gardens, Cincinnati, USA.
28. 8. Forest Hills Tennis Stadium, New York, USA.
29. 8. Forest Hills Tennis Stadium, New York, USA.
30. 8. Convention Hall, Atlantic City, USA.
Ⓣ 2. 9. Convention Hall, Philadephia, USA.
3. 9. Indiana State Fair Coliseum, Indianapolis, USA.
4. 9. Milwaukee Auditorium, Milwaukee, USA.
5. 9. International Amphitheatre, Chicago, USA.
6. 9. Olympia Stadium, Detroit, USA.
7. 9. Maple Leaf Gardens, Toronto, Kanada.
8. 9. Forum, Montreal, Kanada.
11. 9. Gator Bowl, Jacksonville, USA.
12. 9. Boston Gardens, Boston, USA.
13. 9. Civic Center, Baltimore, USA.
14. 9. Civic Arena, Pittsburgh, USA.
15. 9. Public Auditorium, Cleveland, USA.
16. 9. City Park Stadium, New Orleans, USA.
17. 9. Municipal Stadium, Kansas City, USA, 20 000 Besucher.
Ursprünglich sollte heute ein konzertfreier Tag sein. Brian Epstein wollte jedoch das Angebot von 150 000 Dollar für ein Konzert nicht ausschlagen. Noch nie wurde bis dahin so viel Geld für ein Konzert gezahlt.
18. 9. Memorial Auditorium, Dallas, USA.
20. 9. Wohltätigkeitskonzert für »Fund for Research Into Cerebral Pulsey« im Paramount Theatre, New York, USA.

27. 9. Ringo Starr: Prince of Wales Theatre, London.
Mitwirkung als Jury-Mitglied bei einem Musikgruppen-

1964 Wettbewerb. Aufzeichnung von TV-BBC 2, ausgestrahlt am gleichen Abend.

2. 10. The Beatles: Granville Theatre, Fulham.
Proben für die TV-Show »Shindig« für die USA.

3. 10. The Beatles: Granville Theatre, Fulham.
Aufnahmen für die US-Fernsehsendung »Shindig«, mit
Ⓣ den Titeln *Kansas City/Hey Hey Hey Hey*, *I'm A Loser* und *Boys*, ausgestrahlt am 20. 1. 1965;
ebenfalls aufgenommen, aber nie gesendet: *The House Of The Rising Sun*.

9. 10. –10. 11. 1964 The Beatles: **Großbritannien-Tournee 1964**
Im Vorprogramm: The Rustiks, Michael Haslam, Bob Bain, Sounds Incorporated, Mary Wells, The Remo Four und Tommy Quickly, jeweils 2 Vorstellungen.

9. 10. Gaumont Cinema, Bradford.
10. 10. De Montfort Hall, Leicester.
11. 10. Odeon Cinema, Birmingham.
13. 10. ABC Cinema, Wigan.
14. 10. Granada-TV-Studio, Manchester;
Aufnahmen für Granada-Fernsehsendung »Scene at 6.30«, ausgestrahlt am 16. 10. 1964.
ABC Cinema, Manchester-Ardwick.
15. 10. Globe Cinema, Stockton-on-Tees.
16. 10. ABC Cinema, Hull.
19. 10. ABC Cinema, Edinburgh.
20. 10. Caird Hall, Dundee.
21. 10. Odeon Cinema, Glasgow.
22. 10. Odeon Cinema, Leeds.
23. 10. Gaumont State Cinema, Kilburn.
24. 10. [wahrscheinlich Walthamstow]: Pressekonferenz.
Granada Cinema, Walthamstow.
25. 10. Hippodrome Theatre, Brighton.
28. 10. ABC Cinema, Exeter.
29. 10. ABC Cinema, Plymouth.
30. 10. Gaumont Cinema, Bournemouth.
31. 10. Gaumont Cinema, Ipswich.

1. 11. Astoria Cinema, Finsbury Park.

1964

2. 11. King's Hall, Belfast.
4. 11. Ritz Cinema, Luton.
5. 11. Odeon Cinema, Nottingham.
6. 11. Gaumont Cinema, Southampton.
7. 11. Capitol Cinema, Cardiff.
8. 11. Empire Theatre, Liverpool.
9. 11. City Hall, Sheffield.
10. 11. Colston Hall, Bristol.

14. 11. The Beatles: Teddington TV-Studio, London. Aufnahmen für Fernsehsendung »Thank Your Lucky Star«, ausgestrahlt am 21. 11. 1964.
Georgie Fame: Flamingo Club, London-Soho.
John Lennon und Ringo Starr besuchen die Vorstellung.
16. 11. The Beatles: Riverside TV-Studios, London. Aufnahmen für die Fernsehsendung »Top of the Pops«, ausgestrahlt am 3. 12. 1964.
17. 11. The Beatles: BBC-Radio-Studio, London. Aufnahmen für die BBC-Radio-Sendung »Top Gear« mit den Titeln *I'm A Loser*, *Honey Don't*, *She's A Woman*, *Everybody's Trying To Be My Baby*, *I'll Follow The Sun* und *I Feel Fine*, ausgestrahlt am 26. 11. 1964.
23. 11. The Beatles: TV-Studios, London. Aufnahmen für die Fernsehsendung »Ready Steady Go!«, ausgestrahlt am 27. 11. 1964.
25. 11. The Beatles: BBC-Radio-Studios, London. Aufnahmen für die BBC-Radiosendung »Saturday Club« mit den Titeln *Rock And Roll Musik*, *I'm A Loser*, *Everybody's Trying To Be My Baby*, *I Feel Fine*, *Kansas City/Hey Hey Hey Hey* und *She's A Woman*, ausgestrahlt am 26. 12. 1964.
29. 11. John Lennon: BBC-TV-Studios, London. Aufnahmen für die BBC-Fernsehsendung »Not Only . . . But Also«, ausgestrahlt am 9. 1. 1965.
1. 12. Ringo Starr: University College Hospital, London. Kurze Pressekonferenz.
21. 12. The Beatles: [?]

1964 Proben für die anstehende »Another Beatles Christmas Show«.

22. 12. The Beatles: [wahrscheinlich Odeon Cinema, London-Hammersmith]:
Weitere Proben, diesmal mit (fast) allen Beteiligten.

24. 12. 1964– 16. 1. 1965 The Beatles: **»Another Beatles Christmas Show«**
Im Vorprogramm: Jimmy Saville, Mike Cotton Sound, The Yardbirds, Ray Fell, Freddie And The Dreamers und Elkie Brooks;
die Beatles spielen einen Sketch und die Songs *She's A Woman*, *I'm A Loser*, *Everybody's Trying To Be My Baby*, *Baby's In Black*, *Honey Don't*, *A Hard Day's Night*, *I Feel Fine*, *Twist And Shout* und *Long Tall Sally*.
Die Show findet (wahrscheinlich jeweils zweimal) an folgenden Tagen statt: 24., 25., 26., 28., 29., 30., 31. Dezember 1964; 1., 2., 4., 5., 6., 7., 8., 9., 11., 12., 13., 14., 15. und 16. Januar 1965.

1965

12. 2. Ringo und Maureen Starkey: Two Princes Crescent, Hove.
Beide geben anläßlich ihrer Hochzeit (11. 2. 1965) eine Pressekonferenz.
Ringo Starr: Two Princes Crescent, Hove.
Murray The K (US-Discjockey) interviewt Ringo Starr.

Ⓣ 13. 3. The Beatles: Flughafen Salzburg, Österreich.
Reportage und Interviews für den Westdeutschen Rundfunk, ausgestrahlt am 15. 3. 1965; wiederholt am 29. 11. 1980.

18. 3. The Beatles [wahrscheinlich Hotel Edelweiß, Obertauern, Österreich]:
Unangekündigte, kurze Vorstellung auf einer Party.

20. 3. The Beatles [wahrscheinlich Hotel Edelweiß, Obertauern, Österreich]:
Telefon-Interview für BBC-Radiosendung »Saturday Club«, ausgestrahlt am gleichen Abend.

1965 THE BEATLES: ABC-TV-Studios, Birmingham,
28. 3. Aufnahmen für die BBC-Fernsehsendung »Thank Your Lucky Star«, ausgestrahlt am 3. 4. 1965.

Ⓕ 11. 4. THE BEATLES: »New Musical Express Poll Winners Concert« im Empire Wembley Pool, London.
Von ABC-TV gefilmt, ausgestrahlt am 18. 4. 1965 und 25. 4. 1965 (in 2 Teilen).
THE BEATLES: Teddington TV-Studios, London.
Auftritt in der ABC-Live-Fernsehshow »The Eamonn Andrews Show«.

13. 4. THE BEATLES: Twickenham Film-Studios, London.
Live-Interview für die BBC-Rundfunksendung »Pop Inn«.

16. 4. JOHN LENNON und GEORGE HARRISON [TV-Studio, London]:
Live-Interview für die Fernsehsendung »Ready Steady Goes Live!«.

9. 5. BOB DYLAN: Royal Festival Hall, London.
Die BEATLES besuchen das Konzert.

18. 5. GENE BARRY: Talk of the Town, London.
PAUL MCCARTNEY und Verlobte JANE ASHER besuchen das Konzert.

20. 5. THE BEATLES: BBC-Radio-Studios, London.
Aufnahmen für die BBC-Radiosendung »From Us to You«, die jedoch in »The Beatles Invite You to Take a Ticket to Ride« umbenannt wurde, mit den Titeln *Ticket To Ride (short version)*, *Everybody's Trying To Be My Baby*, *I'm A Loser*, *The Night Before*, *Honey Don't*, *Dizzy Miss Lizzy*, *She's A Woman* und *Ticket To Ride*, ausgestrahlt am 7. 6. 1965.
Dies ist die letzte Radiosendung, die die BBC mit den BEATLES produziert.

Ⓕ 12. 6. THE BEATLES: Twickenham Filmstudios, London.
Pressekonferenz anläßlich der Ankündigung, daß die BEATLES den Orden MBE erhalten; JOHN LENNON verspätet sich wegen eines Verkehrsstaus um 70 Minuten.

16. 6. JOHN LENNON: NEMS-Büro, London.
Interview für die BBC-Radiosendung »The World of Books« über sein neues Buch: *A Spaniard in the Works*, ausgestrahlt am 3. 7. 1965.

1965

18. 6. John Lennon: BBC-TV-Studios, London.
Live-Interview/Diskussion für die BBC-Fernsehsendung »Tonight« über das neue Buch von John Lennon.

20. 6.– 3. 7. The Beatles: **Kurze Europa-Tournee**
Die Beatles spielen *Twist and Shout*, *She's A Woman*, *Can't Buy Me Love*, *I'm A Loser*, *I Wanna Be Your Man*, *A Hard Day's Night*, *Baby's In Black*, *Rock And Roll Music*, *Everybody's Trying To Be My Baby*, *Ticket To Ride* und *Long Tall Sally*.

20. 6. Palais des Sports, Paris, Frankreich (2 Vorstellungen).
Ⓣ Beide Shows wurden vom französischen Rundfunk aufgezeichnet, eine wurde ausgestrahlt [Sendedatum unbekannt].
Ⓕ Die Abend-Show wurde vom französischen Fernsehen aufgezeichnet [Sendedatum unbekannt].

22. 6. Palais d'Hiver, Lyon, Frankreich.

Ⓣ 24. 6. Velodromo Vigorelli, Mailand (2 Vorstellungen).

Ⓣ 25. 6. [wahrscheinlich Genua, Italien]: Interview für RAI-Fernsehen [Sendedatum unbekannt].
Ⓣ Palazzo dello Sport, Genua, Italien (2 Vorstellungen).

Ⓣ 27. 6. Teatro Adriano, Rom, Italien (2 Vorstellungen).
Die Plattenfirma der Beatles, EMI, hat wahrscheinlich eines der beiden Konzerte aufgenommen und ohne Genehmigung der Beatles eine LP (Auflage 1000 Stück) herausgebracht.

28. 6. Teatro Adriano, Rom, Italien (2 Vorstellungen).

30. 6. Palais des Expositions, Nizza, Frankreich.

1. 7. [wahrscheinlich Jerez de la Frontera, Spanien.]

2. 7. Plaza de Toros de Madrid, Madrid, Spanien.

3. 7. Plaza de Toros Monumental, Barcelona, Spanien.

30. 7. The Beatles [eventuell Blackpool]:
Proben für das Fernseh-Konzert am nächsten Tag.

Ⓣ 1. 8. The Beatles: ABC Theatre, Blackpool.
Live-Konzert für die ABC-Fernsehsendung »Blackpool Night out«, mit den Titeln *Act Naturally*, *Help!*, *I Do Like To Be By The Seaside*, *I Feel Fine*, *I'm Down*, *Ticket To Ride* und *Yesterday*.

1965

8. 8. THE ANIMALS: »Richmond Jazz Festival«, Richmond. JOHN und CYNTHIA LENNON, GEORGE und PATTI HARRISON besuchen auf Einladung von ERIC BURDON (THE ANIMALS) das Festival, müssen es aber wegen aufkommender »Beatlemania«-Tumulte umgehend wieder verlassen.

14.–31. 8. THE BEATLES: **Zweite Amerika-Tournee**
Im Vorprogramm: KING CURTIS' BAND, CANNIBAL AND THE HEADHUNTERS, BRENDA WOLLOWAY und SOUNDS INCORPORATED.

Ⓣ 13. 8. Warwick Hotel, New York: Pressekonferenz.

ca. 13.–15. 8. New York, USA:
Aufnahmen, Interviews, Reportagen für BBC-Radiosendung »Saturday Club«, ausgestrahlt am 21. 8. 1964 in England;
weitere Aufnahmen, Interviews, Reportagen für die BBC-Radiosendung »The Beatles Abroad«, ausgestrahlt am 30. 8. 1964 in England.

Ⓕ 14. 8. CBS Television Studios, New York, USA:
Live-Auftritt in der Fernsehsendung »Ed Sullivan Show«, die BEATLES spielen *I Feel Fine*, *I'm Down*, *Ticket To Ride*, *Yesterday*, *Act Naturally* und *Help!*.

Ⓣ 15. 8. New York: Pressekonferenz am Nachmittag (17.00 Uhr).

Ⓕ Shea Stadium, New York, USA:
56 000 Besucher, auch MICK JAGGER, KEITH RICHARDS (ROLLING STONES) und deren Manager ANDREW LOOG OLDHAM.
ED SULLIVAN sagt die BEATLES an, sie spielen *Twist And Shout*, *I Feel Fine*, *Dizzy Miss Lizzy*, *Ticket To Ride*, *Act Naturally*, *Can't Buy Me Love*, *Baby's In Black*, *A Hard Day's Night*, *Help!* und *I'm Down*;
ED SULLIVAN und NEMS filmen das Konzert, welches dann unter dem Titel »The Beatles at Shea Stadium« im englischen Fernsehen am 1. 3. 1966 ausgestrahlt wird; Wiederholungen: 27. 8. 1966 und 23. 12. 1979.
Der Titel *Act Naturally* wird nach-synchronisiert, indem man die Schallplattenaufnahme plus Fan-Gekreische

1965 den Filmaufnahmen unterlegt. RINGO's Live-Gesang ist einfach zu schlecht.

16. 8. wahrscheinlich Warwick Hotel, New York, USA: Interviews.

17. 8. Maple Leaf Gardens, Toronto, Kanada: 2 Vorstellungen, je 17 500 Besucher;
hier und bei den folgenden Konzerten spielen die BEATLES die Titel *Twist And Shout*, *She's A Woman*, *I Feel Fine*, *Dizzy Miss Lizzy*, *Ticket To Ride*, *Everybody's Trying To Be My Baby*, *Can't Buy Me Love*, *Baby's In Black*, *I Wanna Be Your Man*, *A Hard Day's Night*, *Help!* und *I'm Down*.

18. 8. Atlanta Stadium, Atlanta, USA: 35 000 Besucher.

Ⓣ 19. 8. Sam Houston Coliseum, Houston, USA: 2 Vorstellungen mit je 12 500 Besuchern, beide werden von EMI [?] aufgenommen.

20. 8. White Sox Park oder Comiskey Park, Chicago, USA: 2 Vorstellungen, je 25 000 Besucher.

21. 8. [Wahrscheinlich im Hotel] Minneapolis, USA.
Pressekonferenz, von einer Radiostation live gesendet.

21. 8. Twin Cities' Metropolitan Stadium, Minneapolis, USA: 22 000 Besucher.

22. 8. Memorial Coliseum, Portland, USA: 2 Vorstellungen, je 10 000 Besucher.

27. 8. Perugia Way, Beverly Hills, USA.
THE BEATLES besuchen ELVIS PRESLEY und spielen auch gemeinsam während des Drei-Stunden-Treffens. Wahrscheinlich wurden keine Fotos oder Tonaufzeichnungen gemacht. Lediglich von der An- und Abfahrt der BEATLES gibt es Fotos.

28. 8. Balboa Stadium, San Diego, USA: 20 000 Besucher.

29. 8. Hollywood Bowl, Los Angeles, USA: 20 000 Besucher.
Das Konzert wird von GEORGE MARTIN für EMI aufgenommen, aber nie veröffentlicht.

Ⓣ 30. 8. Hollywood Bowl, Los Angeles, USA: 20 000 Besucher.
Das Konzert wird ebenfalls von GEORGE MARTIN für Capitol Records aufgenommen.

Ⓣ Die Songs *Twist And Shout*, *She's A Woman*, *Dizzy Miss Lizzy*, *Ticket To Ride*, *Can't Buy Me Love*, *A Hard Day's Night* und *Help!* werden 1977 auf der LP

1965 »The Beatles at the Hollywood Bowl« mit weiteren Aufnahmen vom 23. 8. 1964 (Los Angeles) veröffentlicht.

31. 8. Cow Palace, San Francisco, USA, 30 000 Besucher.

13. 9. RINGO und MAUREEN STARKEY: Queen Charlotte's Hospital, London.
Pressetermin anläßlich der Geburt von RINGO's Sohn ZAK.

15. 9. BEN E. KING: Scotch of St. James Nightclub, London.
PAUL MCCARTNEY besucht die Vorstellung; JOHN und CYNTHIA LENNON, GEORGE und PATTI HARRISON treffen erst nach Ende der Show ein.

Ⓕ 26. 9. THE BEATLES: Saville Theatre, London.
Pressekonferenz anläßlich der Verleihung des Ordens MBE.

Ⓕ 1./2. 11. THE BEATLES: Granada TV-Studios, Manchester.
Aufnahmen für die Granada-Fernsehsendung »The Music of Lennon and McCartney«:
JOHN LENNON und PAUL MCCARTNEY eröffnen die Sendung;
PETER & GORDON spielen *World Without Love*;
LULU singt *I Saw Him Standing There*;
ALAN HAVEN spielt *A Hard Day's Night*;
JOHN und PAUL kündigen FRITZ SPIEGEL & ORCHESTRA mit *She Loves You/I'll Get You* an;
BEATLES spielen *Day Tripper* (Playback);
PAUL MCCARTNEY und MARIANNE FAITHFUL singen *Yesterday* (Playback);
JOHN LENNON und PAUL MCCARTNEY über fremd-sprachige BEATLES-Songs;
JOHN LENNON und PAUL MCCARTNEY kündigen DICK RIVERS an;
BILLY J. KRAMER AND THE DAKOTAS spielen *Bad To Me*;
JOHN LENNON, PAUL MCCARTNEY und CILLA BLACK albern herum;
CILLA BLACK singt *It's For You*;
GEORGE MARTIN AND ORCHESTRA spielen *This Boy (Ringo's Theme)*;

1965 Paul McCartney kündigt Henry Mancini mit *If I Fell* an;
John Lennon kündigt Esther Phillips mit *And I Love Him* an;
John und Paul kündigen Peter Sellers mit *A Hard Day's Night* an und die Beatles spielen *We Can Work It Out*.
Ausgestrahlt am 17. 12. 1965.

16. 11. Gene Pitney, Peter Asher, The Mike Cotton Sound u. a.: Adelphi Cinema, Slough.
Paul McCartney besucht die Veranstaltung. Nach der Eröffnungs-Ankündigung geht Paul auf die Bühne und spielt mit The Mike Cotton Sound ein paar Takte am Schlagzeug.

27. 11. Manfred Mann, The Yardbirds und The Scaffold: Granada Cinema, East Ham.
Paul McCartney besucht die Vorstellung, weil sein Bruder Michael alias Mike McGear bei der Gruppe The Scaffold ist.

3.–12. 12. The Beatles: **Großbritannien-Tournee**
Im Vorprogramm: The Moody Blues, The Koobas, Beryl Marsden, Steve Aldo und The Paramounts.

3. 12. [wahrscheinlich Hotel The Central, Glasgow]: große Pressekonferenz.
Garderobe vom Odeon Cinema, Glasgow: Interview für Radio Scotland.
Odeon Cinema, Glasgow.

4. 12. City Hall, Newcastle-upon-Tyne.

5. 12. Empire Theatre, Liverpool, 5000 Besucher.

7. 12. ABC Cinema, Manchester-Ardwick.

8. 12. City Hall oder Gaumonts Cinema, Sheffield.

9. 12. Odeon Cinema, Birmingham.

10. 12. Odeon Cinema, London-Hammersmith.

11. 12. Astoria Cinema, London-Finsbury Park.

12. 12. Capitol Cinema, Cardiff.

1966

22. 1. George und Patti Harrison [wahrscheinlich Flughafen London]:
Pressekonferenz anläßlich ihrer Hochzeit am Vortag.

3. 2. Stevie Wonder: Scotch of St. James Nightclub, London.
Paul McCartney besucht die Vorstellung.

23. 2. Luciano Berio: Italian Institute, London.
Paul McCartney besucht die Vorstellung (elektronische Musik).

Anfang des Jahres The Beatles [wahrscheinlich in London]:
Maureen Clive interviewt die Beatles für die Zeitschrift »Evening Standard«. Ein Auszug erscheint am 4. 3. 1966, in dem John Lennon darüber spricht, daß die Beatles zur Zeit populärer als Jesus seien.

25. 3. The Beatles: Fotostudio, London-Chelsea.
Die Beatles posieren mit zerbrochenen Puppen und Fleischstücken. Im Juni 1966 erscheint eines der Fotos als Cover der US-LP *»Yesterday« . . . and Today*, wird aber ein paar Tage später wieder zurückgezogen. Zwei andere Fotos erscheinen in England in einer Anzeige für die Single *Paperback Writer*, die im Mai 1966 erscheint.

Ⓣ Während der Pausen der Fotosession geben die Beatles ein Interview für Radio Caroline, welches später auf der Flexi-Single *Sound Of The Stars* als Beigabe der Zeitschrift »Disc and Music Echo« erscheint.

28. 3. Roy Orbison: Granada Cinema, Walthamstow.
Ringo Starr und George Harrison besuchen die Vorstellung.

11. 4. Gerücht: Die Beatles arbeiten in den Studios von Memphis, Tennesse in den USA. Es geht um Probeaufnahmen mit amerikanischen Tontechnikern.

18. 4. The Lovin' Spoonful: Marquee Club, London.
John Lennon und George Harrison besuchen die Vorstellung.

1. 5. The Beatles: »New Musical Express Poll Winners Concert« im Wembley Empire Pool, London.
Außerdem treten auf: The Spencer Davis Group,

1966 DAVE DEE DOZY BEAKY MICK & TICH, THE FORTUNES, HERMAN'S HERMITS, ROY ORBISON, THE OVERLANDERS, THE ALAN PRICE SET, CLIFF RICHARD, THE ROLLING STONES, THE SEEKERS, THE SHADOWS, THE SMALL FACES, SOUNDS INCORPORATED, DUSTY SPRINGFIELD, CRISPIAN ST. PETERS, THE WALKER BROTHERS, THE WHO und THE YARDBIRDS.

ABC-TV filmt die Show. Jedoch werden die Aufnahmen mit den BEATLES nicht gesendet, weil es zu Uneinigkeiten zwischen ABC und der BEATLES-Manager-Firma kommt. Lediglich wird gesendet, wie die BEAT-
Ⓕ LES den »Poll Award« erhalten.

15. 5. Letztes Live-Konzert der BEATLES in England.

19./20. 5. THE BEATLES: EMI Filmstudios und Chiswick House, London.

Ⓕ Aufnahme der Promotionfilme *Paperback Writer* und *Rain* u. a. für die englische Fernsehsendung »Top of the Pops«, ausgestrahlt am 2. 6. 1966;

Ⓕ spezielle Aufnahmen mit spezieller Ansage für die US-Fernsehsendung »Ed Sullivan Show«. Geplant ist, daß ED SULLIVAN mitwirkt (bei der Ansage), der aber dann doch nicht nach England kommt; ausgestrahlt in den USA am 5. 6. 1966.

27. 5. BOB DYLAN/THE BAND: Royal Albert Hall, London.
JOHN LENNON und GEORGE HARRISON besuchen die Vorstellung.

1. 6. RAVI SHANKAR: Royal Albert Hall, London.
GEORGE HARRISON besucht die Vorstellung.

16. 6. THE BEATLES: BBC-TV-Studio, London.
Live-Auftritt in der BBC-Fernsehsendung »Top of the Pops«, die BEATLES spielen *Paperback Writer* und *Rain*.

24.–26. 6. THE BEATLES: **»Bravo-Beatles-Blitz-Tournee«**
Im Vorprogramm: THE RATTLES, CLIFF BENNETT AND THE REBEL ROUSERS und PETER AND GORDON, die BEATLES spielen *Rock And Roll Music*, *She's A Woman*, *If I Needed Someone*, *Baby's In Black*, *Day Tripper*, *I Feel Fine*, *Yesterday*, *I Wanna Be Your Man*, *Paperback Writer* und *I'm Down*.

1966

Ⓕ 24. 6. Zirkus-Krone-Bau, München, BRD (2 Vorstellungen). Das deutsche Fernsehen nimmt zumindest eine Show auf (das Abendkonzert), sendet aber nur die Titel *Rock And Roll Music*, *Baby's In Black*, *I Feel Fine*, *Yesterday*, *Nowhere Man* und *I'm Down*. Die fehlenden Titel sind nie mehr aufgetaucht.

25. 6. [?] Mülheim an der Ruhr, BRD: Ankunft mit Sonderzug, Weiterfahrt in Autos nach Essen.
[?] Essen, BRD: Pressekonferenz.
Ⓣ Interview für den Westdeutschen Rundfunk, ausgestrahlt am gleichen Tag.
Grugahalle, Essen, BRD (2 Vorstellungen).

26. 6. Fahrt in sieben weißen Mercedes-Wagen zum Bahnhof, Zugfahrt nach Hamburg, BRD.
Ⓕ [?] Hamburg, BRD: Pressekonferenz.
Ernst-Merck-Halle, Hamburg, BRD (2 Vorstellungen).
Ⓕ Zumindest wird der Anfang einer der beiden Shows gefilmt, der später Teil des nachträglich erstellten Promotionfilm *Back In The USSR* auftaucht, ausgestrahlt in der australischen [!] Fernsehsendung »Rock Arena Special: The Legend Beatles« im Jahr 1982.

30. 6.– 4. 7. THE BEATLES: **Japan/Philippinen-Tournee**
Die BEATLES spielen die gleichen Songs wie in der BRD.

Ⓕ 30. 6. Budo Kan Hall, Tokio, Japan:
Dieses Konzert wird vom japanischen Fernsehen aufgenommen [Sendedatum unbekannt].

Ⓕ 1. 7. Budo Kan Hall, Tokio, Japan:
Dieses Konzert wird ebenfalls vom japanischen Fernsehen aufgenommen [Sendedatum unbekannt].

Ⓣ 2. 7. Budo Kan Hall, Tokio, Japan:
Wahrscheinlich wird auch dieses Konzert gefilmt, jedoch ist bisher nur eine Tonaufzeichnung aufgetaucht.

4. 7. Rizal Memorial Football Stadium, Manila, Philippinen: 2 Vorstellungen, je 50 000 Besucher.

1966 THE BEATLES [wahrscheinlich London]:
29. 7. Die BEATLES berichten, daß sie ein Angebot, in Süd-Afrika zu touren, abgelehnt haben.
1. 8. PAUL MCCARTNEY: Radio-Sendung, London. Aufnahmen für die BBC-Radiosendung »David Frost at the Photograph«, ausgestrahlt am 6. 8. 1966.
6. 8. JOHN LENNON und PAUL MCCARTNEY: PAUL's Haus in St. John's Wood, London. Interview für die BBC-Radiosendung »The Lennon and McCartney Songbook«, ausgestrahlt am 29. 8. 1966.

12.–19. 8. THE BEATLES: **Amerika-Tournee**
Im Vorprogramm: THE RONETTES und THE CYRKLE, die BEATLES spielen *Rock And Roll Music*, *She's A Woman*, *If I Needed Someone*, *Day Tripper*, *Baby's In Black*, *I Feel Fine*, *Yesterday*, *I Wanna Be Your Man*, *Nowhere Man*, *Paperback Writer* und *I'm Down*.
11. 8. THE BEATLES: 27. Stock des Astor Towers Hotel, Chicago, USA: Pressekonferenz, auf der JOHN LENNON die Behauptung, die BEATLES seien bekannter als Jesus, relativiert.
12. 8. International Amphitheatre, Chicago, USA.
13. 8. Olympia Stadium, Detroit, USA.
14. 8. Cleveland Stadium, Ohio, USA.
15. 8. Washington DC Stadium, Washington, USA.
16. 8. Philadelphia Stadium, Philadelphia, USA.
17. 8. Toronto, Kanada: Pressekonferenz, auf der JOHN LENNON Verständnis dafür äußert, das viele US-Amerikaner nach Kanada kommen, um den Kriegsdienst in Vietnam nicht antreten zu müssen. Maple Leaf Gardens, Toronto, Kanada, 17 500 Besucher.
18. 8. Suffolk Downs Racetrack, Boston, USA.
19. 8. Mid-South Coliseum, Memphis, USA. (Aufgrund der »Jesus«-Äußerung von LENNON kommt es zu vereinzelten lautstarken Protesten im Publikum; ein Feuerwerkskörper explodiert.)
20. 8. Wegen starkem Regen fällt das Konzert in Cincinnati aus und wird auf den Nachmittag des nächsten Tages verlegt.

1966

21. 8. Crosley Field, Cincinnati, USA.

21. 8. Busch Stadium, St. Louis, USA.

22. 8. 28. Stock des Warwick Hotel, New York, USA: Pressekonferenz für 150 Jugendliche unter 18 Jahren (die meisten sind Mitglieder des »Beatles Fan Club«).

23. 8. [wahrscheinlich Presse- und Garderobenräume des Shea Stadium] New York, USA: Pressetermin.

23. 8. Shea Stadium, New York, USA, 56 000 Besucher.

25. 8. Seattle Coliseum, Seattle, USA.

28. 8. Dodger Stadium, Los Angeles, USA.

29. 8. Candlestick Park, San Francisco, USA.
Ⓣ Die BEATLES allein wissen bereits, daß dies ihr letztes Konzert sein wird. PAUL MCCARTNEY bittet Pressesprecher TONY BARROW, die Show mit einem Cassettenrecorder aufzunehmen, jedoch ist die Cassette kurz vor dem letzten Song, *I'm Down*, zu Ende. JOHN LENNON macht während des Auftritts [!] Fotos von den Anderen.

ca. September PAUL MCCARTNEY [wahrscheinlich London]: Interview für die Zeitschrift »Sunday Times«, veröffentlicht am 19. 9. 1966.

19. 9. GEORGE und PATTI HARRISON: Taj Mahal Hotel, Bombay, Indien.
Pressekonferenz, nachdem entdeckt worden ist, daß sie sich unter den Namen Mr. und Mrs. Sam Wells in Indien aufhalten.

11. 10. BEN E. KING: Scotch of St. James Nightclub, London.
JOHN und CYNTHIA LENNON besuchen das Konzert.

13. 11. THE FOUR TOPS: Saville Theatre, London.
PAUL MCCARTNEY hat für diesen Auftritt das Bühnenbild entworfen.

ca. Anfang November RINGO STARR [wahrscheinlich London]: Interview für die Zeitschrift »New Musical Express«, veröffentlicht am 11. 11. 1966.

27. 11. JOHN LENNON: Vor einer öffentlichen Toilette in London finden Aufnahmen für die BBC-Fernsehsendung »Not Only . . . But Also« statt. JOHN spielt einen Nachtclub-Portier vor einer unterirdischen, öffentlichen Toilette;

1966 ausgestrahlt am 26. 12. 1966, wiederholt am 7. 2. 1967.

1. 12. The Young Rascals: Scotch of St. James Nightclub, London.
Paul McCartney besucht die Vorstellung.

2. 12. The Young Rascals: Blaise's Nightclub [wahrscheinlich London].
Paul McCartney schaut sich eine weitere Vorstellung der Gruppe an.

1967

13. 1. The Jimi Hendrix Experience: Bag O'Nails Nightclub,
Paul McCartney und Ringo Starr besuchen die Vorstellung.

15. 1. Donovan: Royal Albert Hall, London.
Paul McCartney und George Harrison besuchen das Konzert.

28. 1. The Four Tops: Royal Albert Hall, London.
Paul McCartney und George Harrison besuchen das Konzert.

29. 1. The Jimi Hendrix Experience und The Who: Saville Theatre, London.
John Lennon und Paul McCartney besuchen das Konzert.

Ⓕ 30. 1. The Beatles: Park in Sevenoaks (Kent).
Aufnahmearbeiten für die »Nacht«-Sequenzen im Promotionfilm *Strawberry Fields Forever.*

Ⓕ 5. 2. The Beatles: in der Nähe des Theatre Royal, London-Stratford.
Aufnahmearbeiten (Pferderitt und Spaziergang) für den Promotionfilm *Penny Lane*.

5. 2. The Cream, Edwin Starr und The Sands: Saville Theatre, London.
Die Beatles besuchen das Konzert.

Ⓕ 7. 2. The Beatles: Park in Sevenoaks (Kent).
Weitere Aufnahmearbeiten (Tisch-Szene und Pferderitt) für den Promotionfilm *Penny Lane*.

Ⓕ 9. 2. Erstmals werden beide Promotionfilme *Strawberry Fields Forever* und *Penny Lane* in der BBC-Fernsehsendung »Top of the Pops« gezeigt.

1967

10. 2. THE BEATLES: EMI Abbey Road Studios, London. Ein Kamera-Team filmt während der Aufnahmearbeiten an dem Song *A Day In The Life*. Der kurze Film soll quasi als Promotionfilm im Kino-Vorprogramm laufen.

19. 2. CHUCK BERRY und DEL SHANNON: Saville Theatre, London. JOHN LENNON und RINGO STARR besuchen das Konzert.

4. 4. JEFFERSON AIRPLANE: New Cheetah Club, Los Angeles/Hollywood, USA. PAUL MCCARTNEY besucht die Vorstellung.

4. 4. DEREK TAYLOR [US-Westküste]: DEREK TAYLOR ruft PAUL MCCARTNEY an, um ihn zu überreden, bei den Vorbereitungen zum »Montery Pop Festival« (15.–18. 6. 1967) mitzuwirken. PAUL gibt den Ratschlag, THE JIMI HENDRIX EXPERIENCE einzuladen.

24. 4. DONOVAN: Saville Theatre, London. Die BEATLES besuchen das Konzert.

ca. im Mai JOHN LENNON [wahrscheinlich London]: Interview für die Zeitschrift »Melody Maker«, in dem er erklärt, daß die BEATLES keine Konzerte mehr geben wollen, veröffentlicht am 27. 5. 1967.

7. 5. THE JIMI HENDRIX EXPERIENCE: Saville Theatre, London. RINGO STARR besucht das Konzert.

15. 5. GEORGIE FAME: Bag O'Neils Nightclub, London. PAUL MCCARTNEY besucht die Vorstellung und lernt LINDA EASTMAN, seine spätere Frau, kennen.

24. 5. THE PROCUL HARUM: Speakeasy, London. Die BEATLES besuchen das Konzert.

4. 6. THE JIMI HENDRIX EXPERIENCE, DENNY LAINE AND HIS ELECTRIC STRING BAND, THE CHIFFONS und THE PROCOL HARUM: Saville Theatre, London. PAUL MCCARTNEY und Freundin JANE ASHER, GEORGE und PATTI HARRISON besuchen das Konzert und sind beeindruckt, weil JIMI HENDRIX seinen Auftritt mit einer sehr kurzen Version von *Sgt. Pepper's Lonely Hearts Club Band* beginnt.

19. 6. PAUL MCCARTNEY: TV-Studio, wahrscheinlich London. Interview über ein Interview für die Zeitschrift »Daily

1967 Mirror« (am gleichen Tag erschienen), in dem er zugab, LSD genommen zu haben.

24. 6. The Beatles: EMI Abbey Road Studios, London.
Fotosession für die Presse anläßlich des Fernsehauftritts am 25. 6. 1967.

Ⓕ 25. 6. The Beatles: EMI Abbey Road Studios, London,
Der Titel *All You Need Is Love* wird in der weltweiten Fernsehsendung »Our World« (»Unsere Welt«) live uraufgeführt.
Ebenfalls dabei, teilweise als Mitwirkende, sind dreizehn Session-Musiker, Freunde der Beatles: von den Rolling Stones Mick Jagger und Keith Richard; Marianne Faithfull; Keith Moon (von den Who); Paul McCartney's Bruder Mike McGear; Eric Clapton; Jane Asher; Graham Nash (von den Hollies) und seine Frau Rose Nash; Gary Leeds.
Es wird geschätzt, daß 400 Millionen Fernsehzuschauer die Beatles gesehen haben.

5. 7. The Marmelade: Speakeasy, London.
John und Cynthia Lennon besuchen das Konzert.

24. 7. In der Zeitschrift »Times« erscheint eine ganzseitige Anzeige als Protest gegen das bestehende Marihuana-Verbot. Neben vielen anderen haben auch die Beatles und Manager Brian Epstein unterschrieben.

3. 8. George Harrison und Ravi Shankar: Los Angeles, USA.
Pressekonferenz um das anstehende Konzert von Ravi Shankar zu promoten.

4. 8. Ravi Shankar: Hollywood Bowl, Los Angeles, USA.
George und Patti Harrison besuchen das Konzert.

2. 9. Paul McCartney [wahrscheinlich London]:
Interview für die Zeitschrift »New Musical Express«, in dem er sagt, daß wohl niemand den verstorbenen Brian Epstein als Manager der Beatles ersetzen könne.

29. 9. John Lennon, George Harrison und Maharishi Mahesh Yogi: TV-Studio, London.
Aufnahmen für die Fernseh-Talk-Show »The David Frost Show«, ausgestrahlt am 30. 9. 1967, wiederholt am 4. 10. 1967.

1967

Ⓣ Oktober — JOHN LENNON und JIMI HENDRIX: »Radio 1«-Studio, London.
Aufnahmen für die »Radio 1«-Sendung »Top Gear«, LENNON und HENDRIX spielen gemeinsam *Day Tripper* [Sendedatum unbekannt].

7. 10. — SID BERNSTEIN (Promoter) [wahrscheinlich New York, USA]:
Er bietet den BEATLES 1 Million Dollar für ein einziges Konzert im New Yorker Shea Stadium; die BEATLES lehnen ab.

10. 11. — THE BEATLES: Saville Theatre, London.
Unter der Regie von PAUL MCCARTNEY entsteht der Promotionfilm *Hello Goodbye*;
Ⓕ erstmals ausgestrahlt in der US-Fernsehsendung »Ed Sullivan Show« am 26. 11. 1967.

19. 11. — THE BEE GEES, THE BONZO DOG DOO-DAH BAND, THE FLOWERPOT MEN und TONY RIVERS AND THE CASTAWAYS: Saville Theatre, London.
PAUL MCCARTNEY und Verlobte JANE ASHER besuchen das Konzert.

ca. November — JOHN LENNON [wahrscheinlich London]:
Interview für die BBC-Radiosendung »Where it's at« über die Doppel-EP *Magical Mystery Tour*, Interviewer: KENNY EVERETT, ausgestrahlt am 24. 11. 1967, wiederholt am 4. 12. 1967.

Anfang Dezember — GEORGE HARRISON: Fernsehstudio, London.
Aufnahmen für die US-Fernsehshow vom UNO-Gebäude in New York (ebenfalls dabei: RAVI SHANKAR), ausgestrahlt in den USA am 10. 12. 1967.

1968

17. 1. — JOHN LENNON, PAUL MCCARTNEY und RINGO STARR [wahrscheinlich London]:
Pressekonferenz von RCA Records, um die Gruppe GRAPEFRUIT zu lancieren, die zur »Apple Corp.« (Firma der BEATLES) gehört.

5. 2. — PAUL MCCARTNEY, [?] London.
Anwesenheit bei der Pressekonferenz, um das »Leicester Arts Festival« anzukündigen.

1968

Ⓣ 6. 2.	Ringo Starr: BBC-Studio, London. Aufnahmen für die BBC-Fernsehshow »Cilla« mit Cilla Black. Ringo singt gemeinsam mit Cilla Black den Titel *Act* Ⓣ *Naturally*, Paul McCartney schrieb den Titelsong *Step Inside Love*.
Ⓣ 10. 2.	The Scaffold (mit Paul McCartney's Bruder Mike McGear): Elizabeth Hall, London. Paul McCartney und Jane Asher besuchen das Konzert, welches später als Live-LP veröffentlicht wird.
13. 2.	Ringo Starr: BBC-TV-Studio, London. Aufnahmen für BBC-Fernsehshow. Ringo Starr singt gemeinsam mit Cilla Black *Do You Like Me Just A Little Bit?*
ca. Februar	Paul McCartney [wahrscheinlich London]: Interview für die Zeitschrift »Evening Standard« über die neue Beatles-Firma »Apple«.
29. 2.	Yoko Ono und John Lennon: Royal Albert Hall, London. Proben für einen Auftritt [am gleichen Abend?] und Ⓣ Aufnahme von *AOS*, (John Lennon spielt Gitarre), 1970 auf der LP *Yoko Ono/Plastic Ono Band* erschienen.
Ⓕ ca. März	The Beatles [wahrscheinlich London]: Aufnahmen für den Promotionfilm *Lady Madonna*, erstmals am 14. 3. 1968 ausgestrahlt in der Fernsehsendung »Top of the Pops«, wiederholt am 30. 3. 1968 in der Fernsehsendung »Hollywood Palace«.
15. 5.	John Lennon und Paul McCartney: [?], USA. Live-Auftritt in der US-Fernsehshow »The Johnny Carson Show«, in der John und Paul die Gründung der Beatles-Firma »Apple« in New York ankündigen. John Lennon und Paul McCartney: New York, USA. Pressekonferenz, um »Apple« in New York anzukündigen; Paul trifft Linda Eastman auf der Pressekonferenz zum zweiten Mal.
21. 5.	Andy Williams: Royal Albert Hall, London. Paul McCartney und Jane Asher besuchen das Konzert.

1968 JOHN LENNON, GEORGE HARRISON und YOKO ONO:
22. 5. Apple Tailoring, London, New Kings Road 161.
Pressekonferenz anläßlich der Eröffnung der zweiten Apple-Boutique am nächsten Tag.

23. 5. PAUL MCCARTNEY und RINGO STARR: EMI Abbey Road Studios, London.
Interviews für die BBC-Fernsehsendung »All My Loving«, ausgestrahlt am 31. 10. 1968.

26. 5. PAUL MCCARTNEY: an der Albert Memorial Statue, London.
Unter der Leitung von PAUL MCCARTNEY entsteht mit der Gruppe GRAPEFRUIT deren Promotionfilm *Elevator*.

15. 6. JOHN LENNON und YOKO ONO: Garten der Coventry Cathedral, Coventry.
Sie pflanzen als symbolische Handlung zwei Eicheln ein, die in der Nacht von BEATLES-Fans wieder ausgegraben werden.

ca. 22. 6. PAUL MCCARTNEY [wahrscheinlich London]:
Interview für eine US-Fernsehsendung, Interviewer: DAVID FROST.

22. 6. JOHN LENNON [wahrscheinlich London]:
Interview für die BBC-Fernsehsendung »Release« über sein Buch *In His Own Write* als Bühnenstück, wahrscheinlich live ausgestrahlt.

1. 7. JOHN LENNON und YOKO ONO: Robert Fraser Gallery, London.
Eröffnung der Kunstausstellung »*Your Are Here*« von JOHN LENNON, gewidmet YOKO ONO.

ca. Juli JANE ASHER: TV-Studio, London.
Interview für die BBC-Fernsehshow »Simon Dee Show«, in der sie sagt, daß ihre Verlobung mit PAUL MCCARTNEY gelöst sei, seitens PAUL; ausgestrahlt am 20. 7. 1968.

Ⓣ 29. 7. THE BEATLES: EMI Studios, London,
während der Aufnahmen zum Song *Hey Jude*:
Filmaufnahmen für die Fernsehsendung »Experiment in Television«, ausgestrahlt am 30. 8. 1968.

ca. Ende Juli PAUL MCCARTNEY: Apple Boutique, London.
Interview für die Zeitschrift »Daily Mail«, veröffentlicht am 1. 8. 1968.

1968 PAUL MCCARTNEY [wahrscheinlich London]:
24. 8. Interview für die Zeitschrift »New Musical Express«.
Ⓕ 4. 9. THE BEATLES: Twickenham Filmstudios, London.
Aufnahmen für den Promotionfilm *Hey Jude*; BEATLES-Roadmanager MAL EVANS hat am Tag zuvor ca. 30 BEATLES-Fans eingeladen. Bevor die BEATLES mit *Hey Jude* beginnen, spielen sie sich warm, u. a. mit *Hang Down Your Head Tom Dooley*, dann nehmen sie *Hey Jude* auf, die Fans singen bei der langen Schlußsequenz mit.
DAVID FROST, Ansager, nimmt die Einleitung neu auf; Ausstrahlung in der Fernsehsendung »Frost on Sunday« am 8. 9. 1968.
18. 9. GEORGE HARRISON: EMI Studio, London.
Interview für die BBC-Radiosendung »Scene and Heard«, ausgestrahlt am 28. 9. 1968.
ca. Oktober PAUL MCCARTNEY und MARY HOPKIN [wahrscheinlich London]:
Aufnahmen für eine amerikanische Fernsehsendung, PAUL präsentiert MARY HOPKIN, die *House Of The Rising Sun* singt.
12. 10. Irgendwann wurde dieses Datum festgelegt, um ein BEATLES-Comeback-Konzert in London zu veranstalten, aber das Konzert kam nie zustande.
10. 12. JOHN LENNON und YOKO ONO: Wembley Studios, London.
Proben für die Fernsehshow »Rock and Roll Circus« der ROLLING STONES mit JOHN und YOKO.
11. 12. JOHN LENNON und YOKO ONO: Wembley Studios, London.
Aufnahmen für die Fernsehshow »Rock and Roll Circus«, JOHN, YOKO, KEITH RICHARD (von den ROLLING STONES), ERIC CLAPTON, KLAUS VOORMANN, RICK GRETCH und MITCH MITCHELL spielen *Yer Blues*; JOHN LENNON und MICK JAGGER (von den ROLLING STONES) zitieren, aus einem Gesprächs-»Geplänkel« entwikkelnd, eine Textpassage aus *Yer Blues*, anwesend: JOHN's Sohn JULIAN LENNON.
Der TV-Film »Rock and Roll Circus« wurde nie ganz fertiggestellt;

1968 die o. a. Ausschnitte sind die einzigen bekannten Aufnahmen. Mit großer Wahrscheinlichkeit besitzt das Fernseh-Archiv des ORF weitere Aufnahmen aus dem Film.

14. 12. An diesem und zwei weiteren Tagen in dieser Woche hatte PAUL MCCARTNEY geplant, daß die BEATLES »Comeback«-Konzerte geben sollten. Aber es war ihm nicht gelungen, seine drei Kollegen zu überreden.

18. 12. JOHN LENNON und YOKO ONO: »Alchemical Wedding«, Royal Albert Hall, London: »Auftritt« in einem großen, weißen Sack.

1969

18. 1. Ein weiterer Termin für ein geplantes BEATLES-Konzert, welches im Roundhouse Theatre in London stattfinden sollte.

21. 1. RINGO STARR: [?], London.

Ⓣ Interview für die BBC-Radiosendung »Scene and Heard«, Interviewer: DAVID WIGG, ausgestrahlt am 15. 1. 1969;
1967 auf Doppel-LP *The Beatles Tapes* veröffentlicht mit Angabe »von Dezember 1968«.

30. 1. THE BEATLES und BILLY PRESTON: Dach des Apple-Hauses in London, Savile Row 3.

Ⓕ Die BEATLES geben ein unangekündigtes Live-Konzert und spielen die Titel *Get Back*, *Don't Let Me Down*, *I've Got A Feeling*, *One After 909*, *I Dig A Pony*, *Get Back*, *I've Got A Feeling* und *Get Back Reprise*. Der Auftritt wird für den 1970 Film *Let It Be* gefilmt, jedoch
Ⓣ wird das zweite *I've Got A Feeling* herausgeschnitten.

Ⓣ 2. 3. JOHN LENNON, YOKO ONO, MAL EVENS, JOHN TCHIKAI und JOHN STEVENS: »Free Jazz Festival« in der Lady Mitchell Hall, Cambridge.
Unangekündigter Auftritt. Folgende Titel werden gespielt: *Cambridge 1969*, *Song For John*, *Let's Go On Flying*, *Snow Is Falling All The Time* und *Don't Worry*
Ⓣ *Kyoko*. Der Titel *Cambridge 1969* erscheint bereits im Mai 1969 auf der LP *Life With The Lions* (Unfinished Music No. 2).

1969 George Harrison [wahrscheinlich London]:

Ⓣ 4. 3. Interview für BBC-Radiosendung »Scene and Heard«. Interviewer: David Wigg, ausgestrahlt am 8. 3. 1969 und 12. 4. 1969 (2 Teile); 1976 auf Doppel-LP *The Beatles Tapes* veröffentlicht.

Ⓕ 25.– 31. 3. Ⓣ John Lennon und Yoko Ono: Zimmer 902 im Hilton Hotel, Amsterdam, Holland.
Interviews für viele Radio- und Fernsehstationen während und anläßlich ihres »Bed-Ins« für den Frieden.

31. 3. John Lennon und Yoko Ono: Hotel Sacher, Wien, Österreich.
Pressekonferenz, John und Yoko befinden sich in einem weißen Sack, anläßlich der Weltpremiere ihres Films *The Rape*.

1. 4. John Lennon und Yoko Ono: TV-Studio, London.
Interview für die Live-Fernsehsendung »Today«.

8. 5. John Lennon und Yoko Ono: [?], London.
Interview für BBC-Radiosendung »Scene and Heard«. Interviewer: David Wigg, ausgestrahlt am 11. und 18. 5. 1969 (2 Teile);
1976 auf der Doppel-LP *The Beatles Tapes* veröffentlicht.

19. 5. Paul McCartney, George Harrison, Ringo Starr, Eric Clapton u. a.: im Garten von Clapton's Haus, Ewhurst. Nach der Trauung von Eric Clapton und Patti Harrison (geb. Boyd, George's erste Frau) findet eine Session statt.

Ⓣ 26. 5.– 2. 6. John Lennon und Yoko Ono: Zimmer 1742 im Queen Elizabeth Hotel, Montreal, Kanada.
Interviews für Radio- und Fernsehstationen während und anläßlich ihres »Bed-Ins« für den Frieden.
(Am 1. 6. 1969 nehmen John und Yoko mit vielen anderen den Titel *Give Peace A Chance* auf, der im Juli 1969 auf Single erscheint.)

14. 6. John Lennon und Yoko Ono: TV-Studio, London.
Live-Auftritt in der Fernseh-Talkshow »The David Frost Show«.

7. 7. The Plastic Ono Band (John Lennon, Yoko Ono u. a.): Chelsea Town Hall, Chelsea. Auftritt, um die Single *Give Peace A Chance* zu promoten.

1969

26. 7. George Harrison [wahrscheinlich London]:
Äußerungen für eine Radiosendung über den »Friedens-Marsch« im Hyde Park am nächsten Tag.

28. 8. George Harrison [wahrscheinlich London]:
Pressekonferenz anläßlich der von Harrison erschienenen Single *Hare Krishna* mit der Gruppe Radha Krishna Temple.

1. 9. Bob Dylan: Woodside Bay, Ryde (Isle of Wight).
John Lennon, Yoko Ono, George und Patti Harrison und Ringo und Maureen Starr besuchen das Konzert.

3. 9. Hank Snow: »Country & Western Concert« im London Palladium, London.
Ringo und Maureen Starr, Mal und Lil Evans besuchen das Konzert.

13. 9. The Plastic Ono Band (John Lennon, Yoko Ono, Eric Clapton, Klaus Voormann und Alan White): im Flugzeug von London nach Toronto, Kanada.
Proben für das am gleichen Abend stattfindende Konzert.

Ⓕ Ⓣ The Plastik Ono Band: »Toronto Rock'n'Roll Revival« im Varsity Stadium, Toronto, Kanada (20000 Besucher).
Die Gruppe spielt die Titel *Blue Suede Shoes*, *Money*, *Dizzy Miss Lizzy*, *Yer Blues*, *Cold Turkey* und *Give Peace A Chance*; Yoko Ono, begleitet von der Plastic Ono Band, singt/spricht/schreit die Titel *Don't Worry Kyoko* und *John, John*.
Im Dezember 1969 erscheinen diese Aufnahmen auf der LP *The Plastic Ono Band – Live Peace in Toronto 1969*.
Die dabei entstandenen Filmaufnahmen sind nie veröffentlicht worden.

Ⓣ 19. 9. Paul McCartney [wahrscheinlich London]:
Interview für die BBC-Radiosendung »Scene and Heard«.
Interviewer: David Wigg, ausgestrahlt am 21. und 28. 9. 1969 in 2 Teilen; 1976 auf der Doppel-LP *The Beatles Tapes* veröffentlicht.

1969

29. 9. JOHN LENNON und YOKO ONO: Apple Studios, London. Pressekonferenz anläßlich der Veröffentlichung der Apple-Single *Golden Slumbers* mit der Gruppe TRASH.

Ⓣ 8. 10. GEORGE HARRISON [wahrscheinlich London]: Interview für die BBC-Radiosendung »Scene and Heard«.
Interviewer: DAVID WIGG, ausgestrahlt am 12. und 19. 10. 1969 in 2 Teilen; 1976 auf der Doppel-LP *The Beatles Tapes* veröffentlicht.

13. 10. MARY HOPKIN: Savoy Hotel, London.
PAUL und LINDA MCCARTNEY, RINGO und MAUREEN STARR besuchen die Vorstellung.

20. 10. RAVI SHANKAR: Royal Albert Hall, London.
GEORGE HARRISON besucht das Konzert.

21. 10. JOHN LENNON [wahrscheinlich London]: Interview für die BBC-Radiosendung »Scene and Heard«.
Interviewer: DAVID WIGG, ausgestrahlt am 26. 10. 1969.

1. 12. DELANEY & BONNIE & FRIENDS: Royal Albert Hall, London.
GEORGE und PATTI HARRISON, RINGO und MAUREEN STARR besuchen das Eröffnungs-Konzert der Tournee.

2.–12. 12. DELANEY & BONNIE & FRIENDS & GEORGE HARRISON: **Europa-Tournee**
Weitere Mitwirkende: ERIC CLAPTON, DAVE MASON, CARL RADLE, JOHN GORDON, TEX JOHNSON, BOBBY WHITLOCK, JIM PRICE, BOBBY KEYS und RITA COOLIDGE.
Programm: *Things Get Better*, *Poor Elijah – Tribute To Johnson*, *Only You Know And I Know*, *I Don't Want To Discuss It*; *That's What My Man Is For*, *Where There's A Will There's A Way*, *Coming Home* und *Medley: Long Tall Sally/Jenny Jenny/The Girl Can't Help It/Tutti Frutti*. GEORGE HARRISON spielt Gitarre.

2. 12. Colstol Hall, Bristol.

3. 12. City Hall, Sheffield.

4. 12. [?] Birmingham.

1969

5. 12. City Hall, Newcastle-upon-Tyne.
6. 12. Empire Theatre, Liverpool.
7. 12. Fairfield Hall, Coydon.
Ⓣ 10. 12. Falconer Theatre, Kopenhagen, Dänemark.
12. 12. Falconer Theatre, Kopenhagen, Dänemark.

6. 12. RINGO STARR: TV-Studio, London.
Interview in der Fernseh-Talkshow »David Frost Show«, spricht über seinen neuen Film *Magic Christian*.

7. 12. JOHN LENNON: BBC-Studio, [wahrscheinlich London]:
Interview in der Fernseh-Talkshow »The Question Why«.

10. 12. RINGO STARR [wahrscheinlich London]:
Live-Interview für die BBC-Radiosendung »Late Night Line-up«.

11. 12. Ein amerikanischer Konzertveranstalter bietet den Beatles zwischen 2 400 000 und 8 800 000 Dollar für eine 12-Städte-Tour; die BEATLES lehnen ab.

14. 12. RINGO STARR: Talk of the Town, London.
Aufnahmen für die Fernsehsendung »A Little Help from My Friends« über GEORGE MARTIN, ausgestrahlt am 24. 12. 1969.

15. 12. THE PLASTIC ONO SUPERGROUP (JOHN LENNON, YOKO ONO, GEORGE HARRISON, ERIC CLAPTON, KLAUS WOORMANN, JIMMY BONDOM, BOBBY KEYS, KEITH MOON, ALAN WHITE, BILLY PRESTON, NICKY HOPKIN, DELANEY, BONNY BRAMLETT): UNICEF-Wohltätigkeitskonzert »War is over If You Want it«, Lyceum Ballroom, London.
Ⓣ Die Titel *Cold Turkey* und *Don't Worry Kyoko* (aus dem Konzert) erscheinen 1972 auf der Seite 3 der Doppel-LP *Some Time In New York City*.

17. 12. JOHN LENNON und YOKO ONO: [?] Toronto, Kanada.
JOHN und YOKO kündigen das »Mosport Park Peace Festival« für den 3.–5. 7. 1970 an, welches dann aber doch nicht stattfindet.

19. 12. JOHN LENNON und YOKO ONO: Universität, Toronto, Kanada.
Gespräch mit MARSHALL MCLUHAN, welches von CBS

1969 für eine 45minütige Fernsehsendung gefilmt wird, ausgestrahlt in Kanada oder USA [Sendedatum unbekannt].

21. 12. John Lennon und Yoko Ono: Chateau Champlain Hotel, Montreal, Kanada.
Pressekonferenz.

22. oder 23. 12. John Lennon und Yoko Ono: [?] Ottawa.
51minütiges, privates Treffen mit dem kanadischen Premierminister Pierre Trudeau.

24. 12. John Lennon und Yoko Ono: Rochester Cathedral, Rochester (Kent).
»Sit-In« für den Frieden.

24. 12. Ringo Starr: BBC-TV-Studio, London.
Live-Auftritt in der BBC-Fernsehsendung »Live«; Ringo Starr singt *Octopus's Garden*, begleitet vom George Martin Orchestra.

Ⓣ 30. 12. Die britische Fernsehgesellschaft ITV sendet den Teil »John Lennon« der dreiteiligen Sendung »Man of the Decade«.

Die Solo-Auftritte (1968–1988)

Die Aufstellung von Konzerten und Tourneen, die einzelne Beatles neben ihren Gruppenaktivitäten bzw. nach ihrer Trennung durchgeführt haben, muß sich notwendigerweise auf einen noch überschaubaren Zeitraum beschränken. Wir dokumentieren die öffentlichen Darbietungen Johns, Pauls, Georges und Ringos im folgenden bis 1988. Es werden lediglich die Konzerte und einige wichtige Fernseh-Auftritte aufgelistet. Alle Präsentationen (Rundfunk, Fernsehen, Presse etc.) zu nennen, würde den Umfang dieses Buches sprengen.

Auftritte von John Lennon

1968

11. 12. London
John Lennon und Yoko Ono wirken bei dem Fernsehfilm der Rolling Stones, *Rock and Roll Circus*, mit und spielen gemeinsam mit Eric Clapton, Keith Richard, Mitch Mitchell und Rick Gretch den Song *Yer Blues*. Der Film wird zwar von den Rolling Stones freigegeben, wurde aber bisher nicht öffentlich aufgeführt.

1969

2. 3. Cambridge, Mitchell Hall (England)
John Lennon, Yoko Ono, Mal Evans, John Tchikai und John Stevens treten gemeinsam bei diesem *Free Jazz Festival* auf und spielen *Cambridge 1969*, ein Medley der Yoko-Ono-Songs *Song For John*, *Cambridge 1969*, *Let's Go On Flying*, *Snow Is Falling All The Times* und *Don't Worry Kyoko*. Später erscheinen diese Aufnahmen auf der LP *Life With The Lions (Unfinished Music No. 2)*.

31. 5. Toronto, Queen Elizabeth Hotel (Kanada)
John Lennon und Yoko Ono singen gemeinsam mit Timothy und Rosemary Leary, Tommy Smothers, Rabbi Feinberg und einer kanadischen Hare-Krishna

1969 Gruppe *Give Peace A Chance*, das später als erste Single der Plastic Ono Band veröffentlicht wird.

7. 6. USA (Wahrscheinlich New York)
John Lennon und Yoko Ono treten in der David Frost Show auf.

7. 7. Chelsea, Rathaus (England)
Die Plastic Ono Band stellt ihre Single *Give Peace A Chance* vor.

September London, New Cinema Club
John Lennon und Yoko Ono singen auf der Bühne des Filmtheaters anläßlich der Premiere ihrer Filme *Two Virgins*, *Smile*, *Honeymoon* und *Self-Portrait* den Song *Hare Krishna*.

13. 9. Toronto, Varsity Stadium (Kanada)
Rock and Peace Festival mit:
Plastic Ono Band (John Lennon, Yoko Ono, Eric Clapton, Klaus Voormann, Alan White), Bo Diddley, Jerry Lee Lewis, Chuck Berry, Little Richard, Gene Vincent
Programm der Plastic Ono Band:
Blue Suede Shoes; Money; Dizzy Miss Lizzy; Cold Turkey; Give Peace A Chance; Don't Worry Kyoko; John John (Let's Hope For Peace)
Der Mitschnitt des Konzertes erscheint später als LP (*Live Peace In Toronto*).

1970

12. 2. London
Die Plastic Ono Band (John Lennon, Yoko Ono, Klaus Voormann, Alan White, Mal Evans) tritt in der BBC-Fernsehsendung *Top of the Pops* auf und spielt *Instant Karma!*.

15. 2. London, Lyceum Ballroom
Die Plastic Ono Band gibt ein Wohltätigkeitskonzert, *Peace for Christmas*, für UNICEF. Die Gruppe besteht für den einen Auftritt aus folgenden Musikern:
John Lennon, Yoko Ono, Jimmy Bondom, George Harrison, Eric Clapton, Klaus Voormann, Bobby Keys, Keith Moon, Alan White, Billy Preston, Nicky Hopkins, Delaney und Bonny Bramlett.

Ⓣ **1971** New York, Fillmore East (USA)
6. 6. John Lennon und Yoko Ono treten unangekündigt auf; nach einem Konzert der Mothers of Invention spielen sie mit den Musikern der Band die Songs *Well (Baby, Please Don't Go)*, *Jamrag*, *Scumbag* und *Aii*.
Die Band »Plastic Ono Band With Frank Zappa And The Mothers Of Invention« besteht für den einen Auftritt aus folgenden Musikern:
John Lennon, Yoko Ono, Frank Zappa, Ian Underwood, Don Preston, Bob Harris, Aynsley Dunbar, Mark Volman, Howard Kaylan und Klaus Voormann.
Der Mitschnitt des Konzertes erscheint später auf der LP *Some Time In New York City*.

Ⓑ 9. 9. USA (wahrscheinlich New York)
John Lennon und Yoko Ono treten in der ABC-Fernsehsendung »Dick Cavett Show« auf.

Ⓕ 18. 12. Ann Arbor (US-Staat Michigan)
John Lennon und Yoko Ono treten auf dem John-Sinclair-Wohltätigkeitskonzert auf und spielen mit Jerry Rubin (Bongos) die Songs *Attica State*, *Luck Of The Irish*, *Sisters Oh Sisters* und *John Sinclaire*.

1972
13. 1. USA (wahrscheinlich New York)
John Lennon und Yoko Ono treten in der »David Frost Show« auf.

Ⓣ 14.– USA (wahrscheinlich New York)
18. 2. John Lennon und Yoko Ono treten an fünf Abenden in der »Mike Douglas Show« auf. Sie spielen *John Sinclaire*, *It's So Hard*, *The Luck Of The Irish*, *Sisters Oh Sisters*, *We're All Water*, *Woman Is The Nigger Of The World*, *Attica State*, *Shake It*, *Saruka*, *Imagine* und mit Gaststar Chuck Berry *Memphis Tennessee* und *Johnny B. Goode*.

Ⓣ 11. 5. USA (wahrscheinlich New York)
John Lennon und Yoko Ono spielen in der Fernsehsendung »Dick Cavett Show« den Song *Woman Is The Nigger Of The World*. In einem Interview erklärt Lennon, daß er von Regierungsagenten verfolgt werde und sein Telefon angezapft sei.

1972

Ⓑ 30. 8. New York, Madison Square Garden
»One to One Concert«, je ein Wohltätigkeitskonzert am Nachmittag und am Abend für die behinderten Kinder der »Willowbrook School for Children«. Neben Stevie Wonder, Roberta Flack und Sha Na Na treten John Lennon und Yoko Ono mit der Gruppe Elephants Memory auf und spielen *Sisters Oh Sisters*, *Instant Karma!*, *Come Together*, *Imagine*, *Cold Turkey*, *Hound Dog*, *Give Peace A Chance*, *New York City*, *We're All Water*, *Woman Is The Nigger Of The World*, *Mother* und *Born In A Prison*.

Ⓑ 6. 9. USA
John Lennon und Yoko Ono treten in der Fernsehsendung »Jerry Lewis Musculator Distrophy Teleton« auf und spielen *Now Or Never* und *Imagine*.

1974

Ⓑ 28. 11. New York, Madison Square Garden
John Lennon tritt unangekündigt während des Elton John »Thanksgiving Concert« auf und spielt gemeinsam mit Elton John die Songs *Whatever Gets You Thru The Night*, *Lucy In The Sky With Diamonds* und *I Saw Her Standing There*. Der letzte Song wurde als B-Seite der Elton-John-Single »Philadelphie Freedom« veröffentlicht; alle drei Titel auf Single, Maxi-Single und LP.

Ⓕ **1975**

18. 4. England
In einer BBC-Fernsehsendung wird der im Record Plant Studio in New York aufgenommene Promotionfilm mit John Lennon gezeigt.
Er singt die beiden Songs *Slippin' And Slidin'* und *Stand By Me*.

Ⓕ 13. 6. USA
John Lennon und Yoko Ono treten mit der Gruppe Elephants Memory in der Sendung »Salute To Sir Lew Grade« auf und spielen die Songs *Slippin' And Slidin'* und *Imagine*.

Auftritte von Paul McCartney

1972 First British Tour

Wings:
Paul McCartney, Linda McCartney, Denny Laine, Henry McCullough, Denny Seiwell.
Vorprogramm:
Brinsley Schwarz.
Programm:
Lucille; Give Ireland Back To The Irish; Blue Moon Of Kentucky; Seaside Woman; Help Me Darling; Some People Never Know; The Mess; Bip Bop; Say Darling; Smile Away; My Love; Henry's Blues; Wild Life; Give Ireland Back To The Irish; The Mess; Long Tall Sally

Ⓣ 9. 2. Nottingham, University
10. 2. York, University
11. 2. Hull, University
13. 2. Newcastle, University
14. 2. Lancaster, University
16. 2. Leeds, Town Hall
17. 2. Sheffield, University
18. 2. Manchester Salford, University
21. 2. Birmingham, University
22. 2. Swansea, University
23. 2. Oxford, University
(Die Konzerte fanden ohne vorherige Ankündigung statt.)

First European Tour

Wings:
Paul McCartney, Linda McCartney, Denny Laine, Henry McCullough, Denny Seiwell.
Programm:
Bip Bop; Smile Away; Nineteen Hundred And Eighty Five; I Would Only Smile; Give Ireland Back To The Irish; Blue Moon Of Kentucky; The Mess; Best Friends; Soilie; I'm Your Singer; Seaside Woman; Henry's Blues; Say You Don't Mind; Wild Life; Mary Had A Little Lamb; My Love; Maybe I'm Amazed; Hi Hi Hi; Long Tall Sally

1972

9. 7. Chateau Vallon, Centre Culturelle (Frankreich)
12. 7. Juan Les Pins (Frankreich)
13. 7. Arles, Theatre Antique (Frankreich)
14. 7. Lyon (Frankreich)
16. 7. Paris, Olympia (Frankreich) 2 Konzerte
18. 7. München, Zirkus-Krone-Bau (Deutschland)
19. 7. Frankfurt, Offenbach-Halle (Deutschland)
21. 7. Zürich, Kongreß-Halle (Schweiz)
Ⓣ 22. 7. Montreux, Pavillon (Schweiz)
1. 8. Kopenhagen, K B Hallen (Dänemark)
4. 8. Helsinki, Maess Halle (Finnland)
5. 8. Turku, Idraets (Finnland)
7. 8. Stockholm, Tivoli Gardens (Schweden)
8. 8. Orebö, Idretshalle (Schweden)
9. 8. Oslo (Norwegen)
10. 8. Göteborg, Skandinavian Halle (Schweden)
11. 8. Lund, Olympean (Schweden)
12. 8. Odense, Fyns Forum (Dänemark)
14. 8. Arhus, Vejlby Risskor Hallen (Dänemark)
Ⓣ 16. 8. Düsseldorf (Deutschland) (Aus diesem Konzert soll die Aufnahme »The Mess« stammen, die auf der Rückseite der Single »My Love« zu hören ist.)
17. 8. Rotterdam, Doelen (Holland)
Ⓣ 19. 8. Groningen, Evenementenhal (Holland)
Ⓣ 20. 8. Amsterdam, Concertgebouw (Holland)
21. 8. The Hague, Congresgebouw (Holland)
22. 8. Antwerpen, Cina Roma (Belgien)
28. 8. Berlin, Deutschlandhalle (Deutschland)

1973

18. 3. London, Boreham Wood Studios (England) *Wings:* Paul McCartney, Linda McCartney, Denny Laine, Henry McCullough, Denny Seiwell. Titel: *Big Barn Bed*, *The Mess*, *Maybe I'm Amazed*, *Long Tall Sally*. Die Show »James Paul McCartney« wurde in den USA am 16. April 1973, in England am 10. Mai 1973 und in Deutschland am 10. August 1974 gesendet.
18. 3. London, Hard Rock Café (England) Wohltätigkeitskonzert für RELEASE.

1973

Second British Tour

Wings:

Paul McCartney, Linda McCartney, Denny Laine, Henry McCullough, Denny Seiwell.

Programm:

Soilie; Big Barn Bed; When The Night; Wild Life; Seaside Woman; Little Woman Love; C Moon; Live And Let Die; Maybe I'm Amazed; My Love; Go Now; Say You Don't Mind; The Mess; Long Tall Sally

11. 5. Bristol, Hippodrome
12. 5. Oxford, New Theatre
13. 5. Cardiff, Capitol
15. 5. Bournemouth, Winter Gardens
16. 5. Manchester, Hardrock
17. 5. Manchester, Hardrock
18. 5. Liverpool, Empire
2 Konzerte
19. 5. Leeds, University
21. 5. Preston, Guild Hall
22. 5. Newcastle, Odeon
Ⓣ 23. 5. Edinburgh, Odeon
2 Konzerte
24. 5. Glasgow, Green's Playhouse
25. 5. London, Hammersmith Odeon
26. 5. London, Hammersmith Odeon
27. 5. London, Hammersmith Odeon

Short British Tour

Wings:

Paul McCartney, Linda McCartney, Denny Laine, Henry McCullough, Denny Seiwell.

4. 7. Sheffield, City Hall
5. 7. Das ursprünglich angesetzte Konzert in Stoke-on-Trend fällt aus, da in London der Film »Live und Let Die« uraufgeführt wird, für den Paul McCartney den Titelsong komponiert hatte.
6. 7. Birmingham, Odeon
9. 7. Leicester, Odeon (Großbritannien)
10. 7. Newcastle, City Hall (Großbritannien)

1974

Ⓕ 21. 11. Die Wings (Paul McCartney, Linda McCartney, Denny Laine, Jimmy McCulloch, Joe English) stellen in der Fernsehsendung »Top of the Pops« ihre neue Single *Junior's Farm* vor und begleiten David Essex bei dessen Song *Gonna Make You A Star*.

27. 11. Lewisham (England)
Paul McCartney und Linda McCartney treten unangekündigt mit Rod Stewart auf dessen Konzert auf und spielen den von Paul McCartney für Rod Stewart geschriebenen Song *Mine For Me*.

1975

Februar Die Wings nehmen gemeinsam mit der Tuxedo Jazz Band den Song »Baby Face« fürs Fernsehen auf.

6. 9. London, Elstree Film Studios (England)
Die Wings geben ein »Thanksgiving-Concert« für 1200 Mitarbeiter der Schallplattenfirma EMI.

Third British Tour

Wings:
Paul McCartney, Linda McCartney, Denny Laine, Jimmy McCulloch, Joe English.
Programm:
Venus And Mars; Rock Show; Jet; Let Me Roll it; Spirits Of Ancient Egypt; C Moon; Maybe I'm Amazed; Lady Madonna; Long And Winding Road; Medicine Jar; Picasso's Last Words; Richard Corey; Bluebird; I've Just Seen A Face; Blackbird; Yesterday; You Gave Me The Answer; Magneto And Titanium Man; Go Now; Letting Go; Live And Let Die; Call Me Back Again; My Love; Listen To What The Man Said; Band On The Run; Hi Hi Hi; Soilie

9. 9. Southampton, Gaumont
10. 9. Bristol, Hippodrome
11. 9. Cardiff, Capitol
12. 9. Manchester, Free Trade Hall
13. 9. Birmingham, Hippodrome
15. 9. Liverpool, Empire
16. 9. Newcastle, City Hall

1975

17. 9. London, Hammersmith Odeon
18. 9. London, Hammersmith Odeon
20. 9. Edinburgh, Usher Hall
21. 9. Glasgow, Apollo Centre
22. 9. Aberdeen, Capitol
23. 9. Dundee, Caird Hall

Australien Tour

Wings: Paul McCartney, Linda McCartney, Denny Laine, Jimmy McCulloch, Joe English.

Programm:

wie bei der Third British Tour

1. 11. Pertt, Entertainment Centre
4000 Besucher
4. 11. Adelaide, Apollo Stadium
5000 Besucher
5. 11. Adelaide, Apollo Stadium
5000 Besucher
7. 11. Sydney, Hordon Pavillion
4000 Besucher
8. 11. Sydney, Hordon Pavillion
4000 Besucher
10. 11. Brisbane, Festival Hall
4000 Besucher
11. 11. Brisbane, Festival Hall
4000 Besucher
13. 11. Melbourne, Myer Music Bowl
14 000 Besucher
14. 11. Melbourne, Myer Music Bowl
14 000 Besucher

1976

Short European Tour

Wings:

Paul McCartney, Linda McCartney, Denny Laine, Jimmy McCulloch, Joe English

Programm:

Venus And Mars; Rock Show; Jet; Let Me Roll It; Spirits Of Ancient Egypt; Medicine Jar; Maybe I'm Amazed;

1976 *Call Me Back Again; Lady Madonna; The Long And Winding Road; Live And Let Die; Picasso's Last Words; Richard Corey; Bluebird; I've Just Seen A Face; Blackbird; Yesterday; You Gave Me The Answer; Magneto And Titanium Man; My Love; Listen To What The Man Said; Let 'Em In; Time To Hide; Silly Love Songs; Beware My Love; Letting Go; Band On The Run; Hi Hi Hi; Soilie*

20. 3. Kopenhagen, Falkoner Theatre (Dänemark)
Ⓣ 21. 3. Kopenhagen, Falkoner Theatre (Dänemark)
Ⓣ 23. 3. Berlin, Deutschlandhalle (Deutschland)
Ⓣ 25. 3. Rotterdam, Ahoy'Sportpaleis (Holland)
Teile des Konzertes wurden gefilmt und mit einem Interview mit Paul und Linda McCartney im holländischen Fernsehen ausgestrahlt.
26. 3. Paris, Pavillon (Frankreich)

First American Tour
Wings:
Paul McCartney, Linda McCartney, Denny Laine, Jimmy McCulloch, Joe English.
Programm:
wie bei der Short European Tour

3. 5. Fort Worth, Tarrant County Convention Hall (USA)
4. 5. Houston, Summit (USA)
7. 5. Detroit, Olympia (USA)
8. 5. Detroit, Olympia (USA)
Ⓣ 9. 5. Toronto, Maple Leaf Gardens (Kanada)
10. 5. Cleveland, Richfield Coliseum (USA)
12. 5. Philadelphia, Spectrum (USA)
Ⓣ 14. 5. Philadelphia, Spectrum (USA)
15. 5. Largo, Maryland Capitol Centre (USA)
17. 5. Largo, Maryland Capitol Centre (USA)
18. 5. Atlanta, Omni (USA)
19. 5. Atlanta, Omni (USA)
21. 5. Long Island, Nassau Coliseum (USA)
Ⓣ 22. 5. Boston, Boston Gardens (USA)
24. 5. New York, Madison Square Gardens (USA)
25. 5. New York, Madison Square Gardens (USA)

1976

27. 5. Cincinatti, Riverfront Coliseum (USA)
29. 5. Kansas City, Kemper Arena (USA)
Ⓣ 1. 6. Chicago, Chicago Stadium (USA)
2. 6. Chicago, Chicago Stadium (USA)
4. 6. St. Paul, Civic Center (USA)
7. 6. Denver, McNichols Arena (USA)
10. 6. Seattle, Kingdom (USA)
67 000 Besucher. Teile des Konzertes wurden gefilmt und mit einem Interview mit Paul und Linda McCartney in der ABC-Fernsehsendung »Goodnight America« gezeigt.
13. 6. San Francisco, Cow Palace (USA)
Ⓣ 14. 6. San Francisco, Cow Palace (USA)
Ⓣ 16. 6. San Diego, Sports Arena (USA)
18. 6. Tucson, Community Center (USA)
21. 6. Los Angeles, Los Angeles Forum (USA)
22. 6. Los Angeles, Los Angeles Forum (USA)
23. 6. Los Angeles, Los Angeles Forum (USA)
Während der letzte Song, *Soilie*, gespielt wird, kommt Ringo Starr auf die Bühne und überreicht Paul McCartney anläßlich des letzten Konzertes der First America Tour einen Blumenstrauß.
Während dieser Tournee entstehen auch die Aufnahmen für das Live-Album »Wings over America«.

Short European Tour

Wings: Paul McCartney, Linda McCartney, Denny Laine, Jimmy McCulloch, Joe English.
Programm:
wie bei der First European Tour
Ⓣ 19. 9. Wien, Stadthalle (Österreich)
21. 9. Zagreb, Dom Sportova (Jugoslawien)
25. 9. Venedig, Plaza San Marco (Italien)
Dieses Konzert wird zugunsten der Rettung von Venedig veranstaltet. Nach dem Konzert stellt sich heraus, daß die tonnenschwere Anlage der Wings beträchtliche Schäden an dem Fundament des San-Marco-Platzes verursacht hat.
Ⓣ 27. 9. München, Olympiahalle (Deutschland)

1976 »Wings over Wembley« Concerts

Wings:
Paul McCartney, Linda McCartney, Jimmy McCulloch, Joe English.
Programm:
wie bei der First European Tour, zusätzlich wird der Song »Go Now« ins Programm aufgenommen

19. 10. London, Wembley Empire Pool.
20. 10. London, Wembley Empire Pool.
21. 10. London, Wembley Empire Pool.

1979

Fourth British Tour

Wings:
Paul McCartney, Linda McCartney, Denny Laine, Laurence Juber, Steve Holly.
Programm:
Got To Get You Into My Life; Getting Closer; Every Night; Again And Again And Again; I've Had Enough; No Words; Cook Of The House; Old Siam Sir; Maybe I'm Amazed; Fool On The Hill; Hot As Sun; Spin It On; Twenty Flight Rock; Go Now; Arrow Through Me; Coming Up; Goodnight Tonight; Wonderful Christmastime; Yesterday; Mull Of Kintyre; Band On The Run

23. 11.–26. 11. Liverpool, Royal Court Theatre, Liverpool, Empire
28. 11. Manchester, Apollo
29. 11. Manchester, Apollo
1. 12. Southampton, Gaumont
2. 12. Brighton, New Conference Centre
3. 12. Lewisham, Odeon
5. 12. London, Rainbow Finsbury Park
7. 12. London, Wembley Arena
8. 12. London, Wembley Arena
9. 12. London, Wembley Arena
10. 12. London, Wembley Arena
12. 12. Birmingham, Odeon
14. 12. Newcastle, City Hall
15. 12. Edinburgh, Odeon

1979

16. 12. Glasgow, Apollo

17. 12. Glasgow, Apollo
Während des Konzertes entsteht die Live-Aufnahme von *Coming Up*, die später als Rückseite der Single *Coming Up* (Studio-Version) erscheint.

Concerts for the People of Kampuchea
Paul McCartney veranstaltet zugunsten der Flüchtlinge von Kambodscha vier Konzertabende im Londoner Hammersmith Odeon:

26. 12. Queen.

27. 12. Ian Dury And The Blockheads, Matumbi, The Clash.

28. 12. The Specials, The Pretenders, The Who.

Ⓣ 29. 12. Billy Connolly, Elvis Costello And The Attractions, Rockpile, Wings.
Wings: Paul McCartney, Linda McCartney, Denny Laine, Laurence Juber, Steve Holly.
Programm: wie bei der Fourth British Tour (außer: »Wonderful Christmastime«)
Im Anschluß an den Auftritt der Wings treten 24 Musiker auf, die als »The Applejacks« angesagt werden. Ursprünglich sollen auch George Harrison und Ringo Starr auftreten, doch beide sagen aufgrund der auftauchenden Spekulationen in den Massenmedien ihren Auftritt in letzter Minute ab.

Musiker in Reihenfolge der Ansage	Band	Instrument:
Paul McCartney	Wings	grand piano, bass
Linda McCartney	Wings	keyboard
Denny Laine	Wings	guitar
Steve Holly	Wings	drums
Laurence Juber	Wings	guitar
Jimmy Honeyman-Scott	Pretenders	guitar
Dave Ednunds	Rockpile	guitar

Musiker in Reihenfolge der Ansage	Band	Instrument:
Billy Bremner	Rockpile	guitar
Kenney Jones	Who	drums
Pete Townshend	Who	guitar
Tony Ashton	ex Ashton, Gardner, Dy&Co.	keyboard
Bruce Thomas	Attractions	bass
Ronnie Lane	ex Faces	bass
Gerry Brooker	ex Procol Harum	keyboard
Tony Carr	Brand X	percussions
Morris Pert	Brand X	percussions
John Bonham	Led Zeppelin	drums
John Paul Jones	Led Zeppelin	bass
Robert Plant	Led Zeppelin	guitar
Speedy Acquaye	Blue Flames	percussions
Howie Casey	Wings Horn Section	horn
Steve Howard	Wings Horn Section	horn
Thaddeus Richard	Wings Horn Section	horn
Tony Dorsey	Wings Horn Section	horn
Programm:		von Langspielplatte:
Rockestra Theme		Back To The Egg
Lucille		–
Let It Be		Let It Be
Rockestra Theme		Back To The Egg

Auftritte von George Harrison

1969

England and Denmark Tour
Band:
Delaney Bramlett, Bonnie Bramlett, George Harrison, Eric Clapton, Dave Mason, Carl Radle, John Gordon, Tex Johnson, Bobby Whitlock, Jim Price, Bobby Keys, Rita Coolidge.
Programm:
Things Get Better; Poor Eliijah – Tribute To Johnson; Only You Know And I Know; I Don't Want To Discuss It; That's What My Man Is For; Where There's A Will There's A Way; Coming Home
Medley:
Long Tall Sally; Jenny Jenny; The Girl Can't Help It; Tutti Frutti

5. 12. Newcastle, City Hall (England)
6. 12. Liverpool, Empire (England)
7. 12. Croydon, Fairfield Hall (England)
10. 12. Kopenhagen, Falconer Theatre
2200 Besucher
Ⓣ 12. 12. Kopenhagen, Falconer Theatre
2200 Besucher

Ⓣ **1970**
15. 2. London, Lyceum Ballroom
siehe Auftritte von John Lennon

Ⓕ **1971**
1. 8. New York, Madison Square Garden
George Harrison veranstaltet zugunsten der Hungernden in Bangla Desh zwei Konzerte.
Musiker:
George Harrison, Eric Clapton, Bob Dylan, Billy Preston, Leon Russell, Ringo Starr, Klaus Voormann, Pete Ham, Tom Evans, Joey Molland, Mike Gibbons, Allan Beutler, Jesse Ed Davis, Chuck Findley, Marlin

1971 Greene, Jeany Greene, Jo Greene, Dolores Hall, Jim Horn, Jacky Kelso, Jim Keltner, Claudia Linnear, Lou McCreary, Olli Mitchell, Don Nix, Don Preston, Carl Radle, Ravi Shankar, Kamala Chakravarty, Ustad Aliakbar Khan, Alla Rakah.

Programm:

Bangla Dhun	(Ravi Shankar,
Sitar and Sarod Duet	Kamala Chakravarty,
Dadra Tal	Ustad Aliakbar Khan,
Teental	Alla Rakah)

Wah Wah (George Harrison); *My Sweet Lord* (George Harrison); *Awaiting On You All* (George Harrison); *That's The Way God Planned It* (Billy Preston); *It Don't Come Easy* (Ringo Starr); *Beware Of Darkness* (George Harrison und Leon Russell); *While My Guitar Gently Weeps* (George Harrison); *Jumpin' Jack Flash* (Leon Russell); *Youngblood* (Leon Russell); *Here Comes The Sun* (George Harrison); *A Hard Rain's Gonna Fall* (Bob Dylan); *It Takes A Lot To Laugh, It Takes A Train To Cry* (Bob Dylan); *Blowin' In The Wind* (Bob Dylan); *Mr. Tambourine Man* (Bob Dylan); *Just Like A Woman* (Bob Dylan); *Something* (George Harrison); *Bangla Desh* (George Harrison)
Das Abendkonzert wurde für die Produktion eines Filmes und eines Albums (3 LP's) mitgeschnitten.

1972

Ⓣ Dezember New York
George Harrison tritt in der Fernsehsendung »David Frost Show« auf und spielt mit David Bromberg die Songs *Suffer To Sing The Blues*, *The Hold-up* und *Bangla Desh*. Mit Ravi Shankar spielt er in der gleichen Sendung indische Musik.

1974

First America Tour

Band:

George Harrison, Billy Preston, Tom Scott, Chuck Findley, Andy Newmark, Robben Ford, Willy Weeks, Emil Richards

Programm:

Hari's On Tour; While My Guitar Gently Weeps/Smiles; Something; Outa Space; Indian Music (Ravi Shankar); *For You Blue; Give Me Love, Give Me Peace On Earth; Boogie Tune; In My Life; Tomcat; Maya Love; Dark Horse; Nothing From Nothing; What Is Life; My Sweet Lord*

Ⓣ 2. 11. Vancouver, Pacific Coliseum (Kanada)
4. 11. Seattle, Seattle Center Coliseum (USA)
5. 11. San Francisco, Cow Palace (USA)
6. 11. Oakland, Coliseum (USA)
10. 11. Long Beach, Arena (USA)
11. 11. Los Angeles, Forum (USA)
12. 11. Los Angeles, Forum (USA)
14. 11. Phoenix (USA)
16. 11. Salt Lake City, Salt Palace (USA)
18. 11. Denver, Coliseum (USA)
20. 11. St. Louis, Arena (USA)
21. 11. Tulsa, Civic Center (USA)
22. 11. Fort Worth (USA)
Ⓣ 24. 11. Houston, Hofheinz Pavilion (USA)
Ⓣ 25. 11. Baton Rouge, LSU Assembly Center (USA)
27. 11. Memphis, Mid-South Coliseum (USA)
28. 11. Atlanta, Omni (USA)
30. 11. Chicago, Chicago Stadium (USA)
2. 12. Cleveland, Coliseum (USA)
4. 12. Detroit, Olympia Stadium (USA)
6. 12. Toronto, Maple Leaf Gardens (Kanada)
8. 12. Montreal, Forum (Kanada)
10. 12. Boston, Boston Gardens (USA)

1975 England (wahrscheinlich London)
25. 12. George Harrison singt in der Fernsehsendung »Rutland Weekend Television« das Lied *The Pirate Song*, in dem er sich zum angeblichen Plagiat von »My Sweet Lord« äußert.

1976 New York, Civic Center (USA)
20. 4. George Harrison tritt bei einer Veranstaltung des Monty Python's Flying Circus auf und spielt bei »Lumberjack Song« mit.

Ⓣ 6. 6. London
Teilnahme am »Prince's Trust Concert 1987«. George spielt *While My Guitar Gently Weeps* und *Here Comes The Sun*.

Ⓣ 18. 11. USA
Aufnahmen für die Fernsehsendung »Saturday Night«, die am 18. November gesendet wird. George Harrison spielt die Songs *Don't Let Me Wait Too Long*, *Yesterday*, *Bridge Over Troubled Water*, und gemeinsam mit Paul Simon *Here Comes The Sun*, *Homeward Bound*, *Bye Bye Love* und *Rock Island Line*.
Es werden jedoch lediglich die Songs *Here Comes The Sun* und *Homeward Bound* gesendet.

Auftritte von Ringo Starr

1968 England (wahrscheinlich London)
Ⓣ 6. 2. Ringo Starr tritt in der Fernsehsendung *Cilla Black Show* auf und singt gemeinsam mit Cilla Black »Act Naturally«.

1969 England (wahrscheinlich London)
24. 12. Ringo Starr tritt in der BBC-Fernsehsendung »Live« auf und singt *Octopus's Garden*, begleitet vom George Martin Orchestra.

1970 USA (wahrscheinlich New York)
29. 3. Ringo Starr tritt in der Fernsehsendung »David Frost Show« auf und singt *Sentimental Journey*, begleitet vom George Martin Orchestra.

Ⓕ **1971** New York, Madison Square Garden
1. 8. Ringo Starr wirkt bei George Harrisons »Concert for Bangla Desh« mit (siehe unter Auftritte von George Harrison).

1975 USA
28. 4. Ringo Starr tritt in der Fernsehsendung »Smothers Brothers Show« auf und singt die Songs *No No Song* und *Snookeroo*. Bei dem Lied *Can You Hear Me* wirkt er als Background-Sänger mit.

1976 Houston, Astrodome
25. 1. Ringo Starr wirkt als Schlagzeuger bei Bob Dylans Wohltätigkeitskonzert »Hurricane II« mit.
Ⓕ 24. 11. San Francisco, Winterland (USA)
Ringo Starr spielt Schlagzeug bei *I Shall Be Released* auf dem »Good-bye Concert« der Gruppe The Band. Das Konzert wird mitgeschnitten und später erscheinen unter dem Titel »The Last Walz« ein Album (3 LP's) und ein Film.

1978 Ort unbekannt
Ⓣ Datum unbekannt Ringo Starr wirkt bei einer Fernsehsendung mit und singt *Hearts On My Sleeve*, *Hard Time* und *A Man Like Me*.

1984 nachmittags: Washington, Washington Monument
Ⓕ 4. 7. abends: Miami
2 Auftritte der Beach Boys, gemeinsam mit Ringo Starr. Ringo spielt Schlagzeug bei den Stücken *Back in the U.S.S.R., Good Vibrations, Help Me Rhonda* und *Fun Fun Fun*.

1986 Atlanta
Ⓕ 25. 10. Gemeinsam mit Jerry Lee Lewis und Bill Wyman spielt Ringo einen etwa 10 Minuten langen Blues.

1987 London
Ⓣ 6. 6. Ringo Starr wirkt mit beim »Prince's Trust Concert 1987« und singt *With a Little Help from My Friends*.

Die Soloplatten (1968–1988)

Soweit die Schallplattenproduktion der Beatles als Einzelinterpreten in der Zeit bis zur endgültigen Trennung entstanden sind, darf sich die nachfolgende Zusammenstellung der Solotitel vollständig nennen. Da der Hauptakzent der »Chronologie ihrer Musik« jedoch naturgemäß auf den gemeinsamen Aufnahmen liegen muß, stellt dieser zweite Abschnitt nur eine schwerpunktmäßige Übersicht über die Veröffentlichungen ab Mai 1970 dar. Während die LP-Erscheinungen in Form von Kurzbesprechungen weiterhin komplett aufgeführt werden, ist auf die Angabe von Singletiteln, besonders wenn sie neueren Datums sind, zum überwiegenden Teil verzichtet worden, da sie ohnehin meist nur Auskopplungen darstellen.

John Lennon

1968

29. 11. JOHN LENNON /YOKO ONO:
LP *Two Virgins – Unfinished Music No. 1*
Aufnahme: Ende Mai 1968 in Kenwood, England
Two Virgins No. 1 / Together / Two Virgins No. 2 / Two Virgins No. 3 / Two Virgins No. 4 / Two Virgins No. 5 Two Virgins No. 6 / Hushabye Hushabye / Two Virgins No. 7 / Two Virgins No. 8 / Two Virgins No. 9 / Two Virgins No. 10

Johns erste Plattenproduktion ohne die Gruppe entstand im Verlauf von nur einer Nacht, als Yoko Ono zum erstenmal bei John in dessen Landhaus in Kenwood zu Besuch war, und unter dem beherrschenden Eindruck seines vor kurzem erfolgten Zusammentreffens mit der neuen Lebensgefährtin. »Wir begannen mit den Aufnahmen um Mitternacht«, enthüllte er später, »und waren im Morgengrauen fertig. Dann fuhren wir nach Hause und liebten uns. Es war wirklich wundervoll.«

Die Kritiker der Fachzeitschriften und auch selbst die meisten der wohlwollendsten Fans fanden dieses Werk jedoch gar nicht so wundervoll. Für sie war es einfach nur Krach. In Johns Augen mag es möglicherweise

1968 Kunst gewesen sein, das Publikum konnte dem Konglomerat aus Vogelgezwitscher, Gekreische, Klaviergeklimpere und zu langsam laufender Bänder wenig abgewinnen. Zudem gab es gehörigen Ärger mit dem Cover: John und Yoko in natürlicher Unschuld – Vorder- und Rückansicht. Die EMI beeilte sich, die LP wieder zurückzuziehen. Die Firma Track-Records sprang ein und brachte das öffentliche Ärgernis in einem braunen Papierumschlag erneut heraus. Pauls Kommentar dazu, abgedruckt auf der Plattenhülle, war wohl ausbalanciert auf dem schmalen Grat zwischen Ironie und Bewunderung: »Wenn sich zwei große Heilige begegnen, dann ist dies eine erniedrigende Erfahrung.«

1969

9. 5. JOHN LENNON /YOKO ONO:
LP *Life With The Lions – Unfinished Music No. 2*
Aufnahmedatum: A-Seite – 2. März 1969 in Cambridge, Lady Mitchell Hall
B-Seite – 4.–25. November 1968
Erschienen in Cambridge
No Bed For Beatle John / Baby's Heartbeat / Two Minutes Silence / Radio Play
Die A-Seite ist ein Live-Mitschnitt eines Konzerts in der Lady Mitchell Hall in Cambridge, bei dem John (Feedback-Gitarre) und Yoko (Gesang) zusammen mit den Free-Jazz-Musikern John Tchikai (Saxophon) und John Stevens (Schlagzeug) auftraten.
Die B-Seite wurde im November 1968 im Londoner Queen Charlotte Hospital mit einem Kassettenrecorder am Bett von Yoko Ono aufgenommen, die sich gerade wegen einer Fehlgeburt in ärztlicher Behandlung befand. Das Foto auf dem Front-Cover entstand zu dieser Zeit. Es zeigt John Lennon neben Yoko Onos Bett im Krankenhaus.

4. 7. PLASTIC ONO BAND:
Single *Give Peace A Chance / Remember Love*
Aufnahme: 1. Juni 1969 *(Give Peace A Chance)*
Erscheinungsdatum: 4. Juli 1969 in England

1969 Diese persönliche Friedensbotschaft John Lennons entstand mit Hilfe einer transportablen Studioeinrichtung im Queen Elizabeth Hotel, Zimmer 1742, in Montreal. Er und Yoko hielten wieder ein »Bed-in« für den Frieden ab.

Nachdem er am 22. Mai *Give Peace A Chance* komponiert hatte, lud er zur mitternächtlichen Aufnahmesession einige Tage später eine Reihe von Freunden und Bekannten ein, die sich alle in irgendeiner Form auch an den Aufnahmen beteiligten. Dabei waren unter anderem: Tom Smothers von den Smothers Brothers, der jüdische Rabbi Geinburg, Petula Clark, Timothy Leary und die Hare Krishna Society.

Diese Single erreichte, obwohl alles andere als perfekt produziert, einen beachtlichen 2. Platz in England und einen 14. in USA.

»Das ursprüngliche Wort, was ich auf *Give Peace A Chance* benutzte, war ›Masturbation‹«, meinte John. »Aber ich hatte gerade Ärger wegen *The Ballad of John & Yoko* bekommen, und ich wollte nicht noch mehr Theater haben; so nahm ich ›Mastication‹ (Zerkleinerung) in den geschriebenen Text hinein. Es war ein Kompromiß, denn die Botschaft über Frieden war für mich wichtiger, als mich über ein Wort zu amüsieren.«

24. 10. PLASTIC ONO BAND:
Single *Cold Turkey/Don't Worry Kyoko*
Aufnahme: 30. September 1969 (Cold Turkey)
Erschienen in England

John machte eine kritische drogenabhängige Phase durch, als er *Cold Turkey* schrieb: »Ich schrieb über das Loskommen von Drogen und die damit verbundenen Schmerzen.«

Die Besetzung der Plastic Ono Band neben John und Yoko: Eric Clapton (Leadgitarre), Klaus Voormann (Baß) und Alan White (Schlagzeug).

Die Rückseite war eine Komposition von Yoko Ono, die in schrillen Schreien die Versuche besingt, ihre Tochter Kyoko aus erster Ehe zugesprochen zu bekommen.

1969 Der vergleichsweise bescheidene 13. Platz in der englischen Hitparade, den die Single erreichte, ist laut Lennons eigener Aussage auch ein Grund dafür gewesen, daß er seinen MBE-Orden der Königin zurückschickte. Vor allem aber schockierte ihn Englands Beteiligung am Biafrakrieg. Das veranlaßte Johns Tante Mimi, der Presse gegenüber zu erklären: »Ich teile Johns Ansichten über die Beteiligung Englands am Biafrakrieg, aber der Art und Weise seines Protestes kann ich nicht zustimmen. Hätte ich gewußt, was er mit dem Orden wollte, so hätte ich ihm die Medaille nicht herausgegeben. Das alles paßt nicht zu John.« Diese Äußerung ließ er nicht unbeantwortet: »Ich bin sehr traurig darüber, daß meine Tante Mimi traurig ist. Aber ich werde sie anrufen und ihr erklären, weshalb ich den MBE zurückgeschickt habe. Sie versteht kaum etwas von dem, was ich tue. Noch heute kommt sie nicht darüber hinweg, daß ich seit meinem achtzehnten Lebensjahr Koteletten trage.«

7. 11. JOHN LENNON / YOKO ONO:
LP *The Wedding Album*
Aufgenommen: 21.–24. März 1969
Erschienen in England
John And Yoko/Amsterdam
Am 20. März 1969 heirateten John und Yoko in Gibraltar im engsten Freundeskreis. Bei den anschließenden Flitterwochen jedoch war per Kamera und Mikrofon die Welt Zeuge des gemeinsamen Glücks. Die Lennons veranstalteten im Amsterdamer Hilton ein »Bed-in«. Während dieser Zeit entstand auch die kuriose Aneinanderreihung der Namen John und Yoko in ständig wechselnder Form, die auf der A-Seite zu hören ist. Die B-Seite bestand aus Geräuschen, die John vom Bett aus aufnahm und einem interessanten Interview mit beiden, in dem sie ihre Friedensprojekte erläuterten. Beigefügt waren ein Faksimile der Heiratsurkunde, Hochzeitsbilder, Presseausschnitte und andere »Souvenirs«.

1969 THE PLASTIC ONO BAND:
12. 12. **LP *The Plastic Ono Band – Live Peace in Toronto***
Aufgenommen: 13. September 1969, Varsity Stadium in Toronto, Kanada
Erschienen in England
Blue Suede Shoes / Money / Dizzy Miss Lizzy / Yer Blues / Cold Turkey / Give Peace A Chance / Don't Worry Kyoko / John, John (Let's Hope For Peace)
Dieses Album wurde während einer Rock'n'Roll Revival Show in Toronto mitgeschnitten. Zwei kanadische Promoter engagierten für diese zwei Tage dauernde Veranstaltung außer John Lennon und seiner Plastic Ono Band noch Little Richard, Gene Vincent, Chuck Berry und Bo Diddley.
Die Vorbereitungen zu diesem ersten, größeren Live-Auftritt Johns nach über drei Jahren verliefen in hektischer Atmosphäre. Road-Manager Mal Evans erfuhr erst einen Tag vor Abflug von dem bevorstehenden Konzert und mußte innerhalb von acht Stunden das gesamte Gepäck sowie alle Instrumente bereitstellen und noch dazu sämtliche Mitglieder der Plastic Ono Band zusammentrommeln, die von diesem Engagement noch gar nichts wußten.
Die Probe für das Konzert fand hoch über den Wolken, während des Fluges von London nach Toronto, statt. Man einigte sich darauf, vor allem die Songs zu spielen, die allen aus der Gruppe bekannt waren, denn vom Flughafen ging es direkt ins Varsity-Stadion, in dem bereits 25 000 Kanadier warteten. Zu größeren Programmüberlegungen blieb da keine Zeit.
Und so besticht denn auch die A-Seite des Albums durch eine ehrliche Spontaneität und das ausgeprägte Rock'n'Roll'Feeling Johns. Der amerikanische Musiker Kim Fowley, der die Plastic Ono Band ankündigte, ließ die Lichter im Stadion löschen und bat die Zuschauer, Streichhölzer zur Begrüßung anzuzünden.
Obwohl die Stimmung dieser nostalgischen Wiedersehens-Show mit einem der vier Beatles auf der LP sehr gut eingefangen worden war, wurde sie dennoch nur zu einem mäßigen Erfolg (Platz 10 der US LP-Chart).

1969 Das Publikum konnte sich mit Yokos Schreigesang auf der B-Seite nicht recht anfreunden, der ebenfalls während des Konzertes in Toronto aufgenommen worden war.

1970

6. 2. JOHN LENNON WITH THE PLASTIC ONO BAND:
Single *Instant Karma! /Who Has Seen The Wind*
Aufnahme: 26. Januar 1970, Apple-Studios *(Instant Karma)*
Erschienen in England
Die Single wurde in der Besetzung George Harrison (Leadgitarre), Klaus Voormann (Baß) und Alan White (Schlagzeug) von Phil Spector produziert.
Über ihre Entstehung sagte John: »Die Sache lief großartig. Ich komponierte *Instant Karma* morgens auf dem Klavier und ging anschließend ins Büro, wo ich den ganzen Tag über das Lied sang. Dann kam ich plötzlich auf die Idee es aufzunehmen, buchte das Studio und Phil kam zufällig vorbei. Er fragte mich, wie ich das Lied haben wolle und ich antwortete ihm, so wie die Lieder in den fünfziger Jahren. Es ging ziemlich schnell, nach nur drei Durchläufen war es auf Band.«

1970 Um die Single populärer zu machen, ließ sich John sogar zu einem Auftritt im britischen Fernsehen überreden. Am 12. Februar 1970 gastierte er mit seiner Plastic Ono Band live in der TV-Show *Top Of The Pops*. Zum erstenmal seit fünf Jahren spielte wieder ein Mitglied der Beatles live im Fernsehen; damals hatten sie die Songs *We Can Work It Out* und *Day Tripper* vorgestellt. Die Rückseite enthielt eine schwermütige Yoko-Ono-Komposition, die sie mit heller Kinderstimme vortrug. Diese Single erreichte zwar nie die Nr.-1-Position in den Hitparaden (Platz fünf in England, Platz drei in USA), war aber dennoch der bis dahin größte Erfolg der Plastic Ono Band. Gold gab es am 14. Dezember 1970.

11. 12. John Lennon:
LP *John Lennon / Plastic Ono Band*
Aufgenommen: Oktober 1970
Erschienen in England
Mother / Hold On John / I Found Out / Working Class Hero / Isolation
Remember / Love / Well Well Well / Look At Me / My Mummy's Dead
Am 23. April 1970 fuhren John und Yoko nach Los Angeles, um sich dort mit Dr. Arthur Janov, dem Begründer der Urschreitherapie, zu treffen. Sie waren so von ihm und seiner Arbeit beeindruckt, daß sie sich in seine Behandlung begaben. Über einen Zeitraum von vier Monaten hinweg versuchten sie mit Hilfe von Dr. Janovs Therapie eine Lösung ihrer persönlichen Probleme zu erreichen.

Nach der Rückkehr ging John mit Ringo Starr, Klaus Voormann, Billy Preston und Phil Spector in die EMI-Studios, um seine neue Solo-LP aufzunehmen. Er hatte während des Aufenthalts in Los Angeles über dreißig neue Songs komponiert, in denen er sich, angeleitet von der Psychotherapie des Urschreis, in sehr persönlich gehaltenen Texten seine geistigen Nöte von der Seele schrieb – sein gestörtes Verhältnis zur Mutter, ihr früher Verlust und die Ablehnung, die er durch die Welt und die anderen Beatles erfuhr. Er selbst nannte,

1970 in Anlehnung an Dr. Janovs Buch »The Primal Scream«, diese LP sein »Primal Album«.
Der »Badezimmereffekt«, mit dem Johns Stimme aufgenommen wurde, und der eine Spezialität aus der Trickkiste Phil Spectors darstellte, wurde das gesamte Album über durchgehalten. Auch auf den folgenden LPs hielt man sich an diese Soundrichtung.
Die Vorbestellungen für dieses Album beliefen sich in den USA auf über 2,5 Millionen Exemplare. In den USA belegte die Platte zwei Wochen lang den zweiten Platz, in England erreichte sie einen 11. Platz. Am 28. Januar 1971 wurde *John Lennon / Plastic Ono Band* vergoldet.

1971

12. 3. JOHN LENNON / YOKO ONO / THE PLASTIC ONO BAND:
Single *Power To The People Open/Your Box*
Aufgenommen: A-Seite – Februar 1971
B-Seite – Februar 1971, Gesangsparts Anfang März 1971
Erschienen in England
Es scheint, als hätten Lennon und Ono sich von ihren Friedensbotschaften, die sie in Amsterdam, Wien und Toronto verkündet hatten, abgewandt. Man könnte *Power To The People* mit »Alle Macht dem Volke« übersetzen. Das Cover-Foto, John und Yoko sind mit Kampfanzügen und Stahlhelmen einer japanischen Straßenkämpfergruppe bekleidet und heben die Faust, hat auch zu Fehlinterpretationen des Textes von *Power To The People* beigetragen.
Die B-Seite *Open Your Box,* geschrieben von Yoko Ono, wurde in den USA verboten, da man sie als Aufforderung zur Promiskuität interpretierte.
Statt dessen veröffentlichte man Yoko Onos Aufnahme *Touch Me* in den USA als B-Seite.
In den USA erreichte die Single einen 11. Platz, in England wurde sie an sechster Stelle notiert. Weltweiter Verkauf: ca. 1,75 Millionen Exemplare.

1971 JOHN LENNON AND THE FLUX FIDDLES:
8. 10. **LP *Imagine***
Aufgenommen: Anfang bis Mitte Juli 1971 in Lennons Studio in Tittenhurst Park
Erschienen in England
9. September 1971 in USA
Imagine / Crippled Inside / Jealous Guy / It's So Hard / I Don't Want To Be A Soldier
Give Me Some Truth / Oh My Love / How Do You Sleep? / How? / Oh Yoko!

John gab kurz vor Erscheinen seiner neuen LP eine Pressekonferenz, auf der er ausschließlich über die Arbeiten an seinen neuen Songs sprach: »Es ist wirklich das beste, was ich bisher gemacht habe . . . fantastisch! Diese LP wird's Ihnen beweisen. Sie enthält im Gegensatz zu meinem vorigen Album nicht so viele persönliche Dinge. Ich habe eine Menge gelernt und mein neues Album ist in jeder Beziehung besser, auch technisch und vom Sound her. Ich bin recht glücklich. Da gibt es noch jemanden, der George Harrison heißt und der mit drauf ist und auch einige Soli spielt. Ich hätte auch Ringo gerne dabei gehabt, weil er für mich der größte Schlagzeuger ist. Aber zu dem Zeitpunkt, als wir die Aufnahmen machten, stand Ringo gerade für seinen neuen Westernfilm *Blindman* vor der Kamera. Beinahe wären wir also wieder zu dritt gewesen. Dennoch hätte man nicht von den Beatles sprechen können, sondern in jedem Fall von der Plastic Ono Band, denn die Songs auf *Imagine* stammten ja alle von mir. 80 Prozent wurden hier in meinem Haus innerhalb von sieben Tagen aufgenommen. Ich nahm die Bänder mit nach Amerika und mischte sie dort zusammen mit Phil Spector ab. Wir brauchten nur neun Tage, um dieses Album fertigzustellen. Fürs vorige hatte ich noch zehn gebraucht, ich bin also noch schneller geworden . . . Der Titelsong *Imagine*, ein Slow-Rock, ist eines der besten Stücke, das ich bisher geschrieben habe . . . Vor etwa zwei Jahren hatte ich begonnen, *I Don't Want To Be A Soldier* zu schreiben, aber erst während der Aufnahme selbst wurde es vollendet. Wir spielten den Song in

1971 einer Jam-Session ein. Der ungewöhnliche Rhythmus wird einige Leute in Erstaunen versetzen . . . Und was *Oh My Love* angeht, kann ich nur sagen, daß Yoko und ich schon viele Sachen zusammen geschrieben haben, und das bereits zu der Zeit, als ich noch ein Beatle war. So hat Yoko z. B. mit mir gemeinsam das Stück *Julia* vom Doppelalbum komponiert. Auch das vorige Soloalbum ist unter Yokos Mitwirkung entstanden. Bis heute haben wir's verschwiegen, weil wir dachten, daß es besser wäre, diese Songs nur unter meinem Namen herauszubringen. Da Paul nun aber immer Lindas Namen mit angibt, wenn sie als Coautorin fungiert, sehe ich keinen Grund mehr, warum ich es nicht publik machen sollte, wenn Yoko mir geholfen hat.«

Man spürt hier deutlich die persönliche Abrechnung Johns mit einem aus seiner Sicht autoritären Paul McCartney und der dominierenden Rolle, die dieser während der letzten Jahre einzunehmen versucht hatte.

Die Besetzung liest sich wie ein »Who is Who« der Popmusik. Unter anderem waren dabei: Alan White (Schlagzeug), Klaus Voormann (Baß), Nicky Hopkins (Piano), Jim Keltner (Schlagzeug), King Curtis (Saxophon) und George Harrison (Gitarre).

Diese LP brachte John endlich die erhoffte Anerkennung als Solointerpret. Innerhalb eines Vierteljahres wurde sie dreimal »vergoldet«. In den USA erreichte sie am 30. Oktober die Nr.-1-Position und blieb insgesamt 30 Wochen in den Charts.

In England hielt sich das Album 57 Wochen, davon 18 Wochen unter den ersten 10 LPs. In weniger als drei Wochen verkaufte sich *Imagine* in den USA mehr als 1,2millionenmal.

Viele Fachzeitschriften wählten sie zur LP des Jahres – Zeichen seiner endgültigen Befreiung vom Image eines Ex-Beatles.

Der Titelsong *Imagine* wird heute als der vielleicht beste Song John Lennons bezeichnet. Lennon weigerte sich jahrelang, *Imagine* in England als Single erscheinen zu lassen. Erst am 24. Oktober 1975 wurde die Single in England veröffentlicht und wurde auch prompt in der

1971 englischen Hitliste notiert (Platz 5 am 22. November 1975, Melody Maker).
Nach dem Tode John Lennons (8. Dezember 1980) wurde *Imagine* wieder auf vorderen Plätzen der Hitlisten in aller Welt notiert.

1. 12. JOHN LENNON UND YOKO ONO, PLASTIC ONO BAND MIT THE HARLEM COMMUNITY CHOIR (Seite 1);
YOKO ONO, PLASTIC ONO BAND (Seite 2):
Single *Happy Xmas (War Is Over) / Listen, The Snow Is Falling*
Aufgenommen: 28.–29. Oktober 1971
Erschienen in USA
24. November 1972 in England
Beide Titel wurden in den Record Plant-Studios in New York City bereits im November des Jahres 1971 aufgenommen, konnten aber erst ein Jahr später in England und den übrigen europäischen Ländern veröffentlicht werden, da es verlagsrechtliche Schwierigkeiten gab. Der Musikverlag Northern Songs Ltd., bei dem die Ex-Beatles noch unter Vertrag waren, zweifelte Yokos Mitautorenschaft an, während sie selbst die Rechte gleichzeitig für ihren eigenen Verlag Ono Music Ltd. beanspruchte. Nur in den USA erschien die Single noch vor Weihnachten 1971, konnte sich aber nicht in den Charts plazieren. Die englische Veröffentlichung ein Jahr darauf brachte es bis auf Platz zwei.

1972
12. 6./ JOHN LENNON UND YOKO ONO, PLASTIC ONO BAND MIT
15. 9. ELEPHANTS MEMORY UND THE INVISIBLE STRINGS (Seite 1 und 2);
JOHN LENNON UND YOKO ONO MIT THE PLASTIC ONO SUPERGROUP (Seite 3);
JOHN LENNON UND YOKO ONO, PLASTIC ONO BAND MIT FRANK ZAPPA AND THE MOTHERS OF INVENTION (Seite 4);
D-LP *Some Time in New York City*
Aufgenommen: Seite 1 und 2: 1.–20. März 1972

1972 Seite 3: 15. Dezember 1969 in London, Lyceum Ballroom
Seite 4: 6. Juni 1971 in New York, Fillmore East
Erschienen 12. Juni 1972 in USA
15. September 1972 in England
Woman Is The Nigger Of The World / Sisters O Sisters / Attica State / Born In A Prison / New York City
Sunday Bloody Sunday / The Luck Of The Irish / John Sinclair / Angela / We're All Water
Cold Turkey / Don't Worry Kyoko
Well / Jamrag / Scumbag / Aii

Mit Beginn des Jahres 1972 waren John und Yoko ganz in die Vereinigten Staaten übergesiedelt. Zum Teil hielten sie sich in Los Angeles auf, aber die meiste Zeit über lebten sie in New York in der Nähe des Central Park, inmitten einer Gesellschaft von politisch engagierten Musikern und Schriftstellern. Von deren sozialkritischen, auf gesellschaftliche Veränderung gerichteten Anschauungen ließ er sich sehr stark beeinflussen. So schrieb er zum Beispiel *Angela* nach einem Treffen mit der farbigen Bürgerrechtskämpferin Angela Davis und *Attica State* unter dem Eindruck eines blutig unterdrückten Aufstandes im Staatsgefängnis von Attica. In den Songs *Sunday Bloody Sunday* und *The Luck Of The Irish* geißelte er die Situation in Nordirland und ließ an seinen englischen Landsleuten kein gutes Haar.

Auf den ersten beiden Seiten des Albums, die von ihm zusammen mit Yoko Ono und Phil Spector in einem New Yorker Studio produziert wurden, war neben der Plastic Ono Band auch die Underground-Formation Elephants Memory beteiligt. Seite drei war die Aufzeichnung eines Konzerts im Londoner Lyceum mit Eric Clapton und George Harrison an der Gitarre, Billy Preston und Nicky Hopkins an Orgel und Klavier, Klaus Voormann am Baß, Jim Gordon, Alan White und Keith Moon am Schlagzeug, Bobby Keyes am Saxophon und der Gruppe Delaney, Bonnie & Friends. Der Live-Mitschnitt auf Seite vier entstand anläßlich einer öffentlichen Session der Plastic Ono Band mit Frank Zappas Mothers Of Invention.

Für dieses Doppelalbum erntete John fast ausschließlich herbe Kritiken. Vor allem das heimatliche Publikum, das für sich in Anspruch nahm, ihn zu dem gemacht zu haben, was er war, nahm ihm die pauschale Verurteilung aller Engländer übel. Die Verkäufe waren entsprechend mäßig.
Die höchste Chart-Notierung war Platz 48 (Billboard).

1973

16. 11. JOHN LENNON /THE PLASTIC U.F. ONO BAND:
LP *Mind Games*
Aufgenommen: September 1973 in New York, Record-Plant-Studios.
Erschienen in England
Mind Games / Tight Ass / Aisumasen (I'm Sorry) / One Day (At A Time) / Bring On The Lucie (Freeda People) / Nutopian International Anthem
Intuition / Out Of The Blue / Only People / I Know (I Know) / You Are Here / Meat City
Diese LP entstand unter dem Zwang, den schlechten Eindruck zu verwischen, den John durch sein vordergründig politisiertes Album *Sometime in New York City* provoziert hatte. Auf der Innenhülle kündigten John und Yoko die Gründung des imaginären Staates »Nutopia« an. »Dieser Staat«, so schrieben sie, »hat kein Land, keine Grenzen, keine Pässe, sondern nur Menschen.«
Die Rückkehr zum Melodienreichtum der *Imagine*-Phase war unverkennbar, wenngleich auch die Produktion noch in manchen Punkten in guten Ansätzen stekkenzubleiben schien. Die Liste der Mitwirkenden war lang und umfaßte die Creme der amerikanischen Studiomusiker. Vielleicht fehlte ein wenig die klangliche Raffinesse Phil Spectors. John hatte sich gerade von ihm getrennt und produzierte *Mind Games* in eigener Regie. In England ging man nicht sehr freundlich mit dem Album um. Johns Reaktion hierauf: »Die haben sich mehr mit Yoko als mit *Mind Games* beschäftigt. Aber das ist das Problem der Schreiber. Es sind meist Leute, die mit sich selbst noch genug zu tun haben, gerade 22 Jahre alt sind und deren Hauptsorge ihrer Akne gilt.«
Die Käufer in den USA verhalfen der LP zu Platz 9 in den Charts.
In England erreichte das Album am 22. Januar 1974 Platz 6 der Hitliste. Gold in den USA gab es schon zwei Wochen nach Erscheinen, am 30. November 1973.

1974

4. 10. JOHN LENNON /THE PLASTIC ONO NUCLEAR BAND:
LP *Walls and Bridges*
Aufgenommen: August 1974 in New York, Record Plant Studios
Erschienen in England
Going Down On Love / Whatever Gets You Thru The Night / Old Dirt Road / What You Got / Bless You / Scared
9 Dream / Surprise, Surprise (Sweet Bird Of Paradox) / Steel And Glass / Beef Jerky / Nobody Loves You (When You're Down And Out) / Ya Ya
Auch nach Erscheinen dieser LP, die zum erstenmal seit drei Jahren wieder an die Spitze der Hitparaden gelangte, waren manche professionellen Kritiker und auch Teile des Publikums immer noch der Ansicht, John Lennon befinde sich in einer Übergangsphase seines Schaffens. Die Verkaufszahlen jedoch bewiesen eindeutig das Gegenteil. Sie und die Musik auf der LP hatten fast wieder den hohen Standard des *Imagine*-Albums erreicht.
Bemerkenswert vielleicht auch, daß Yoko Ono an *Walls And Bridges* keinen Anteil mehr hatte. Vereinzelte Trennungsgerüchte erhielten neue Nahrung, denn gleichzeitig wurde eine Dame namens May Pang auf dem Cover genannt.
John zur Entstehung der LP: »Die Idee für den Titel kam mir bei einer Veranstaltung, ich glaube sogar hier in New York. Ich hörte jemanden während einer Aktion für Bangla Desh in irgendeinem Zusammenhang ›Walls and Bridges‹ sagen. Für mich hatte es etwas mit Kommunikation zu tun. Vielleicht halten dich die Wände in dir selbst fest oder sie trennen Menschen voneinander. Brücken führen sie wieder zusammen. Genau das möchte ich auch. Auf meinem neuen Album haben sehr gute Musiker mitgearbeitet, so z. B. Jim Keltner (Schlagzeug), Jesse Ed Davis (Gitarre), den viele noch von Taj Mahal kennen, Klaus Voormann (Baß) und vor allen Dingen Elton John und Harry Nilsson. Elton ist für mich einer der besten Pianisten,

JOHN LENNON
~~RINGO STAR~~ INTERVIEW 197~~3~~4

HOW DID THE ALBUM COME ABOUT?

JOHN. IT WAS TIME TO DO AN ALBUM

RINGO—"It started when the people from NARAS phoned and asked me to do the Grammy Show in Nashville. To influence me they told me Harry Nilsson was doing it. I phoned Harry and the conversation ended up, "...Well, I'll do it if you do it..." so we both decided to do it.

Then I thought, "I'm not going over to America for three days and then come all the way back. I think I'll just do some tracks and see what we get. I phoned Richard Perry, who I'd worked with on Harry's album and said, "Listen: we're all up to Nashville, so why don't we get some sessions together and see what we get?"

We had nothing definite in mind.

Then, Richard phoned me back and said... "Let's do it in L.A. since all our pals are there." I said, OK, and in 10 days we had eight tracks. It went so well I thought, "Well, we might as well do an album."

JOHN LENNON

DID ~~RICHARD PERRY~~ HAVE ANY OVERALL CONCEPT IN MIND WHEN YOU DECIDED TO GO AHEAD AND MAKE A COMPLETE ALBUM?

JOHN RINGO—"No. It's an accident album."

NO.

WAS ~~RICHARD PERRY~~ RESPONSIBLE FOR PUTTING ALL THE MATERIAL TOGETHER?

OH YES

RINGO—No. I'd written a few little tunes. Out of the batch of old records and acetates that Richard had brought we decided to do Randy Newman's "Hold On" and "You're Sixteen."*

Suddenly, George, John and I had to have some meetings while we were in L.A. John wrote one, and George wrote a few and suddenly it all came together.

It's an L.A. album.

N.Y.

I IS
~~SIX~~ STUDIOS ARE LISTED ON THE ALBUM CREDITS...

THATS BECAUSE WE ONLY USED ONE.

JOHN RINGO—Only 3 studios were really used. Sunset Sound, where we did all the tracks except one—Paul's "6 O'clock In The Morning"—which we did at Apple and then over dubbed at EMI in London.

HOW LONG DID IT TAKE TO MAKE THE ALBUM?

ABOUT SIX WEEKS.

JOHN RINGO—After the first 10 days it did tend to get a bit long.

We started in May and spent 6 weeks in L.A. and 3 weeks in England.

All together it took 9 or 10 weeks to complete.

ROY CICALA
DID YOU AND ~~RICHARD PERRY~~ DO THE MIXING?

YES.

JOHN RINGO—Yes. Well, he is the producer and I just sit there and say, "Well, I'd like the drums a bit louder." I tend to say things like that. But he is the producer.

DID YOU PERSONALLY DEVELOP THE ALBUM CONCEPT?

ITS AN UNCONCEPT, ALBUM

JOHN RINGO—The album ended up following its own magic. We're all in show biz really. That's what we're all about. I don't care what anyone says. Anyone can say what they like about it but to me it's a nice picture. We collated all that old theatre into an album.

CERTAINLY.

THEN THE ALBUM HAS A LITTLE BIT OF EVERYTHING IN IT?

YES IT DOES

JOHN RINGO—There's a little bit of everything in all of us.

* Written by R. Sherman – R. Sherman
" " DR WINSTON – DR WINSTON

John Lennon
'74

Johns Kommentar zu einem Interview mit Ringo.

1974 die ich je gesehen habe. Er hat mich wieder auf den Geschmack gebracht. Ich habe gleich anschließend bei seiner Aufnahme unseres alten Sgt. Pepper-Titels *Lucy In The Sky* mitgesungen. Das war großartig, nur als ich einmal aufblickte, sah ich Elton und nicht Paul oder George und mir schoß durch den Kopf, wer wohl jetzt Georges Part übernehmen würde?«

Auch die beiden Single-Auskopplungen *Whatever Gets You Thru The Night* (Nr. 1 in USA) und *9 Dream* (Platz 9 in USA, Platz 23 in England) verkauften sich glänzend.

Die LP *Walls And Bridges* war Nr. 1 in den USA (Billboard) und Nr. 8 in England (Melody Maker). Am 22. Oktober 1974 wurde sie vergoldet.

1975

Anfang Februar JOHN LENNON:

LP *ROOTS*

Aufgenommen: Oktober 1973 und Oktober 1974

Erschienen in USA

Be-Bop-A-Lula / Ain't That A Shame / Stand By Me / Sweet Little Sixteen / Rip It Up / Angel Baby / Do You Want To Dance / You Can't Catch Me

Bony Moronie / Peggy Sue / Bring It On Home To Me / Slippin' And Slidin' / Be My Baby / Ya Ya / Just Because

Diese LP wurde nach wenigen Tagen wieder zurückgezogen. Grund war ein Rechtsstreit zwischen der kleinen Plattenfirma Adam VIII Ltd. in New York, denen Lennon die Bänder zur Produktion einiger Platten zum eigenen Gebrauch gegeben hatte, und Apple Records, die in den USA von Capitol vertreten wurden. Diese LP ist identisch mit dem Album *Rock'n'Roll*, welches wenige Tage später erschien; mit zwei Ausnahmen. Die LP Roots enthält zusätzlich die beiden Songs *Angel Baby* und *Be My Baby*. Außerdem sind fast alle Titel später ausgeblendet.

1975 JOHN LENNON:
21. 2. **LP *Rock 'n'Roll***
Aufgenommen: You Can't Catch Me, Sweet Little Sixteen, Bony Moronie und *Just Because* Oktober 1973 für alle übrigen Titel 21.–25. Oktober 1974
Be-Bop-A-Lula / Stand By Me / Medley: Rip It Up & Ready Teddy / You Can't Catch Me / Ain't That A Shame / Do You Want To Dance / Sweet Little Sixteen Slippin' And Slidin' / Peggy Sue / Medley: Bring It On Home To Me & Send Me Some Lovin' / Bony Moronie / Ya Ya / Just Because

Mit dieser Platte erfüllte sich John einen langgehegten persönlichen Wunsch. Zwar hatten die Beatles immer vor und während ihrer Schallplattenaufnahmen Rock 'n'Roll-Titel zum Aufwärmen gespielt, jedoch zu einer LP, die nur solche Lieder enthielt, konnten oder wollten sich seine drei Mitstreiter damals nicht durchringen. Jetzt, da John mehr Zeit für sich selbst hatte, ließ er es sich nicht nehmen, ein solches Projekt zu verwirklichen. Zunächst war geplant, dieses Album anstelle von *Walls And Bridges* zu veröffentlichen. Es kam aber zu einer Verzögerung, die nicht vorhersehbar war. John erläuterte die näheren Umstände: »Für dieses Album war Phil Spector als Arrangeur und Produzent vorgesehen. Leider hatte er kurz nach Aufnahmebeginn einen schweren Autounfall, der ihn über ein halbes Jahr außer Gefecht setzte. Ohne ihn wollte ich nicht weitermachen, und so habe ich gewartet und gewartet. Dummerweise kamen die Bänder mit Phils Mischungen erst drei Tage, bevor ich ins Studio ging, um *Walls And Bridges* aufzunehmen, an.«

Im Anschluß daran nahm John den Rest seines *Rock'n-'Roll*-Albums innerhalb von vier Tagen ohne die weitere Hilfe von Phil Spector auf. »Wiederbelebt von J. L.«, steht auf der Rückseite des Covers, und genau das ist es, was John auch getan hat. Er mischte Stil und Interpretation der fünfziger Jahre mit den Soundvorstellungen der siebziger. Erwähnenswert an diesem Album ist vielleicht auch die Tatsache, daß Paul McCartney, obwohl er nicht daran mitgearbeitet hatte,

1975 dennoch am Verkaufserfolg beteiligt war, da er einige Zeit zuvor die Verlagsrechte an drei Buddy-Holly-Songs, darunter auch *Peggy Sue*, erworben hatte.
John Lennons *Rock'n'Roll-LP* wurde zu einer der meistgespielten des Jahres 1975. In den USA erreichte sie Platz 6 (Billboard), in England Platz 10 (Melody Maker).

24. 10. JOHN LENNON / PLASTIC ONO BAND:
LP *Shaved Fish (Collectable Lennon)*
Give Peace A Chance / Cold Turkey / Instant Karma / Power To The People / Mother / Woman Is The Nigger Of The World
Imagine / Whatever Gets You Thru The Night / Mind Games / # 9 Dream / Happy Xmas (War Is Over) / Reprise: Give Peace A Chance
Dieses Album könnte durchaus den Titel »The Best Of John Lennon« tragen. John selbst aber widersprach

1975 dieser Idee. Er schrieb an eine englische Musikzeitschrift: »Ich nannte dieses Album nicht ›The Best Of . . .‹, weil es nicht stimmt. Soweit ich mich erinnern kann, gab es alle Stücke schon mal als Singles, ausgenommen *Imagine*, das in England bislang nicht auf einer Single erschienen war, bis Bob Mercer von der EMI mich anrief und sagte, ›Bring es als Single heraus, du Narr.‹ Die Grundidee dieses Albums liegt einfach darin, abgesehen vom Geld, daß nun alle Singles auf einer Platte zu haben sind.«

Die einzige neue Aufnahme auf dieser LP ist die Reprise-Version von *Give Peace A Chance*. Sie stammt vom Live-Konzert am 30. August 1972 in New York, Madison Square Garden.

Danach wurde es relativ still um John Lennon.

Schließlich zog er sich ganz aus dem Showgeschäft zurück und widmete sich seinem Sohn Sean, der am 9. Oktober 1975 geboren wurde. Yoko Ono übernahm die Geschäfte.

1980

16. 11. John Lennon / Yoko Ono:

LP: *Double Fantasy*

Aufgenommen: im Herbst 1980 in New York, Hit Factory

Erschienen in USA

(Just Like) Starting Over / Kiss Kiss Kiss / Cleanup Time / Give Me Something / I'm Losing You / I'm Moving You / Beautiful Boy (Darling Boy)

Watching The Wheels / I'm Your Angel / Woman / Beautiful Boys / Dear Yoko / Every Man Has A Woman Who Loves Him / Hard Times Are Over

1979 meldeten sich John und Yoko erstmals mit einer ganzseitigen Zeitungsanzeige in der New York Times, in der sie ihren häuslichen Frieden schilderten. Waren seit der Trennung der Beatles regelmäßig Gerüchte aufgetaucht, die von einer Wiedervereinigung wissen wollten, so schrieben die Zeitungen seit 1975 alle Monate von der Rückkehr Lennons ins Showgeschäft. Aber erst im November 1980 präsentierte John Lennon

nach ziemlich genau fünf Jahren seine erste LP, *Double Fantasy*, die er gemeinsam mit seiner Frau Yoko Ono aufgenommen hatte.

Alle Welt erwartete *die* LP! Was tatsächlich erschien, war die Zusammenstellung einiger Liebeslieder von John an Yoko und umgekehrt. Auch ein »Gute-Nacht«-Lied für den inzwischen fünfjährigen Sohn Sean wurde auf die Platte genommen. *Beautiful Boy (Darling Boy)*. John Lennon nannte die LP »Szenen einer Ehe«. Wenige Tage zuvor kam die Single *(Just Like) Starting Over* auf den Markt, aber weder Single noch LP wurden den durch vorangegangene Gerüchte hochgeschraubten Erwartungen gerecht. Sie erreichten zunächst nur mit Mühe die Top Twenty in den USA und England. Erst nach dem Tode John Lennons sprangen LP und Single in England und den USA auf Platz 1 und blieben dort mehrere Wochen. Die zweite Single-Auskopplung, *Woman*, erreichte Position 2.

1980 John Lennons Rückkehr ins Showgeschäft sollte in großem Stil erfolgen. Er gab wieder Interviews, eine Reise nach England war geplant, um die neue LP vorzustellen und Konzerte zu geben.

An jenem 8. Dezember 1980, John hatte zusammen mit Yoko in der New Yorker Hit Factory das Stück *Walking On Thin Ice* fertiggestellt, verließ er gegen 22.30 Uhr Ortszeit (4.30 Uhr MEZ) das Studiogebäude, um nach Hause zu gehen. Vor seiner Wohnung, dem »Dakota-House« in New Yorks Upper West Side, trafen ihn die tödlichen Schüsse. Die Nachrichtenagentur Associated Press schrieb: »Sein Mörder, der aus Hawaii stammende 25 Jahre alte Mark David Chapman, soll sich nach Augenzeugenberichten bereits seit einer Woche in New York aufgehalten haben. Am Nachmittag vor dem Mord habe er Lennon, als dieser das Haus verlassen habe, um ein Autogramm gebeten und es auch erhalten. Danach habe er sich über sechs Stunden lang vor dem Gebäude herumgetrieben und auf die Rückkehr des Musikers gewartet.«

Schon kurz nach Bekanntwerden der Tat sammelten sich vor dem Haus Lennons, wo der Musiker in der Nacht zum Dienstag durch fünf Schüsse aus einem Revolver getötet worden war, Hunderte von Anhängern. Einige weinten, andere standen stumm vor dem Haus des Stars, wieder andere sangen Lieder der Beatles oder spielten von tragbaren Kassettengeräten Bänder mit der Musik Lennons und der Beatles ab. Aus mehreren Städten der USA wurde Stunden nach der Todesnachricht ein Ansturm von Käufern auf die letzte Langspielplatte des britischen Popmusikers, *Double Fantasy* und ältere Platten Lennons und der Beatles gemeldet. »Es ist wie beim Tod von Elvis Presley«, beschrieb ein Ladenbesitzer auf Los Angeles' berühmter Hauptgeschäftsstraße »Sunset Strip« die Situation. »Die Platten gehen weg wie verrückt.«

New Yorker Rundfunkstationen unterbrachen ihre laufenden Programme und sendeten Beatle-Songs. Sie wurden von Anrufern überschwemmt, die die Nachricht zunächst nicht glauben wollten. Die Straße vor dem

1980 Apartmentblock war die ganze Nacht über für den Verkehr gesperrt. Auf den Gehwegen saßen weinende Menschen, andere knieten nieder und beteten.

Sogar die DDR-Nachrichtenagentur ADN würdigte John Lennon, insbesondere sein politisches Engagement: »Er war ein aktiver Gegner des Vietnamkrieges und sang seine Songs auf vielen Antikriegskundgebungen.«

Erschüttert von der Nachricht, schloß sich Paul McCartney auf seiner Farm ein. »Ich kann es im Augenblick noch gar nicht begreifen. John war ein großer Mann, den man nie vergessen wird wegen seines einzigartigen Beitrags zu Kunst, Musik und Weltfrieden.«

George Harrison unterbrach sofort seine laufenden Plattenaufnahmen. »Nach allem, durch das wir miteinander gegangen sind, fühlte ich und fühle noch eine große respektvolle Sympathie für John. Ich bin tief getroffen.«

1980 Als einziger der drei verbliebenen ehemaligen Beatles flog Ringo Starr nach New York.

Am darauffolgenden Sonntag, dem 14. Dezember 1980, fanden in New York und Liverpool Trauerfeiern statt. 100 000 Menschen hatten sich im Central-Park eingefunden, nur 5 Gehminuten vom Dakota-Haus entfernt. Es waren nicht nur junge Leute. Viele weinten, beteten und sangen in Trauer um einen Menschen, der vergeblich versucht hatte, die Welt zu verbessern. In Liverpool hatten sich nahezu 20 000 Menschen im Stadtzentrum am St. George's Square eingefunden, um fünf Stunden lang Lennon-Melodien von örtlichen Gruppen gespielt und von Platten anzuhören. Um 19.00 Uhr wurde es zu einer Gedenkminute still. Im Schein der im Wind flackernden Kerzen, die viele Fans trugen, sang die Menge »Give Peace A Chance«.

Stimmen zum Tode John Lennons:

Norman Mailer: »Wir haben einen Genius des Geistes verloren.«

Chuck Berry: »Seit einem ihrer ersten Hits mit *Roll Over Beethoven* habe ich mich immer sehr eng mit ihnen verbunden gefühlt. Ich fühle mich jetzt so, als ob ein Teil meines Selbst gestorben wäre.«

Cynthia Lennon: »Ich möchte mit Ihnen über John sprechen, aber ich weiß, wenn ich es versuche, würde mir die Stimme versagen. Es ist sehr, sehr schmerzhaft. Alles, was ich tun kann, ist hier in England zu bleiben und mit Waschen und Bügeln meine Empfindungen zu betäuben.«

Roger Daltrey: »Es ist schrecklich. Mein Herz ist bei seiner Familie.«

Mick Jagger in Paris: »Ich möchte jetzt in diesem für seine Familie schrecklichen Augenblick keine Bemerkung dazu machen.«

Komsomolskaya Prawda: »Welch bittere Ironie, daß ein Mann, der sein Leben und seine Musik dem Kampf gegen die Gewalt gewidmet hat, ein Opfer der Gewalt wurde.«

Was Gott sei Dank ausblieb, war die Vermarktung der Musik von John Lennon nach seinem Tod. Erst 1982

1980 bemühte sich seine alte Plattenfirma mit Erfolg um die Veröffentlichungsrechte der Lennon-Songs auf *Double Fantasy* und brachte ein Album mit alten und neueren Titeln heraus.

1982 **LP *The John Lennon Collection***
Give Peace A Chance; Instant Karma!; Power To The People; Whatever Gets You Thru The Night; No. 9 Dream; Mind Games Love; Happy Xmas (War is over) Imagine; Jealous Guy; Stand By Me; (Just Like) Starting Over; Woman; I'm Loosing You; Beautiful Boy (Darling Boy); Watching The Wheels; Dear Yoko

John Lennon und Yoko Ono hatten bereits 1980 an Aufnahmen für ein neues Album gearbeitet. Und der Titel war damals schon durchgesickert: *Milk and Honey*.

1983 LP *Milk And Honey*

JOHN: *I'm Stepping Out*; YOKO: *Sleepless Night*; JOHN: *I Don't Wanna Face It*; YOKO: *Don't Be Scared*; JOHN: *Nobody Told Me;* YOKO: *O' Sanity;* JOHN: *Borrowed Time;* YOKO: *Your Hands*; JOHN: *(Forgive Me) My Little Flower Princess;* YOKO: *Let Me Count The Ways*; JOHN: *Grow Old With Me*; YOKO: *You're The One.*

Einige der Titel, wie z. B. *Grow Old With Me* existierten nur als Aufnahme mit Tonbandcassette; entsprechend schlecht war die Tonqualität. Unter dokumentarischem Gesichtspunkt war die Veröffentlichung zu verstehen, unter musikalischem jedoch nicht.

1984 LP *Every Man Has A Woman*

Polydor 823 490-1

JOHN LENNON: *Every Man Has A Woman Who Loves Him;* HARRY NILSSON: *Silver Horse;* EDDY MONEY: *I'm Moving On;* ROSANNA CASH: *Nobody Sees Me Like You Do;* ALTERNATING BOXES: *Dogtown*; ROBERTA FLACK: *Goodbye Sadness*

ELVIS COSTELLO AND THE ATTRACTIONS: *Walking On Thin Ice* / TRIO: *Wake Up* / HARRY NILSSON: *Dream Love* / SPIRIT CHOIR: *Now Or Never* / HARRY NILSSON: *Loneliness* / SEAN ONO LENNON: *It's Allright*

Auf dieser LP waren ausschließlich Kompositionen von Yoko Ono. Sicher zählt Yoko nicht zu den großen Sängerinnen; ihre Fähigkeit, Lieder zu schreiben, ist jedoch nicht zu übersehen. Selbst bei *Double Fantasy* (1980) war sie es, die neue musikalische Ideen präsentierte, lediglich mit der Ausführung haperte es.

Auf der LP *Every Man Has a Woman* überließ sie das Singen ihrer Songs bekannten Interpreten und Interpretinnen, und die LP kann sich hören lassen.

Leider war diese LP nicht sehr erfolgreich. Es folgten noch *Live in New York City* und *Menlove Ave* (Inhaltsangabe siehe Diskographie) mit alten, uninteressanten Aufnahmen. Allenfalls *Live in New York City* läßt noch ein wenig teilhaben an der politisch bewegten Zeit von John Lennon (1972). Aber da ist man mit dem gleichnamigen Video-Film besser bedient.

1984 Angenehm ist, daß John Lennon nach seinem Tod nicht zur Kultfigur stilisiert wurde. Er hatte sich trotz des enormen Erfolges die Fähigkeit bewahrt, gute Songs zu komponieren und zu spielen. Und daß er nebenbei noch Musikgeschichte geschrieben hat, tut »fast« nichts zur Sache.

Paul McCartney

1970

17. 4. PAUL MCCARTNEY:
LP *McCartney*
Aufgenommen: November 1969–März 1970
Erschienen in England
The Lovely Linda / That Would Be Something / Valentine Day / Every Night / Hot As Sun / Glasses / Junk / Man We Was Lonely Oo You / Momma Miss America / Teddy Boy / Singalong Junk / Maybe I'm Amazed / Kreen-Akrore

Die musikinteressierte Öffentlichkeit und ein großer Teil der professionellen Kritiker begegneten Pauls Solodebüt mit einer gehörigen Portion Zurückhaltung, ja sogar mit Feindseligkeit. Was unter anderen Umständen sicher ein Ereignis hätte werden können, die erste LP von »handsome Paul«, geriet für ihn eher zur Enttäuschung. Man nahm ihm übel, daß er, gerade eine Woche zuvor, auf einer Pressekonferenz einseitig und überraschend den Bruch der Beatles vollzogen hatte. Und dann gab es da noch die lautstarke Auseinandersetzung mit Ringo, die fast zu einer handgreiflichen geworden wäre; Grund war der Erscheinungstermin von *Let It Be* und *McCartney*. Aus Pauls Sicht war es schiere Bosheit der drei anderen, daß sie bereits drei Wochen später mit der letzten gemeinsamen LP auf dem Markt erschienen, um so, wie er glaubte, seinen Solostart zu erschweren.

Wo immer auch die Wahrheit liegen mag, Tatsache ist, daß die LP *McCartney* mit äußerst spartanischen Mitteln in ziemlicher Eile auf einer 4-Spur-Maschine pro-

1970 duziert wurde und in keiner Beziehung, weder vom Sound noch von Musik und Text her, den hochgespannten Erwartungen eines *Sgt.-Pepper-* und *Abbey-Road-*verwöhnten Publikums gerecht werden konnte.
In wahrscheinlich exakt kalkuliertem Understatement griff Paul bei den Aufnahmen ausschließlich auf seine eigenen Talente zurück, das heißt, er spielte alle Instrumente selbst und mischte die Songs auch selbst, teils in seinem Heimstudio, teils in den Abbey Road-Studios. Nicht wenige Titel stammten noch aus »Beatle-Zeiten«. So gibt es von *Teddy Boy* eine Version, bei denen alle vier Beatles mitwirkten; entstanden während der Arbeiten zum Film und zur LP *Let It Be*. Von *Hot As Sun* wurde behauptet, es sei der Titelsong der nach *Let It Be* geplanten Beatles-LP, die jedoch nie erschien. Interessant ist vielleicht noch, daß McCartney das Stück *Hot As Sun* Ende 1979 wieder bei Konzerten spielte.
Dennoch wurde *McCartney* im wortwörtlichen Sinn zu einer »Solo«-LP. Berücksichtigt man die widrigen Verhältnisse, unter denen das Projekt zustande kam, mußte man erwarten, daß die Fans Pauls bewußte Kargheit der Ausdrucksmöglichkeiten als Unvermögen abtun würden. Einzig der Titel *Maybe I'm Amazed* fand Gnade vor den Ohren aller. Als Beweis seiner Qualität galt späterhin auch die Tatsache, daß die Faces ihn in ihr Repertoire aufnahmen.
Trotz seines von viel Skepsis begleiteten Einstands als Solointerpret erreichte Paul weit höhere Umsatzzahlen mit *McCartney* als seine drei Mit-Beatles mit ihren Soloplatten. Er war immerhin fast ein ganzes Jahr in der US-LP-Chart und brachte es sogar bis auf Platz 1, wo er vier Wochen blieb. In England hielt sich *McCartney* drei Wochen auf Platz 2. Vergoldet wurde die LP in den USA bereits nach drei Wochen.

1971

19. 2. PAUL MCCARTNEY:

Single *Another Day / Oh Woman Oh Why*

Aufnahme: Dezember 1970 in New York, Columbia-Studios

Erschienen in England

Ein Jahr war vergangen, in dem Paul sich mehr seiner Familie als der Musik gewidmet hatte, und nun erschien ohne jede Vorankündigung seine erste Solo-Single. Sie war gleichzeitig auch das erste Gemeinschaftswerk von Paul und Linda McCartney. Einigen Herren des Musikverlags Northern Songs Ltd. kam dies zumindest zweifelhaft vor. Sie konnten sich nicht so recht vorstellen, daß eine ehemalige Fotoreporterin so plötzlich zur Komponistin gereift sein sollte. Man wollte die Aufnahme zunächst nicht freigeben, jedoch Pauls immer schon tüchtige Anwälte erreichten, daß die Platte termingerecht erscheinen konnte.

Die B-Seite, sehr viel rockiger als die vergleichsweise harmlos dahinplätschernde A-Seite, war wieder eine alleinige Komposition Pauls, der neben Baß auch Lead- und Rhythmusgitarre spielte.

In England erreichte die Single Platz 1 für eine Woche, in den USA belegte sie zwei Wochen lang den fünften Platz. Weltweiter Verkauf: über 1,5 Millionen Exemplare.

17. 5. PAUL UND LINDA MCCARTNEY:

LP *RAM*

Aufgenommen: Oktober 1970 – Columbia-Studios, New York, Januar–März 1971, A & R Studios, abschließend Sounds-Studios, Hollywood

Too Many People / 3 Legs / Ram On / Dear Boy / Uncle Albert – Admiral Halsey / Smile Away

Heart Of The Country / Monkberry Moon Delight / Eat At Home / Long Haired Lady / Ram On / The Back Seat Of My Car

Über die näheren Begleitumstände zur Entstehung von *Ram* gab es von Paul einige Äußerungen: »Wir haben die LP in England konzipiert, obwohl wir sie dann in

1971 Amerika aufgenommen haben. In New York traf ich einen sehr guten Schlagzeuger namens Denny Seiwell und noch einige andere profilierte Musiker, die ich mir im einzelnen zusammensuchte, wie z. B. Dave Spinoza und Hugh McCracken. Die ersten Aufnahmen fanden in New Yorker Studios statt, dann wechselten Linda und ich an die Westküste, machten aber vorher noch ein paar Tage Urlaub. Dort in Kalifornien lernte ich diesen sehr, sehr guten Toningenieur Eirik Wangberg kennen, ›Eirik, den Norweger‹, wie sie ihn nannten. Nun sind wir wieder zu Hause in Schottland und erholen uns etwas. Was das Schreiben angeht – wir komponieren mehr als wir später überhaupt verwenden können.«

Bei der Produktion dieser LP waren sich die New Yorker Philharmoniker nicht zu schade, die Streicherbegleitung zu übernehmen. Auch Linda gab sich redliche Mühe, ihre bislang verborgenen musikalischen Talente ins rechte Licht zu rücken. Sie bediente zeitweise Schlagzeug, Baß und Orgel.

Pauls Abneigung der eigenen alten Firma Apple gegenüber war so beträchtlich, daß er das Album lieber unter seinem neuen Label McCartney Productions herausbringen wollte. Aber da ein Treuhänder die Apple-Aktivitäten überwachte, ließ er es dann doch bei der alten Regelung.

Seine Kollegen aus früheren Tagen fanden nur wenig Schmeichelhaftes an Pauls zweiter Solo-LP. Als erster äußerte sich Ringo: »Offen gesagt, ich bin von der LP etwas enttäuscht. Ich glaube, daß Paul in dieses Album nicht alles von dem eingebracht hat, was in ihm steckt. *Ram* ist nur eine Aneinanderreihung von technischen Tricks. Paul will doch vom Beatles-Image loskommen. Wenn er aber weiterhin nur solche Durchschnittssongs schreibt, dann wird er nicht das Beatles-Image, sondern nur sein eigenes zerstören.«

Johns Kommentar war sehr viel drastischer: »Ich habe mir *Ram* einige Male angehört. Beim erstenmal dachte ich, zur Hölle mit dem Ding, es war schrecklich. Aber dann beim zweitenmal stellte ich den Plattenspieler ein wenig genauer ein, und da hörte es sich schon besser an.

1971 Mir gefallen ein paar Einzelheiten darauf, so z. B. ein Stück von *My Dog, It's Got Three Legs* oder so ähnlich, und die Einleitung zu *Ram On* und *Uncle Albert*. Nicht auszustehen ist der zweite Track auf Seite . . . aber ich meine, das spielt ja letztlich keine Rolle. Im großen und ganzen glaube ich, daß sein erstes Album irgendwie besser war. Wenigstens waren da ein paar gute Songs drauf. Ich mag nicht diesen tröpfelnden ›Pop-Oper-Jazz‹, ich mag Pop-Platten, die Pop-Platten sind. Ich weiß, daß Paul und Linda es selbst nicht mochten.«

Ausgenommen von der scharfen Kritik auch seitens der Fachzeitschriften wurde lediglich der Titel *The Back Seat Of My Car*, der dann am 13. August mit der Rückseite *Heart Of The Country* in England als Single erschien. Obwohl sie von Experten gut beurteilt wurde, erreichte die Single keine nennenswerte Hitparadenplazierung.

Die Amerikaner mit ihrer bekannt guten Nase für kommerzielle Songs koppelten *Uncle Albert* aus und brachten damit Paul als Solointerpreten zum erstenmal auch an die Spitze der Single-Charts (Rückseite: *Too Many People*). Für diese Single gab es am 21. September 1971 in den USA Gold und den Grammy für das beste Vokalarrangement 1971. Auch in Deutschland wurde eine Single ausgekoppelt: *Eat At Home / Smile Away*. Sie erreichte den dreißigsten Platz der Hitliste.

Pauls Verhalten, sein gerichtliches Vorgehen gegen frühere Freunde, ging den englischen Fans gegen den Strich und kostete ihn viel Sympathie. Selbst Ringo, sonst nicht leicht mit Worten aus dem Gleichgewicht zu bringen, meinte hierzu: »Paul benimmt sich wie ein schlecht erzogenes Kind!«

Trotzdem erreichte die LP in England Platz 1 und hielt sich dort immerhin drei Wochen. In den Staaten war die LP für zwei Wochen auf Platz 2. Nach drei Wochen waren 1 Million Exemplare verkauft, und am 9. Juni 1971 gab es Gold.

1971 WINGS:
7. 12. **LP: *Wild Life***
Aufgenommen: August 1971
Erschienen in England und USA
Mumbo; Bip Bop; Love Is Strange; Wild Life; Some People Never Know; I Am Your Singer; Tomorrow; Dear Friend

Paul, der weitgehend an das Musikleben innerhalb einer Gruppe gewöhnt war, erschien sein Solistendasein auf die Dauer zu eintönig. Vor allem hatte es den gravierenden Nachteil, daß die im Studio mit Hilfe der Technik entstandenen Plattenaufnahmen auf der Bühne nicht reproduzierbar waren. Er konnte schließlich nicht alle Instrumente gleichzeitig spielen.

Da er nun aber nicht gerne auf Live-Auftritte verzichten wollte, trug er sich seit längerem mit dem Gedanken, eine neue Band zu formieren. Im August 1971 wurde die Gründung der Wings formell bekanntgegeben. Neben Paul und Linda gehörten noch der amerikanische Schlagzeuger Denny Seiwell und Denny Laine, der Ex-Moody-Blues-Gitarrist/Sänger, zur Gruppe.

Die Wings waren zu Beginn kaum mehr als eine Band von Sidemen, also unterstützende Musiker, ohne die die »One Man Plus Woman-Show« der McCartneys nicht ablaufen konnte. Zur Einführung seiner neuen Gruppe gab Paul am 8. November 1971 in London ein rauschendes Fest. Leider gab der Start der ersten Wings-LP nicht Grund zu einem ähnlichen Ereignis. Die Fachjournalisten schossen Breitseiten voll ätzender Kritik ab: von »hastig zusammengehauen« bis »überzogener Werbeaufwand« reichte die Palette der geringschätzigen Formulierungen. Ein denkbar schlechter Start für die Wings, und zum erstenmal deckten sich bei einer McCartney-Produktion Kritiker- und Zuhörermeinung. Die Verkäufe waren sehr mäßig.

In USA erreichte die LP Platz 10, was immer noch für eine Goldene ausreichte, die am 13. Januar 1972 verliehen wurde. In England schaffte die Platte lediglich den 13. Platz.

Paul griff daher gelegentlich zur Eigenwerbung: »Wenn

1971 auf einer Party harte, fetzende Musik verlangt wird, braucht man nur die A-Seite aufzulegen – sind langsame Titel gefragt, dreht man die Platte einfach um.« Im Lauf der Zeit gelang es Paul jedoch, die Gruppe auf einigen Universitätskonzerten zu einer richtigen Band zusammenzuschweißen.

1972

25. 2. WINGS:

Single *Give Ireland Back To The Irish / Give Ireland Back To The Irish (Version)*

Aufgenommen: 1. Februar 1972

Erschienen in England

In all den Jahren seiner Beatles-Zugehörigkeit hatte es nie eine grundlegende politische Stellungnahme Pauls in der Öffentlichkeit gegeben. Paul galt als der unpolitische Beatle. In diesen ersten Wochen des Jahres 1972 veranlaßten ihn jedoch die Vorgänge in Nordirland, am sogenannten »Bloody Sunday« (an dem 13 Demonstranten von Fallschirmjägern getötet wurden), einen persönlichen Kommentar in Form eines Songs abzugeben. Was zuvor bereits John mit *Power To The People* widerfahren war, passierte diesmal auch ihm. Die BBC verbannte die A-Seite aus ihren Musiksendungen.

Die Single belegte in England Platz 18, in USA Platz 21 der Charts.

12. 5. WINGS:

Single: *Mary Had A Little Lamb / Little Woman Love*

Aufgenommen: August 1971

Erschienen in England

Diese Single wurde als Paul McCartneys Reaktion auf den Bann der BBC (Single *Give Ireland Back To The Irish*) verstanden, was Paul in späteren Interviews jedoch verneinte. Zumindest kann man davon ausgehen, daß der Song nicht aus diesem Anlaß geschrieben wurde, da er bereits Mitte 1971 von ihm komponiert worden war. Aus einem Kindergartenvers machte er mittels wohlklingender Akkorde und Gitarren- sowie Banjobegleitung eine sehr kommerzielle Single. Von

1972 der Kritik zwar abermals zerpflückt, dafür aber vom Publikum geliebt, erreichte sie Platz 6 der englischen Hitliste, in den USA war Platz 28 die höchste Notierung.

1. 12. WINGS:
Single: *Hi Hi Hi / C Moon*
Aufgenommen: Ende Oktober 1972
Erschienen in England
Dies war nun schon die zweite Single Pauls, die von der BBC auf die schwarze Liste gesetzt wurde. Warum? – die Programmgestalter hörten eine Aufforderung zum Drogenkonsum heraus. Die Amerikaner waren da nicht so zimperlich. *Hi Hi Hi* kam bis auf Platz 10 der Top 100. In England machten die Plattenkäufer aus der Not eine Tugend. Man fand allgemein, daß die B-Seite, ein elegant und gekonnt servierter Reggae, viel besser als die A-Seite sei und honorierte das mit einem guten fünften Platz in den Charts.

1973
23. 3. PAUL MCCARTNEY AND WINGS:
Single: *My Love / The Mess*
Aufgenommen: B-Seite – wahrscheinlich am 16. 8. 1972 (Hannover) oder 21. 8. (The Hague, Holland).
Die A-Seite der Single – vier Wochen lang Nr. 1 der USA – stammte unverkennbar aus der gleichen Schublade wie *The Long And Winding Road,* eine sentimentale Ballade voll schwelgender, süßlicher Geigen, dazwischen die klagende Gitarre. *My Love* war eine Komposition, von der auch andere Interpreten angetan waren, was wiederum für Paul einen warmen Tantiemenregen zur Folge hatte. Die B-Seite, live während der ersten Wings-Europatournee entstanden, bewies einmal mehr seine Rockqualitäten.

1973

4. 5. PAUL MCCARTNEY AND WINGS:
LP *Red Rose Speedway*
Aufgenommen: März und Oktober 1972
Big Barn Bed; My Love; Get On The Right Thing; One More Kiss; Little Lamb Dragonfly
Single Pigeon; When The Night; Loup (1st Indian On The Moon); Medley: Hold Me Tight, Lazy Dynamite, Hands Of Love, Power Cut

Für die Aufnahmen zur vierten Solo-LP erweiterte Paul die Besetzung der Wings um einen weiteren Gitarristen von Rang, Henry McCullough, Hand in Hand mit dieser personellen Verstärkung ging auch sein Bemühen, musikalisch weiterzukommen und mehr Sorgfalt auf die Produktion zu verwenden.

Paul demonstrierte auf dieser LP die gesamte Palette seiner musikalischen Fähigkeiten. Er spielte Baß- und Elektrogitarre, Klavier, E-Piano, Synthesizer, Celesta und Mellotron. Beim Gesang ließ er sich in der Hauptsache von Linda begleiten, die auch hin und wieder ein zartes E-Piano- und Orgelspiel beisteuerte.

Die LP, zunächst als Doppelalbum geplant, steckte in einem sehr aufwendigen Klapp-Cover. Es enthielt eine Reihe von Fotos, die während der Wings-Europatournee aufgenommen wurden. Linda konnte sich zeitweilig in ihrem früheren Beruf als Fotografin betätigen. Einige Bilder auf der Innenseite des Covers stammten von dem international renommierten Maler Eduardo Paolozzi, der zwölf Jahre zuvor einmal der Kunstprofessor eines gewissen Stuart Sutcliffe gewesen war. Die LP war die erste, die nach Pauls Solodebüt mit *McCartney* wieder die Spitze der US-LP-Chart erreichte und sich dort drei Wochen hielt. Insgesamt war die LP elf Wochen in der amerikanischen Top Twenty. In England erreichte die LP nur einen fünften Platz.

1973 WINGS

1. 6. **Single *Live And Let Die /I Lie Around***

Aufgenommen: A-Seite – Oktober 1972

Erschienen in England

Von den anfänglichen Tiefschlägen zu Beginn seiner Solokarriere hatte sich Paul nun mehr und mehr erholt, neue Aufgaben konnten angepackt werden. Eine davon war das Schreiben einer Filmmusik. Er hatte in der Vergangenheit bereits einige Filmmusiken komponiert, allerdings immer für kleinere Projekte und wenig spektakuläre Stoffe. Diesmal wurde ihm angetragen, die Titelmusik zum neuen James Bond-Film *Leben und sterben lassen*, mit Roger Moore in der Hauptrolle, zu schreiben. Bislang hatte John Barry die Musik aller Bond-Filme geschrieben. Paul löste unter Mithilfe von George Martin, auf dessen Erfahrung als Arrangeur er nicht verzichten wollte, die ihm gestellte Aufgabe mit Bravour. Dieser spannungsgeladene und sehr effektvoll ausgearbeitete Song wurde zu einem großen persönlichen Erfolg für Paul. Er brachte ihm einen zweiten Platz in den USA ein, einen neunten in England und sogar eine Oscar-Nominierung als beste Filmmusik des Jahres. Diese Leistung trug viel dazu bei, sein negatives Image, das er sich durch seine nicht immer freundlichen Aktionen gegen die anderen drei Ex-Beatles erworben hatte, zu korrigieren.

26. 10. PAUL MCCARTNEY AND WINGS:

Single *Helen Wheels / Country Dreamer*

Aufgenommen: A-Seite – September 1973

B-Seite – Oktober 1972

Erschienen in England

Pauls Landrover, den er *Helen Wheels* nannte, stand bei der Titelsuche für die A-Seite Pate, nach fast einem Jahr wieder eine rockige Single von ihm. Viele hielten allerdings die sanftere B-Seite *Country Dreamer* für besser.

Die Hitparadennotierungen wurden jedoch der Qualität beider Songs nicht ganz gerecht. In Amerika reichte es nur zu Rang zehn, in der Heimat sogar nur zu Platz

1973 zwölf. Was war geschehen? Paul war über Nacht in Gestalt seines ehemaligen Mit-Beatles Ringo Starr starke Konkurrenz erwachsen. Am gleichen Tag erschienen, kam Ringos *Photograph* in die höchsten Zonen der Charts. Paul hätte einige Jahre früher wohl kaum je geglaubt, daß Ringo sich einmal vor ihm in der Hitparade plazieren würde.

7. 12. PAUL MCCARTNEY AND WINGS:
LP *Band On The Run*
Aufgenommen: 5.–25. September 1973 in Lagos, Nigeria, ACR- und EMI-Studios
Erschienen in England
Band On The Run; Jet; Bluebird; Mrs. Vanderbilt; Let Me Roll It; Mamunia; No Words; Picasso's Last Words (Drink To Me); Nineteen Hundred And Eighty Five
Selten waren Kritiker und Konsumenten sich so einig wie in diesem Fall: *Band On The Run* war unbestreitbar das bis dahin beste Werk, das Paul abgeliefert hatte. Wenn es nach der Filmmusik *Live And Let Die* noch eines Beweises für das Wiedererreichen seines früheren hohen Stellenwertes in der Popmusik bedurft hätte, hier hätte ihn Paul erbracht, obwohl die Produktion unter den denkbar ungünstigsten Umständen stattfand.
Die Produktionsplanung für die LP war bereits angelaufen, da verließen am 25. August 1974 Henry McCullough und fünf Tage vor dem Abflug nach Nigeria, wo aus Kostengründen produziert werden sollte, auch der Schlagzeuger Denny Seiwell die Band. Um das Projekt nicht platzen zu lassen, mußten Paul, Linda und der verbliebene Denny Laine die fehlenden Instrumente selbst spielen.
Die Aufnahmen begannen zunächst im Studio des ehemaligen Cream-Schlagzeugers Ginger Baker, der sich vor einiger Zeit in Lagos niedergelassen hatte. Dann wechselte man über in die EMI-Studios am gleichen Ort.
Paul übernahm den Baß, die Tasteninstrumente einschließlich Synthesizer, das Schlagzeug und teilweise auch Rhythmus- und Leadgitarre. Denny Laine be-

sorgte den Großteil der Gitarrenarbeit auf Rhythmus- und Leadgitarre. Linda, die hart an sich gearbeitet hatte, um ihrem Paul mehr als nur Hausfrau und Mutter seiner Kinder zu sein, brachte ebenfalls ihre musikalischen Talente ein. Sie spielte Synthesizer, Mellotron, Piano und Clavinet.

Trotz der großen nervlichen Belastung und dem Zeitdruck, unter dem diese Produktion litt, gelang Paul ein großer Wurf. Sechs Wochen stand die LP an der Spitze in England und vier Wochen in den USA (die amerikanische Ausgabe enthielt auf Seite zwei noch zusätzlich den früheren Single-Titel *Helen Wheels*), außerdem wurde sie noch mit einem Grammy ausgezeichnet. Der Anschluß an die Erfolge aus der Beatles-Ära war geglückt.

Zwei ebenfalls sehr erfolgreiche Singles wurden dieser LP entnommen. Am 15. Februar 1974 erschien *Jet / Let Me Roll It* und am 28. Juni, aufgrund starker Publikumsnachfrage, der Titelsong *Band On The Run / Zoo Gang*. Diese Single sollte zu seiner bis dahin erfolgreichsten werden, sie war Nr. 1 in England und Amerika und verkaufte sich weltweit in sechs Millionen Exemplaren.

1973 Die Rückseite *Zoo Gang*, die nur in England erschien, war die Titelmelodie einer englischen Fernsehserie. In den USA und Deutschland erschien die Single *Band On The Run* mit der Rückseite *Nineteen Hundred And Eighty Five*.

1974

25. 10. PAUL MCCARTNEY AND WINGS:
Single *Junior's Farm / Sally G*
Aufgenommen: Juni–Juli 1974
Paul war es inzwischen gelungen, die Wings wieder zu verstärken. Der Gitarrist Jimmy McCulloch und der Schlagzeuger Geoff Britton stießen zur Band. Auch diese Single, die erste seit über einem Jahr, mit zwei neuen Songs, kam wieder ganz gut an, wie der dritte Platz in den USA zeigte. In England belegte die Single nur Platz 16.
In den Monaten danach hielt sich Paul mit seiner Frau, den drei Kindern und seiner Gruppe eine ganze Weile in Nashville auf, einem der Zentren des amerikanischen Musiklebens. Man übte neues Material für eine zukünftige Tournee ein und ließ sich von der Atmosphäre der Country & Western-Metropole inspirieren.

1975

30. 5. WINGS:
LP *Venus And Mars*
Aufgenommen: Mitte–Januar 1975
Erschienen in England
Venus And Mars; Rock Show; Love In Song; You Gave Me The Answer; Magneto And Titanium Man; Letting Go
Venus And Mars Reprise; Spirits Of Ancient Egypt; Medicine Jar; Call Me Back Again; Listen To What The Man Said; Treat Her Gently-Lonely Old People; Cross Roads
Um die neue LP aufzunehmen, ging Paul in die Sea Saint-Studios in New Orleans wie auch in das Wally Heider-Studio in Los Angeles. Als Session-Schlagzeuger engagierte er den Amerikaner Joe English, der

dann im Anschluß an die Aufnahmen nach und nach Geoff Brittons Platz bei den Wings einnahm, da sich herausstellte, daß er für die projektierten Live-Konzerte der Gruppe besser geeignet war. In der Besetzung Joe English (Schlagzeug), Denny Laine (Rhythmusgitarre), Jimmy McCulloch (Leadgitarre), Linda (Tasteninstrumente) und Paul (Baß) entwickelten die Wings zum erstenmal so etwas wie einen Gruppengeist und gewannen mehr und mehr an Profil als eigenständige Band.

An der Produktion von *Venus And Mars* waren darüber hinaus noch bekannte Instrumentalisten beteiligt: Allen Toussaint (Piano), Tom Scott (Saxophon) und Dave Mason (Gitarre). Jimmy McCulloch erhielt sogar Gelegenheit, die eigene Komposition *Medicine Jar* beizusteuern, die er mit Collin Allen zusammen 1971 während ihrer Zeit bei der Gruppe Stone The Crows geschrieben hatte.

Speziell für dieses Album legte die große amerikanische Plattengesellschaft Capitol, bei der Paul inzwischen

1975 einen hochdotiereten, langfristigen Vertrag unterschrieben hatte, ihr altes »Logo«, den verschlungenen »Capitol«-Schriftzug aus den vierziger Jahren, wieder auf.
Am 5. September 1975 wird die Single *Letting Go / You Gave Me The Answer* und am 27. Oktober 1975 *Venus And Mars – Rock Show / Magneto And Titanium Man* ausgekoppelt.
Die LP *Venus And Mars* war in England 7 Wochen auf Platz 1 und in den USA eine Woche Nummer 1 (und fünf Wochen Nummer 2). Die Vorbestellungen beliefen sich auf mehr als 1,5 Millionen, was für Gold und Platin reichte. Weltweit wurden über 2 Millionen Exemplare verkauft.

1976

26. 3. WINGS:
LP *Wings At The Speed Of Sound*
Aufgenommen: Januar und Februar 1976
Let 'Em In; The Note You Never Wrote; She's My Baby; Beware My Love; Wino Junk
Silly Love Songs; Cook Of The House; Time To Hide; Must Do Something About It; San Ferry Anne; Warm And Beautiful
Diese LP war der nicht geglückte Versuch, allen Bandmitgliedern mehr eigenen musikalischen Raum zu überlassen. Ehefrau Linda sang erstmals auf einer McCartney- bzw. Wings-LP *(Cook Of The House)*, Jimmy McCulloch schrieb wieder gemeinsam mit Collin Allen einen Titel *(Wino Junk)*, den er auch sang, und erstmals steuerte Denny Laine eine Eigenkomposition bei: *Time To Hide*. Außerdem sang Laine den McCartney-Titel *The Note You Never Wrote*. Selbst Schlagzeuger Joe English wurde eine McCartney-Komposition überlassen: *Must Do Something About It*.
Nicht wenige sprachen davon, daß McCartney auf Druck der anderen Bandmitglieder erstmals nicht mehr alleine im Vordergrund stand. Andere sprachen die Idee McCartney selbst zu. Erfolgreich war nur der Song *Silly Love Songs*, der in England immerhin Platz 2 schaffte. Die LP erreichte – trotz böser Kritiken

1976 – ebenfalls den zweiten Platz und hielt sich 13 Wochen in Englands Top Ten. Später, am 23. Juli 1976, wurde *Let 'Em In* als zweite Single aus dem Album ausgekoppelt und belegte in England den ersten Platz.

10. 12. WINGS:
Triple-LP *Wings Over America*
Aufgenommen: 3. Mai–23. Juni 1976, während der Amerika-Tournee
Erschienen in England und USA
Medley: Venus And Mars; Rock Show; Jet; Let Me Roll It; Spirits Of Ancient Egypt; Medicine Jar;
Maybe I'm Amazed; Call Me Back Again; Lady Madonna; The Long And Winding Road; Live And Let Die
Medley: Picasso's Last Words; Richard Corey; Bluebird; I've Just Seen A Face; Blackbird; Yesterday;
You Gave Me The Answer; Magneto And Titanium Man; Go Now; My Love; Listen To What The Man Said
Let 'Em In; Time To Hide; Silly Love Songs; Beware My Love
Letting Go; Band On The Run; Hi Hi Hi; Soily
Die Wings hatten sich in nur vier Jahren zu einer der besten Live-Bands entwickelt. Waren Auftritte 1972 schlichtweg als katastrophal zu bezeichnen (22. August in Antwerpen, Belgien), so konnten sich Paul McCartney und die Wings während ihrer 1976er US-Tour an Perfektion kaum übertreffen, die auch beim Anhören des Albums »rüberkommt«.
In England belegte das 3er-Album nur einen bescheidenen zwanzigsten Platz, in den USA war es jedoch wochenlang auf vorderen Plätzen zu finden. So gab es am 13. Dezember 1976 bereits Gold und sieben Tage später sogar Platin.
Auf Single wurden *Maybe I'm Amazed* und *Soily* ausgekoppelt.

1977

31. 5. SUZY AND THE RED STRIPES:
Single *Seaside Woman / B-Side To Seaside*
Aufgenommen: wahrscheinlich bereits 1976
Erscheinungsdatum: 31. Mai 1977 in USA
Unter dem Pseudonym *Suzy And The Red Stripes* verbarg sich *Linda McCartney And Wings*; ein Geheimnis, welches nie eines gewesen ist. Später wurde die Single – nach einigen rechtlichen Schwierigkeiten – auch in England und der Bundesrepublik Deutschland veröffentlicht.

1978

April WINGS:
LP *London Town*
Aufgenommen: 7. Februar–31. März 1978 (London, Abbey-Road-Studios)
1.–31. Mai 1978 (Virgin Island, Record-Plant-Mobile-Studios auf der Yacht »Fair Carol«)
3.–14. Dezember 1977 (London, Air-London-Studios)
25. Oktober–1. Dezember 1977 und 4.–23. Januar 1978 (London, Abbey-Road-Studios)
Erschienen in England
London Town; Cafe On The Left Bank; I'm Carrying; Backwards Traveller; Cuff Link; Children Children; Girlfriend; I Had Enough
With A Little Luck; Famous Groupies; Deliver Your Children; Name And Adress; Don't Let It Bring You Down; Morse Moose And The Grey Goose
Sieben der 14 Songs wurden auf der Yacht »Fair Carol« vor den Virgin-Inseln aufgenommen: *Cafe On The Left Bank, I'm Carrying, I've Had Enough, With A Little Luck, Famous Groupies, Don't Let It Bring You Down* und *Morse Moose And The Grey Goose.*
Die Musiker selbst hatten sich auf dem Schiff »El Toro« häuslich eingerichtet, während die Crew – Techniker und Mannschaft – auf der »Samala« untergebracht waren.
Zunächst war geplant, den Arbeitstitel *Water Wings* als Titel für das Album zu nehmen. Schließlich entschieden

1978 sich Paul und Linda für *London Town*. Linda McCartney war dermaßen davon angetan, auf einem Schiff zu produzieren, daß sie vorschlug, die nächste LP in einem Zug aufzunehmen, der quer durch Amerika fahren sollte.

Obwohl Jimmy McCulloch und Joe English noch mitgewirkt hatten, wurden auf dem Cover lediglich Paul, Linda McCartney und Denny Laine abgebildet. Der Grund war, daß die Gruppe nach Fertigstellung der LP, aber noch vor der Produktion des Covers, nur noch aus drei Mitgliedern bestand.

Die LP wurde mit großem Presseaufwand angekündigt, verkaufte sich aber längst nicht so gut, wie *Wings Over America*. Der Versuch, durch das Hinzupacken der später erschienen Single *Mull Of Kintyre* einen zusätzlichen Kaufanreiz zu bieten, war ebenfalls nicht vom Erfolg gekrönt. Die Single-Auskopplungen *With A Little Luck* und *London Town* verkauften sich besser, was vielleicht auf den Supererfolg der Single *Mull Of Kintyre* zurückzuführen ist, die noch vorher erschien.

Als Autoren von *Mull Of Kintyre* wurden McCartney und Laine angegeben; die Reihenfolge selbst sagt aber noch nichts über den Anteil der kompositorischen Arbeit aus, denn man vermutet, daß der Song in erster Linie von Denny Laine stammt.

In den USA wurde *Girl's School* als A-Seite propagiert. Die Single hatte in den Staaten nur mäßigen Erfolg. Den Grund sah Paul McCartney in einer mangelhaften Promotionsarbeit der Schallplattenfirma Capitol, was später für ihn zum auslösenden Moment wurde, den Vertrag mit Capitol zu lösen und sich ab 1979 in USA und Kanada an die CBS zu binden.

November WINGS:
LP *Wings Greatest*
Erschienen in England
Another Day; Silly Love Songs; Live And Let Die; Junior's Farm; With A Little Luck; Band On The Run Uncle Albert; Admiral Halsey; Hi Hi Hi; Lit 'Em In; My Love; Jet; Mull Of Kintyre

1978 Rechtzeitig vor Weihnachten veröffentlichte McCartney eine Sammlung seiner größten Hits; von *Another Day*, seiner ersten Single, bis zu seinem damals neuesten Song, *Mull Of Kintyre*. Um die Coveridee zu realisieren, wurde extra eine etwa 40 Zentimeter hohe Figur in die Schweiz geflogen und dort im Schnee fotografiert.

Die Verkaufszahlen für diese Greatest-Hits-LP waren schleppend, vielleicht weil McCartney bereits mit *Wings Over America* eine Sammlung seiner besten Titel vorgelegt hatte.

1979

April WINGS:

Single *Goodnight Tonight / Daytime Nighttime Suffering*

Aufgenommen: Anfang 1979

Erscheinungsdatum: April 1979 in England

Dies war die erste Platte, die in den USA und Kanada von CBS vertrieben wurde; in den anderen Ländern blieb McCartney weiter bei der EMI unter Vertrag.

In den USA wurde neben der normalen auch eine Maxi-Single veröffentlicht. Kurze Zeit später zog die EMI nach und veröffentlichte in England und Deutschland ebenfalls eine solche Platte mit einer verlängerten Version auf der A-Seite.

Goodnight Tonight ist ein Disco-Reggae, geschrieben von Paul McCartney.

Juli WINGS:

LP *Back To The Egg*

Erschienen in England

Reception; Getting Closer; We're Open Tonight; Spin It On; Again And Again And Again; Old Siam, Sir; Arrow Through Me

Rockestra Theme; To You; After The Ball – Million Miles; Winter Rose – Love Awake; The Broadcast; So Glad To See You Here; Baby's Request

Die erste LP der neuformierten Wings. Außer Paul, Linda und Denny Laine gehören nun Laurence Juber

(Gitarre) und Steve Holly (Schlagzeug) zur Gruppe. Bei zwei Titeln, *Rockestra Theme und So Glad To See You Here* wirkten Dave Gilmour (Pink Floyd), Hank Marvin (Shadows), Pete Townshend, Kenny Jones (beide Who), John Bonham (Led Zeppelin), Gary Brooker (früher Procol Harum) und andere bekannte Musiker der Rock-Szene mit. Trotz dieses Aufgebots an Prominenz gelang McCartney kein großer Wurf. Dennoch wurde die LP in den USA vergoldet, und nach einigen Wochen gab es sogar Platin. Die höchste Hitparadennotierung war ein dritter Platz in den US-Charts. *Back To The Egg* wurde auf McCartneys Farm in Schottland aufgenommen, in Lymphe Castle und den beiden Londoner Studios Replica und EMI.
Am 21. Januar 1980 sollte eine große Japan-Tournee beginnen. Wider Erwarten wird sein Gepäck vom japanischen Zoll einer peinlich genauen Untersuchung unterzogen. Man findet bei McCartney 219 Gramm Marihuana. Einige sehr unangenehme Tage muß er im Polizeigefängnis von Nishi Shimbashi verbringen, bis

1979 man ihn am 22. Januar ohne Geldstrafe, sogar ohne Strafandrohung, ausweist. Nach japanischem Recht wäre auch eine Verurteilung zu fünf Jahren Haft möglich gewesen. Seine Berühmtheit, die ihn zwar nicht vor einer gründlichen Zollkontrolle bewahrt hat, ist ihm letzten Endes doch hilfreich gewesen und hat das Gericht von Strafmaßnahmen absehen lassen.

16. 11. PAUL MCCARTNEY:
Single *Wonderful Christmas Time / Rudolph The Red-Nosed Reggae*
Erschienen in England
Den Titel *Wonderful Christmas* spielte Paul McCartney alleine ein. Es handelt sich um ein sehr »leicht verdauliches« Weihnachtsliedchen, welches Paul McCartney selbst geschrieben hat. Die Rückseite ist ein traditionelles Weihnachtslied. Interessant zu erwähnen: Die Beatles intonierten diesen Song 1963 auf ihrer ersten Christmas-Platte für den Fanclub. In England erreichte die Single knapp die Top Ten.

1980
11. 4. PAUL MCCARTNEY (A-Seite) / PAUL MCCARTNEY AND WINGS (B-Seite):
Single *Coming Up / Coming Up (Live At Glasgow) – Lunchbox – Odd Sox*
Aufgenommen: B-Seite – 17. Dezember 1979 in Glasgow
Erscheinungsdatum: 11. April 1980
Coming Up ist eine Single-Vorabauskopplung aus dem Album *McCartney II*. Auf der Rückseite noch einmal der gleiche Song, mitgeschnitten während eines Konzerts in Glasgow am 17. Dezember 1980. Außerdem auf Seite 2 die beiden kurzen Instrumentaltitel *Lunch Box* und *Odd Sox*.
Zu dem Song *Coming Up* gibt es den vielleicht besten Promotionfilm, den McCartney bisher produziert hat. Per Trick treten verschiedene Musiker auf (unter anderem auch der Beatle Paul!), die alle von Paul McCartney gekonnt dargestellt oder parodiert werden.

1980 McCartneys Äußerung dazu: »Ich kann es auch ohne andere bekannte Musiker«, vielleicht eine Anspielung auf die meist negativen Kritiken zur LP *Back To The Egg*, bei der ja einige der internationalen Rockgrößen dabei waren.

8. 5. PAUL MCCARTNEY:
LP *McCartney II*
Aufgenommen: Anfang 1980 in Schottland
Coming Up; Temporary Secretary; On The Way; Waterfalls; Nobody Knows
Front Parlour; Summer's Day Song; Frozen Jap; Bogey Music; Darkroom; One Of These Days
Alle Titel wurden von Paul McCartney im Alleingang »rückwärts« produziert. Ist es normalerweise üblich, zunächst die Rhythmusinstrumente (Schlagzeug, Baß) aufzunehmen, dann Gitarren, Klavier etc. und zuletzt den Gesangspart, so nahm Paul zuerst den Gesang auf, dann die Melodieinstrumente und erst zum Schluß Baß und Schlagzeug. Ursprünglich war auch nicht geplant, die Aufnahmen zu veröffentlichen. »Doch Freunde rieten mir«, so McCartney, »das Material auf Platte rauszubringen.« So erschien dann nach genau zehn Jahren seine zweite Solo-LP.
Nach Erscheinen wurden mit mäßigem Erfolg die Songs *Waterfalls* und *Check My Machine* ausgekoppelt. Für die englischen Discjockeys gab es im Dezember 1980 noch eine Maxi-Single mit *Temporary Secretary* und dem nicht auf der LP enthaltenen *Secret Friend*.
Zusammen mit dem Journalisten Paul Gambuccini arbeitet er in dieser Zeit Promotion-Interviews aus, die später in den USA als Platte veröffentlicht werden sollten. Anfang 1981 ging er wieder ins Studio, um eine neue LP aufzunehmen.
Die LP *The McCartney Interview* wurde ebenfalls 1980 veröffentlicht, zunächst – so hieß es – nur für Rundfunkstationen und Musikjournalisten. Die vielen McCartney-Fans sahen sich natürlich ungeheuren Schwierigkeiten gegenüber, ihre Platten-Sammlung weiterhin vollständig zu haben. Nun ja, nachdem viele

Bemühungen, die LP zu bekommen, schon gescheitert waren, gab's die Platte dann doch im Handel (Bestell-Nummer CHAT 1). Die Geschichte mit der Exklusivität entpuppte sich als Werbegag.

1982 bis 1987 Paul McCartney ist einer der fleißigsten Musiker. Neben einigen Singles veröffentlichte er 1982 die LP *Tug of War* und 1983 *Pipes of Peace* (Inhaltsangaben siehe Diskographie, auch für die nachfolgend erwähnten LPs). Mal sang er mit Stevie Wonder *Ebony and Ivory,* dann wieder mit Michael Jackson *(The Girl is Mine* auf dem Super-Seller-Album *Thriller* und *Say Say Say* auf der eigenen LP *Pipes of Peace,* 1984).
Schon lange trug Paul die Idee für ein Drehbuch mit sich herum. 1984 schrieb und produzierte er den Film *Give My Regards to Broad Street,* der hierzulande keinen Verleger fand. Schade, denn es ist ein gut gemachter, unterhaltsamer Streifen mit einer netten Story und viel Musik. Paul McCartney besinnt sich auf einige seiner Beatles-Klassiker, die neben anderen Songs für den Film neu aufgenommen wurden; übrigens mit Ringo Starr am Schlagzeug. Dem Soundtrack-Album

1982 bis 1987 *Give My Regards to Broad Street* erging es ähnlich wie dem Film – es wurde unterschätzt.
1986 folgte die LP *Press to Play* und Ende 1987 folgte das Doppel-Album *All the Best!* mit 20 Hits aus seinen Solo-Jahren.
Zwischendurch wirkte McCartney bei einigen Wohltätigkeits-Schallplatten mit (Band Aid, The Crowd) und trat sogar kurz beim Band-Aid-Konzert 1985 live auf. Und immer gibt es zu allen neuen Singles hervorragende Promotionfilme. Ende 1987 ging er aber höchstpersönlich auf Medienreise, um seine Single *Once Upon a Long Ago* zu promoten. Einen Auftritt hatte er auch in der bundesdeutschen Fernsehsendung »Wetten, daß . . .«.

1988 Im Herbst 1988 geht es wahrscheinlich wieder auf Reisen. Man munkelt, daß anläßlich der Veröffentlichung einer McCartney-Rock'n'Roll-LP in der UdSSR dort auch ein Konzert geplant sei. Ob sich daraus die lang erwartete Europa- und Amerika-Tournee entwickelt, stand bei Redaktionsschluß leider noch nicht fest.

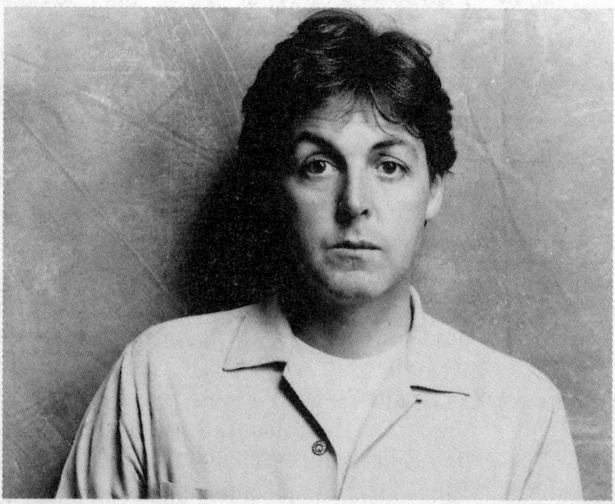

George Harrison

1968

1. 11. **LP *Wonderwall Music***

Aufgenommen: Dezember 1967 in London (englische Titel) und 9.–15. Januar 1968 in Bombay, Indien (indische Titel)

Microbes; Red Lady Too; Tabla And Pakavaj; In The Park; Drilling A Home; Guru Vandana; Greasy Legs; Ski-ing; Gat Kirwani; Dream Scene

Party Seacombe; Love Scene; Crying; Cowboy Music; Fantasy Sequins; On The Bed; Glass Box; Wonderwall To Be Here; Singing Om

Die erste LP, die auf dem Beatles-eigenen Apple-Label erscheinen sollte, enthielt die Musik zum Film *Wonderwall* (mit Jack MacGowran und Jane Birkin) und war gleichzeitig das erste Soloabenteuer, auf das sich einer der vier einließ. Empfindsame Naturen mit einem Hang zum Spekulativen mögen diesen Umstand damals bereits als schlechtes Omen für ein baldiges Auseinanderbrechen der Gruppe gedeutet haben, der breiten Öffentlichkeit kam der Gedanke, daß es die Beatles in absehbarer Zeit vielleicht nicht mehr geben würde, zu diesem Zeitpunkt sicher noch nicht in den Sinn.

Im nachhinein hätte man dieser Solo-LP George Harrisons sicher einen besseren Anlaß gewünscht, als es dieser doch recht unerhebliche Film war. Der Regisseur Joe Massot bat ihn, den Soundtrack zu schreiben. Er ließ George völlig freie Hand, und dieser erinnerte sich seiner indischen Musikerfreunde, die er während seiner Sitarstudien bei Ravi Shankar kennengelernt hatte. Sein Entschluß, den Film etwa zur Hälfte mit indischer Musik zu unterlegen, führte ihn am 7. Januar 1968 nach Bombay. Am 10. Januar begannen in den dortigen EMI-Studios die Aufnahmen. Da sich Shambu Das, Direktor der Musikhochschule Bombay, persönlich erboten hatte, die besten Sitar-, Sarod-, Tabla- und Dilrubaspieler für George auszuwählen, konnte die Produktion bereits nach fünf Tagen abgeschlossen werden.

1968 Den »westlichen« Anteil der Filmmusik produzierte George in den Londoner EMI- und Trident-Studios unter Mithilfe bekannter Studiomusiker und der Gruppe Remo Four, deren damalige Mitglieder unter anderem der Keyboardspieler Tony Asthon und der Schlagzeuger Roy Dyke waren, die sich Anfang der 70er Jahre in der Rockszene einen Namen machten als Trio Asthon, Gardener & Dyke. Später hat sich George bei den beiden dann revanchiert, indem er als Gast auf einer ihrer LPs mitwirkte. Kommerziell wurde diese erste Solo-LP eines Beatles ein glatter Reinfall.

1969

9. 5. **LP *Electronic Sound***
Aufgenommen: Seite 1 – 1. Februar 1969 in Esher, England
Seite 2 – November 1968 in Kalifornien
Erschienen in England
Under The Mersey Wall
No Time Or Space
Bei seinem letzten Kalifornienaufenthalt kam George zum erstenmal mit einem Synthesizer in Berührung, jenem von dem amerikanischen Ingenieur Robert A. Moog entwickelten elektronischen Instrument zur Erzeugung synthetischer Töne. Da er neuen Klangstrukturen gegenüber ohnehin sehr aufgeschlossen war, ließ er sich ohne zu zögern von dem jungen amerikanischen Komponisten Bernie Krause in die Geheimnisse dieses von einem Computer gesteuerten Instruments einweihen.
Seinen ersten Versuchen gab er den Titel *No Time Or Space*. Nachdem ihm ein eigenes Modell in sein Haus in Esher geliefert worden war, setzte er die Experimente am Synthesizer fort. Sozusagen in Heimarbeit entstand die A-Seite *Under The Mersey Wall*. Mit von der Partie waren »Rupert And Jostick The Siamese Twins«. Klanglich wenig überzeugend und konzeptionslos produziert, kam seine Arbeit über ein Versuchsstadium nicht hinaus. Die »Musik« ähnelte eher den atmosphärischen Störgeräuschen eines Funkamateurs auf Sender-

1969 suche. Die Bemerkung von Arthur Wax, die Harrison auf die Innenhülle abdrucken ließ, lautet: »Es gibt eine Menge Leute, die eine Menge Krach machen. Hier ist noch mehr.« Ein Beweis dafür, daß George Harrison die LP nicht so ernst nahm, wie es viele seiner Kritiker taten.

Der Mißerfolg dieser LP trug unter anderem dazu bei, daß dem von den Beatles für avantgardistische Veröffentlichungen ins Leben gerufene Zapple-Label (ebenfalls auf Zapple erschien *Unfinished Music No. 2*) nur eine kurze Lebensdauer beschieden war.

Seinen Moog-Synthesizer ließ George später in den Apple-Studios installieren, wo er für *Abbey Road* eingesetzt wurde.

1970

30. 11. **Triple-LP *All Things Must Pass***

Aufgenommen: 26. Mai–18. Oktober 1970

I'd Have You Anytime; My Sweet Lord; Wah-Wah; Isn't It A Pity (Version One)

What Is Life; If Not For You; Behind That Locked Door; Let It Down; Run Of The Mill

Beware Of Darkness; Apple Scruffs; Ballad Of Sir Frankie Crips (Let It Roll); Awaiting On You All; All Things Must Pass

I Dig Love; Art Of Dying; Isn't It A Pity (Version Two); Hear Me Lord

Out Of The Blue; / It's Johnny's Birthday; / Plug Me In

I Remember Jeep; / Thanks For The Pepperoni

Nach seinem künstlerischen und finanziellen Desaster mit *Electronic Sound* hatte sich George zu der Erkenntnis durchgerungen, daß seine Stärke wohl doch in der Popmusik liege. Zudem verhalfen einige positive Umstände dem Projekt zu einem guten Start. Das Dreifachalbum, eigentlich nur eine Doppel-LP mit angehängter Live-Session, wurde rechtzeitig vor Weihnachten fertig. Einige prominente Musiker waren beteiligt, und George konnte endlich seinen »kreativen Überhang« abbauen. Da die letzten beiden Beatles-LPs, die zur gleichen Zeit entstanden, hauptsächlich auf der

1970 Arbeit Paul McCartneys basierten, hatte er Muße und Zeit, zu komponieren. Bis auf zwei Ausnahmen waren dann auch alle Songs von ihm. *I'd Have You Anytime* schrieb er zusammen mit Bob Dylan, *If Not For You* war ein Dylan-Original.

Bereits während der *Abbey-Road*-Sessions entstand *All Things Must Pass*. Bei der Besetzung konnte er auf einige der besten Musiker der internationalen Szene zurückgreifen, da sich jeder danach drängte, einmal mit George Harrison spielen zu können. Sein Ruhm als einer der vier Beatles war noch ungebrochen.

Am Schlagzeug: Ringo Starr, Jim Gordon und Alan White, am Baß: Klaus Voormann und Carl Radle, an den Keyboards: Gary Wright, Bobby Whitlock, Billy Preston und Gary Brooker, an den Gitarren: George Harrison, Eric Clapton und Dave Mason, an der Steel-Gitarre: Pete Drake und an Saxophon und Trompete: Bobby Keys und Jim Price. Außerdem war noch die gesamte Gruppe Badfinger beteiligt.

Die Produktionsarbeit teilten sich George Harrison und Phil Spector, dessen Handschrift nicht zu überhören war. Seite fünf und sechs des Albums entstanden bei verschiedenen Jam-Sessions während der Proben. George taufte sie *Apple Jam* (wörtlich übersetzt: »Apfelmarmelade«), weil sie in den Apple-Studios aufgenommen worden waren. Bei *I Remember Jeep* saß Ginger Baker, ehemaliges Mitglied der zwei Jahre zuvor aufgelösten Cream, am Schlagzeug. *It's Johnny's Birthday* (basierend auf Cliff Richards Song *Congratulations*) wurde am 9. Oktober 1970 eingespielt. Die Aufnahme war ein Geburtstagsgeschenk für John Lennon, der an diesem Tag dreißig wurde.

Mal Evans, der frühere Road-Manager der Beatles, zur Untätigkeit verdammt, aber dennoch aus alter Freundschaft weiterbezahlt, sah das fertige Album mit den Augen eines aufrichtigen Fans: »Die Platte unterscheidet sich völlig von Georges bisherigen Solo-LPs. Man kann sie durchaus mit *Sgt. Pepper* vergleichen. Es sind einfach hervorragende Songs, und George hat sie alle selbst komponiert.«

1980 Auch Alan White, Mitglied der damaligen Plastic Ono Band, der als Schlagzeuger an der Produktion mitgewirkt hatte, war gegenüber der Presse des Lobes voll: »Die Arbeit an der LP hat uns allen großen Spaß gemacht. Ich fand es einfach toll, daß George immer zuerst die Studiomusiker nach ihrer Meinung zu dem jeweils aufgenommenen Song befragte. Erst wenn wir alle einverstanden waren, ging George an den nächsten Song heran. George ist für mich einer der größten Musiker überhaupt. Die Songs seiner neuen LP sind den Kompositionen von John und Paul auf jeden Fall ebenbürtig.«

John Lennons Äußerungen waren hingegen kritischer: »Ich denke, es ist in Ordnung. Persönlich, zu Hause, würde ich es nicht auflegen, diese Art von Musik höre ich mir nicht gern an. Ich möchte nicht gern Georges Gefühle verletzen, aber ich weiß nicht so recht, was ich dazu sagen soll. Zumindest finde ich sein Album besser als Pauls erste Platte.«

Das Album wurde mit 1,75 Millionen Exemplaren ausgeliefert und bereits nach zwei Wochen waren 2,5 Millionen Alben verkauft. In den USA hielt sich das Album acht Wochen auf Platz eins, in England sieben Wochen. Weltweiter Verkauf: über 3,5 Millionen.

Damit hatte der einstmals so stille Leadgitarrist der Beatles das bis heute erfolgreichste Solowerk aller vier abgeliefert.

1971

15. 1. **Single *My Sweet Lord / What Is Life***

Erschienen in England

Obwohl George zunächst keine Auskopplungen aus seinem vielbegehrten Triple-Album vornehmen lassen wollte, gab er schließlich doch dem Drängen seiner Plattenfirma nach und veröffentlichte diese Single. Fast über Nacht gelangte sie an die Spitze fast aller Hitparaden rund um den Globus.

Nach zwei Wochen waren in den USA bereits 1 Million Exemplare verkauft, nach knapp vier Wochen überschritt sie die 2-Millionen-Grenze. In England ver-

1971 kaufte sich die Single innerhalb der ersten sechs Wochen 700 000 mal. In den USA war sie vier Wochen auf Platz 1, sechs Wochen in England. Weltweiter Verkauf: über 5 Millionen Exemplare.
Allerdings brachte ihm *My Sweet Lord* auch eine gehörige Portion Ärger ein. Von dem Komponisten und Verleger des US-Hits *He's So Fine*, 1963 von den Chiffons gesungen, wurde er wegen Verstoßes gegen das Copyright verklagt. Selbst dem wohlmeinendsten Zuhörer mußte bei einem Vergleich der beiden Melodien eine frappierende Ähnlichkeit auffallen. Bis zur Klärung der Streitfrage wurden die immensen Tantiemen vom Gericht eingefroren. Erst fünf Jahre später erging ein Urteil. George Harrison, der sich immer darauf berufen hatte, *He's So Fine* nicht gekannt zu haben, wurde ein »unbeabsichtigtes Plagiat« angelastet. Soweit das Urteil der amerikanischen Richter.
Letztlich blieb Harrison vom Tantiemenkuchen nur ein Drittel.
In Deutschland machte die Plattenfirma aus einer Single zwei. Man veröffentlichte *My Sweet Lord* und *What Is Life* jeweils als A-Seite einer Single (siehe Diskographie).
Interessant am Rande: George Harrison hat bereits Ende 1970 *My Sweet Lord* mit Billy Preston als Sänger produziert, jedoch blieb diese Version völlig unbeachtet.

30. 7. **Single *Bangla Desh / Deep Blue***
Aufgenommen: Mitte Juli 1971
Erschienen in England
Anfang Juli besuchte George seinen Freund Ravi Shankar in den USA. Ravi schilderte ihm die furchtbaren Zustände, die in Bangla Desh herrschten und bat George um Hilfe für die unmenschlich leidende Bevölkerung. George zögerte nicht lange, trommelte ein paar befreundete Musiker zusammen und nahm den in wenigen Stunden komponierten Song *Bangla Desh* auf. Den Reinerlös dieser Single spendete er für die Menschen in Bangla Desh.

1972 **Triple-LP *The Concert For Bangla Desh***
Aufgenommen: 1. August 1971 in New York, Madison Square Garden
Erschienen am 20. Dezember in USA
10. Januar 1972 in England
George Harrison, Ravi Shankar Introduction; / Bangla Dhun
Wah-Wah; My Sweet Lord; Awaiting On You All; That's The Way God Planned It (gesungen von Billy Preston)
It Don't Come Easy (gesungen von Ringo Starr); *Beware Of Darkness; Introduction Of The Band; While My Guitar Gently Weeps*
Medley: Jumping Jack Flash, Youngblood (gesungen von Leon Russell); *Here Comes The Sun*
A Hard Rain's Gonna Fall; It Takes A Lot To Laugh – It Takes A Train To Cry; Blowin' In The Wind; Mr. Tambourine Man; Just Like A Woman (alle Titel gesungen von Bob Dylan)
Something / Bangla Desh

Dieses sechsseitige Album stellt mit einiger Wahrscheinlichkeit die imponierendste Live-LP des gesamten Jahrzehnts dar. Es war einmalig, eine solch große Zahl unvergleichlicher Musiker für ein Konzert zusammenzubringen. Mit Zähigkeit und Ausdauer schaffte es George, zusammen mit Ravi Shankar, diese grandiose Benefizveranstaltung für die in unbeschreiblichem Elend lebenden Menschen in Bangla Desh zu organisieren. Das Ereignis wurde am 27. Juli auf einer Pressekonferenz angekündigt, innerhalb von Stunden waren sämtliche 40 000 Karten für die beiden Vorstellungen ausverkauft. Geplant war, den Verkaufserlös der Eintrittskarten und des Albums nach Abzug der Spesen direkt dem bengalischen Volk zur Verfügung zu stellen. Leider zogen sich, entgegen der guten Absicht, rasch Hilfe zu leisten, die Verhandlungen über die Freigabe der teilnehmenden Künstler sehr in die Länge, da alle Exklusivverträge bei verschiedenen Plattenfirmen hatten. Auch gerieten die Produktionskosten höher als vorausberechnet. Als man jedoch feststellte, daß

1972 bereits illegal produzierte Schallplatten mit den Aufnahmen aus dem Konzert gehandelt wurden, setzte man sich über die vertraglichen Schwierigkeiten hinweg, und als die Dreifach-LP Ende des Jahres endlich erschien, brachte sie aufgrund des hohen Könnens der aufgebotenen Musiker und der bis dahin nicht für möglich gehaltenen Aufnahmequalität die erhofften Umsätze. Geschätzt belief sich der Weltverkauf auf über vier Millionen Exemplare, was einem Reingewinn von etwa 16 Millionen Dollar entsprach. Die Konzerteinnahmen betrugen netto 243 418,50 Dollar.

1972 Das Album wurde in den USA fünf Wochen auf Platz 1 notiert, in England eine Woche. Allein in den ersten beiden Wochen wurden weltweit fast 1 Million Exemplare verkauft. Später gab es für das Album noch einen Grammy für *»Album Of The Year 1972«*.
Bei der Planung des Konzerts war George davon ausgegangen, daß seine drei ehemaligen Mitstreiter John, Paul und Ringo ebenfalls teilnehmen würden. Es kam jedoch nur Ringo.
Mehr als entschädigt wurde das Publikum im Madison Square Garden jedoch durch den unangekündigten Auftritt von Bob Dylan. Als George ihn mit den Worten: »Ich habe Ihnen einen Freund von uns allen mitgebracht, Mr. Bob Dylan!« vorstellte, brach ein unbeschreiblicher Jubel los, da Dylan in Amerika schon seit Jahren nicht mehr öffentlich in Erscheinung getreten war. Aus der eindrucksvollen Liste der Mitwirkenden nur ein kurzer Auszug: Eric Clapton, Billy Preston, Leon Russell, Ringo Starr, Klaus Voormann, Bob Dylan, Jesse Ed Davis, Jim Keltner und die Gruppe Badfinger.

1973

22. 6. **LP *Living In The Material World***
Aufgenommen: Januar–April 1973 in London, Apple Studios (Instrumental-Parts von *Try Some, Buy Some* wurden bereits Ende Februar 1971 aufgenommen.)
Erschienen in England
30. Mai 1973 in USA
Give Me Love (Give Me Peace On Earth); Sue Me, Sue You Blues; The Light That Has Lighted The World; Don't Let Me Wait Too Long; Who Can See It; Living In The Material World; The Lord Loves The One (That Loves The Lord); Be Here Now; Try Some Buy Some; The Day The World Gets 'Round; That Is All
Die LP wurde vorangekündigt durch die am 26. Mai 1973 erschienene Single *Give Me Love / Miss O' Dell.* Da das Publikum fast zwei Jahre auf einen neuen Song von George hatte warten müssen – er hatte zwischen-

zeitlich ausdauernd über die indische Religion nachgedacht und sich auch der sehr irdischen Tätigkeit eines Filmproduzenten gewidmet (*Little Malcolm,* Silberner Löwe, Berlinale), wegen dieser Wartezeit also war die Reaktion auf diese Single überaus heftig. Ihr Erfolg (Nr. 8 in England, Nr. 1 in Amerika) war sicher auch bedingt durch Georges exzellentes Slide-Gitarrenspiel, das den Appetit auf die kommende LP wachsen ließ.
Leider sahen sich die Kritiker gezwungen, beim Album selbst sehr zurückhaltend zu reagieren. Es stellte sich heraus, daß *Give Me Love* der bei weitem stärkste Song war, obwohl auch er schon unter der brüchigen Stimme des Komponisten zu leiden hatte.
Das Aufgebot an Session-Musikern war wieder beträchtlich: Nicky Hopkins, Gary Wright, Klaus Voormann, Jim Keltner und Ringo Starr gaben sich die Ehre. Jedoch Georges immer deutlicher zu Tage tretende Neigung, in schulmeisterlicher Attitüde seinen Mitmenschen den aus Indien importierten Glauben als den allein seligmachenden anzutragen, ließ ihn Unver-

1973 ständnis und Abneigung ernten. Sein missionarischer Eifer, möglichst viele aus der materiellen Welt (auf dem Innenfoto posiert er mit Freunden an einer überquellenden Tafel vor seinem riesigen Landsitz in Hanley und verschiedenen Luxuskarossen) herauszulösen und Gott Krishna zuzuführen, wurde in Europa als seltsam empfunden. In den an viele Sekten gewöhnten USA zeigte man sich toleranter. Hier erreichte die LP wieder einen ersten Platz in den Charts, wo sie fünf Wochen lang notiert wurde. In England war die LP für eine Woche Nummer 2. In den USA wurden ca. 2 Millionen Exemplare verkauft, weltweit ca. 3,5 Millionen. Vergoldet wurde *Living In The Material World* bereits vor Veröffentlichung aufgrund der Vorbestellungen.

1974

9. 12./ **LP *Dark Horse***

20. 12. *Aufgenommen:* September–Oktober 1974

Erscheinungsdatum: 9. Dezember 1974 in USA

20. Dezember 1974 in England

Hari's On Tour (Express); Simply Shady; So Sad; Bye Bye, Love; Maya Love

Ding Dong, Ding Dong; Dark Horse; Far East Man; It Is »He« (Jai Sri Krisna)

Im Stil vergleichbar mit *Living in The Material World* präsentierte er seinem Publikum wieder leicht frömmelnde Texte und indischen Mystizismus. Die Kompositionen erreichten an keiner Stelle den Standard von *All Things Must Pass,* und auch der am gleichen Tag erschienene Single aus diesem Album *Ding Dong, Ding Dong / I Don't Care Anymore* (in einigen Ländern setzte man *Hari's On Tour* auf die B-Seite) war wegen der einfallslosen Reime nicht der beabsichtigte Weihnachtserfolg beschieden. In USA und Deutschland verpuffte ihre Wirkung vollends, weil sie erst nach den Feiertagen in den Plattenläden zu haben war. Die LP erreichte lediglich Platz vier in Amerika.

Später gründete George Harrison sein eigenes Label, dem er den Namen dieser LP gab: *Dark Horse*. (Die LP *Dark Horse* erschien auf dem Apple-Label).

1975

3. 10. **LP *Extra Texture – Read All About It***
Aufgenommen: Mai–Juni 1975 (Instrumental-Parts der Songs *You* und *A Bit More Of You* wurden bereits im Februar 1971 eingespielt.)
Erscheinungsdatum: 3. Oktober 1975 in England
You; The Answer's At The End; This Guitar (Can't Keep From Crying); Ooh Baby (You Know That I Love You); World Of Stone
A Bit More Of You; Can't Stop Thinking About You; Tired Of Midnight Blue; Grey Cloudy Lies; His Name Is Legs (Ladies and Gentleman)

Als Single war bereits *You* mit der Rückseite *World Of Stone* ausgekoppelt worden. Die LP belegte in England nur Platz 20, die Single wurde überhaupt nicht in den Top Twenty notiert. In USA lief die LP besser. Immerhin gab es am 11. November 1975 Gold.

Die LP wurde in den A & M-Studios in Los Angeles aufgenommen und gemischt. George ließ sich wieder von seinen alten Freunden begleiten. So spielten Jim Gordon und Jim Keltner Schlagzeug, Klaus Voormann und Carl Radle Baß und Jesse Ed Davis und er selbst Gitarre. Zudem waren noch, neben anderen, Leon Russell, Gary Wright, Billy Preston und Tom Scott beteiligt. Da George dringend einen finanziellen Erfolg brauchte, bemühte er sich, kommerziellere Songs, als sie die letzten beiden LPs enthielten, zu schreiben. Auch war er gut beraten, seine religiösen Überzeugungen vor der Studiotür abzulegen, um so die breiten Käuferschichten nicht erneut abzuschrecken.

Auffallend ist bei den meisten Songs die häufige und stark betonte Verwendung des Wortes »You« im Text. Die Vermutung ist sicher nicht abwegig, daß damit seine Frau Pattie gemeint war, die sich einige Wochen vor den Aufnahmen zu *Extra Texture* von ihm getrennt hatte, um mit seinem Freund Eric Clapton zusammenzuleben. Trotz dieser persönlichen Schwierigkeiten waren ihm die kompositorischen Einfälle noch nicht ausgegangen. Vor allem die Songs *You* und *This Guitar* ließen aufhorchen.

1975 Obwohl Harrison inzwischen sein eigenes Label, *Dark Horse,* hatte, wurde die LP *Extra Texture* auf Apple veröffentlicht – aus vertraglichen Gründen. Harrison selbst war nicht davon angetan; der sehr angeknabberte Apfel auf dem Etikett der LP zeugt davon.
In Deutschland wurde die LP nicht aufgelegt, da EMI Electrola nicht an einen Erfolg glaubte. So wurden amerikanische und englische Exemplare importiert – und verkauft.

1976

20. 11. **LP *The Best Of George Harrison***
Erschienen in England
Something; If I Needed Someone; Here Comes The Sun; Taxman; Think For Yourself; For You Blue; While My Guitar Gently Weeps
My Sweet Lord; Give Me Love (Give Me Peace On Earth); You; Bangla Desh; Dark Horse; What Is Life
George Harrison hatte längst seine Plattenfirma gewechselt, als die EMI diese LP herausbrachte. Eine Seite enthält seine Kompositionen mit den Beatles, die andere Glanzlichter, die er seiner Solokarriere aufzusetzen vermochte. Bei ein wenig mehr Interesse und Mut zum Risiko von seiten seiner alten Schallplattenfirma wäre mit Sicherheit ein repräsentativerer Querschnitt aus seiner Nach-Beatles-Zeit herausgekommen. Immerhin erwartet ein Käufer beim vorliegenden Titel der LP nicht gerade die Aufnahmen, die er als Beatle gemacht hat.

19. 11. **LP *Thirty Three And 1/3***
Aufgenommen: Mitte 1976
Erscheinungsdatum: 19. November 1976 in England
Woman Don't You Cry For Me; Dear One; Beautiful Girl; This Song; See Yourself
It's What You Value; True Love; Pure Smokey; Crakkerbox Palace; Learning How To Love You
Mit der Musik dieser LP schien sich Harrison endgültig – zumindest musikalisch – von fernöstlicher Religion

1976 gelöst zu haben. In *This Song* beschäftigt er sich auf ironische Weise mit dem Vorwurf, *My Sweet Lord* sei ein Plagiat. Es gab bereits 1975 das Stück *The Pirat Song,* ein Lied mit gleichem Inhalt und der Melodie von *My Sweet Lord,* das jedoch nie veröffentlicht wurde.
True Love ist eine alte Cole-Porter-Komposition. Den *Crackerbox Palace* gab es inzwischen zweimal. Harrison fand diesen Namen für ein Gebäude so nett, daß er ihn auf einer Zigarettenpackung notierte und später einen Song darüber schrieb. Der deutsche Beatles-Fanclub teilte Harrisons Sympathie, indem er sein damaliges Domizil nach dem Song benannte.
An den Aufnahmen zur LP wirkten neben Harrison Tom Scott, Alvin Taylor, Gary Wright, Richard Tee, David Foster und Emil Richards mit. Billy Preston spielte noch – nachdem die Aufnahmen eigentlich fertig waren – Klavier, Orgel und Synthesizer drauf (*Beautiful Girl, This Song* und *See Yourself*).
In England kam die LP nicht unter die ersten 20, in den USA gab es dagegen am 19. Januar 1977 Gold.

1979

Februar **LP *George Harrison***
Erscheinungsdatum: Februar 1979 in England
Love Comes To Everyone; Not Guilty; Here Comes the Moon; Soft-Hearted Hana; Blow Away
Faster; Dark Sweet Lady; Your Love Is Forever; Soft Touch; If You Believe
Hier widmet sich George Harrison seinem neuen Hobby, dem Formel-I-Rennsport. Die neue LP sollte sogar ursprünglich den Titel *Faster* (schneller) bekommen, doch da er einer losen Vereinigung von Freunden des Rennsports angehörte, die sich verpflichtet hatten, sich nicht beruflich mit der Materie zu befassen, nahm er letztlich dann nur seinen Namen als Titel, um so nicht gegen Abmachungen zu verstoßen.
Das Stück *Faster* schrieb er auf Anregung seiner Freunde Jackie Stewart und Niki Lauda und widmete es dem »Entire Formula One Circus« in Gedenken an den tödlich verunglückten Rennfahrer Ronnie Peterson.

1979 Die mitwirkenden Musiker tragen klangvolle Namen: Andy Newmark (Schlagzeug), Willie Weeks (Baß), Neil Larsen (Keyboards), Ray Cooper (Percussion), Steve Winwood (Keyboards, Backing Vocals) und Eric Clapton, der das Gitarren-Intro für den Song *If You Believe* spielte. Interessant zu wissen: Den Baß auf *Faster* spielte Harrison selbst.
Blow Away wurde mit Erfolg als Single veröffentlicht, und *Not Guilty* stammt noch aus der Sgt.-Pepper-Zeit.

1979 Die Geburt seines Sohnes Dhani (August 1978), die Heirat mit Olivia Arias (September 1978) und sein Interesse für Autorennen schienen sich nicht nur auf seine Musik positiv auszuwirken. 1979 gab Harrison das limitierte und handsignierte Buch *I Me Mine* heraus. Es enthält unter anderem Reproduktionen von Textentwürfen und Erläuterungen zu Songs, die aus der Beatles-Zeit und danach stammen. Interessant sind auch die bis dahin unbekannten Fotos, die fast ausnahmslos aus Harrisons Privatbesitz stammen. Dieses Buch – so Harrison – ist keine Biographie.

1981 bis 1988 In der ersten Hälfte der 80er Jahre wurde es um George Harrison sehr still. Seine beiden LPs *Somewhere In England* (1981) und *Gone Troppo* (1982) waren Flops und wurden nach relativ kurzer Zeit verramscht. Es folgten fünf Jahre, die von den PR-Leuten der Plattenfirma als »kreative Schaffenspause« bezeichnet wurden. Mit anderen Worten: George Harrison hatte keine

1981 bis 1988 musikalischen Ideen, die sich hätten verkaufen lassen können. Erst 1987 schien der Knoten geplatzt zu sein. Jeff Lynne, musikalischer Chef von Electric Light Orchestra, produzierte mit Harrison die LP *Cloude Nine.* Selten und schon lange nicht mehr klangen Songs mit George so »befreit«. Vergleicht man seine älteren Solo-Alben mit *Cloude Nine,* hat man das Gefühl, er könne nun endlich wieder frei durchatmen, auch beim Singen. Drei Singles wurden bis Juli 1988 ausgekoppelt. Die erste war die beste: *Got My Mind Set On You.*

Ähnlich wie Paul McCartney ging George auf Promotionsreise und absolvierte Interviews und Auftritte bei europäischen und amerikanischen Fernsehstationen, unter anderem in Formel Eins, der Videohitparade der ARD.

Und er war wirklich nett und locker. Von seiner Plattenfirma WEA gibt es einen Videofilm mit einem Interview, der ungefähr eine Stunde dauert. Er erzählt, plaudert, scherzt wie in seinen besten Tagen.

Ringo Starr

1970

24. 4. **LP *Sentimental Journey***
Aufgenommen: Anfang November–Mitte Dezember 1969, September 1969 *(Night And Day; Star Dust, Blue, Turning Grey Over You)* und Februar 1970 *(Wispering Grass (Don't Tell The Trees); Bye Bye Blackbird; Love Is A Many Splendoured Thing)*
Erscheinungsdatum: 24. April 1970 in England
Sentimental Journey; Night And Day; Whispering Grass (Don't Tell The Trees) Bye Bye Blackbird; / I'm A Fool To Care; Stardust; Blue, Turning Grey Over You; Love Is A Many Splendoured Thing; Dream; / You Always Hurt The One You Over Love; Have I Told You Lately That I Love You?; Let The Rest Of The World Go By
Nach George Harrison und John Lennon verspürte auch Ringo Starr den Drang nach Selbstdarstellung. Freilich wagte er sich bei diesem ersten Alleingang auf ein musikalisches Feld vor, das von anderen und in dem Fall sicher kompetenteren Künstlern wie Tony Bennet, Doris Day und Frank Sinatra längst vorzüglich bestellt war. Ringo jedoch, unerschrocken und guten Willens, knöpfte sich zwölf der bekanntesten und schönsten Evergreens vor, die das amerikanische Showbusiness zu bieten hatte.
Da er nicht irgendwer, sondern einer der vier Beatles war, gelang es ihm auch, ausnahmslos prominente Musiker und Arrangeure von internationaler Klasse für sich arbeiten zu lassen. Ein Talent, das ihn übrigens bis heute nicht im Stich gelassen hat. Die Reihe der illustren Namen ist lang, nur einige seien genannt: Quincy Jones arrangierte *Love Is A Many Splendoured Thing*. Ron Goodwin *Whispering Grass*, Richard Perry *Sentimental Journey*, und sogar Mit-Beatle Paul ließ sich überreden, für *Stardust* ein Arrangement zu schreiben. Die vereinten Anstrengungen (George Martin besorgte die Produktion) aller reichten jedoch nicht aus, der LP einen oberen Rang in den Annalen der Popgeschichte

1970 zu sichern. Das Unternehmen scheiterte an zwei Dingen: es litt unter der unzulänglichen Stimme (für diese Art von Musik wohlgemerkt) des Hauptakteurs, und es kam etwa drei bis vier Jahre zu früh – die Nostalgiewelle war noch nicht erfunden.
Ringo selbst meinte: »Da ich plötzlich relativ viel Zeit hatte, nahm ich mir vor, mehrere Dinge in Angriff zu nehmen. Da waren einmal diese Evergreens. Ich habe sie gesungen, weil sie für mich viele Erinnerungen an meine Familie enthalten. Diese LP habe ich in der Hauptsache für meine Eltern, Tanten und ihre alten Freunde gemacht. Wenn sie früher aus den Pubs kamen, sangen sie immer diese alten Songs. Sie waren für mich die ersten Lieder, die ich als Kind zu hören bekam.
Persönlich war ich mit den meisten Titeln auf *Sentimental Journey* recht zufrieden. Nur hat ein Album mit Evergreens keine allzu großen Chancen, wenn Frank Sinatra, Ella Fitzgerald und all diese Leute diese Songs schon gesungen haben. Aber ich war zufrieden, und meine Mutter war auch zufrieden, was sehr wichtig für mich ist.«
Obwohl Ringo von der gesamten LP eine Fernsehshow im Londoner Talk Of The Town drehte, wollten die Verkäufe nicht so recht in Schwung kommen. Platz 14 in den USA blieb die beste Position.

25. 9. **LP *Beaucoups Of Blues***
Aufgenommen: 30. Juni–1. Juli 1970 in Nashville, Tennessee
Erscheinungsdatum: 25. September 1970 in England
Beaucoups Of Blues; Love Don't Last Long; Fastest Growing Heartache In The West; Without Her; Woman Of The Night; I'd Be Talking All The Time
$ 15 Draw; Wine, Woman And Loud Happy Songs; I Wouldn't Have You Any Other Way; Loser's Lounge; Waiting; Silent Homecoming
Über die Entstehung des zweiten Soloalbums gibt es eine längere Geschichte, die man Ringo am besten selbst erzählen läßt: »Als ich gerade für Georges Drei-

1970 fach-LP *All Things Must Pass* Schlagzeug spielte, erzählte ich ihm von meinem Plan, ein Country & Western-Album aufzunehmen. George meinte, das träfe sich ja gut, denn er hätte gerade den amerikanischen Countrymusiker Pete Drake für sein Album engagiert. Als Pete dann in London war, holte ich ihn einmal vom Studio ab und erzählte ihm unterwegs, daß ich gerne C & W-Musik machen wolle. Pete schlug mir daraufhin vor: ›Wenn du ein Country & Western-Album aufnehmen willst, dann gehst du am besten nach Nashville. Dort ist diese Musik zu Hause und dort findest du auch die besten Studiomusiker dafür.‹ Ich fragte Pete, wie lange man ungefähr brauche für eine LP, denn ich wollte nicht so lang aus England fortbleiben. Pete sagte mir, daß es kaum mehr als drei oder vier Tage dauern würde. Er würde am Samstag nach Nashville fliegen, und am übernächsten Samstag könnten wir bereits mit den Aufnahmen beginnen.

Und so kam es dann auch. Ich flog nach Nashville und hörte mir drei Tage lang nur Country-Songs an und sagte Pete, welche mir davon am besten gefielen. Am Donnerstag habe ich fünf Stücke eingeübt, die haben wir dann in der gleichen Nacht noch aufgenommen. Die übrigen Songs produzierten wir Freitag und Samstag, unter anderem auch meine Eigenkomposition *Coochy Coochy*, die als B-Seite der Single *Beaucoups Of Blues* herauskam. In den drei Tagen in Nashville habe ich Material für zwei Langspielplatten aufgenommen. Erschienen ist davon jedoch nur die Hälfte. Auf sämtlichen Titeln stammte das Schlagzeug von mir, auf *Coochy Coochy* spielte ich auch noch Gitarre.«

Überflüssig zu sagen, daß die übrige Besetzung mit Country-Prominenz durchsetzt war: Jim Buchanan, Roy Huskey, Charly Daniels, Charlie McCoy und die Jordanaires, um nur einige zu nennen. Ein überwältigender Erfolg wurde die Platte zwar nicht (US-Verkauf 500 000 Stück, Platz 15 der Charts), aber Ringo konnte damit wenigstens seine ärgsten Kritiker, die nach *Sentimental Journey* kein gutes Haar an ihm gelassen hatten, wieder einigermaßen besänftigen.

1970 Die Single-Auskopplung *Beaucoups Of Blues / Coochy Coochy* lief in Amerika, dem Mutterland des Country & Western auch nicht so, wie er sich das vielleicht gedacht hatte. In England wagte man gar nicht erst, sie zu veröffentlichen. *Coochy Coochy* war ursprünglich über 25 Minuten lang und als komplette LP-Seite konzipiert, mit dem ebenfalls 20 Minuten dauernden *Nashville Jam* als Rückseite. Zum Glück blieb dies nur eine Idee.

9. 4. **Single *It Don't Come Easy / Early 1970***
Aufgenommen: 8. März 1970
Erscheinungsdatum: 9. April 1971 in England
Dies sind Ringos vierte und fünfte Eigenkompositionen, die veröffentlicht wurden. Bei *It Don't Come Easy* griff ihm als Autor George Harrison unter die Arme, der aber als Songschreiber nicht erwähnt wurde.
Die Single trug zu Ringo Starrs Popularität als Solointerpret weit mehr bei als seine ersten beiden LPs. Vielleicht lag es an der frischen Unkompliziertheit der Komposition und ihrer harmonischen Verwandtschaft zu früheren Beatles-Songs.
Ringso Session-Leute waren George Harrison, der auch die Produktion besorgte, Eric Clapton und Klaus Voormann. Ringo schaffte damit zum erstenmal einen Top Five Hit in England, USA und sogar in Deutschland. Außerdem bekam er seine erste Goldene.

1972
17. 3. **Single *Back Off Boogaloo / Blindman***
Aufgenommen: B-Seite – September 1971
Erscheinungsdatum: 17. März 1972 in England
Nach dem Auseinanderbrechen der Beatles kristallisierte sich immer mehr Ringos gutes Ohr für kommerzielle Kompositionen heraus, die ihn zwar nicht als glänzenden Sänger zeigten, ihm jedoch zu respektablen Hitparadenerfolgen verhalfen.
Inzwischen gab es in England ein neues Teenageridol – Marc Bolan. Der hysterische Begeisterungstaumel, in den die Auftritte seiner Gruppe T. Rex die jugendli-

1972 chen Popkonsumenten während der Jahre 1971–1973 versetzte, glich zeitweilig der Beatlemania acht Jahre zuvor. Ringo und Marc waren befreundet und halfen sich gegenseitig bei ihren jeweiligen Vorhaben aus. So war Marc Bolan als Session-Musiker bei *Back Off Boogaloo* beteiligt. Seine spezifische Art, Songs zu schreiben, färbte deutlich auf Ringos Kompositionen ab, dieser revanchierte sich, indem er den Film *Born To Boogie* über Marc Bolan drehte.

Der Titelsong eines Films, mit Ringo Starr in der Rolle eines berüchtigten Verbrechers, gab die B-Seite ab. *Blindman* wurde produziert von Ringo Starr und Klaus Voormann, während die Produktion der A-Seite von George Harrison übernommen worden war. Die Single schaffte einen zweiten Platz in England und einen neunten in Amerika.

1973

19. 10. **Single *Photograph/Down And Out***
Aufgenommen: zwischen März und Juli 1973
Erscheinungsdatum: 19. Oktober 1973 in England
Auch Ringo machte von der Möglichkeit Gebrauch, durch eine Single-Veröffentlichung auf ein kommendes Album aufmerksam zu machen. *Photograph* (eine Gemeinschaftskomposition von Ringo und George Harrison) war eine Auskopplung aus der noch nicht erschienenen neuen LP. Bei diesem Song spielten Ringo und Jim Keltner Schlagzeug, die zwölfsaitige Gitarre wurde von George gespielt, der auch den Harmoniengesang übernahm. Die anderen Begleitmusiker waren: Nicky Hopkins, Klavier, Klaus Voormann, Baß und Bobby Keys, Tenorsaxophon.
Auf der B-Seite *Down And Out* bestach ein vorzügliches Slide-Gitarrensolo George Harrisons. Die Single wurde ein glänzender internationaler Verkaufserfolg und Ringos erster Nr.-1-Hit in Amerika (Platz acht in England, Platz fünf in Deutschland).

9. 11. **LP *Ringo***
Aufgenommen: März–Juli 1973 in Los Angeles, USA, Studio Sunset Sound
Erscheinungsdatum: 9. November 1973
I'm The Greatest; Have You Seen My Baby; Photograph; Sunshine Life For Me (Sail Away Raymond); You're Sixteen; Oh My My; Step Lightly; Six O'Clock; Devil Woman; You And Me (Babe)
Die dritte LP Ringos sollte ursprünglich ganz auf elektronischer Musik basieren. Die Bänder waren bereits aufgenommen und abgemischt, aber dann meinte Ringo, daß nach einer LP mit Uralt-Hits aus den 40er Jahren und einem Ausflug in die Country and Western Musik man dem Publikum wohl keine Electronic-LP zumuten könne. Also wanderten die Bänder zurück in Ringos Privatarchiv und sind wahrscheinlich bei einem Brand vernichtet worden. Aber zurück zur »beinahe vierten« LP Starrs, die den Untertitel *Duit On Mon Dei* trägt.

Auch nach der Trennung ließ Ringo den Kontakt zu den anderen Ex-Beatles nicht abreißen. Daher bereitete es ihm auch keine Mühe, John, Paul und George für seine neue Produktion als Begleitmusiker zu verpflichten. Freilich waren sie nie alle gleichzeitig an einem Song beteiligt. Paul McCartney schickte sogar nur die Bänder mit seinen Playbacks, da er zur damaligen Zeit wegen eines Rauschgiftdeliktes nicht in die USA einreisen durfte. Aber die Tatsache der Mitarbeit der drei, die natürlich »diskret« in die Werbung mit einfloß, genügte, um der LP zu einem furiosen Start zu verhelfen.

Die LP wurde ein hervorragendes Album. Als seinen Produzenten verpflichtete er den hochbegabten Amerikaner Richard Perry, der unbestritten zu den Besten

1973 seines Fachs zählt. Die Reihe der klangvollen Namen, die sich auf *Ringo* ein Stelldichein gaben, steht – was Zahlen und Prominenz betrifft – ebenbürtig neben der Besetzungsliste des *Bangla-Desh*-Albums.

Wer auf welchem Titel was gespielt hat, läßt sich hier unmöglich aufführen. Nur einige der bekanntesten Namen, die neben Ringo und seinen drei Freunden aus vergangenen Tagen mitgewirkt haben, seien genannt: Marc Bolan (Gitarre), Billy Preston (Orgel), Harry Nilsson (Gesang), Steve Cropper (E-Gitarre) und Tom Scott (Saxophon). Auch an den einzelnen Kompositionen waren die ehemaligen Beatles reihum beteiligt. John Lennon überließ Ringo *I'm The Greatest*, den er ursprünglich für sich geschrieben hatte, George Harrison steuerte die Eigenkomposition *Sunshine Life For Me* bei, schrieb mit Ringo das bereits auf Single erschienene *Photograph* und mit dem ehemaligen Roadmanager der Beatles, Mal Evans, *You And Me (Babe)*. Paul und Linda McCartney schickten *Six O'Clock*, der jedoch (leider!) nicht in voller Länge auf die LP überspielt wurde.

Die Verpackung der LP gehörte zu den aufwendigsten in der Geschichte der Schallplatte. Das Klappcover enthält nicht nur die LP, sondern auch ein 24seitiges Heft, das zu jedem Songtext eine thematisch passende Radierung von Klaus Voormann liefert. Das vereinbarte Honorar für diese wirklich künstlerische Arbeit hat Voormann bis heute nicht erhalten.

Die LP wurde mit Platz 2 der US-LP-Chart seine bis dahin erfolgreichste. In England kam das Album bis auf Platz 6. Einen Monat nach Erscheinen wurde die LP vergoldet, ein Jahr später konnten eine Million verkaufter Exemplare verbucht werden.

Die anschließenden Single-Auskopplungen, die leider nicht immer weltweit einheitlich waren, wurden ausnahmslos Hits. Am 11. Februar 1974 z. B. erschien in England *You're Sixteen / Devil Woman*, das bereits am 26. Januar Nr. 1 in USA geworden war. Die amerikanische Tochtergesellschaft von Ringos damaliger englischer Plattenfirma schaltete ein wenig rascher.

1974

18. 11. **LP *Goodnight Vienna***

Aufgenommen: Sommer 1974 in Los Angeles, USA, Studio Sunset Sound.

Erscheinungsdatum: 18. November 1974 in England

(It's All Da-Da-Down-To) Goodnight Vienna / Occapella / Oo-Wee / Husbands And Wives / Snookeroo

All By Myself / Call Me / No No Song / Only You / Easy For Me / Goodnight Vienna (Reprise)

Mit dem vorangegangenen Album hatte Ringo ein Grundrezept entwickelt, das seine kleinen Schwächen als Musiker geschickt verdeckte. Da er sich nicht als Multiinstrumentalist beweisen mußte, konnte er wieder auf Begleitmusiker von internationaler Klasse zurückgreifen, so daß die Konzeption der LP *Goodnight Vienna* erneut die schon bekannten Zutaten aufwies: ein hervorragender Produzent (Richard Perry), weltweit renommierte Stars, Fremdkompositionen gemixt mit eigenen Songs, dies alles sollte auch ein weiteres Mal den Erfolg garantieren. Sogar John Lennon selbst kündigte in einem Radiowerbespot Ringos neuestes Album an.

Der Grund für den schlechten Absatz der LP *Goodnight Vienna* lag vielleicht darin, daß dem Publikum die Mischung schon zu vertraut war, um noch stimulierend zu wirken. Im einzelnen gaben sich unter anderem folgende Popgrößen die Ehre: John Lennon (er schrieb auch den Titelsong), Jim Keltner, Billy Preston, Dr. John, Robbie Robertson, Bobby Keys, Harry Nilsson (von ihm stammte *Easy For Me*), Dennis Coffey und Elton John, der mit seinem Texter Bernie Taupin zusammen das Stück *Snookeroo* beisteuerte.

Ringo Starr schrieb *Call Me* und gemeinsam mit Vini Poncia *Oo-Wee* und *All By Myself*.

Ein achter Platz auf der Liste der 200 bestverkauften LPs war in den USA die magere Ausbeute – mager freilich nur im Hinblick auf den Aufwand, der getrieben wurde. Erstaunlicherweise verkauften sich die Singles, die man in Amerika und Europa jeweils mit verschiedenen Rückseiten auskoppelte, relativ gut. Das am glei-

1974 chen Tag wie die LP erschienene *Only You* (ein alter Platten-Hit aus dem Jahr 1955) schaffte z. B. einen sechsten Platz der US-Pop-Chart.

1975

12. 12. **LP *Blast From Your Past***
Erscheinungsdatum: 12. Dezember 1975
You're Sixteen; No No Song; It Don't Come Easy; Photograph; Back Off Boogaloo
Only You (And You Alone); Beaucoups Of Blues; Oh My My; Early 1970; I'm The Greatest
Nachdem in den beiden Jahren zuvor jeweils rechtzeitig vor Weihnachten ein neues Ringo-Starr-Album veröffentlicht wurde, stellte Ringo selbst 1975 eine Greatest-Hits-Sammlung zusammen. Hinzu kam die B-Seite seiner zweiten Single, *Early 1970*.

1976

17. 9. **LP *Ringo's Rotogravure***
Aufgenommen: April–Mai 1976
Erscheinungsdatum: 17. September 1976
A Dose Of Rock'n'Roll; Hey Baby; Pure Gold; Cryin'; You Don't Know Me At All
Cookin' (In The Kitchen Of Love); I'll Still Love You; This Be Called A Song; Las Brisas; Lady Gaye; Spooky Weirdness
Eine LP von gleicher Machart – obwohl Ringo die Plattenfirma wechselte – wie *Ringo* und *Goodnight Vienna*. Wieder sind die anderen drei Beatles mit von der Partie: John Lennon schrieb *Cookin' (In The Kitchen Of Love)*, Paul McCartney *Pure Gold* und George Harrison *I'll Still Love You*. Einen Titel schrieb Ringo gemeinsam mit Vini Poncia und Clifford T. Ward *(Lady Gaye)*, einen anderen mit seiner damaligen Freundin Nancy Andrews *(Las Brisas)*. Noch zu erwähnen wäre Eric Clapton, der *This Be Called A Song* schrieb und bei dem Titel auch Gitarre spielte. Die »Nur«-Musiker: Jim Keltner, Peter Frampton und Klaus Voormann, um nur einige wenige zu nennen.
Die LP wurde weder in England noch in den USA in

1976 den Top Twenty notiert. Erwähnenswert ist allenfalls die nette Idee, auf der Rückseite des Klapp-Covers die Tür des Apple-Studios in der Savile Row Nr. 3 abzubilden. Beatles-Fans aus allen Ländern haben sich hier – durch die Abbildung auf der Hülle – verewigt, denn die Tür selbst wurde vor einigen Jahren mit schwarzer Farbe überstrichen.

1977

16. 9. **Single *Drowning In The Sea Of Love / Just A Dream***
Erscheinungsdatum: 16. Dezember 1977 in England
Diese Single erschien als Vorabkopplung des Albums *Ringo The 4th*. Die Rückseite *Just A Dream* war nicht auf der LP und wurde in den USA als A-Seite veröffentlicht; Rückseite *Wings*, ein Song von der LP.
Drowning In The Sea Of Love wurde bereis im November 1971 mit Joe Simon veröffentlicht und war in den USA ein mittlerer Hit.

1977 LP *Ringo The 4Th*

26. 9. *Erscheinungsdatum:* 26. September 1977 in England
Drowning In The Sea Of Love; Tango All Night; Wings; Gave It All Up; Out On The Streets
Can She Do It Like She Dance; Sneaking Sally Through The Alley; It's No Secret; Gypsies In Flight; Simple Love Song
Nach vier Jahren war das die erste LP, die er ohne Hilfe seiner früheren Beatles-Kollegen einspielte. Obwohl die LP noch weniger Erfolg hatte als die letzten beiden Alben, ist dies bestimmt nicht das schlechteste Album von Starr. Sechs der zehn Songs schrieb er gemeinsam mit Vini Poncia.
Lustig ist das Cover. Auf der Vorderseite sieht man Ringo ein Schwert zepterähnlich halten. Auf seinen Schultern sitzt eine leicht bekleidete Dame, von der nicht allzuviel zu sehen ist, da Ringo *der Vierte* in Großaufnahme abgebildet wurde. Die Rückseite bietet noch einmal das gleiche Motiv – diesmal von hinten. Über den Titel der LP, *Ringo The 4th*, wurde schon so viel spekuliert, daß dezente Zurückhaltung an dieser Stelle den Autoren hoffentlich nicht mehr als Flucht aus der Verantwortung anzukreiden sein dürfte. Nur eines sei vermerkt: Er verdeutlicht den sehr subtilen Humor Ringos, den viele ihm gar nicht zutrauen.

1978

Mai **LP *Bad Boy***
Erscheinungsdatum: Mai 1978
Who Needs A Heart; Bad Boy; Lipstick Traces; Heart On My Sleeve; Where Did Our Love Go
Hard Times; Tonight; Monkey See – Monkey Do; Old Time Relovin'; A Man Like Me
Beatles-Fans werden von dieser LP enttäuscht gewesen sein – dennoch: Es ist die vielleicht beste LP von Starr. Und hätten Manhattan Transfer nicht schon mit dem alten Supremes-Titel *Where Did Our Love Go* Erfolg gehabt und hätte die Plattenfirma »geschaltet«, wäre aus der Ringo-Starr-Version dieses Titels ein Hit geworden. Vielleicht lag es aber auch an Ringo selbst, daß

1978 sich diese Platten nicht verkauften. Die Plattenfirma: »Wir können noch so viel Promotion machen: Wenn Herr Starr sich nicht blicken läßt, keine Fernsehauftritte macht, obwohl die Gagen sogar für ihn annehmbar waren, dann können auch wir kaum mehr erreichen.«

Ringo Starr schrieb gemeinsam mit Vini Poncia – der eigentlich nur seine Idden ausarbeitete und ergänzte – zwei Titel für die LP: *Who Needs A Heart* und *Old Time Relovin'*. *Bad Boy* wurde von Lil Armstrong und Avon Long geschrieben, hat also nichts mit dem Larry-Williams-Song *Bad Boy* zu tun, den die Beatles bereits 1965 veröffentlichten.

Die Schallplattenfirma kündigte nach dieser LP den Vertrag mit Ringo Starr, bzw. man trennte sich in »beiderseitigem Einvernehmen«, denn von den sieben LPs, die in fünf Jahren laut Vertrag erscheinen sollten, waren bisher nur drei abgeliefert worden, die restlichen vier LPs hätten nicht mehr rechtzeitig herausgebracht werden können. Hauptgrund war jedoch Ringo Starrs mangelnde Bereitschaft, die Promotionarbeit der Plattenfirma zu unterstützen.

1980 bis 1983 1980 soll Ringo Starr einen Plattenvertrag mit dem amerikanischen Unterhaltungsgiganten CBS abgeschlossen haben, Aufnahmen mit ihm erschienen jedoch bis zum Jahresende keine. Einige Male wirkte er als Schlagzeuger auf diversen LPs mit; so z. B. auf *Troublemaker* (1979) von Ian McLagan und *Flash Harry* (1980) von Harry Nilsson. Anfang 1981 gab es neue Gerüchte, daß vielleicht doch wieder eine LP von Ringo Starr im Anzug sei, mit Aufnahmen, die bereits in den vergangenen Jahren produziert worden seien.

Jahrelang also nichts Neues mehr von Ringo, und auch die großen Zeiträume zwischen den Plattenaufnahmen lassen vermuten, daß das Musikmachen für ihn nur noch eine Nebentätigkeit ist. Der Film, man kann es ruhig so sagen, »entdeckte« ihn. Er, der ein ausgesprochen komisches Talent hat, drehte seit Anfang der 70er Jahre einen abendfüllenden Spielfilm nach dem ande-

1980 bis 1983 ren, vom rockmusikalischen Undergroundstreifen *200 Motels* (1971) mit Frank Zappa bis hin zur »bissigen« Filmsatire *Son Of Dracula* (1974) mit seinem Freund Harry Nilsson.

Sein erster eigener Film war jedoch eine Dokumentation über Leben und Musik von Marc Bolan und T. Rex (1972). In einem weiteren Musikfilm (*Lisztomania,* 1975) übernahm er die Rolle des Papstes (!). Sein Streifen *Caveman* entstand 1980 in Mexiko und spielt unter den Höhlenbewohnern der Steinzeit; der Film war auch bei uns zu sehen. Und Ringo als keulenschwingender, wildbärtiger Steinzeitler war sein Eintrittsgeld wert.

1980 bis 1983 1983 filmte er in *Princess Daisy*. Dieser Film wurde zwar deutsch synchronisiert, kam aber nicht in die deutschen, österreichischen und Schweizer Kinos. Das ist auch kein großer Verlust. Die Handlung ist dünn, die Auftritte von Ringo Starr und seiner Frau Barbara Bach kurz und schlecht, und der ganze Film dauert viel zu lange (180 Minuten). Wesentlich besser schauspielerten die Eheleute Starr/Bach in dem Film *Give My Regards to Broad Street* von Paul McCartney.

Die beiden Langspielplatten, die er 1981 und 1983 ablieferte, waren unter Durchschnitt. *Stop And Smell The Roses* wurde als »schlechteste LP des Jahres« ausgezeichnet, und *Old Wave* erschien bis heute nur in Kanada und bei uns. Es wird gemunkelt, daß Ringo genug Aufnahmen für eine neue LP zusammen haben soll; was fehlt, ist die Plattenfirma, die die Platte herausbringen will.

Schlußbetrachtung

Nicht nur aufgrund des gewaltsamen Todes von John Lennon am 8. Dezember 1980 drängt sich eine Bilanz zum jetzigen Stand geradezu auf. Von allen vier ehemaligen Beatles gibt es inzwischen eine *Greatest-Hits*-Platte. Dabei können letztlich nur Lennon und McCartney bestehen. McCartney ist der einzige, der seine größten Erfolge außerdem während einer Konzerttournee mitgeschnitten und auf einer Live-Platte verewigt hat. Aufgrund der Perfektion und Ausstrahlungskraft, die McCartneys Gruppe Wings zeitweise erreicht hat, muß man ihn heute zu den führenden Musikern zählen, der erfolgreichste ist er allemal.
Seit sich die Beatles getrennt hatten, wurden immer wieder Gerüchte laut, die von einem erneuten Zusammengehen wissen wollten. Bei der Produktion der LP *Ringo* im Sommer 1973 tauchten diese Gerüchte zum erstenmal auf; was Wunder, denn alle vier Beatles waren mehr oder weniger stark daran beteiligt. Paul soll zu dieser Zeit geäußert haben, nur vertragsrechtliche Gründe würden ein Wiederaufleben der Beatles verhindern. Vielleicht war er damals wirklich dieser Ansicht. Heute wäre es, selbst wenn Lennon noch leben würde, sicher nicht mehr. Aber auch das verlockendste Angebot, die 30-Millionen-Dollar-Offerte für einen 20minütigen Auftritt vom Januar 1976 brachte die Beatles nicht wieder zusammen. Finanzielle Beweggründe, falls sie je an eine Wiedervereinigung gedacht hätten, wären es sicher nicht gewesen. Es ist durchaus vorstellbar, daß die Beatles gerne wieder einmal gemeinsam gespielt hätten – möglicherweise haben sie dies auch unter Ausschluß der Öffentlichkeit getan. Der Schaden, den sie durch ein enttäuschendes, öffentliches Konzert angerichtet hätten, wäre nicht nur nach ihrer Auffassung vermutlich größer gewesen als jeder finanzielle Nutzen. Aber es ist nicht nur das: Der Mythos *Beatles* wäre vielleicht zerstört worden, was sich unmittelbar auf das Bewußtsein von Millionen Fans ausgewirkt hätte. Daher mußte und muß sich die Vermarktung der Beatles auf die Aufnahmen der Gruppe bis 1970 beschränken. Doch selbst das lohnt sich mehr denn je. In keinem Jahr wurden so viele Beatles-Platten verkauft wie 1980. Nach dem Tode Lennons erwartete man für 1981 einen weiteren Rekord, der aber ausblieb.
Auch auf anderen Gebieten wird nach wie vor Beatles-Vermarktung betrieben, wobei die Absichten der Initiatoren nicht immer deutlich

werden. In den meisten Fällen mag wohl eine ehrliche Auseinandersetzung mit den Beatles und ihrer Musik zugrunde liegen, sehr oft wird aber auch der Wunsch, ein gut zu verkaufendes Produkt zu schaffen, Pate gestanden haben. Das Musical *Beatlemania* (New York, Juli 1977) und der Film *Sgt. Pepper* (Februar 1978) sind zwei Beispiele dafür, wie das Thema *Beatles* ohne persönliche Mitwirkung von Lennon, McCartney, Harrison oder Starr aufgegriffen wurde, dafür aber zum geschäftlichen Wohl der Beteiligten beitragen sollte, übrigens mit sehr unterschiedlichem Erfolg.
Auch die Zahl der Fans und Liebhaber ihrer Musik wird kaum geringer, denn das Interesse an der berühmtesten Pop-Gruppe der Welt läßt auch bei den nachwachsenden Generationen nicht nach. In der Geschichte der Pop-Musik stellen die Beatles ein Phänomen dar, das nicht nur bisher einzig ist, sondern auch unwiederholbar erscheint.

Autorisierter Beatlesfanclub für Deutschland, Österreich und Schweiz:

Kostenlose Information gegen Einsendung von Rückporto oder internationalem Antwortschein:
BEATLES INFORMATION CENTER
Alter Markt 4–6
D-5000 Köln 1

Anhang

Weltweite Verkaufszahlen

(Soweit sie nicht schon in der Chronologie ihrer Musik aufgeführt sind)

Zu den interessantesten, wenngleich auch am schwierigsten zu beantwortenden Fragen gehört sicher die nach den Plattenumsätzen der Beatles. Exaktes und vor allem belegtes Zahlenmaterial liegt leider aus verschiedenen Gründen nicht vor. Eine Ursache ist die multinationale Struktur der EMI, deren zahlreiche Tochtergesellschaften ein genaues Bild über die Verkäufe nur in ihrem eigenen Land haben. Von der EMI selbst ist keine Zusammenfassung der weitgestreuten Zahlen zu erhalten. Möglicherweise ist der Verwaltungsaufwand zu hoch. Wir mußten daher auf amerikanische Schätzungen zurückgreifen, die aufgrund exakter Teilergebnisse erstellt worden sind und mithin einen relativ hohen Wahrscheinlichkeitsgrad besitzen. Als Stichtag dieser Berechnungen wurde der 1. Januar 1971 zugrunde gelegt. Spätere Beatles-Veröffentlichungen sind in der nachfolgenden Aufstellung also nicht berücksichtigt. Da man weiterhin davon ausgehen kann, daß jede auch in England erschienene Single und jede LP mindestens 1 Million Mal verkauft worden ist, wurden nur die Titel mit den höchsten Auflagen angeführt.

Singles		Millionen
I Want To Hold Your Hand		13
Let It Be		8
Can't Buy Me Love	über	6
Hey Jude	über	6
She Loves You	über	5
Get Back	über	4,5
All You Need Is Love	über	3,6
Day Tripper	über	3,6
A Hard Day's Night	über	3
Hello Goodbye	über	2,8

EP	Millionen
Twist And Shout (Single + EP)	über 14

LPs	Millionen
Sgt. Pepper's Lonely Hearts Club Band	7
The Beatles (White Album)	über 6,5
Meet The Beatles (zusammen mit) *With The Beatles*	6,5
Abbey Road	über 5
Beatles For Sale (zusammen mit) *Beatles '65*	über 4
Rubber Soul	über 3,5
Hey Jude	über 3,5
A Hard Day's Night (zusammen mit) *Something New*	über 3,5
Let It Be	über 3,5
Magical Mystery Tour	über 3
Revolver	über 2

Ausgehend von diesen Zahlen läßt sich ein relativ guter Gesamtüberblick über die weltweiten Verkaufszahlen der Beatles bis zum Ende des Jahres 1976 gewinnen. Berücksichtigt werden muß bei einer solchen Schätzung einmal der enorme Anstieg der LP-Verkäufe generell nach dem 1. Januar 1971, was nicht ohne Einfluß auf die Verkaufszahlen der beiden Doppelalben *1962–66* und *1967–70* geblieben ist, und zum anderen, daß auch achtzehn Jahre nach der Trennung immer wieder vereinzelt Beatles-Alben in der LP-Hitparade der USA, dem größten Musikmarkt der Welt, auftauchen.
Bei den Singles gab es vor allem im Jahr 1976 durch eine Reihe von Neuveröffentlichungen noch einmal erstaunliche Umsätze und Hitparadennotierungen in England und den USA.
Natürlich trug auch der plötzliche Tod John Lennons nicht unwesentlich zu einer neuen, starken Nachfrage nach Beatles-LP's zur Jahreswende 1980/81 bei. Und da zur Zeit nicht zu erwarten steht, daß die Schallplatten der Beatles von ihrer Firma aus den Katalogen genommen werden, werden die Verkäufe weitergehen. Durch ständig neue Kopplungen versucht man zudem, das stets vorhandene Interesse an der Musik der Beatles in Kaufinteresse umzuwandeln, so daß es einen abschließenden Gesamtüberblick über die weltweiten Verkaufszahlen wohl so bald nicht geben wird. Das bekannte »Guiness-Buch der Rekorde« wagte in seiner 1980er Ausgabe eine nicht unrealistische Schätzung.

Rekorde und Auszeichnungen

1. Von allen Gruppen, Orchestern und Interpreten der Welt verkauften die Beatles die meisten Langspielplatten, nämlich 100 Millionen. Hinzu kommen etwa 100 Millionen verkaufter Singles. Diese Zahlen beziehen sich auf den 1. Januar 1979. Sie sind damit unbestritten die erfolgreichste Gruppe aller Zeiten.
   Lediglich Bing Crosby und Elvis Presley haben eine höhere Gesamtverkaufszahl (Singles + LPs) erreicht. Für Bing Crosby meldete seine Plattenfirma am 15. September 1970 300 650 000 verkaufte Einheiten. Die Umsätze Elvis Presleys dürften die einzigen sein, die diese Zahl möglicherweise noch übertroffen haben.
2. Die meisten goldenen Schallplatten, die von der Recording Industry Association Of America (R.I.A.A.) seit 1958 verliehen worden sind, gingen an die Beatles: 43 Stück! (Stichtag 1. Januar 1979). Daneben erhielt Paul McCartney für sich und die Wings zusammen noch einmal 16 Goldene. Elvis Presley als Solointerpret erreichte die Zahl von 38 goldenen Schallplatten als Zweitplazierter. Diese Zahlen sind ebenfalls dem »Guiness«-Buch der Rekorde entnommen.
3. Und noch eine dritte Bestleistung, diesmal von Paul McCartney allein aufgestellt, präsentierte der staunenden Öffentlichkeit das »Guiness«-Buch der Rekorde in seiner 1980er Ausgabe: Paul McCartney ist der erfolgreichste Songschreiber aller Zeiten. Zwischen 1962 und 1978 schrieb er alleine oder mit anderen 43 Lieder, die mehr als 1 Million mal als Platte verkauft worden sind.
   Nur von seinem Lied *Yesterday* allein erschienen bis 1973 1 186 verschiedene Versionen. Auch das ist Weltrekord.
4. Von der britischen Musikindustrie verliehene Auszeichnungen:
   25. Oktober 1964
   Most Outstanding Contribution to Music in 1963
   25. Oktober 1964
   She Loves You (Most Broadcast Song in 1963)
   25. Oktober 1964
   She Loves You (Top Selling Record in 1963)
   25. Oktober 1964
   I Want To Hold Your Hand (2nd Top Selling Record in 1963)
   25. Oktober 1964

All My Loving (2nd Most Outstanding Song in 1963)
25. März 1967
Michelle (Most Performed Work in 1966)
25. März 1967
Yellow Submarine (Top Selling Single in 1966)
19. Mai 1969
Hey Jude (Top Selling Song in Britain in 1968)

5. Von der American Academy of Recording Arts and Sciences (NARAS) verliehene Grammies:

Michelle (Song of the Year 1966)	11. März 1967
Eleanor Rigby (Best Contemporary Solo Vocal Performance in 1966)	11. März 1967
Revolver (Sleve Design in 1966)	11. März 1967
Sgt. Pepper (Best Album in 1967)	9. März 1968
Sgt. Pepper (Best Contemporary Album in 1967)	9. März 1968
Sgt. Pepper (Best Album Cover in 1967)	9. März 1968
Sgt. Pepper (Best Engineered Recording in 1967)	9. März 1968

Die Beatles erhielten einen *Oscar* für:

Let It Be (Best Film Music in 1970)	15. April 1971

6. Die Beatles hatten die meisten Nr.-1-Hits in England und den USA.
In England wurden sie 20mal an der Spitze der Hitparade notiert, vor Elvis Presley mit 15 ersten Plätzen. Die Rolling Stones kamen hier mit acht ersten Plätzen auf Rang vier. In Amerika erreichten sie ebenfalls mit 20 Titeln die Nr.-1-Position, gefolgt auch hier von Elvis Presley mit 14 ersten Plätzen. An dritter Stelle liegen die Supremes mit 12, an vierter Stelle die Rolling Stones mit sieben Nr.-1-Hits.
7. Auch bei den Nr.-1-Hits in ununterbrochener Folge führen die Beatles das Feld an. In der US-Single-Chart lagen sie 1964/65 mit sechs verschiedenen Songs nacheinander an der Spitze. Elvis Presley und die Supremes brachten es hierbei auf »nur« fünf aufeinanderfolgende Nr.-1-Hits.
8. Auf dem US-LP-Markt notieren die Beatles mit 16 Nr.-1-LPs vor Bing Crosby mit zehn und Elvis Presley mit acht.
9. Auch bei den sogenannten »Highest Newcomers« liegen die Beatles vorn. Am 21. März 1970 sprang die Single *Let It Be* von null auf Rang 6 der Hot-100-Chart.
10. Ein Rekord, der in der Geschichte der Pop-Musik wohl einmalig bleiben wird: Am 31. März 1964 meldete die Billboard Hot-100-

Chart folgende Hitparadennotierungen der Beatles:
1. Platz – *Can't Buy Me Love*
2. Platz – *Twist And Shout*
3. Platz – *She Loves You*
4. Platz – *I Want To Hold Your Hand*
5. Platz – *Please Please Me*

11. Die Recording Industry Association of America (RIAA) verleiht für den Verkauf von einer Million Singles und für den Umsatz von einer Million Dollar bei LPs goldene Schallplatten. Seit 1974 wird bei 500 000 verkauften LPs Gold verliehen und bei Überschreiten der Millionengrenze Platin.
Bis zum 1. Januar 1978 erhielten die Beatles für folgende Platten in den USA eine Goldene:

Meet The Beatles (LP)	3. Februar 1964
I Want To Hold Your Hand	3. Februar 1964
Can't Buy Me Love	31. März 1964
The Beatles' Second Album (LP)	13. April 1964
Something New (LP)	24. August 1964
A Hard Day's Night	25. August 1964
I Feel Fine	31. Dezember 1964
Beatles '65 (LP)	31. Dezember 1964
The Beatles' Story (Doppel-LP)	31. Dezember 1964
Beatles' VI (LP)	1. Juli 1965
Help! (LP)	23. August 1965
Help!	2. September 1965
Eights Days A Week	16. September 1965
Yesterday	20. Oktober 1965
Rubber Soul (LP)	24. Dezember 1965
We Can Work It Out	6. Januar 1966
Nowhere Man	1. April 1966
»Yesterday« . . . And Today (LP)	8. Juli 1966
Paperback Writer	14. Juli 1966
Revolver (LP)	22. August 1966
Yellow Submarine	12. September 1966
Penny Lane	20. März 1967
Sgt. Pepper's Lonely Hearts Club Band (LP)	15. Juni 1967
All You Need Is Love	11. September 1967
Magical Mystery Tour (LP)	15. Dezember 1967
Lady Madonna	8. April 1968
Hey Jude	13. September 1968

Those Were The Days (Single mit Mary Hopkin, produziert von Paul McCartney)	20. November 1968
The Beatles (Doppel-LP)	6. Dezember 1968
Yellow Submarine (LP)	5. Februar 1969
Get Back	19. Mai 1969
The Ballad Of John And Yoko	16. Juli 1969
Abbey Road (LP)	27. Oktober 1969
Something / Come Together	27. Oktober 1969
Hey Jude (LP)	6. März 1970
Live Peace In Toronto (Lennon-LP)	17. März 1970
Let It Be	17. März 1970
McCartney (McCartney-LP)	30. April 1970
Let It Be (LP)	26. Mai 1970
Instant Karma! (Lennon-Single)	14. Dezember 1970
My Sweet Lord (Harrison-LP)	14. Dezember 1970
All Things Must Pass (Harrison-LP)	17. Dezember 1970
John Lennon – Plastic Ono Band (Lennon-LP)	28. Januar 1971
Ram (McCartney-LP)	9. Juni 1971
It Don't Come Easy (Starr-Single)	3. August 1971
Uncle Albert – Admiral Halsey (McCartney-Single)	21. September 1971
Imagine (Lennon-LP)	1. Oktober 1971
Concert for Bangla Desh (Harrison-LP)	4. Januar 1972
Wild Life (Wings-LP)	13. Januar 1972
Day After Day (Single mit Badfinger, produziert von Paul McCartney)	4. März 1972
The Beatles 1962–1966 (Doppel-LP)	13. April 1973
The Beatles 1967–1969 (Doppel-LP)	13. April 1973
Red Rose Speedway (Wings-LP)	25. Mai 1973
Living In The Material World (Harrison-LP)	1. Juni 1973
My Love (Wings-Single)	6. Juli 1973
Live And Let Die (Wings-Single)	31. August 1973
Ringo (Starr-LP)	8. November 1973
Mind Games (Lennon-LP)	30. November 1973
Band On The Run (Wings-LP)	7. Dezember 1973
Photograph (Starr-Single)	28. Dezember 1973
The Early Beatles (LP)	8. Januar 1974
You're Sixteen (Starr-Single)	31. Januar 1974
Band On The Run (Wings-Single)	4. Juni 1974
Walls And Bridges (Lennon-LP)	22. Oktober 1974

Goodnight Vienna (Starr-LP)	9. Dezember 1974
Dark Horse (Harrison-LP)	16. Dezember 1974
Venus And Mars (Wing-LP)	2. Juni 1975
Listen To What The Man Said (Wings-Single)	5. September 1975
Extra Texture (Harrison-LP)	11. November 1975
Wings At The Speed Of Sound (Wings-LP)	25. März 1976
PLATIN für Wings at the Speed of Sound (Wings-LP)	3. Mai 1976
Silly Love Songs (Wings-Single)	11. Juni 1976
Rock'n'Roll Music (LP)	14. Juni 1976
PLATIN für Rock'n'Roll Music (LP)	14. Juni 1976
Let 'em In (Wings-Single)	25. Oktober 1976
Wings Over America (Wings-LP)	13. Dezember 1976
PLATIN für Wings Over Amerika (Wings-LP)	20. Dezember 1976
Thirty-Three And 1/3 (Harrison-LP)	19. Januar 1977
Best Of George Harrison (Harrison-LP)	15. Februar 1977
Beatles At The Hollywood Bowl (LP)	5. Mai 1977
PLATIN für Beatles At The Hollywood Bowl (LP)	12. August 1977

GESAMTAUFRECHNUNG: (Stand 1. 1. 1978)

Beatles:	41 Goldene, 2 Platin
John Lennon:	6 Goldene
Paul McCartney:	15 Goldene, 2 Platin
George Harrison:	8 Goldene
Ringo Starr:	5 Goldene

Goldene sind heute leider kein Gradmesser mehr für reale Verkaufszahlen. Zu schnell und zu oft wird diese Auszeichnung verliehen: aus Freundlichkeit, zu Promotionzwecken oder sogar fürs Büro oder Wohnzimmer. Also müssen andere Gradmesser her, um die Popularität zu betonen. Drei Beispiele haben wir herausgegriffen, die in der Tat nicht alltäglich sind.

März 1988 Eigentlich längst überfällig war die Aufnahme der Beatles in die »Rock'n'Roll Hall of Fame«. In dieser Ruhmeshalle sind – im übertragenen Sinne! – wirklich nur die allerbesten versammelt. 1988 kamen hinzu: Bob Dylan, The Drifters, The Supremes, The Beach Boys und . . . die Beatles! So geschehen in New York.

April 1988 Die deutsche Bundespost brachte vier Sondermarken mit Rockstars heraus: Jim Morrison, Buddy Holly, Elvis Presley und John Lennon!

Juli 1988 Paul McCartney bekam von der Universität in Brighton für seine Verdienste um die Musik die Ehrendoktorwürde verliehen.

Autogramm-Adressen

Autogrammjägern raten wir, jedem Brief einen Internationalen Antwortschein beizulegen (gibt's bei der Post) und viel Geduld zu haben.

1. Paul McCartney
RYE, Sussex
England
2. Paul McCartney
High Park
Cambelltown
Mull of Kintyre
Scotland
3. George Harrison
Henley-on-Thames
Oxfordshire
England
4. Ringo Starr
Tittenhurst Park
Ascot, Berkshire
England
5. Ring'O Records
17 Berkeley St.
London WI
England
6. Yoko Ono
1 West 72nd Street
New York, N. Y.
USA

Diskographie

Enthält alle in der Bundesrepublik Deutschland erschienenen Schallplatten der Beatles als Gruppe und Einzelinterpreten. Alle nicht mehr lieferbaren Schallplatten sind mit einem ● versehen.

Bei den Singles wurden jeweils alle Schallplatten aufgeführt, die bisher erschienen sind; ebenso bei den EPs.

Bei den LPs wurden jeweils nur die ersten Ausgaben aufgeführt, die bisher erschienen. Lediglich in besonderen Fällen wurden einige Zweitausgaben in die Diskographie aufgenommen.

* = Beatles als Background-Gruppe;
** = ohne Mitwirkung der Beatles

THE BEATLES

● **Singles**

● Juni 1961: My Bonnie* / The Saints* Polydor 24673
● Okt. 1961: My Bonnie (Mein Herz ist bei dir nur)* / The Saints* Polydor 24673
● Febr. 1963: Love Me Do / Please Please Me Odeon 22396
● Apr. 1963 From Me To You / Thank You Girl Odeon 22416
● Aug. 1963: She Loves You / I'll Get You Odeon 22554
● Sept. 1963: Twist And Shout / Boys Odeon 22581
● Nov. 1963: I Want To Hold Your Hand / Roll Over Beethoven Odeon 22623
● Dez. 1963: It Won't Be Long / Money Odeon 22638
● Jan. 1964: Misery / Ask Me Why Odeon 22663
● Febr. 1964: Komm, gib mir deine Hand / Sie liebt dich Odeon 22671
● Febr. 1964: All My Loving / I Wanna Be Your Man Odeon 22681
● März 1964: Can't Buy My Love / You Can't Do That Odeon 22697
● März 1964: My Bonny* / The Saints* Polydor 52273
● März 1964 Cry For A Shadow / Why Polydor 52275
● Apr. 1964: Do You Want To Know A Secret / Little Child Odeon 22710
● Apr. 1964: Ain't She Sweet / Take Out Some Insurance On Me Baby* Polydor 52317

- Apr. 1964: Skinny Minny** / Sweet Georgia Brown* Polydor 52324
- Mai 1964: Please Mister Postman / Hold Me Tight Odeon 22741
- Juni 1964: Long Tall Sally / I Call Your Name Odeon 22745
- Juni 1964: A Hard Day's Night / Things We Said Today Odeon 22760
- Juli 1964: I'll Cry Instead / A Taste Of Honey Odeon 22789
- Aug. 1964: And I Love Her / I Should Have Known Better Odeon 22792
- Sept. 1964: Tell Me Why / If I Fell Odeon 22797
- Sept. 1964: Matchbox / I Saw Her Standing There Odeon 22820
- Okt. 1964: Slow Down / I'm Happy Just To Dance With You Odeon 22838
- Nov. 1964: I Feel Fine / She's A Woman Odeon 22851
- Jan. 1965: No Reply / Eight Days A Week Odeon 22893
- Febr. 1965: Rock And Roll Music / I'm a Loser Odeon 22915
- März 1965: Ticket To Ride / Yes It Is Odeon 22950
- Juni 1965: Kansas City / I Don't Want To Spoil The Party Odeon 22999
- Juli 1965: Help! / I'm Down Odeon 23023
- Sept. 1965: Act Naturally / Yesterday Odeon 23031
- Nov. 1965: We Can Work It Out / Day Tripper Odeon 23122
- Jan. 1966: Michelle / Girl Odeon 23152
- März 1966: Nowhere Man / What Goes On Odeon 23171
- Mai 1966: Paperback Writer / Rain Odeon 23210
- Aug. 1966: Yellow Submarine / Eleanor Rigby Odeon 23280
- Jan. 1967: Strawberry Fields Forever / Penny Lane Odeon 23436
- Juni 1967: All You Need Is Love / Baby, You're A Rich Man Odeon 23560
- Nov. 1967: Hello, Goodbye / I Am The Walrus Odeon 23660
- Febr. 1968: Lady Madonna / The Inner Light Odeon 23733
- Juni 1968: Skinny Minny** / My Bonnie* Polydor 2135501
- Aug. 1968: Hey Jude / Revolution Odeon 23880
- Sept. 1968: Hey Jude / Revolution Apple 23880
- Nov. 1968: »Die Großen Vier« (Doppel-Single) Polydor 213625/26
  Skinny Minny** / Sweet Georgia Brown* / My Bonnie* / My Babe**

- ● Jan. 1969: Ob-La Di, Ob-La Da / While My Guitar Gently Weeps Apple 24004
- ● Apr. 1969: Get Back/Don't Let Me Down Apple 1 C006-04084
- ● Mai 1969: The Ballad Of John And Yoko / Old Brown Shoe Apple 1 C006-04108
- ● Aug. 1969: Komm, gib mir deine Hand / Sie liebt dich Odeon 1 C006-04204
- ● Okt. 1969: Something / Come Together Apple 1 C006-04266
- ● Febr. 1970: Let It Be / You Know My Name (Look Up The Number) Apple 1 C006-04353
- ● Juli 1970: The Long And Winding Road / For You Blue Apple 1 C006-04514
- ● Mai 1971: I Want To Hold Your Hand / This Boy Odeon 1 C006-04752
- ● Mai 1971: Long Tall Sally / I Call Your Name Odeon 1 C006-04776
- ● Nov. 1971: We Can Work It Out / Day Tripper Odeon 1 C006-04470
- ● Nov. 1971: Ticket To Ride / Yes It Is Odeon 1 C006-04458
- ● Febr. 1972: All Together Now / Hey Bulldog Apple 1 C006-04982
- ● Okt. 1972: Twist And Shout / Boys Odeon 1 C006-04687
- ● März 1974: Strawberry Fields Forever / Penny Lane Odeon 1 C006-04475
- Mai 1976: Get Back / Don't Let Me Down (Serie »Beatles come back!«) Apple 1 C006-04084
- ● Mai 1976: Komm, gib mir deine Hand / Sie liebt dich (Serie »Beatles come back!«) Odeon 1 C006-04204
- ● Mai 1976: Let It Be / You Know My Name (Serie »Beatles come back!«) Apple 1 C006-04353
- ● Mai 1976: Please Please Me / Ask Me Why (Serie »Beatles come back!«) Odeon 1 C006-04451
- ● Mai 1976: She Loves You / I'll Get You (Serie »Beatles come back!«) Odeon 1 C006-04452
- ● Mai 1976: Help! / I'm Down (Serie »Beatles come back!«) Odeon 1 C006-04456
- ● Mai 1976: Ticket To Ride / Yes It Is (Serie »Beatles come back!«) Odeon 1 C006-04458
- ● Mai 1976: A Hard Day's Night / Things We Said Today

(Serie »Beatles come back!«) Odeon 1 C006-04466

- Mai 1976: Can't Buy Me Love / You Can't Do That
(Serie »Beatles come back!«) Odeon 1 C006-4467
- Mai 1976: Paperback Writer / Rain
(Serie »Beatles come back!«) Odeon 1 C006-04472
- Mai 1976: Yellow Submarine / Eleanor Rigby
(Serie »Beatles come back!«) Odeon 1 C006-04473
- Mai 1976: Strawberry Fields Forever / Penny Lane
(Serie »Beatles come back!«) Odeon 1 C006-04475
- Mai 1976: All You Need Is Love / Baby, You're A Rich Man
(Serie »Beatles come back!«) Odeon 1 C006-04476
- Mai 1976: Hello, Goodbye / I Am The Walrus
(Serie »Beatles come back!«) Odeon 1 C006-04477
- Mai 1976: Lady Madonna / The Inner Light
(Serie »Beatles come back!«) Apple 1 C006-04478
- Mai 1976: Hey Jude / Revolution
(Serie »Beatles come back!«) Apple 1 C006-04479
- Mai 1976: I Feel Fine / She's A Woman
(Serie »Beatles come back!«) Odeon 1 C006-04686
- Mai 1976: Ob-La Di, Ob-la-Da / While My Guitar Gently Weeps (Serie »Beatles come back!«)
Apple 1 C006-04690
- Mai 1976: I Want To Hold Your Hand / This Boy
(Serie »Beatles come back!«) Odeon 1 C006-04752
- Mai 1976: Love Me Do / P.S. I Love You
(Serie »Beatles come back!«) Odeon 1 C006-05265
- Mai 1976: Yesterday / I Should Have Known Better
(Serie »Beatles come back!«) Odeon 1 C006-06103
- Mai 1976: All My Loving / I Wanna Be Your Man
(Serie »Beatles come back!«) Odeon 1 C006-06110
- Mai 1976: Eight Days A Week / No Reply
(Serie »Beatles come back!«) Odeon 1 C006-06111
- Mai 1976: From Me To You / Thank You Girl
(Serie »Beatles come back!«) Odeon 1 C006-6112
- Mai 1976: Please Mr. Postman / Hold Me Tight
(Serie »Beatles come back!«) Odeon 1 C006-06113
- Juli 1976: Got To Get You Into My Life / Helter Skelter
Odeon 1 C006-06167
- Aug. 1976: Back in The U.S.S.R. / Twist And Shout
Odeon 1 C006-06179

● März 1977: Ain't She Sweet / Cry For A Shadow (Sonderpressung für den Audio-Schallplatten-Club) Polydor 2814043
● Juli 1978: Twist And Shout / Falling in Love Again Lingasong NB1 (GB-Import)
Sept. 1978: Sgt. Pepper's Lonely Hearts Club Band – With A Little Help From My Friends / Within You Without You Apple 1 C006-06838
● Okt. 1978: My Bonnie (Mein Herz ist bei Dir nur)* / Cry For A Shadow (Sonderpressung zur Convention »Roll Over Beatles«) Polydor 2801033
● Aug. 1979: Skinny Minny** / My Bonnie* Polydor 2042166
Jan. 1981: Ain't She Sweet / Cry For A Shadow Polydor 2042263

EPs *Ya Ya*
● **Mai 1961:** Ya Ya Part One** / Ya Ya Part Two**
Sweet Georgia Brown* / Skinny Minny**
Polydor 21485
● Sept. 1961: *My Bonnie*
My Bonnie* / Why*
Cry For A Shadow / The Saints* Polydor 21610
● Mai 1963: *The Beatles*
Twist And Shout / There's A Place
Boys / I Saw Her Standing There Odeon 41560
● Juli 1963: *The Beatles And Tony Sheridan*
My Bonnie* / Why*
Cry For A Shadow / The Saints* Polydor 41646
● Sept. 1963: *The Beatles Hits*
From Me To You / Thank You Girl
Please Please Me / Love Me Do Odeon 41598
● Febr. 1964: *The Beatles' Sound*
Roll Over Beethoven / I'll Get You
It Won't Be Long / I Want To Hold Your Hand
Odeon 41627
● Aug. 1964: *Long Tall Sally*
Long Tall Sally / I Call Your Name
Slow Down / Matchbox Odeon 41638
● Sept. 1964: *The Beatles' Songs*
A Hard Day's Night / I Should Have Known Better

If I Fell / Can't Buy Me Love Odeon 41641

- Okt. 1964: *The Beatles' Voice*
  I'm Happy Just To Dance With You / And I Love Her Tell Me Why / Any Time At All Odeon 41647
- März 1965: *The Beatles' Music*
  No Reply / I'm A Loser
  Rock And Roll Music / Eight Days A Week
  Odeon 41668
- Sept. 1965: *Beatles Forever*
  Dizzy Miss Lizzy / You Like Me Too Much
  Bad Boy / Tell Mee What You See Odeon 41680
- Febr. 1966: *The Beatles' Sound*
  Michelle / Run For Your Life
  Drive My Car / Girl Odeon 41681
- Nov. 1967: *Magical Mystery Tour*
  Magical Mystery Tour / Your Mother Should Know / I Am The Walrus (»No You're Not!« Said Little Nicola)
  The Fool On The Hill / Flying Blue Jay Way
  Odeon 39501/2
- Apr. 1977: *The Beatles Vol. 1*
  (Serie »Die größten Vier«)
  Nowhere Man / Drive My Car
  Michelle / You Won't See Me
  Odeon 1 C016-06324
- Apr. 1977: *The Beatles Vol. 2*
  (Serie »Die größten Vier«)
  Yesterday / Act Naturally
  You Like Me Too Much / It's Only Love
  Odeon 1 C016-06325
- Apr. 1977: *The Beatles Vol. 3*
  (Serie »Die größten Vier«)
  I'll Follow The Sun / Baby's In Black
  Words Of Love / I Don't Want To Spoil The Party Odeon 1 C016-06326
- Apr. 1977: *The Beatles Vol. 4*
  (Serie »Die größten Vier«)
  All My Loving / Ask Me Why
  Money (That's What I Want) / P.S. I Love You
  Odeon 1 C016-06327

- Apr. 1977: *The Beatles Vol. 5*
  (Serie »Die größten Vier«)
  I Saw Her Standing There / Misery
  Anna (Got To Him) / Chains Odeon 1 C016-06328
- Apr. 1977: *The Beatles Vol. 6*
  (Serie »Die größten Vier«)
  Anytime At All / I'll Cry Instead
  Things We Said Today / When I Get Home
  Odeon 1 C016-06329
- Apr. 1977: *The Beatles Vol. 7*
  (Serie »Die größten Vier«)
  I Should Have Known Better / If I Fell
  Tell My Why / And I Love Her
  Odeon 1 C016-06330
- Apr. 1977: *The Beatles Vol. 8*
  (Serie »Die größten Vier«)
  From Me To You / Thank You Girl
  Please Please Me / Love Me Do
  Odeon 1 C016-06331
- Mai 1977: *The Beatles Vol. 9*
  (Serie »Die größten Vier«)
  Twist And Shout / A Taste Of Honey
  Do You Want To Know A Secret / There's A Place Odeon 1 C016-04656
- Mai 1977: *The Beatles Vol. 10*
  (Serie »Die größten Vier«)
  Long Tall Sally / I Call Your Name
  Slow Down / Matchbox Odeon 1 C01604660
- Juli 1977: *2 Plus 2 Vol. 45*
  She Loves You / Can't Buy Me Love
  I Feel Fine / I Want To Hold Your Hand
  Odeon 1 C016-06390
- Juli 1977: *2 Plus 2 Vol. 46*
  No Reply / I'm A Loser
  Rock And Roll Music / Eight Days A Week
  Odeon 1 C016-06397

LPs

● Juni 1962: *My Bonnie* Polydor 237112
Seite 1: My Bonnie* (alle anderen Titel ohne die Beatles).
Seite 2: The Saints* (alle anderen Titel ohne die Beatles).

Nov. 1963: *With The Beatles* Odeon (SM)O83568
Seite 1: It Won't Be Long; All I've Got To Do; All My Loving; Don't Bother Me; Little Child; Till There Was You; Please Mister Postman
Seite 2: Roll Over Beethoven; Hold Me Tight; You Really Gotta Hold On Me; I Wanna Be Your Man; Devil In Her Heart; Not A Second Time; Money
erhältlich unter neuer Bestellnummer:
Odeon 1 C02-04181

Febr. 1964: *Beatles* HörZu SHZE 117
Seite 1: I Saw Her Standing There; Misery; Anna (Go To Him); Chains; Boys; Ask Me Why; Please Please Me
Seite 2: Love Me Do; P.S. I Love You; Baby It's You; Do You Want To Know A Secret; A Taste Of Honey; There's A Place; Twist And Shout
erhältlich unter neuem Titel und neuer Bestellnummer »Please Please Me«, Apple 1 C072-04219

Apr. 1964: *The Beatles Beat* Odeon (SM)O83692
Seite 1: She Loves You; Thank You Girl; From Me To You; I'll Get You; I Want To Hold Your Hand; Hold Me Tight
Seite 2: Can't Buy Me Love; You Can't Do That; Roll Over Beethoven; Till There Was You; Money; Please Mister Postman
erhältlich unter neuer Bestellnummer:
Odeon 1 C062-04363

Juli 1964: *Yeah! Yeah! Yeah! (A Hard Day's Night)*
Odeon (SM)O83739
Seite 1: A Hard Day's Night; I Should Have Known Better; If I Fell; I'm Happy Just To Dance With You; And I Love Her; Tell Me Why; Can't Buy Me Love

Seite 2: Any Time At All; I'll Cry Instead; Things We Said Today; When I Get Home; You Can't Do That; I'll Be Back
neue Bestellnummer: Odeon 1 C062-04145

● Aug. 1964: *The Beatles' First*
Seite 1: Ain't She Sweet; Cry For A Shadow; Let's Dance**; My Bonnie*; If You Love Me, Baby*; What'd I Say**
Seite 2: Sweet Georgia Brown*; The Saints*; Ruby Baby**; Why*; Nobody's Child*; Ya Ya**
Polydor Hi-Fi 46432

Sept. 1964: *Something New* Odeon (SM)O83756
Seite 1: I'll Cry Instead; Things We Said Today; Any Time At All; When I Get Home; Slow Down; Matchbox
Seite 2: Tell Me Why; And I Love Her; I'm Happy Just To Dance With You; If I Fell; Komm, gib mir deine Hand
neue Bestellnummer: Odeon 1 C062-04600

Nov. 1964: *Beatles For Sale* Odeon (SM) O83790
Seite 1: No Reply; I'm A Loser; Baby's In Black; Rock And Roll Music; I'll Follow The Sun; Mr. Moonlight; Kansas City; Hey Hey Hey Hey
Seite 2: Eight Days A Week; Words Of Love; Honey Don't; Every Little Thing; I Don't Want To Spoil The Party; What You're Doing; Everybody's Trying To Be My Baby
neue Bestellnummer: Odeon 1 C062-04200

● Febr. 1965: *Meet The Beat* (25-cm-LP)
Seite 1: Sweet Georgia Brown*; What'd I Say**; Lantern Hully Gully**; Nobody's Child*; Let's Dance**
Seite 2: Jambalaya**; Take Out Some Insurance On Me, Baby*; Madison Kid**; Nick-Nack Hully Gully**; Top Ten Twist** Polydor J74557

Mai 1965: *Beatles' 65* Odeon (SM) O83917
Seite 1: No Reply; I'm A Loser; Baby's In Black; Rock And Roll Music; I'll Follow The Sun; Mr. Moonlight

Seite 2: Honey Don't; I'll Be Back; She's A Woman; I Feel Fine; Everybody's Trying To Be My Baby
erhältlich unter neuer Bestellnummer:
Odeon 1 C62-04201

Juni 1965: *The Beatles' Greatest* Odeon (SM)O83991
Seite 1: I Want To Hold Your Hand; Twist And Shout; A Hard Day's Night; Eight Days A Week; I Should Have Known Better; Long Tall Sally; She Loves You; Please Mister Postman
Seite 2: I Feel Fine; Rock And Roll Music; Ticket To Ride; Please Please Me; It Won't Be Long; From Me To You; Can't Buy Me Love; All My Loving
erhältlich unter neuer Bestellnummer:
Crystal 038 CRY 04207

Aug. 1965: *Help!* Odeon (SM)O84008
Seite 1: Help! The Night Before; You've Got To Hide Your Love Away; I Need You; Another Girl; You're Going To Lose That Girl; Ticket To Ride
Seite 2: Act Naturally; It's Only Love; You Like Me Too Much; Tell Me What You See; I've Just Seen A Face; Yesterday; Dizzy Miss Lizzy

Aug. 1965: *Help!* HörZu SHZE 162
Songs siehe unter LP »Help« Odeon (SM)O84008
erhältlich unter neuer Bestellnummer:
Odeon 1 C062-04257

Dez. 1965: *Rubber Soul* Odeon (SM)O84066
Seite 1: Drive Me Car; Norwegian Wood (This Bird Has Flown); You Won't See Me; Nowhere Man; Think For Yourself; The World; Michelle
Seite 2: What Goes On; Girl; I'm Looking Through You; In My Life; Wait; If I Needed Someone; Run For Your Life
erhältlich unter neuer Bestellnummer:
Odeon 1 C062-04115

Juli 1966: *Revolver* HörZu SHZE 186
Seite 1: Taxman; Eleanor Rigby; I'm Only Sleeping; Love You To; Here, There And Everywhere; Yellow Submarine; She Said She Said
Seite 2: Good Day Sunshine; And Your Bird Can Sing; For No One; Dr. Robert; I Want To Tell You;

Got To Get You Into My Life; Tomorrow Never Knows
neue Bestellnummer: Odeon 1 C062-04097

Mai 1967: *Sgt. Pepper's Lonely Hearts Club Band*
HörZu SHZE 401
Seite 1: Sgt. Pepper's Lonely Hearts Club Band; With A Little Help From My Friends; Lucy In The Sky With Diamonds; Getting Better; Fixing A Hole; She's Leaving Home; Being For The Benefit Of Mr. Kite!
Seite 2: Within You Without You; When I'm Sixty-Four; Lovely Rita; Good Morning, Good Morning; Sgt. Pepper's Lonely Hearts Club Band (Reprise); A Day In The Life
neue Bestellnummer: Odeon 1 C062-04177

● Febr. 1968: *The Beatles in Hamburg*
Songs siehe unter LP »The Beatles' First«,
Polydor Hi-Fi 42432 Tip 634022

● Juni 1968: *The Beatles in Hamburg* Karussell 635056
Songs siehe unter LP »The Beatles' First«
Polydor Hi-Fi 46432

Okt. 1968: *The Beatles* Apple 2051/52
Seite 1: Back In The U.S.S.R.; Dear Prudence; Glass Onion; Ob-La-Di, Ob-La-Da; Wild Honey Pie; The Continuing Story Of Bungalow Bill; While My Guitar Gently Weeps; Happiness Is A Warm Gun
Seite 2: Martha My Dear; I'm So Tired; Blackbird; Piggies; Rockey Raccoon; Don't Pass Me By; Why Don't We Do It In The Road?; I Will; Julia
Seite 3: Birthday; Yer Blues; Mother Nature's Son; Everybody's Got Something To Hide Except Me And My Monkey; Sexy Sadie; Helter Skelter; Long, Long, Long
Seite 4: Revolution 1; Honey Pie; Savoy Truffle; Cry Baby Cry; Revolution 9; Good Night
erhältlich unter neuer Bestellnummer:
Odeon 1 C062-04173/74

Jan. 1969: *Yellow Submarine* Apple 74585
Seite 1: Yellow Submarine; Only A Northern Song;

All Together Now; Hey Bulldog; It's All Too Much; All You Need Is Love
Seite 2: ORCHESTRA GEORGE MARTIN: Pepperland; Sea Of Time; Sea Of Holes; Sea Of Monsters; March Of The Meanies; Pepperland Laid Waste; Yellow Submarine In Pepperland
erhältlich unter neuer Bestellnummer:
Odeon 1 C062-04002

Sept. 1969: *Abbey Road*
Seite 1: Come Together; Something; Maxwell's Silver Hammer; Oh! Darling; Octopus's Garden; I Want You (She's So Heavy)
Seite 2: Here Comes The Sun; Because; You Never Give Me Your Money; Sun King; Mean Mr. Mustard; Polythene Pam; She Came In Through The Bathroom Window; Golden Slumbers; Carry That Weight; The End; Her Majesty Apple 1 C062-04243

Febr. 1970: *Hey Jude*
Seite 1: Can't Buy Me Love; I Should Have Known Better; Paperback Writer; Rain; Lady Madonna; Revolution
Seite 2: Hey Jude; Old Brown Shoe; Don't Let Me Down; The Ballad Of John And Yoko
Apple 1 C062-04348

Febr. 1970: *The Beatles Featuring Tony Sheridan*
Songs siehe unter LP »The Beatles' First«
Polydor Hi-Fi 46432 Polydor 2371051

Mai 1970: *Let It Be*
Seite 1: Two Of Us; Dig A Pony; Across The Universe; I Me Mine; Dig It; Let It Be; Maggie Mae
Seite 2: I've Got A Feeling; One After 909; The Long And Winding Road; For Your Blue; Get Back
Der Erstausgabe der LP »Let It Be« war der Fotoband »Get Back« beigepackt Apple 1 C062-04433

Febr. 1971: *A Collection Of Beatles Oldies*
Seite 1: She Loves You; From Me To You; We Can Work It Out; Help!; Michelle; Yesterday; I Feel Fine; Yellow Submarine
Seite 2: Can't Buy Me Love; Bad Boy; Day Tripper; A Hard Day's Night; Ticket To Ride; Paperback

Writer; Eleanor Rigby; I Want To Hold Your Hand
Odeon 1 C62-04258

Sept. 1971: *Magical Mystery Tour* HörZu SHZE 327
Seite 1: Magical Mystery Tour; The Fool On The Hill; Flying; Blue Jay Way; Your Mother Should Know; I Am The Walrus (»No You're Not!« Said Little Nicola).
Seite 2: Hello Goodbye; Strawberry Fields Forever; Penny Lane; Baby You're A Rich Man; All You Need Is Love
neue Bestellnummer: Odeon 1 C062-04449

● Febr. 1972: *The Beatles' Greatest & Rubber Soul* MFP 1 C062-04207/1 C062-04115
Songs siehe unter LP* »The Beatles' Greatest«, Odeon (SM)O83991 und »Rubber Soul« Odeon (SM)O84066

● Okt. 1972: *Zehn Jahre Beatles* (Beatles For Sale & A Hard Day's Night)
Songs siehe unter LP' »Beatles For Sale«, Odeon (SM)O83790 und »Yeah! Yeah! Yeah! (A Hard Day's Night), Odeon (SM)O83739
Apple 1 C062-04145 / 1 C062-04200

Apr. 1973: *The Beatles 1962–1966* Apple 1 C 188-05207/08
Seite 1: Love Me Do; Please Please Me; From Me To You; She Loves You; I Want To Hold Your Hand; All My Loving; Can't Buy Me Love
Seite 2: A Hard Day's Night; And I Love Her; Eight Days A Week; I Feel Fine; Ticket To Ride; Yesterday
Seite 3: Help! You've Got To Hide Your Love Away; We Can Work It Out; Day Tripper; Drive Me Car; Norwegian Wood (This Bird Has Flown)
Seite 4: Nowhere Man; Michelle; In My Life; Girl; Paperback Writer; Eleanor Rigby; Yellow Submarine
neue Bestellnummer: Apple 1 C172-05307/08

Apr. 1973: *The Beatles 1967–1970* Apple 1 C188-05309/10
Seite 1: Strawberry Fields Forever; Penny Lane; Sgt. Pepper's Lonely Hearts Club Band; With A Little Help From My Friends / Lucy In The Sky With Dia-

monds; A Day In The Life; All You Need Is Love
Seite 2: I Am The Walrus; Hello Goodbye; The Fool On The Hill; Magical Mystery Tour; Lady Madonna; Hey Jude; Revolution
Seite 3: Back In The U.S.S.R.; While My Guitar Gently Weeps; Ob-La-Di, Ob-La-Da; Get Back; Don't Let Me Down; The Ballad Of John And Yoko; Old Brown Shoe
Seite 4: Here Comes The Sun; Come Together; Something; Octopus's Garden; Let It Be; Across The Universe; The Long And Winding Road
neue Bestellnummer: Apple 1 C172-05309/10

● Juni 1976: *Rock'n'Roll Music* Odeon 1 C178-06137/38
Seite 1: Twist And Shout; I Saw Her Standing There; You Can't Do That; I Wanna Be Your Man; I Call Your Name; Boys; Long Tall Sally
Seite 2: Rock And Roll Music; Slow Down; Kansas City / Hey Hey Hey Hey; Money (That's What I Want); Bad Boy; Matchbox; Roll Over Beethoven
Seite 3: Dizzy Miss Lizzy; Any Time At All; Drive My Car; Everybody's Trying To Be My Baby; The Night Before; I'm Down; Revolution
Seite 4: Back In The U.S.S.R.; Helter Skelter; Taxman; Got To Get You Into My Life; Hey Bulldog; Birthday; Get Back
neue Bestellnummer: Odeon 1 C172–06137/38

● Aug. 1976: *The Beatles Tapes*
Seite 1: JOHN LENNON WITH YOKO ONO: Interview June 1969 (Part 1): Give Peace A Chance**; Interview June 1969 (Part 2); Imagine**; Interview June 1969 (Part 3); Come Together**; Interview October 1971
Seite 2: PAUL MCCARTNEY: Interview March 1970 (Part 1); Because**; Interview March 1970 (Part 2); Yesterday**; Interview March 1970 (Part 3); Hey Jude**
Seite 3: GEORGE HARRISON: Interview March 1969 (Part 1); Here Comes The Sun**; Interview March 1969 (Part 2); Something**
Seite 4: RINGO STARR: Interview December 1968;

Interview July 1970; Interview December 1973 (Part 1); Oktopus's Garden**; Interview December 1973 (Part 2); Yellow Submarine**
** Bei diesen Aufnahmen wirken die Beatles nicht mit Polydor 2683068 (GB-Import)

● Apr. 1977: *The Beatles Live At The Star-Club in Hamburg, Germany; 1962*
Seite 1: Intro; I Saw Her Standing There; Roll Over Beethoven; Hippy Hippy Shake; Sweet Little Sixteen; Lend Me Your Comb; Your Feet's Too Big
Seite 2: Twist And Shout; Mr. Moonlight; A Taste Of Honey; Besame Mucho; Reminiscing; Kansas City
Seite 3: Ain't Nothing Shaking' Like The Leaves On A Tree; To Know Her Is To Love Her; Little Queenie; Falling In Love Again; Ask Me Why; Be Bob Ba Lula; Halleluja I Love Her So
Seite 4: Red Sails In The Sunset; Everybody's Trying To Be My Baby; Matchbox; Talkin' 'bout You; Shimmy Shake; Long Tall Sally; Remember You
Bellaphon SLS 5560

Apr. 1977: *The Beatles Live At The Hollywood Bowl*
Seite 1: Twist And Shout; She's A Woman; Dizzy Miss Lizzy; Ticket To Ride; Can't Buy Me Love; Things We Said Today; Roll Over Beethoven
Seite 2: Boys; A Hard Day's Night; Help!; All My Loving; She Loves You; Long Tall Sally
Odeon 1 C072-06377

Okt. 1977: *Love Songs* Yesterday; I'll Follow The Sun; I Need
Seite 1: You; Girl; In My Life; Words Of Love; Here, There And Everywhere
Seite 2: Something; And I Love Her; If I Fell' I'll Be Back; Tell Me What You See; Yes It Is
Seite 3: Michelle; It's Only Love; You're Going To Lose That Girl; Every Little Thing; For No One; She's Leaving Home
Seite 4: The Long And Winding Road; This Boy; Norwegian Wood (The Bird Has Flown); You've Got To Hide Your Love Away; I Will; P.S. I Love You
Odeon 1 C172-06550/51

● Mai 1978: *The Beatles Live Im Star-Club 1962*

Seite 1: Twist And Shout; Roll Over Beethoven; Sheila; Ask Me Why; Till There Was You; Long Tall Sally
Seite 2: I Saw Her Standing There; A Taste Of Honey; Mr. Moonlight; Where Have You Been All My Life; I'm Gonna Sit Right Down And Cry Over You; Sweet Little Sixteen   Bellaphon 15223

● Sept. 1978: *The Beatles Collection (Box mit 13 LPs)*
Inhalt:
LP »Please Please Me« (siehe LP »Beatles«, HörZu SHZE 117)
LP »With The Beatles«
LP »Yeah! Yeah! Yeah! (A Hard Day's Night)«
LP »Beatles For Sale«
LP »Help«
LP »Rubber Soul«
LP »Revolver«
LP »Sgt. Pepper's Lonely Hearts Club Band«
LP »The Beatles« (Weißes Doppel-Album)
LP »Yellow Submarine«
LP »Abbey Road«
LP »Let It Be«
LP »Rarities«
Alle LPs der Box »Beatles Collection« sind auch einzeln erhältlich. Lediglich die Sampler-LP »Rarities« wurde exklusiv der Box beigefügt:
Seite 1: Across The Universe; Yes It Is; This Boy; The Inner Light; I'll Get You; Thank You Girl; Komm, gib mir deine Hand; You Know My Name (Look Up The Number); Sie liebt dich
Seite 2: Rain; She's A Woman; Matchbox; I Call Your Name; Bad Boy; Slow Down; I'm Down; Long Tall Sally   Odeon/Apple 1 C198-53163/176

● Mai 1979: *20 Golden Hits*
Seite 1: She Loves You; I Want To Hold Your Hand; Can't Buy Me Love; A Hard Day's Night; Ticket To Ride; Help!; Something; We Can Work It Out; Michelle; Hey Jude
Seite 2: All You Need Is Love; Penny Lane; Sgt. Pepper's Lonely Hearts Club Band; With A Little

Help From My Friends; Lady Madonna; Paperback Writer; Ob-La-Di, Ob-La-Da; Yesterday; Get Back; Here Comes The Sun; Let It Be
Arcade-Apple/Odeon ADEG 61

● Okt. 1979: *Rarities*
Songs siehe unter LP »Rarities«,
Odeon/Apple 1 C198-53176 (Box »The Beatles Collection«) Apple/Odeon 1 C038-06867

● Okt. 1979: *Beatles' Greatest*
Songs siehe unter LP »Beatles' Greatest«,
Odeon (SM)O83991 Crystal 038 CRY 04207

Juli 1980: *Die großen 12*
Seite 1: Sweet Georgia Brown; The Saints (When The Saints Go Marching In); Cry For A Shadow; If You Love Me, Baby (Take Out Some Insurance On Me, Baby); What'd I Say; Why
Seite 2: Ain't She Sweet; Let's Dance; My Bonnie; Ruby Baby; Nobody's Child; Ya Ya (Part 1)
Polydor 2459214

● Okt. 1980: *Beatles Ballads*
Seite 1: Yesterday; Norwegian Wood (This Bird Has Flown); Do You Want To Know A Secret?; For No One; Michelle; Nowhere Man; You've Got To Hide Your Love Away; Across The Universe; All My Loving; Hey Jude
Seite 2: Something; The Fool On The Hill; Till There Was You; The Long And Winding Road; Here Comes The Sun; Blackbird; And I Love Her; She's Leaving Home; Here, There And Everywhere; Let It Be Odeon 1 C064-07356

Okt. 1980: *Rock'n'Roll Music, Vol. 1*
Seite 1: Twist And Shout; I Saw Her Standing There; You Can't Do That; I Wanna Be Your Man; I Call Your Name; Boys; Long Tall Sally
Seite 2: Rock And Roll Music; Slow Down; Kansas City / Hey, Hey, Hey, Hey; Money (That's What I Want); Bad Boy; Matchbox; Roll Over Beethoven Odeon 1 C038-06137

Okt. 1980: *Rock'n'Roll Music, Vol. 2*
Seite 1: Dizzy Miss Lizzy; Any Time At All; Drive My Car;

Everybody's Trying To Be My Baby; The Night Before; I'm Down; Revolution
Seite 2: Back In The U.S.S.R.; Helter Skelter; Taxman; Got To Get You Into My Life; Hey Bulldog; Birthday; Get Back Odeon 1 C38-06138

LP-Sonderausgaben

- 1965: *The Beatles Beat*
  Songs siehe unter LP »Beatles Beat, Odeon (SM) O83692« Odeon 6086
- 1966: *And Now: The Beatles*
  Songs siehe unter LP »Beatles Beat, Odeon (SM) 083692« SR International 73735
- 1967: *The Beatles*
  Seite 1: Eight Days A Week; Rock And Roll Music; No Replay; And Your Bird Can Sing; Good Day Sunshine; All My Loving; And I Love Her; A Hard Day's Night
  Seite 2: Girl; Eleanor Rigby; Things We Said Today; Yellow Submarine; Michelle; If I Fell; I Should Have Known Better; Dr. Robert Odeon H 052
- 1967: *The World's Best – The Beatles*
  Seite 1: Good Day Sunshine; All My Loving; Eight Days A Week; No Reply; Rock And Roll Music; A Hard Day's Night; I Should Have Known Better; And I Love Her
  Seite 2: Things We Said Today; Michelle; Dr. Robert; Yellow Submarine; If I Fell; And Your Bird Can Sing; Girl; Eleanor Rigby Odeon 27408-4
- 1972: *The Beatles*
  Songs siehe unter LP »Beatles Beat«, Odeon (SM)O83692 Odeon 28174-1
- 1973: *Magical Mystery Tour*
  Songs siehe unter LP »Magical Mystery Tour«, HörZu SHZE 327 Apple 28642-7
- 1978: *16 X The Beatles At The Star-Club In Hamburg Germany 1962*
  Seite 1: I Saw Her Standing There; Roll Over Beethoven; Hippy Hippy Shake; Sweet Little Sixteen;

Lend Me Your Comb; Your Feet's Too Big; Twist And Shout; Kansas City
Seite 2: Ain't Nothing Shakin; To Know Her Is To Love Her; Little Queenie; Falling In Love Again; Ask Me Why; Be-Bop-A-Lula; Hallelujah I Love Her So; Red Sails In The Sunset SR International 663278

- 1978: *The Beatles At The Hollywood Bowl*
  Songs siehe unter LP »The Beatles At The Hollywood Bowl«, Odeon 1 C172-06377 Odeon 27648-5
- 1979: *The Beatles – Golden Greatest Hits*
  Seite 1: Twist And Shout; Ob-La-Di, Ob-La-Da; Ticket To Ride; Let It Be; Paperback Writer; Penny Lane; Day Tripper; All You Need Is Love
  Seite 2: Help! Lady Madonna; Yesterday; We Can Work It Out; Hey Jude; Sgt. Pepper's Lonely Hearts Club Band; With A Little Help From My Friends; Lucy In The Sky With Diamonds Odeon 383083
- 1979: *Die RTL-Story – Teil 1, 1920–1967*
  Seite 2: Monika, Norbert und Dieter interviewen die Beatles bei den Dreharbeiten zu »Help!« in London, 1965
  (alle anderen Aufnahmen sind ohne die Beatles) hallo RTL 387340

Folien

- Okt. 1965: *Beatles-Interview im Hilton-Hotel, London* Zeitschrift »O. K.«
- Apr. 1966: *Die Goldenen Otto-Sieger 1966 (George Harrison)* Zeitschrift »Bravo«

John Lennon / Yoko Ono / Plastic Ono Band

Singles

- Juli 1969: Give Peace A Chance / Remember Love
  Apple 1 C006-90372
- Okt. 1969: Cold Turkey / Don't Worry Kyoko
  Apple 1 C006-90719

● Febr. 1970: Instant Karma / Who Has Seen The Wind? Apple 1 C006-91149

● Dez. 1970: Mother / Why   Apple 1 C006-04726

● März 1971: Power To The People / Open Your Box Apple 1 C006-04766

● März 1971: Power To The People / Touch Me Apple 1830 (USA-Import)

Okt. 1971: Imagine / It's So Hard   Apple 1 C006-04940

● Dez. 1971: Happy Xmas (War Is Over) Listen, The Snow Is Falling   Apple 1 C006-05183

● Apr. 1972: Woman Is The Nigger Of The World / Sisters Oh Sisters   Apple 1 C006-05062

● Nov. 1973: Mind Games / Meat City   Apple 1 C006-05494

● Okt. 1974: Whatever Gets You Thru' The Night / Beef Jerkey   Apple 1 C006-05731

● Nov. 1974: # 9 Dreams / What You Got   Apple 1 C006-05776

Apr. 1975: Stand By Me / Move Over Ms. L   Apple 1 C006-05880

● Juni 1975: Ya Ya / Be-Bop-A-Lula   Apple 1 C006-05924

Nov. 1975: Imagine / Working Class Hero Apple 1 C006-05992

● Okt. 1980: (Just Like) Starting Over / Kiss Kiss Kiss Geffen Records GEF 79186

● Jan. 1981: Woman / Beautiful Boys Geffen Records GEF 79195

● Apr. 1981: Watching The Wheels / Yes, I'm Your Angel Geffen Records GEF 79207

Juni 1981: Jealous Guy / Going Down On Love Parlophone 1 A006-07492

● Juni 1981: John Lennon Interview (Rückseite: David Perl: »In My Life«) Orange OR-70078GD (USA-Import)

● 1982: Love / Give Me Some Truth   Odeon 1 C006-07685

● 1983: Nobody Told Me / O'Sanity   Polydor 817254-7

26. 3. 1984: I'm Stepping Out / Sleepless Night Polydor 821107-7

1984: Every Man Has A Woman Who Loves Him / Sean Ono Lennon: It's Alright   Polydor 881378-7

1985: Jealous Guy / Going Down On Love Parlophone 1 A006-209477

LPs

- ● Nov. 1968: *Two Virgins – Unfinished Music No. 1*
  Apple Sapcor 2 (GB-Import)
  Seite 1: Two Virgins No. 1; Together; Two Virgins No. 2; Two Virgins No. 3; Two Virgins No. 4; Two Virgins No. 5
  Seite 2: Two Virgins No. 6; Hushabye, Hushabye; Two Virgins No. 7; Two Virgins No. 8; Two Virgins No. 9; Two Virgins No. 10
- ● Mai 1969: *Life With The Lions – Unfinished Music No. 2*
  Zapple 01 (GB-Import)
  Seite 1: Cambridge 1969
  Seite 2: No Bed For Beatle John; Baby's Heartbeat; Two Minutes Silence; Radio Play
- ● Nov. 1969: *The Wedding Album*
  Seite 1: John And Yoko
  Seite 2: Amsterdam Apple Sapcor 11 (GB-Import)
- Dez. 1969: *The Plastic Ono Band – Live Peace In Toronto*
  Seite 1: *Blue Suede Shoes; Money; Dizzy Miss Lizzie; Yer Blues; Cold Turkey; Give Peace A Chance*
  Seite 2: Don't Worry Kyoko; John, John
  Apple 1 C062-90877
- Dez. 1970: *John Lennon / Plastik Ono Band*
  Seite 1: Mother; Hold On; I Found Out; Working Class Hero; Isolation
  Seite 2: Remember; Love; Well Well Well; Look At Me; God; My Mummy's Dead Apple 1 C062-04703
- Okt. 1971: *Imagine*
  Imagine; Crippled Inside; Jealous Guy; It's So Hard; I Don't Wanna Be A Soldier
  Seite 2: Give Me Some Truth; Oh My Love; How Do You Sleep?; How?; Oh Yoko!
  Apple 1 C062-04714
- Sept. 1972: *Some Time In New York City*
  Seite 1: Woman Is The Nigger Of The World; Sisters, Oh Sisters; Attica State; Born In A Prison; New York City
  Seite 2: Sunday Bloody Sunday; The Luck Of The Irish; John Sinclair; Angela; We're All Water

Seite 3: Live Jam: Cold Turkey; Don't Worry Kyoko
Seite 4: Live Jam: Well; Jam Rag; Scumbag; Aii Apple 1 C148-05137/38

Nov. 1973: *Mind Games*
Seite 1: Mind Games; Tight A $; Aisumasen (I'm Sorry); One Day (At A Time); Bring On The Lucie (Freda Peeple); Nutopian International Anthem
Seite 2: Intuition; Out The Blue; Only People; I Know (I Know); You Are Here; Meat City
Apple 1 C062-05491

Okt. 1974: *Walls And Bridges*
Seite 1: Going Down On Love; Whatever Gets You Thru The Night; Old Dirt Road; What You Got; Bless You; Scared
Seite 2: # 9 Dream; Surprise, Surprise (Sweet Bird Of Paradox); Steel And Glass; Beef Jerky; Nobody Loves You (When You're Down And Out); Ya Ya Apple 1 C062-05733

● Febr. 1975: *Roots*
Seite 1: Be-Bop-A-Lula; Ain't That A Shame; Stand By Me; Sweet Little Sixteen; Rip It Up; Angel Baby; Do You Want To Dance; You Can't Catch Me
Seite 2: Bony Moronie; Peggy Sue; Bring It On Home To Me; Slippin' And Slidin'; Be My Baby; Ya Ya; Just Because Adam VIII Ltd. A VIII 8018 (USA-Import)

Febr. 1975: *Rock'n'Roll*
Seite 1: Be-Bop-A-Lula; Stand By Me; Rip It Up / Ready Teddy; You Can't Catch Me; Ain't That A Shame; Do You Want To Dance; Sweet Little Sixteen
Seite 2: Slippin' And Slidin'; Peggy Sue; Bring It On Home To Me / Send Me Some Lovin; Bony Moronie; Ya Ya; Just Because Apple 1 C062-05834

Okt. 1975: *Shaved Fish*
Seite 1: Give Peace A Chance; Cold Turkey; Instant Karma!; Power To The People; Mother; Woman Is The Nigger Of The World
Seite 2: Imagine; Whatever Gets You Thru The

Night; Mind Games; # 9 Dream; Happy Xmas (War Is Over); Reprise; Give Peace A Chance
Apple 1 C062-05987

● Nov. 1980: *Double Fantasy*
Seite 1: (Just Like) Starting Over; Kiss Kiss Kiss; Cleanup Time; Give Me Something; I'm Losing You; I'm Moving For You; Beautiful Boy (Darling Boy)
Seite 2: Watching The Wheels; I'm Your Angel; Woman; Beautiful Boys; Dear Yoko; Every Man Has A Woman Who Loves Him; Hard Times Are Over Geffen Records GEF 99131

1982: *The John Lennon Collection*
Seite 1: Give Peace A Chance; Instant Karma!; Power To The People; Whatever Gets You Thru The Night; No. 9 Dream; Mind Games; Love; Happy Xmas (War Is Over)
Seite 2: Imagine; Jealous Guy; Stand By Me; (Just Like) Starting Over; Woman; I'm Loosing You; Beautiful Boy (Darling Boy); Watching The Wheels; Dear Yoko Odeon 1 C064-78224

● 1983: *Milk And Honey* (John Lennon und Yoko Ono)
Seite 1: I'm Stepping Out; Sleepless Night; I Don't Wanna Face It; Don't Be Scared; Nobody Told Me; O'Sanity
Seite 2: Borrowed Time; Your Hands; (Forgive Me) My Little Flower Princess; Let Me Count The Ways; Grow Old With Me; You're The One
Polydor 817160-1

1986: *Live In New York City*
Seite 1: New York City; It's So Hard; Woman Is The Nigger Of The World; Well, Well, Well; Instant Karma (We All Shine On)
Seite 2: Mother; Come Together; Imagine; Cold Turkey; Hound Dog; Give Peace A Chance Parlophone 1 C064-2404851

1986: *Menlove Ave*
Seite 1: Here We Go Again; Rock 'n' Roll People; Angel Baby; My Baby Left Me; To Know Her Is To Love Her

Seite 2: Steel And Glass; Scared; Old Dirt Road; Nobody Loves You (When You're Down And Out); Bless You   Parlophone 1 C064-2406581

Diskographie Paul McCartney / Wings

Singles

- Febr. 1971: Another Day / Oh Woman, Oh Why   Apple 1 C006-04758
- Aug. 1971: Eat At Home / Smile Away   Apple 1 C006-04864
- Aug. 1971: The Back Seat Of My Car / Heart Of The Country   Apple R 5914 (GB-Import)
- Aug. 1971: Uncle Albert-Admiral Halsey / Too Many People   Apple 1837 (USA-Import)
- Febr. 1972: Give Ireland Back To The Irish / Give Ireland Back To The Irish (Version)   Apple 1 C006-05007
- Mai 1972: Mary Had A Little Lamb / Little Woman Love   Apple 1 C006-05058
- Dez. 1972: Hi Hi Hi / C Moon   Apple 1 C006-05208
- März 1973: My Love / The Mess   Apple 1 C006-05301
- Juni 1973: Live And Let Die / I Lie Around   Apple 1 C006-05361
- Okt. 1973: Helen Wheels / Country Dreamer   Apple 1 C006-05486
- Jan. 1974: Mrs. Vandebilt / Bluebird   Apple 1 C006-05529
- Febr. 1974: Jet / Let Me Roll It   Apple 1 C006-05554
- Juni 1974: Band On The Run / Nineteen Hundred And Eighty-Five   Capitol 1 C006-05635
- Juni 1974: Band On The Run / Zoo Gang   Apple R 5997 (GB-Import)
- Okt. 1974: Junior's Farm / Sally G.   Apple 1 C006-05752
- Mai 1975: Listen To What The Man Said / Love In Song   Capitol 1 C006-96638
- Sept. 1975: Letting Go / You Gave Me The Answer   Capitol 1 C006-96940
- Nov. 1975: Venus And Mars Rock Show / Magneto And Titanium Man   Capitol 1 C006-97142

● Apr. 1976: Silly Love Songs / Cook Of The House Capitol 1 C006-97683
● Juli 1976: Let 'em In / Beware My Love Capitol 1 C006-98062
● Jan. 1977: Maybe I'm Amazed / Soily EMI 1 C006-98701
Nov. 1977: Mull Of Kintyre / Girls' School Capitol 1 C006-60154
● Apr. 1978: With A Little Luck / Backwards Traveller – Cuff Link EMI 1 C006-60639
● Juni 1978: I've Had Enough / Deliver Your Children EMI 1 C006-61260
● Sept. 1978: London Town / I'm Carrying EMI 1 C006-61540
Apr. 1979: Goodnight Tonight / Daytime Suffering Odeon 1 C006-62579
● Apr. 1979: Goodnight Tonight / Daytime Nightime Suffering (Maxi Single) Odeon 1 C052-62579
Juli 1979: Getting Closer / Spin It On Odeon 1 C006-62945
● Juli 1979: Old Siam Sir / Spin It On EMI R 6026 (GB-Import)
● Aug. 1979: Getting Closer / Baby's Request EMI R 6027 (GB-Import)
● Nov. 1979: Wonderful Christmastime / Rudolph The Red-Nosed Reggae Odeon 1 C006-63435
● Apr. 1980: Coming Up / Coming Up (Live at Glasgow); Lunch Box – Odd Sox Odeon 1 C006-63794
● Juli 1980: Waterfalls / Check My Machine Odeon 1 C006-63969
● Dez. 1980: Temporary Secretary / Secret Friend EMI 12 A 6039 (GB-Import)
● März 1982: Ebony And Ivory / Rainclouds Odeon 1 C006-64749 T
● Juni 1982: Take It Away / I'll Give You A Ring Odeon 1 C006-64845 T
● Sept. 1982: Tug Of War / Get It Odeon 1 C006-64935
● Okt. 1982: The Girl Is Mine (Paul McCartney und Michael Jackson) / Can't Get Outta The Rain (Michael Jackson) EPIC EPC A 2729 (GB)
● Okt. 1983: Say Say Say (Paul McCartney und Michael Jackson) / Ode To A Koala Bear Odeon 1 C0061652527
● Dez. 1983: Pipes Of Peace / So Bad Odeon 1 C0061655287

- ● Dez. 1983: Theme From »The Honorary Consul« (John Williams, written by Paul McCartney) / Clara's Theme (John Williams) Island IS 155 (GB)
- ● 1984: No More Lonely Nights (Playout Version) / No More Lonely Nights (Ballad) Parlophone 1 C0062002497
- ● 1984: We All Stand Together / We All Stand Together (Humming Version) Parlophone 1 A2004547
- ● 1984: Band Aid inkl. Paul McCartney: Do They Know It's Christmas? / Feed The World Mercury 880502-7
- ● 1985: The Crowd inkl. Paul McCartney: You'll Never Walk Alone / Messages Teldec 614411 AC
- ● 18. 11. 1985: Spies Like Us / My Carnival Parlophone 1 C006-2009407
- ● 1986: Press / It's Not True Parlophone 1 C006-2013417
- ● 13. 10. 1986: Pretty Little Head / Write Away Parlophone 1 C006-2015217
- ● Nov. 1987: Once Upon A Long Ago / Back On My Feet Parlophone 1 C006-2021857
- 24. 2. 1988: Mull Of Kintyre / Girls' School EMI 1 C006-2024227

LPs

- ● Apr. 1970: *McCartney*
  Seite 1: The Lovely Linda; That Would Be Something; Valentine Day; Every Night; Hot As Sun; Glasses; Junk; Man We Was Lonely
  Seite 2: Oo You; Momma Miss America; Teddy Boy; Singalong Junk; Maybe I'm Amazed; Kreen – Akrore Apple 1 C062-04394
- ● Mai 1971: *Ram*
  Seite 1: Too Many People; 3 Legs; Ram On; Dear Boy; Uncle Albert / Admiral Halsey; Smile Away
  Seite 2: Heart Of The Country; Monkberry Moon Delight; Eat At Home; Long Haired Lady; Ram On; The Back Seat Of My Car
  Apple 1 C062-04810

● Nov. 1971: *Wild Life*
Seite 1: Mumbo; Bip Bop; Love Is Strange; Wild Life
Seite 2: Some People Never Know; I Am Your Singer; Tomorrow; Dear Friend
Apple 1 C062-04946

● Mai 1973: *Red Rose Speedway*
Seite 1: Big Barn Bed; My Love; Get On The Right Thing; One More Kiss; Little Lamb Dragonfly
Seite 2: Single Pigeon; When The Night; Loup (1st Indian On The Moon); Medley: a) Hold Me Tight b) Lazy Dynamite c) Hands Of Love d) Power Cut
Apple 1 C062-05311

Jan. 1974: *Band On The Run*
Seite 1: Band On The Run; Jet; Bluebird Mrs. Vandebilt; Let Me Roll It
Seite 2: Mamunia; No Words; Picasso's Last Words (Drink To Me); Nineteen Hundred And Eighty-Five Capitol 1 C062-05503

Mai 1975: *Venus And Mars*
Seite 1: Venus And Mars; Rock Show; Love In Song; You Gave Me The Answer; Magneto And Titanium Man; Letting Go
Seite 2: Venus And Mars Reprise; Spirits Of Ancient Egypt; Medicine Jar; Call Me Back Again; Listen To What The Man Said; Treat Her Gently-Lovely Old People; Crossroads
Capitol 1 C062-96623

● Apr. 1976: *Wings At The Speed Of Sound*
Seite 1: Let 'em In; The Note You Never Wrote; She's My Baby; Beware My Love; Wino Junko
Seite 2: Silly Love Songs; Cook Of The House; Time To Hide; Must Do Something About It; San Ferry Anne; Warm And Beautiful EMI 1 C062-97581

Dez. 1976: *Wings Over America*
Seite 1: Venus And Mars / Rock Show; Jet; Let Me Roll It; Spirits Of Ancient Egypt; Medicine Jar
Seite 2: Maybe I'm Amazed; Call Me Back Again; Lady Madonna; The Long And Winding Road; Live And Let Die

Seite 3: Picasso's Last Words; Richard Cory; Bluebird; I've Just Seen A Face; Blackbird; Yesterday
Seite 4: You Gave Me The Answer; Magneto And Titanium Man; Go Now; My Love; Listen To What The Man Said
Seite 5: Let 'em In; Time To Hide; Silly Love Songs; Beware My Love
Seite 6: Letting Go; Band On The Run; Hi Hi Hi; Soily EMI 1 C188-98497/99

Apr. 1978: *London Town*
Seite 1: London Town; Cafe On The Left Bank; I'm Carrying; Backwards Traveller; Cuff Link; Children Children; Girlfriend; I Had Enough
Seite 2: With A Little Luck; Famous Groupies; Deliver Your Children; Name And Address; Don't Let It Bring You Down; Morse Moose And The Grey Goose EMI 1 C064-60521

Nov. 1978: *Wings Greatest*
Seite 1: Another Day; Silly Love Songs; Live And Let Die; Junior's Farm; With A Little Luck; Band On The Run
Seite 2: Uncle Albert / Admiral Halsey; Hi Hi Hi; Let 'em In; My Love; Jet; Mull Of Kintyre
EMI 1 C064-61963

Juli 1979: *Back To The Egg*
Seite 1: Reception; Getting Closer; We're Open Tonight; Spin It On; Again And Again And Again; Old Siam, Sir; Arrow Through Me
Seite 2: Rockestra Theme; To You; After The Ball / Million Miles; Winter Rose / Love Awake; The Broadcast; So Glad To See You Here; Baby's Request EMI 1 C064-62799

Mai 1980: *McCartney II*
Seite 1: Coming Up; Tempory Secretary; On The Way; Waterfalls; Nobody Knows
Seite 2: Front Parlour; Summer's Day Song; Frozen Jap; Bogey Music; Darkroom; One Of These Days
Odeon 1 C064-63812

Apr. 1982: *Tug Of War*
Seite 1: Tug Of War; Take It Away; Somebody Who

Cares; What's That You're Doing?; Here Today
Seite 2: Ballroom Dancing; The Pound Is Sinking; Wanderlust; Get It; Be What You See (Link); Dress Me Up As A Robber; Ebony And Ivory
Odeon 1 C064-64750 T

Okt. 1983: *Pipes Of Peace*
Seite 1: Pipes Of Peace; Say, Say, Say; The Other Me; Keep Under Cover; So Bad
Seite 2: The Man; Sweetest Little Show; Average Person; Hey Hey; Tug Of Peace; Through Our Love Odeon 1 C0641652301

1984: *Give My Regards To Broad Street*
Seite 1: No More Lonely Nights (Ballad); Good Day Sunshine; Corridor Music; Yesterday; Here, There And Everywhere; Wanderlust; Ballroom Dancing; Silly Love Songs
Seite 2: Silly Love Songs (Reprise); Not Such A Bad Boy; No Values; No More Lonely Nights (Ball Reprise); For No One; Eleanor Rigby / Eleanore's Dream; Long And Winding Road; No More Lonely Nights (Playout Version) Parlophone 0642602781

1986: *Press To Play*
Seite 1: Stranglehold; Good Times Coming / Feel The Sun; Talk More Talk; Footprints; Only Love Remains
Seite 2: Press; Pretty Little Head; Move Over Busker; Angry; However Absurd
Parlophone 0622405981

1987: *All The Best!*
Seite 1: Jet; Band On The Run; Coming Up; Ebony And Ivory; Listen To What The Man Said
Seite 2: No More Lonely Nights; Silly Love Songs; Let 'em in; C Moon, Pipes Of Peace
Seite 3: Live And Let Die; Another Day; Maybe I'm Amazed; Goodnight Tonight; Once Upon A Long Ago
Seite 4: Say Say Say; With A Little Luck; My Love; We All Stand Together; Mull Of Kintyre
Parlophone 1647485071

Diskographie George Harrison

Singles

- Jan. 1971: My Sweet Lord / Isn't It A Pity
  Apple 1 C006-92053
- Jan. 1971: My Sweet Lord / What Is Life
  Apple R 5884 (GB-Import)
- Febr. 1971; What Is Life / Apple Scruffs Apple 1 C006-04751
- Aug. 1971: Bangla Desh / Deep Blue Apple 1 C006-04888
- Mai 1973: Give Me Love (Give Me Peace On Earth) / Miss O'Dell Apple 1 C006-05354
- Dez. 1974: Dark Horse / It Don't Care Anymore
  Apple 1 C006-05766
- Dez. 1974: Ding Dong. Ding Dong / Hari's On Tour
  Apple 1 C006-05823
- Dez. 1974: Ding Dong, Ding Dong / I Don't Care Anymore
  Apple R 6002 (GB-Import)
- Febr. 1975: Dark Horse / Hari's On Tour
  Apple R 6001 (GB-Import)
- Sept. 1975: You / World Of Stone Apple 1 C006-05951
- Febr. 1976: This Guitar (Can't Keep From Crying) / Maya Love
  Apple 1 C006-06041
- Nov. 1976: This Song / Learning How To Love You
  Dark Horse DH 16856
- Febr. 1977: True Love / Pure Smokey Dark Horse K 16896
- Apr. 1977: Crackerbox Palace / True Love
  (GB-Import) Dark Horse DH 16890
- Mai 1977: It's What You Value / Woman Don't You Cry For Me Dark Horse K 16967 (GB-Import)
- März 1979: Blow Away / Soft Touch Dark Horse DH 17327
- Aug. 1979: Faster /Soft-Hearted Hana Dark Horse DH 17400
- Mai 1981: All Those Years Ago / Writing's On The Wall
  Dark Horse DH 17807
- Aug. 1981: Teardrops / Save The World Dark Horse 17837
- Nov. 1982: Wake Up My Love / Greece Dark Horse 929864-7
- Okt. 1987: Got My Mind Set On You / Lay His Head
  Dark Horse 928178-7
- Febr. 1988: When We Was Fab / Zig Zag Dark Horse 928131-7
- Juni 1988: This Is Love / Breath Away From Heaven
  Dark Horse 927913-7

LPs

- Nov. 1968: *Wonderwall Music*
  Seite 1: Microbes; Red Lady Too; Tabla And Pakavaj; In The Park; Drilling A Home; Guru Vandana; Greasy Legs; Ski-ing; Gat Kirwani; Dream Scene
  Seite 2: Party Seacombe; Love Scene; Crying; Cowboy Music; Fantasy Sequins; On The Bed; Glass Box; Wonderwall To Be Here; Singing Om
  Hör Zu SHZE 250
- Mai 1969: *Electronic Sound*
  Seite 1: Under The Mersey Wall
  Seite 2: No Time Or Space Zapple 02 (GB-Import)
- Nov. 1970: *All Things Must Pass*
  Seite 1: I'd Have You Anytime; My Sweet Lord; Wah-Wah; Isn't It A Pity (Version One)
  Seite 2: What Is Life; If Not For You; Behind That Locked Door; Let It Down; Run Of The Mill
  Seite 3: Beware Of Darkness; Apple Scruffs; Ballad Of Sir Frankie Crisp (Let It Roll); Awaiting On You All; All Things Must Pass
  Seite 4: I Dig Love; Art Of Dying; Isn't It A Pity (Version Two); Hear Me Lord
  Seite 5: Out Of The Blue; It's Johnny's Birthday; Plug Me In
  Seite 6: I Remember Jeep; Thanks For The Pepperoni Apple 1 C192-04707/8/9
- Jan. 1972: *The Concert For Bangla Desh*
  Seite 1: George Harrison / Ravi Shankar Introduction; Bangla Dhun (Ravi Shankar)
  Seite 2: Wah-Wah (George Harrison); My Sweet Lord (George Harrison); Awaiting On You All (George Harrison); That's The Way God Planned It (Billy Preston)
  Seite 3: It Don't Come Easy (Ringo Starr); Beware Of Darkness (George Harrison + Leon Russell); Introduction Of The Band (George Harrison); While My Guitar Gently Weeps (George Harrison)
  Seite 4: Medley: Jumping Jack Flash / Young Blood (Leon Russell); Here Comes The Sun (George Harrison)

Seite 5: A Hard Rain's Gonna Fall (Bob Dylan); It Takes A Lot To Love / It Takes A Train To Cry (Bob Dylan); Mr. Tambourine Man (Bob Dylan); Just Like A Woman (Bob Dylan)
Seite 6: Something (George Harrison); Bangla Desh (George Harrison) Apple STCK 3385 (GB-Import)

- Juni 1973: *Living In The Material World*
  Seite 1: Give Me Love (Give Me Peace On Earth); Sue Me, Sue Your Blues; The Light That Has Lighted The World; Don't Let Me Wait Too Long; Who Can See It; Living In The Material World
  Seite 2: The Lord Loves The One (That Loves The Lord); Be Here Now; Try Some Buy Some; The Day The World Gets 'round; That Is All
  Apple 1 C062-05370
- Dez. 1974: *Dark Horse*
  Seite 1: Hari's On Tour (Express); Simpley Shady; So Sad; Bye Bye Love; Maya Love
  Seite 2: Ding Dong, Ding Dong; Dark Horse; Far East Man; It Is »He« (Jai Sri Krisna)
  Apple 1 C062-05774
- Okt. 1975: *Extra Texture (Read All About It)*
  Seite 1: You; The Answer's At The End; This Guitar (Can't Keep From Crying); Ooh Baby (You Know That I Love You); World Of Stone
  Seite 2: A Bit More Of You; Can't Stop Thinking About You; Tired Of Midnight Blue; Grey Cloudy Lies; His Name Is Legs (Ladies & Gentlemen)
  Apple PAS 10009 (GB-Import)
- Nov. 1976: *The Best Of George Harrison*
  Seite 1: Something; If I Needed Someone; Here Comes The Sun; Taxman; Think For Yourself; For You Blue; While My Guitar Gently Weeps
  Seite 2: My Sweet Lord; Give Me Love (Give Me Peace On Earth); You; Bangla Desh; Dark Horse; What Is Life Odeon 1 C062-06249
- Nov. 1976: *Thirty Three & ⅓*
  Seite 1: Woman Don't You Cry For Me; Dear One; Beautiful Girl; This Song; See Yourself

Seite 2: It's What You Value; True Love; Pure Smokey; Crackerbox Palace; Learning How To Love You Dark Horse DH 56319

- Febr. 1979: *George Harrison*
  Seite 1: Love Comes To Everyone; Not Guilty; Here Comes The Moon; Soft-Hearted Hana; Blow Away
  Seite 2: Faster; Dark Sweet Lady; Your Love Is Forever; Soft Touch; If You Believe
  Dark Horse DH 56562
- Juni 1981: *Somewhere In England*
  Seite 1: Blood From A Clone; Unconsciousness Rules; Life Life Itself; All Those Years Ago; Baltimore Oriole
  Seite 2: Teardrops; That Which I Have Lost; Writing's On The Wall; Hong Kong Blues; Save The World Dark Horse WB 56870
- Nov. 1982: *Gone Troppo*
  Seite 1: Wake Up My Love; That's The Way It Goes; I Really Love You; Greece; Gone Troppo
  Seite 2: Mystical One; Unknown Delight; Baby Don't Run Away; Dream Away; Circles
  Dark Horse 923734-1

Okt. 1987: *Cloude Nine*
Seite 1: Cloude Nine; That's What I Takes; Fish On The Sand; Just For Today; This Is Love; When We Was Fab
Seite 2: Devil's Radio; Someplace Else; Wreck Of The Hesperus; Breath Away From Heaven; Got My Mind Set On You Dark Horse 925643-1

Diskographie Ringo Starr

Singles

- Sept. 1970: Beaucoups Of Blues / Coochy Coochy
  Apple 1 C006-04645
- Apr. 1971: It Don't Come Easy / Early 1970
  Apple 1 C006-04791

- März 1972: Back Off Boogaloo / Blindman Apple 1 C006-05028
- Okt. 1973: Photograph / Down And Out Apple 1 C006-05482
- Febr. 1974: You're Sixteen / Devil Woman Apple 1 C006-05530
- März 1974: Oh My My / Step Lightly Apple 1 C006-05617
- Nov. 1974: Only You / Call Me Apple 1 C006-05764
- Febr. 1975: Snookeroo / Oo-Wee Apple 1 C006-05821
- März 1975: Goodnight Vienna / No No Song Apple 1 C006-05951
- Juni 1975: Medley: (It's All Da-Da-Down To) Goodnight Vienna – Goodnight Vienna Reprise / Oe-Wee Apple 1882 (USA-Import)
- Jan. 1976: Oh My My / No No Song Apple 1 C006-06040
- Okt. 1976: A Dose Of Rock'n'Roll / Cryin' Polydor 2001694
- Okt. 1976: You Don't Know Me / Cryin' Polydor 2001695
- Nov. 1976: Hey Baby / Lady Gaye Polydor 2001699
- Sept. 1977: Drowning In The Sea Of Love / Just A Dream Polydor 2001734
- Okt. 1977: Just A Dream / Wings Atlantic 3429 (USA-Import)
- Dez. 1977: Sneaking Sally Trough The Alley / Tango All Night Polydor 2001753
- Nov. 1981: Wrack My Brain / Drumming Is My Madness Bellaphon 10007175
- Febr. 1982: Private Property / Stop And Take The Time To Smell The Roses Bellaphon 10007192
- Juni 1983: In My Car / As Far As We Can Go Bellaphon 10016012

LPs

- Apr. 1970: *Sentimental Journey*
  Seite 1: Sentimental Journey; Night And Day; Whispering Grass (Don't Tell The Trees); Bye Bye The Blackbird; I'm A Fool To Care, Stardust
  Seite 2: Blue, Turning Gray Over You; Love Is A Many Splendoured Thing; Dream; You Always Hurt The One You Love; Have I Told You Lately That I Love You; Let The Rest Of The World Go By Apple 1 C062-04389

- Sept. 1970: *Beaucoups Of Blues*
  Seite 1: Beaucoups Of Blues; Love Don't Last Long; Fastest Growing Heartache In The West; Without Her; Woman Of The Night; I'd Be Talking All The Time
  Seite 2: $ 15 Draw; Wine, Women And Loud Happy Songs; I Wouldn't Have You Any Other Way; Loser's Lounge; Waiting; Silent Homecoming
  Hör Zu SHZE 301
- Dez. 1973: *Ringo*
  Seite 1: I'm The Greatest; Have You Seen My Baby; Photograph; Sunshine Life For Me (Sail Away Raymond); You're Sixteen
  Seite 2: Oh My My; Step Lightly; Six O'Clock; Devil Woman; You And Me (Babe)
  Apple 1 C062-05492

  Nov. 1974: *Goodnight Vienna*
  Seite 1: Goodnight Vienna; Occapella; Oo-Wee; Husbands And Wives; Snookeroo
  Seite 2: All By Myself; Call Me; No No Song; Only You; Easy For Me; Goodnight Vienna (Reprise)
  Apple 1 C062-05762
- Dez. 1975: *Blast From Your Past*
  Seite 1: You're Sixteen; No No Song; It Don't Come Easy; Photograph; Back Off Boogaloo
  Seite 2: Only You (And You Alone); Beaucoups Of Blues; Oh My My; Early 1970; I'm The Greatest
  Apple 1 C062-06008
- Sept. 1976: *Rotogravure*
  Seite 1: A Dose Of Rock'n'Roll; Hey Baby; Pure Gold; Cryin'; You Don't Know Me At All
  Seite 2: Cookin'; I'll Still Love You; This Be Called A Song; Las Brisas; Lady Gaye Polydor 2310473
- Sept. 1977: *Ringo The 4th*
  Seite 1: Drowning In The Sea Of Love; Tango All Night; Wings; Gave It All Up; Out On The Streets
  Seite 2: Can She Do It Like She Dance; Sneaking Sally Through The Alley; It's No Secret; Gypsies In Flight; Simple Love Song Polydor 2344069

- Mai 1978: *Bad Boy*
  Seite 1: Who Needs A Heart; Bad Boy; Lipstick Traces; Heart On My Sleeve; Where Did Our Love Go
  Seite 2: Hard Times; Tonight; Monkey See – Monkey Do; Old Time Relovin'; A Man Like Me
  Polydor 2344109
- Nov. 1981: *Stop And Smell The Roses*
  Seite 1: Private Property; Wrack My Brain; Drumming Is My Madness; Attention; Stop And Take The Time To Smell The Roses
  Seite 2: Dead Giveaway; You Belong To Me; Sure To Fall; Nice Way; Back Off Boogaloo
  Bellaphon 26016015
- 16. Juni 1983: *Old Wave*
  Seite 1: In My Car; Hopeless; Alibi; Be My Baby; She's About A Mover
  Seite 2: I Keep Forgettin'; Picture Show Life; As Far As We Can Go; Everybody's In A Hurry But Me; Going Down Bellaphone 26016029

Literaturverzeichnis

Literaturnachweis der benutzten Titel

ALAN ALDRIDGE: The Beatles Songbook; Axel Juncker Verlag, München-Zürich, 1969

DENNIS BOW: Die Beatles kommen, Fahrplan einer Weltsensation; Lichtenberg Verlag, München, 1964

ROY CARR & TONY TYLER: The Beatles, Eine illustrierte Dokumentation; Abi Melzer Productions GmbH, Buchschlag, 1976

HARRY CASTLEMAN & WALTER J. PODRAZIK: All Together Now; Ballantine Books, New York, 1975

HARRY CASTLEMAN & WALTER J. PODRAZIK: The Beatles Again; Pierian Press, Ann Arbor, 1977

HARRY CASTLEMAN & WALTER J. PODRAZIK: The End Of The Beatles?; Pierian Press, Ann Arbor, 1985

HUNTER DAVIS: The Beatles; Heinemann, London, 1968

RICHARD DILELLO: The Longest Cocktail Party; Charisma Books, London, 1973
CHRISTIANE EHRHARDT: Die Beatles, Fabelwesen unserer Zeit? v. Tucher Verlag, Dießen/Ammersee, 1965
BRIAN EPSTEIN: A Cellarful Of Noise; Souvernir, London, 1964
ANTHONY FAWCETT: One Day At A Time; New English Library, London, 1977
ROCHELLE LARKIN: The Beatles, Yesterday . . . Today . . . Tomorrow; Scholastic Book Services, New York, 1974
MARK LEWISOHN: 25 Years In The Life; Sidwick & Jackson, London, 1987
PETER MCCABE & ROBERT D. SCHONFELD: Apple To The Core, the Unmaking of the Beatles; Pocket Books, New York, 1972
NORRIS MCWHIRTER: Guinness Book of World Records; Bantam Books, London, 1980
MILES: Beatles In Their Own Words; Omnibus Press, London, 1978
RAINER MOERS: Das Phänomen Beatles; Beatles Information Center, Köln, 1981
JOSEPH MURRELLS: The Book of Golden Discs; Barrie & Jenkins, London, 1974
CHARLES REINHART: You Can't Do That; Pierian Press, Ann Arbor, 1981
LILLIAN ROXON: Rock Encyclopedia; Grosset and Dunlap, New York, 1969
TOM SCHULTHEISS: A Day In The Life, Omnibus Press, London, 1980
BILLY SHEPHARD: Die wahre Geschichte der Beatles; List Verlag, München, 1964
DEREK TAYLOR: As Time Goes By; Davis Poynter, London, 1973
JAN VAN DE BUNT & FRIENDS: Concerted Efforts, Beatles Unlimited, Alphen aan de Rijn, 1979
JANN WENNER: Lennon Remembers, the Famous Rolling Stone Interview; Popular Library, New York, 1971
MATHIAS WLASCHEK & WILFRIED PELZ: Here, There (and Everywhere?), Modern Music Cologne, Köln, 1983

Periodika

BEATLES REPORT, Alter Markt 4–6, 5000 Köln 1
BILLBOARD: 9000 Sunset Blvd., Los Angeles, Calif. 90069
HIT BILANZ: Günter Ehnert, Taurus-Press, Wiesenstraße 46,
2 Hamburg 19

Melody Maker: 24–34, Mey Mott Street, London
New Musical Express: Kings Reach Tower, Stamford Street, London
Record Research: P. O. Box 82, Menomonee Falls, Wisconsin 53051
Rock File: Stephen Nugent, Panther Books Ltd., Frogmore, St. Albans, Herts, AL 22 NF
Things We Tell Today, Alter Markt 4–6, 5000 Köln 1

Danke
Jan Follak, Niels Göken, Hendrik Franssen, Andreas Hackl, Karsten Höft, Tanja Kinkel, Thomas Krüger, Rolf Kurm, André Laatz, Mathias Maßmann, Uwe Meilchen, Rainer Mikeska, Volker Ovenhausen, Thomas Pinell, Wolfgang Reschke, Jan-Peter Ruschmeyer, Thomas Schäffer, Stefan Schmidt, Ulrich Schmidt, Frank Siegert, Eberhard Sühl, Ralf Terhaagm, Dirk Waldschmidt, Mathias Wlaschek und »ganz viel Danke« an Michael Rösen.

Titelregister

Bei allen *Songs* sind die Autoren in Klammern angegeben.
Abkürzungen: JL = John Lennon, PM = Paul McCartney, GH = George Harrison, RS = Ringo Starr, ? = unbekannt oder die angegebenen Autoren unter Vorbehalt.
Handelt es sich um Titel von Schallplatten, Büchern etc., sind folgende Abkürzungen in Klammern angegeben:

LP = LP's, Doppel-LP's und 3er LP's;
EP = Extended-Play-Platten, meist Singles mit vier Songs;
Flexi = Flexi-Singles;
Text = Platte mit gesprochenem Text (Interview, Dokumentation etc.);
Film = Filmtitel;
Buch = Buchtitel.

Alle Titel sind berücksichtigt, außer Wiederholungen im Kapitel *Diskographie*. Die Angabe *PS* statt der oder zusätzlich zu den Seitenzahlen verweist auf Erwähnung in dem Kapitel *Postskriptum*.
Bei der Einordnung haben wir die Anfangsworte »A« und »The« nicht berücksichtigt. Beispiele: *A Hard Day's Night* siehe: *Hard Day's Night; The Ballad of John and Yoko* siehe *Ballad of John and Yoko*.
Bei der Schreibweise der Titel im *Titelregister* sind wir von der allgemein gültigen Regelung der englischen Grammatik ausgegangen: Artikel (the, a), Bindewörter (and, or) und Verhältniswörter (in, of . . .) werden in Titeln klein geschrieben, wenn sie nicht am Anfang stehen.

Für Millionen Fans auf der ganzen Welt ist er »the boss«

Als Band mit der Bestellnummer 61 116 erschien:

Bruce Springsteen sagt über sich: »Ich singe für die und über die, die nichts haben, und denen man auch das noch wegnimmt.«